新民法対応
契約審査手続マニュアル

編集　愛知県弁護士会　研修センター運営委員会
　　　法律研究部　契約審査チーム

新日本法規

発刊にあたって

　愛知県弁護士会研修センター運営委員会の「法律研究部」契約審査チームの編集による『新民法対応　契約審査手続マニュアル』を手に取っていただき、誠にありがとうございます。

　民法（債権法）改正は、実に民法制定から約120年ぶりの大改正であり、改正項目はおよそ200項目に及んでいます。制定からこれまでの間、判例及び学説等により時代の変化に対応してきた民法（債権法）ですが、いよいよ、新時代の民法（債権法）のスタートです。

　そして、この機に、愛知県弁護士会が発行し、ご好評をいただいた『類型別　契約審査手続マニュアル』の改訂に至ったことは、誠に時宜を得ており、社会・経済を担う企業法務関係者の皆様はもとより、弁護士、公認会計士、税理士等、広く企業法務担当者に対し契約書等のアドバイスをされる方々のお役に立てるものと自負しております。

　愛知県弁護士会は、専門性を蓄えた弁護士の社会・経済に対する情報発信の場として、各種の法律研究部を設置しております。近年では、『Ｑ＆Ａ　遺留分の実務〔改訂版〕』（新日本法規出版、2011年）、『弁護士が分析する　企業不祥事の原因と対応策』（新日本法規出版、2012年）等を発刊しております。

　今後も、続々と情報発信をしていきますので、愛知県弁護士会の出版活動にどうか注目していただけたらと存じます。

　最後になりましたが、旧版の『類型別　契約審査手続マニュアル』に引き続きご協力いただきました、一般財団法人中部生産性本部及びその企業法務研究部会への参加企業の皆様、並びに厳しい出版事情の中、快く前書の改訂版を発行していただいた新日本法規出版株式会社に心より感謝申し上げます。

　平成30年3月吉日

愛知県弁護士会会長　池田桂子

全面改訂にあたって

　本書の旧版である『類型別　契約審査手続マニュアル』が発行されてから既に約10年が経過しました。この間、同書は好評を得て品切れとなり、出版社からはかねてより改訂版の発行のお話をいただいていました。しかし、執筆者が相次いで愛知県弁護士会の副会長に就任するなどの事情により、また、折しもの民法（債権関係）改正の動向を見据え、ようやく改訂版の発行にたどり着くことができました。改訂版のポイントは、次のとおりです。

　第1に、「新民法と契約審査」というコラムにおいて、民法（債権関係）改正のポイントを簡潔に盛り込みました。新民法は、平成32年4月1日から施行されます。先取り感はありますが、企業法務の現場では、既に新民法への対応準備が始まっています。

　第2に、旧版の全ての原稿について内容を精査し、現在の法律実務に近づけるようにしました。例えば、旧版では、反社会的勢力排除条項について、「現時点ではそこまで認知されていないのが実情です」と記載しましたが、その後、どの契約類型の契約書でも見られるようになったため、改訂版では条項の例文を詳しく記載しています。移り変わる契約審査実務に対応しました。

　第3に、新たに「知的財産契約」「労働契約」を取り入れました。「知的財産契約」については、弁理士の力も借りて、知的財産契約の審査実務を紹介しています。労働契約については、単に労働契約だけではなく、労働契約の締結の際の留意点、労働契約の背景にある就業規則等との関連について詳しく論じました。

　改訂版においても、より実務に即した契約審査のあり方を追究するという旧版の基本姿勢は変わりません。今回も、一般財団法人中部生産性本部の企業法務研究部会の皆様との4回の研究会を踏まえての改訂作業となりました。熱心に参加していただいた企業の皆様、誠にありがとうございました。

　最後になりましたが、改訂版を辛抱強く待っていただいた新日本法規出版株式会社及び粘り強く編集を担当していただいた出版企画局野田竜之氏に、この場をお借りして深く感謝申し上げます。

　平成30年3月

　　　　　　　　　　　　　　　　　　　　　執筆者を代表して　山田尚武

はじめに

　本書は、企業法務担当者の皆様はもとより、弁護士、公認会計士、税理士等広く企業法務担当者に対し契約書等に関してアドバイスをされる方に対し、企業法務における契約審査手続の仕組み、および契約類型別の契約審査手続のポイントについて解説するものです。

　企業法務において締結される契約ないしは契約書については、学者による研究書は別として、弁護士および企業法務担当者による深い実務経験を踏まえた実務書や契約書式集が数多くあります。そうした中で、本書の企画・出版に及んだのは、次の理由からです。

　第1に、従来の実務書や契約書式集は、判例集や法律書を手元において、コンプライアンス上の問題はないか、自らの会社に不利益な条項はないか、という観点から、契約書の条項を確認・チェックするものが普通でした。しかし、契約には相手方があり、しかも、企業法務においては、契約交渉を担当する部署と契約書のチェックないしは確認する部署は異なります。自社の利益を実現するよりよい契約書を作成するには、契約交渉を担当し法務部に審査を依頼する部署（依頼部署）と法務部・法務担当者（審査部門）とが協働して、契約の相手方に取り組んでいくことが肝要です。

　そこで、本書では、審査部門の業務を、契約書を机においての契約書の確認・チェックというような受身的ないしは断片的な関与として捉えるのではなく、依頼部署と審査部門のダイナミックな協働の中で、相手方と交渉して、あるべき契約書を実現するものと捉え、これを契約審査手続と定義しました。このように契約審査を一連の手続と捉えたことによって、「いかにして、コンプライアンスを実現し、リスクを回避しつつ、自らの会社の利益を最大限に実現することができるのか」という企業法務における契約審査の存在意義が見えてきました。

　第2に、契約審査手続を実現していくためには、依頼部署および審査部門の各担当者の人材養成が大切です。ところが、契約ないしは契約書に関する研修は、各企業の個別の努力やノウハウの蓄積によってなされており、必ずしも、その成果が効果的に整理されているとは限らないと考えます。もとより、各個人が判例集や法律書を読みこなすことも簡単ではありません。

そこで、本書では、主として、契約審査手続を担当することになった新人、ないしは契約締結交渉を命じられ、契約書およびその条項のやり取りを担当することになった依頼部署の担当者を念頭に置き、契約類型別に契約審査のポイントを解説することにしました。
　以上のような2つの目的から生まれた本書は、次のような構成・内容の特色を持っています。
① 　手続を理解するには、大まかな手続の流れを掴むことが必要です。そこで、第1編において契約審査手続の意義や方式および契約審査手続の際の視点について解説し、第2編において、依頼部署と審査部門とのやり取りを意識しながら、時系列に従って契約審査手続のポイントを解説しました。
② 　第3編においては、契約類型別に審査のポイントを解説しています。その際、契約を見る機会の少ない担当者にもわかりやすいように、契約書の背景にあるビジネスモデルないしはビジネススキームをできるだけわかりやすく解説するように試みました。また、初心者でも的確な契約書のチェック・確認ができるように、契約書式を示し、添削例を掲げ、チェックリストも付しました。契約書式は、契約書のひな型というよりは、添削例を示すためのたたき台として考えていただければと思います。
③ 　コラムにおいて、「企業の実情」を紹介させていただきました。それは、私たち弁護士の日頃の企業からのご相談等から伺ったものもありますし、また、本書の企画の中での取材や意見交換の中からいただいたものもあります。また、「弁護士に聞きたい！」というコラムでは、一歩突っ込んだ法律論を展開しています。これから企業法務における契約審査を勉強しようという方々の参考になればと思います。
　本書の試みが成功しているか否かは、読者の皆様のご判断を待つより他ありません。
　最後になりましたが、法務部への取材および勉強会の開催にご尽力いただきました財団法人中部生産性本部のご担当の大澤政樹様、中川欣契様、そして辛抱強く本書の編集作業を進めてくださった新日本法規出版株式会社の深谷哲仁さんに深く感謝を申し上げます。

　　平成20年2月

　　　　　　　　　　　　　　　　　　　　　　　　　　　　執筆者一同

執筆者一覧

山田　尚武（弁護士）
　　名古屋大学法学部卒業、名古屋大学大学院法学研究科（博士後期課程）満期退学、1992年弁護士登録（44期）
　　弁護士法人しょうぶ法律事務所　代表社員
　　　2008年国立大学法人静岡大学法科大学院教授（～2012年）
　　　2012年4月愛知県弁護士会副会長（～2013年3月）
　　【共著・論文など】
　　　論文「債権者等申立ての更生手続における保全管理命令の発令基準」伊藤眞ほか編集委員『民事手続における法と実践－栂善夫先生・遠藤賢治先生古稀祝賀－』（成文堂、2014年）
　　　論文「倒産手続における投資信託と相殺～金融機関の相殺の担保的機能に対する合理的期待の保護のあり方～」（事業再生と債権管理149号、2015年）
　　　共著「経営者の早期の事業再生・事業清算の決断を促すためのインセンティブ資産の積極的活用のあり方について」名古屋中小企業支援研究会ほか編『中小企業再生・支援の新たなスキーム－金融機関と会計・法律専門家の効果的な協働を目指して－』（中央経済社、2016年）

浅賀　哲（弁護士）
　　中央大学法学部卒業、1995年弁護士登録（47期）
　　浅賀法律事務所
　　　愛知学院大学法務支援センター教授
　　　2013年4月愛知県弁護士会副会長（～2014年3月）
　　【共著・論文など】
　　　共著『Q＆A　過払金返還請求の手引－サラ金からの簡易・迅速な回収をめざして－』（民事法研究会、第2版、2006年）
　　　共著『債権者のための　取引先倒産対応マニュアル－破産・再生手続と会計・税務－』（新日本法規出版、2007年）
　　　共著『類型別　契約審査手続マニュアル』（新日本法規出版、2008年）
　　　論文「非典型担保権と民事再生手続法上の中止命令、担保権消滅請求」（愛知学院大学法学部同窓会法学論集第5巻、2016年）

矢崎　信也（弁護士）
　　中央大学法学部卒業、1996年弁護士登録（48期）
　　村瀬・矢崎綜合法律事務所
　　　名古屋大学法学部非常勤講師
　　　名古屋大学法科大学院非常勤講師
　　　2012年4月愛知県弁護士会副会長（～2013年3月）
　　【共著・論文など】
　　　共著『類型別　契約審査手続マニュアル』（新日本法規出版、2008年）
　　　共著『弁護士が分析する　企業不祥事の原因と対応策』（新日本法規出版、2012年）

石川　恭久（弁護士）
　　中央大学法学部卒業、1997年弁護士登録（49期）
　　石川恭久法律事務所
　　　2014年4月愛知県弁護士会副会長（～2015年3月）
　　【共著・論文など】
　　　共著『Q＆A　遺留分の実務』（新日本法規出版、2001年）
　　　共著『類型別　契約審査手続マニュアル』（新日本法規出版、2008年）
　　　共著『事件類型別　弁護士会照会』（日本評論社、2014年）

清水　綾子（弁護士）
　　名古屋大学法学部卒業、1999年弁護士登録（51期）
　　石原総合法律事務所
　　　2015年4月愛知県弁護士会副会長（～2016年3月）
　　【共著・論文など】
　　　共著『類型別　契約審査手続マニュアル』（新日本法規出版、2008年）

福本　剛（弁護士）
　　慶應義塾大学法学部卒業、2000年弁護士登録（52期）
　　福本総合法律事務所
　　【共著・論文など】
　　　共著『類型別　契約審査手続マニュアル』（新日本法規出版、2008年）
　　　共著『事件類型別　弁護士会照会』（日本評論社、2014年）

都築　真琴（弁護士）
　　東京大学法学部卒業、2000年弁護士登録（53期）
　　都築法律事務所

山田　洋嗣（弁護士）
　　同志社大学法学部卒業、2001年弁護士登録（54期）
　　山田洋嗣法律事務所
　　【共著・論文など】
　　　論説「突然の申入れにどう対応するか？　合同労組からの団交申入れのパターン＆基本的対応法」（ビジネスガイド721号、2010年）
　　　論説「問題社員に対する労務管理のポイント」（労働経済判例速報2301号、2017年）

眞下　寛之（弁護士）
　　名古屋大学法学部卒業、2002年弁護士登録（55期）
　　佐藤綜合法律事務所
　　【共著・論文など】
　　　監修『ｅラーニングで学ぶ　会社員のための実践コンプライアンス　情報管理』（第一法規、2011年）
　　　共著『Ｑ＆Ａ金融ＡＤＲの手引き－全銀協あっせん手続の実務』（商事法務、2014年）
　　　共著『私的整理の実務Ｑ＆Ａ140問』（金融財政事情研究会、2016年）

服部　由美（弁護士）
　　早稲田大学法学部卒業、筑波大学大学院経営政策科学研究科企業法学専攻修了（法学修士）、2004年弁護士登録（56期）
　　久屋アヴェニュー法律事務所
　　名古屋経済大学大学院法学研究科客員教授（租税法）
　　【共著・論文など】
　　　共著『実践　知財ビジネス法務－弁護士知財ネット設立5周年記念－』（民事法研究会、2010年）
　　　共著『弁護士が分析する　企業不祥事の原因と対応策』（新日本法規出版、2012年）

宮田　智弘（弁護士）
　　名古屋大学法学部卒業、2003年弁護士登録（56期）
　　安井・宮田法律事務所
　　【共著・論文など】
　　　共著『類型別　契約審査手続マニュアル』（新日本法規出版、2008年）

野村　朋加（弁護士）
　　立命館大学法学部卒業、名古屋大学大学院法学研究科（博士前期課程）修了、2004年弁護士登録（57期）
　　あゆの風法律事務所

安藤　芳朗（弁護士）
　　名古屋大学法学部卒業、名古屋大学大学院法学研究科（博士前期課程）修了、2006年弁護士登録（59期）
　　弁護士法人しょうぶ法律事務所　西尾事務所
　　　名古屋大学大学院法学研究科非常勤講師
　　　愛知大学大学院法務研究科非常勤教員
　　【共著・論文など】
　　　共著『類型別　契約審査手続マニュアル』（新日本法規出版、2008年）
　　　共著『企業のための　残業トラブル対応マニュアル』（新日本法規出版、2011年）

入江　孝幸（弁護士）
　　早稲田大学法学部卒業、名古屋大学大学院法学研究科実務法曹養成専攻（法科大学院）修了、2007年弁護士登録（60期）
　　東邦ガス株式会社総務部法務グループ

貝沼　宏徳（弁護士）
　　一橋大学法学部卒業、一橋大学大学院法学研究科法務専攻（法科大学院）修了、2013年弁護士登録（66期）
　　村瀬・矢崎綜合法律事務所

家田　真吾（弁理士）
　　岐阜大学工学部卒業、名古屋大学大学院法学研究科実務法曹養成専攻（法科大学院）修了、2014年弁理士・弁護士登録（67期）
　　株式会社デンソー知的財産部
　　　岐阜大学非常勤講師

坪井　梨奈（弁護士）
　　三重大学人文学部卒業、南山大学大学院法務研究科法務専攻（法科大学院）修了、2015年弁護士登録（68期）
　　浅賀法律事務所

凡　例

＜本書の趣旨＞
　本書は、契約審査を、単に契約書の確認・チェックというように、消極的又は断片的に取り扱うのではなく、審査部門（法務部又は法務担当者）と依頼部署（依頼する現場）とが協働する一連の手続の流れであることを明確化し、その手続の流れに沿ったＱ＆Ａも取り入れた実践的なマニュアルとしました。

＜本書の特色＞
　企業法務における中心業務の一つである契約審査について、企業の法務部や弁護士が企業の各部署から提出された契約書を審査する際に、契約をする上で確認が必要となる論点や裁判例・文献などを類型別にチェックできる内容としました。また、契約審査に影響を与える民法（債権関係）の改正点にも言及しました。
　本書は、Point、解説、新民法と契約審査、弁護士に聞きたい！、書式例（チェックリスト付き）により構成されています。

＜法令の表記＞
(1)　略記例・略語
　根拠となる法令の略記例及び略語は、次のとおりです（〔　〕は本文中の略語を示します。）。

　　会社法第469条第1項第2号 ＝ 会社469①二

民	民法	個人情報〔個人情報保護法〕	個人情報の保護に関する法律
新民〔新民法〕	民法の一部を改正する法律（平成29年法律第44号）による改正後の民法	裁所	裁判所法
意匠	意匠法	最賃	最低賃金法
印税	印紙税法	下請〔下請法〕	下請代金支払遅延等防止法
会社	会社法	借地借家	借地借家法
会社則	会社法施行規則	商	商法
貨物自	貨物自動車運送事業法	消税	消費税法
供託	供託法	商登	商業登記法
刑	刑法	消費契約	消費者契約法
〔景表法〕	不当景品類及び不当表示防止法	商標	商標法
建設	建設業法	製造物	製造物責任法

税理士	税理士法	農地	農地法
倉庫	倉庫業法	破産	破産法
宅地建物	宅地建物取引業法	非訟	非訟事件手続法
短時労	短時間労働者の雇用管理の改善等に関する法律	不正競争	不正競争防止法
		不登	不動産登記法
短時労則	短時間労働者の雇用管理の改善等に関する法律施行規則	弁護士	弁護士法
		民再	民事再生法
中小小売	中小小売商業振興法	民執	民事執行法
中小小売則	中小小売商業振興法施行規則	民訴	民事訴訟法
		利息	利息制限法
著作	著作権法	労基	労働基準法
動産債権譲渡〔動産債権譲渡特例法〕	動産及び債権の譲渡の対抗要件に関する民法の特例等に関する法律	労基則	労働基準法施行規則
		労契	労働契約法
		労組	労働組合法
特許	特許法	労働契約承継	会社分割に伴う労働契約の承継等に関する法律
独禁〔独占禁止法〕	私的独占の禁止及び公正取引の確保に関する法律		
独禁令	私的独占の禁止及び公正取引の確保に関する法律施行令		

(2) 解説等の根拠における民法条数の併記について

現行民法及び新民法の条数を併記しています。なお、改正がない条については「（民98）」のように表記しています。

＜判例の表記＞

根拠となる判例の略記例及び出典の略称は、次のとおりです。

最高裁判所平成28年2月19日判決、判例時報2313号119頁
＝最判平28・2・19判時2313・119

判時	判例時報	民集	最高裁判所民事判例集
判タ	判例タイムズ	労経速	労働経済判例速報
下民	下級裁判所民事裁判例集	労判	労働判例
裁判集民	最高裁判所裁判集民事		

目　次

> 新民法と契約審査 及び 弁護士に聞きたい！ の掲載ページは、この目次の後に別に取りまとめて登載しています。

第1編　契約審査手続総論

ページ

第1章　契約審査手続の意義と流れ……………………………………………3

第2章　契約審査手続の視点……………………………………………………9

第3章　依頼部署からの持ち込み………………………………………………17
　　書式例1　契約審査依頼書　23

第4章　依頼部署へのヒアリング………………………………………………24
　　書式例2　ヒアリングシート　30

第5章　契約の問題点の検討……………………………………………………32

第6章　依頼部署への回答・交渉の依頼………………………………………41

第7章　最終案の審査・契約締結後の処理……………………………………47

第2編　契約審査手続各論

第1章　全ての契約書に必要な審査
　1　契約書の形式面の審査……………………………………………………57
　2　契約書の内容面の審査……………………………………………………72
　3　契約書に共通に見られる条項の審査……………………………………78

第2章　秘密保持契約の審査
　1　秘密保持契約における審査の視点………………………………………92

2　秘密情報の対象………………………………………………………97
　　3　秘密保持の方法………………………………………………………104
　　　書式例3　秘密保持契約書　112

第3章　売買契約の審査
　1　売買契約……………………………………………………………………119
　　　書式例4　中古自動車売買契約書　127
　2　取引基本契約………………………………………………………………132
　　　書式例5　取引基本契約書　138

第4章　賃貸借契約の審査
　1　賃貸借契約総論……………………………………………………………146
　2　建物賃貸借契約……………………………………………………………154
　　　書式例6　建物賃貸借契約書　163
　3　定期建物賃貸借契約………………………………………………………170
　　　書式例7　定期建物賃貸借契約書　175

第5章　担保権設定契約の審査
　1　動産質権設定契約…………………………………………………………177
　　　書式例8　動産質権設定契約書　181
　2　集合物譲渡担保契約………………………………………………………184
　　　書式例9　集合物譲渡担保契約書　190
　3　集合債権譲渡担保契約……………………………………………………194
　　　書式例10　集合債権譲渡担保契約書　200

第6章　知的財産に関する契約の審査
　1　開発委託契約………………………………………………………………204
　　　書式例11　ソフトウェアに関する開発委託契約書　214
　2　特許通常実施権許諾契約…………………………………………………220
　　　書式例12　特許通常実施権許諾契約書　225
　3　キャラクター商品化権許諾契約…………………………………………232
　　　書式例13　キャラクター商品化権許諾契約書　239
　4　共同開発契約………………………………………………………………247
　　　書式例14　共同開発契約書　253

第7章　請負契約の審査

1　建設工事請負契約 …………………………………………………………260
　　書式例15　建設工事請負契約書　266
2　製作物供給契約 ……………………………………………………………270
　　書式例16　ロードバイク用クランクセットの製作及び供給に関する
　　　　　　　契約書　279

第8章　業務委託に関する契約の審査

1　物品運送契約 ………………………………………………………………285
　　書式例17　物品運送契約書　293
2　寄託契約 ……………………………………………………………………298
　　書式例18　寄託契約書　304
3　コンサルタント契約 ………………………………………………………308
　　書式例19　コンサルタント業務委託契約書　315

第9章　労働契約の審査 ……………………………………………………320
　　書式例20　労働契約書　334

第10章　販売権に関する契約の審査

1　フランチャイズ契約 ………………………………………………………339
　　書式例21　フランチャイズ契約書　351
2　販売店契約・代理店契約 …………………………………………………359
　　書式例22　販売店契約書　370
　　書式例23　代理店契約書　377

第11章　M＆Aに関する契約の審査

1　株式譲渡契約 ………………………………………………………………383
　　書式例24　株式譲渡契約書　391
2　事業譲渡契約 ………………………………………………………………404
　　書式例25　事業譲渡契約書　411

新民法と契約審査 一覧

第1編　契約審査手続総論　　　　　　　　　　　　　　　　　　　ページ
- 契約の方式の自由の明文化と消費貸借契約及び寄託契約の方式……………8

第2編　契約審査手続各論
- 現行民法の適用か新民法の適用か………………………………………………60
- 前文・目的規定の重要性…………………………………………………………76
- 債務不履行による損害賠償の帰責事由の取扱い………………………………79
- 損害賠償額の予定に関する規定の改正…………………………………………82
- 損害賠償の範囲……………………………………………………………………83
- 民法の改正に伴う商法の改正……………………………………………………122
- 危険負担制度の見直し……………………………………………………………123
- 契約解除制度の変更………………………………………………………………124
- 契約不適合の場合の買主の権利…………………………………………………125
- 中古品の売買契約において注意すべきこと……………………………………126
- 時効制度の大幅改正………………………………………………………………136
- 賃貸人の地位の移転………………………………………………………………152
- 敷金に関する規定の明文化………………………………………………………159
- 保証について①（極度額の設定）………………………………………………161
- 保証について②（保証人に対する情報提供義務）……………………………173
- 債権譲渡に関する抗弁事由………………………………………………………196
- 請負契約、委任契約に関する新民法の内容……………………………………205
- 請負契約の瑕疵担保責任について………………………………………………210
- 仕事未完成時における請負人の報酬請求権……………………………………262
- 契約不適合の担保責任……………………………………………………………263
- 担保責任の行使期間………………………………………………………………264
- 定型約款の該当性①………………………………………………………………264
- 新民法での請負契約に関する条文の削除による影響…………………………275
- 定型約款の該当性②………………………………………………………………286
- 委任契約の中途終了と報酬請求…………………………………………………312
- 新民法の「定型約款」と中小小売商業振興法の「定型的な約款」…………345
- 瑕疵担保責任から契約不適合責任へ……………………………………………408

弁護士に聞きたい！ 一覧

第1編　契約審査手続総論

　Q1　コンプライアンスと社会的相当性……………………………………15
　Q2　内部統制と契約審査手続………………………………………………15
　Q3　取引先との関係で条項の修正ができない契約書案の審査…………16
　Q4　契約審査手続の不備と法的責任………………………………………38
　Q5　契約書に関する業務と弁護士費用……………………………………39
　Q6　法人名なのに法人が存在しない………………………………………40
　Q7　メールの内容への配慮…………………………………………………45
　Q8　契約締結後の問題点の発覚……………………………………………53
　Q9　「不安の抗弁」とは………………………………………………………53

第2編　契約審査手続各論

　Q10　合意書、覚書、念書の使い分け………………………………………61
　Q11　契約書の文言の表記方法………………………………………………63
　Q12　定義条項の意義…………………………………………………………75
　Q13　損害賠償の予定額の目安——攻める側………………………………81
　Q14　損害賠償額の上限の設定——守る側…………………………………83
　Q15　従業員との秘密保持契約………………………………………………108
　Q16　デパートのテナントとなる場合に注意すべきことは………………148
　Q17　信頼関係の破壊とはどういう場合か…………………………………150
　Q18　退職した従業員と社宅…………………………………………………159
　Q19　行方不明の従業員の社宅はどうすればよいか………………………160
　Q20　定期建物賃貸借契約への変更を要請された場合……………………173
　Q21　取引先の破産の場合、預かっている動産を処分できるか…………180
　Q22　破産手続における集合物譲渡担保の取扱い…………………………187
　Q23　開発委託契約書の印紙税………………………………………………207
　Q24　ソフトウェアの開発委託の方式………………………………………208
　Q25　要件定義書、基本設計書の必要性・重要性…………………………209
　Q26　賠償責任制限条項について……………………………………………212
　Q27　実施料の定め方…………………………………………………………223

- Q28 実施権許諾契約の実施料……………………………………………223
- Q29 キャラクターを保護する法律………………………………………233
- Q30 著作権を譲り受ける場合の留意点…………………………………237
- Q31 タイムスタンプについて……………………………………………249
- Q32 OEM契約における注意点…………………………………………277
- Q33 運送品に対する留置権………………………………………………291
- Q34 非弁行為について……………………………………………………312
- Q35 健康情報の調査はできるか…………………………………………322
- Q36 加盟金不返還特約の有効性…………………………………………348
- Q37 コンビニエンス・ストアのフランチャイズ契約と「オープン・アカウント」……………………………………………………………349
- Q38 独占禁止法に違反する条項の効力…………………………………368

第 1 編

契約審査手続
総　論

第1章　契約審査手続の意義と流れ

> **Point**
> ① 契約の内容は原則として自由に定められることから、自己に有利になるように又は不利にならないように審査する必要があります。また、法律や判例によって自由に定められないものもあるため、どのような契約書案であっても常に契約審査は必要です。
> ② 契約審査手続は、契約書の原案が依頼部署から持ち込まれてから、最終的に取引先と実際の契約を締結するまで、依頼部署と審査部門とが信頼関係をもって協働して行う一連の手続であり、契約書案の文言を表面的・形式的にチェックするだけではなく、取引の実情や具体的な内容を十分把握した上で、実際の取引内容に照らし合わせて審査をすることが大切です。

◆契約審査の意義

(1) 契約とは

契約という言葉は日常的に使用されていますが、現行民法では第3編第2章のタイトルとして登場するものの定義規定はありませんでした。新民法では「契約は、契約の内容を示してその締結を申し入れる意思表示（以下「申込み」という。）に対して相手方が承諾をしたときに成立する」（新民522①）と規定されています。

(2) 契約自由の原則

現行民法では、契約自由の原則について直接定めた条文はなく、91条がその趣旨を示していると解されていました。新民法では「何人も、法令に特別の定めがある場合を除き、契約をするかどうかを自由に決定することができる」（新民521①）と規定され、契約締結の自由が認められています。また、新民法では「契約の当事者は、法令の制限内において、契約の内容を自由に決定することができる」（新民521②）と規定され、契約内容の自由も認められています。さらに、新民法では「契約の成立には、法令に特別の定めがある場合を除き、書面の作成その他の方式を具備することを要しない」（新民522②）と規定され、契約の方式の自由も認められています。

(3) 契約の当事者拘束力

契約の締結・内容・方式は原則として自由ですが、ひとたび契約が締結されると、契約当事者を拘束します。当事者は契約内容を守らなければなりませんし、相手方と

の合意なくして内容を変更することはできません。この根拠は、①契約当事者が自らの自由な意思で契約を締結したこと、②契約の相手方の信頼を裏切ってはならないことにあります。そして、当事者は契約条項を守らないと、最終的には裁判所の判決等によって強制されるという効果まで持つこととなります。したがって、どのような契約を締結するかは重要な意味を持ちます。

ここに、契約審査が重要な意味を持つ第1の理由があります。

(4) 典型契約との関係

民法では、①贈与（民・新民549以下）、②売買（民・新民555以下）、③交換（民586）、④消費貸借（民・新民587以下）、⑤使用貸借（民・新民593以下）、⑥賃貸借（民・新民601以下）、⑦雇用（民・新民623以下）、⑧請負（民・新民632以下）、⑨委任（民・新民643以下）、⑩寄託（民・新民657以下）、⑪組合（民・新民667以下）、⑫終身定期金（民689以下）、⑬和解（民695以下）の13種類の契約を典型契約として規定していますが、原則として、典型契約について法律とは異なる内容を契約で定めることも自由ですし、典型契約に属さない契約を締結することも自由です。

【典型契約の類型】

- 財産の交換・移転契約
  - 譲渡型
    - 無償譲渡 ── 贈与
    - 有償譲渡 ── 売買・交換
  - 貸借型
    - 金銭の貸借 ── 消費貸借
    - 物の貸借 ── 使用貸借／賃貸借
  - 役務型
    - 従属労働型 ── 雇用
    - 独立役務型 ── 請負／委任／寄託
- 団体契約 ── 組合
- 紛争処理契約 ── 和解
- その他 ── 終身定期金

契約の内容は原則として自由に定められることから、自己に有利になるように又は不利にならないように審査する必要があります。また、契約書に書かれていないことは定めていないと評価される可能性があることに加え、実務では、契約書に書かれていないために、意に反して典型契約のいずれかの条文に従って意思解釈をされてしまうこともあります。

ここに、契約審査が重要な意味を持つ第2の理由があります。

(5) 契約自由の原則の制限

もっとも、契約自由の原則も、様々な点で制限が加えられています。すなわち、強行法規や公序良俗に反する事項を目的とする条項は無効となります（民・新民90）。また、裁判所の判例理論によって制限が加えられている場合もあります。この点について、数例を挙げてみます。

① 建物所有目的で土地の賃貸借契約を締結する場合に、契約で期間を20年と定めたとしても、期間の定めがないものとみなされ（借地借家9）、借地借家法3条〔旧借地法2条1項本文〕により30年間と定めたことになります（最大判昭44・11・26判時578・20）。

② 金銭消費貸借契約の利率も利息制限法等で制限が加えられています（利息1等）。

③ 信頼関係が重視される継続的契約については、契約書により無条件で解除や更新拒絶ができる旨の条項が定められていたとしても、場合によっては、解除や更新拒絶の意思表示を行っても、信義則（民1②）により解除や更新拒絶が制限されたり、損害賠償を支払うことになったりする場合などもあります。

このように、契約内容によっては、当事者の意思では決定できないものもあり、その判断は容易ではありません。ここに、契約審査が重要な意味を持つ第3の理由があります。

◆契約審査手続とは

(1) 契約審査の対象

契約審査の対象は、「契約書」という名称の文書のみならず、合意書、協定書、覚書といった文書も対象となります。当事者が合意している以上、名称にかかわらず、それらの文書の内容は契約としての効果が生じるからです。

(2) 本書でいう契約審査手続

本書では、契約審査手続を、営業部門等の交渉担当者（以下「依頼部署」又は「交渉担当者」といいます。）が作成した原案あるいは取引の相手方が作成して依頼部署に届けられた原案が、法務部等の契約審査の担当者（以下「審査部門」又は「審査担当者」といいます。）に持ち込まれてから、最終的に契約が締結される（あるいは締結されない）ことが確定するまでの一連の手続と捉えています。

したがって、審査担当者は契約書案を作成するのではなく、既に原案が存在するものを審査していくこととなります。この点で、交渉担当者若しくは法務部等の専門部署あるいは弁護士等の専門家が一から契約条項を作成するという「契約書（案）の作成」とは異なる概念として捉えています。

そして、契約審査の目的は取引におけるリスクの回避及び軽減にあります。このため、契約審査手続においては、審査部門は依頼部署と協力しつつも依頼部署とは異なる視点で、取引先等との間の契約書案の内容等をチェックしていくこととなります。

(3) 契約審査手続の流れ

まずは、依頼部署（交渉担当者）若しくは取引の相手方が作成した契約書の原案が審査部門に持ち込まれ、契約審査の依頼がなされます。審査担当者は、文言をチェックして一般的なリスクや問題点を抽出します。

次に、依頼部署からのヒアリングを行い、当該契約の具体的内容を把握し、当該契約の実情や特殊性を理解します。これは、当該契約の対象となるビジネスモデルやビジネススキームを把握する作業といってもよいでしょう。そして、この点を踏まえて、当該契約特有のリスクや問題点を更に抽出します。その上で、一般的なリスクや問題点と当該契約特有のリスクや問題点から判断して条項を修正し、それを交渉担当者に伝えます。

それを受けて交渉担当者は相手方と交渉して、その結果を審査担当者に再び報告します。審査担当者は、修正の実現性や可能性にも配慮しつつ、場合によっては妥協しながら、第2次案を交渉担当者に伝えます。交渉担当者は、再び相手方と交渉し、これを審査担当者に再度報告しながら相談するといったことを何度か繰り返します。

その上で、最終的に、これ以上の修正は不可能若しくは現実的ではないとの判断を交渉担当者と審査担当者双方が行った上で、ようやく契約を締結する（若しくは契約を締結しない）という決断を行うという一連の手続なのです。

第1章　契約審査手続の意義と流れ　　7

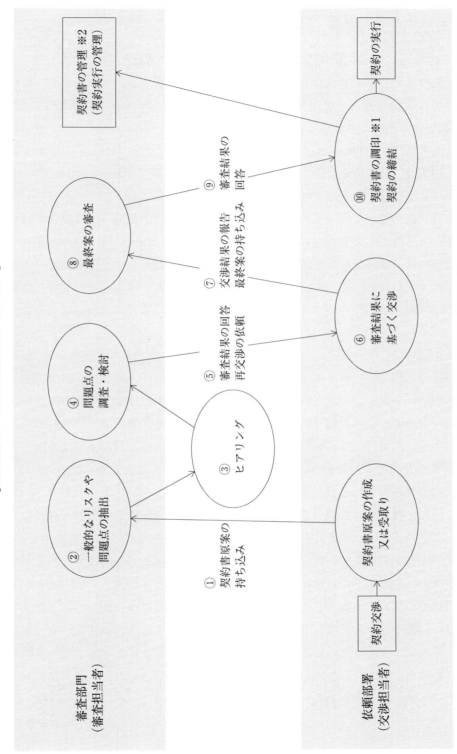

> ### 新民法と契約審査
>
> ○契約の方式の自由の明文化と消費貸借契約及び寄託契約の方式
>
> 　契約は意思表示の合致があれば口頭であっても成立するのが原則です。現行民法では契約の方式の自由を直接定めた条文はありませんが、新民法では522条2項により明文化されることになりました。
>
> 　もっとも、契約書の作成が契約の成立要件の一つとされている場合もあります。例えば、定期借地契約（借地借家22）、定期建物賃貸借契約（借地借家38①）などです。この他に、民法の平成16年法律147号による改正により平成17年4月1日以降に締結される保証契約は書面によること（電磁的記録による場合は書面によってされたものとみなされます。）が必要になりました（民・新民446②③）。保証契約は人間関係などを理由に安易になされることがあり、保証契約の内容を書面上明らかにすることで、より慎重な判断が求められているのです。契約書の作成が成立要件の一つとされている場合には、口頭では契約は成立しません。
>
> 　また、目的物の引渡しなどが契約の成立要件の一つとされている契約もあり、これを要物契約といいます（これに対して、意思表示のみで成立する契約を諾成契約といいます。）。例えば、使用貸借契約、動産の質権設定契約や代物弁済契約などです。なお、現行民法では消費貸借契約や寄託契約は要物契約とされていますが（実務上は諾成契約も認められていました。）、新民法では書面でする消費貸借契約は目的物の交付がなくても成立することとなり（新民587の2）、寄託契約は諾成契約とされました（新民657）。
>
> 　この他、書面によらない贈与契約は、履行の終わった部分を除き、各当事者が解除をすることができるとされています（民・新民550）。なお、現行民法では、「撤回」と規定されていますが、一旦成立した契約の効力を消滅させるものであるため、新民法では「解除」と改められました。
>
> 　口頭での契約が原則として有効であるとしても、後にトラブルになった場合には、契約が成立したことやその内容について証明することが難しい場合が多く、トラブルを避けるためにも契約書を作成した方がよいことは本文で説明したとおりです。

（安藤芳朗）

第2章　契約審査手続の視点

> **Point**
> ① 法務部等の審査部門の役割は、将来の紛争の回避にあります。紛争を回避するためには、論理的に考えられる全ての契約リスクを一通り挙げ、そのうち、発生の可能性が高いリスク、実務上問題となるリスクを意識した上で、その回避をすることが必要です。
> ② リスクを想定する際には、何らかの視点を定める必要があります。その視点として、時間の流れに従って想定する方法と、生じる結果から想定する方法があります。
> ③ リスクには、必ず避けるべきリスクと、あえて選択するリスクがありますので、リスクについて評価して、その影響を考慮し、それらを区別することが必要となります。
> ④ 紛争を回避できず、裁判等法的紛争になった場合に、どのような問題点が生じ得るのか、契約審査の時点で事前に検討することが不可欠です。あわせて、強制執行の場合や相手方が倒産した場合等の問題点についても検討する必要があります。
> ⑤ 法的適合性、さらには社会的相当性・企業倫理等を意識して、コンプライアンス上問題とならないようにすることが極めて重要です。

◆予防法学的法務の視点

(1) 審査部門の役割

　法務部等の審査部門の役割は、将来の紛争の回避にあります。契約書の条項をめぐって相手方と紛争になった場合には、結果的に裁判において自社が勝訴したとしても、紛争が生じたことをもって、審査部門はその役割を果たしたとはいえないでしょう。医学では、病気の治療のみならず、いかにして病気にかからないようにするか、事前の予防が精力的に研究されています。このように、紛争・トラブルを回避するというアプローチは契約実務にも妥当し、予防法学といわれる分野を構成しています。

　紛争を回避するためには、事前に、どのような紛争が発生し得るのかを具体的に想定・イメージして、リスクを想定することが必要です。契約審査に当たっては、第1次

作業では論理的に考えられる全ての契約リスクを一通り挙げます。そして、その後の第2次作業で、論理的に考えられるリスクのうち、発生の可能性が高いリスク、実務上問題となる現実的なリスクを意識した上で、その回避をすることが必要です。

(2) 契約審査手続とリスクの意味

ところで、リスク（risk）とは危険が生じる可能性がある、危険を含む状況にあるなど、危険そのものに対して管理・回避の可能性を有する危険を表す言葉です（これに対して、デンジャー（danger）は危険そのものを意味します。）。本書では、リスクを「管理・回避の可能性を有する危険」であるとの前提で使用します。

このように、リスクを管理・回避の可能性を有する危険であると意味付けると、契約審査手続は、リスクの管理・回避の第1段階の手続であることが分かります。契約締結後にリスクが顕在化すれば、その段階では巻き戻すことはできないわけですから、その時点で、対策措置ないし善後策を講じるほかありません。会社の運命を左右するような重大リスクが現実化した段階では手遅れということもあります。

契約審査手続において、リスク管理・回避を実現するには、リスクについて知らなければなりません。そして、リスクを知るということは、リスクを想定し、想定したリスクを重要度において評価することが必要です。

◆リスクの想定

リスクを想定する際には、何らかの視点を定める必要があります。その視点として、時間の流れに従って想定する方法と、生じる結果から想定する方法があります。

(1) 時間の流れに従って想定する方法

例えば、ある会社がA社と共同で商品を企画し、B社に製造を委託して、できあがった商品を他社に販売する場合を取り上げてみましょう。この場合、①商品の研究開発・企画の段階、②製造段階、③販売段階と3段階を経て目的が達成されます。そこで、各段階におけるリスクを具体的に想定してみると、次のようなリスクが挙げられます。

　　ア　（共同）研究開発・企画の段階のリスク
① 開発の失敗や遅れによりライバル商品が先行発売されてしまうリスク
② 共同開発の過程で自社が有していた技術情報が流出してしまうリスクや、その開発が他社の特許権、実用新案権等知的財産権を侵害するリスク
　　イ　製造段階のリスク
① 他社の特許権、実用新案権等知的財産権を侵害していることや、不正競争防止法に違反する場合に製造を差止請求されるリスク
② 製造が、他社の特許権、実用新案権等知的財産権を侵害したことによる損害賠償

請求を受け、又は不正競争防止法違反、製造物責任等による損害賠償請求を受けるリスク
③　製造を委託したＢ社との間で、契約違反行為、債務不履行が発生するリスク
④　製造を委託したＢ社が倒産し、約定期日に納品されない、そもそも製造自体が中止されてしまう、あるいはＢ社以外では技術がないために製造できないなどのリスク
⑤　製造を委託したＢ社が倒産したこと等により、本来はＢ社が負うべき責任について自社が負担せざるを得なくなるリスク
⑥　Ｂ社との間の製造に関する契約が、独占禁止法や下請法、その他業法に違反していることにより刑事罰や行政処分を受けるリスク
　　ウ　販売段階（自社が他社に商品を売る場合）のリスク
①　製品が、他社の特許権、実用新案権等知的財産権を侵害していることや、不正競争防止法に違反したこと等により、販売を差止請求されるリスク
②　製品が、他社の特許権、実用新案権等知的財産権を侵害していることによる損害賠償請求や不正競争防止法に違反したことによる損害賠償請求、あるいは製品に欠陥があったことにより製造物責任法に基づく損害賠償請求を受けるリスク
③　製品を販売した売掛金が回収不能となるリスク
④　製品に欠陥があったことによる社会的信用の低下のリスク
⑤　製品の販売方法が独占禁止法や景表法に違反したことによって行政処分を受けるリスク
⑥　製品に欠陥があったことや、各種法令に違反したことに伴うマスメディア、世論による批判を浴びるリスク
　(2)　生じる結果から想定する方法
　取引において生じるリスクといえば、①契約の目的が達成できない目的不達成のリスク、②損害賠償の請求を受ける等の損害発生のリスク、③刑事罰や行政処分あるいはマスメディアによるバッシング等の制裁のリスクが考えられるでしょう。
　　ア　目的不達成のリスク
　法律上の目的不達成のリスクとして、他社より知的財産権侵害、不正競争防止法違反等による差止請求がなされたことにより、開発、製造、販売各段階においてその目的が法律上達成できないことが考えられます。これに対し、事実上の目的不達成のリスクとして、相手方の債務不履行・倒産等による技術不使用・資材不調達・製造不能あるいは、商品の売掛金未回収等、各段階における目的が事実上達成できないことが考えられます。

イ　損害発生のリスク
　損害賠償（契約違反、特許権、実用新案権等知的財産権侵害、不正競争防止法違反、製造物責任などによる）を支払うことによる損害、製品が売れないこと等による投下資本が回収できなくなる損害、相手方が倒産したこと等により商品代等の回収ができなくなる損害、あるいは製品が製造販売できれば得られていたであろう利益（得べかりし利益）が、これができないため得られなかった損害が考えられます。また、製品の性能が不十分であったこと等により自社の名誉・信用が失われる損害、さらには、製品の製造販売ができた場合の名誉や信用が、これができなかったことにより得られなかった損害等も考えられます。
　　ウ　制裁のリスク
　法的制裁として、独占禁止法違反、下請法違反、景表法違反、各種業法違反などにより、刑事罰や行政処分（業務停止、指名停止等の処分）を受けるリスクが考えられます。また、社会的制裁として、前述のような事態となった場合にマスメディアや世論によりバッシングを受け、会社のイメージが低下する等のリスクが考えられます。

◆リスクの評価
　リスクは必ずしも避けることができるとは限りません。しかしながら、「必ず避けるべきリスク」（以下「絶対的リスク」といいます。）、「あえて選択するリスク」（以下「相対的リスク」といいます。）がありますので、リスクについて評価して、その影響を考慮し、絶対的リスクと相対的リスクとを区別することが必要となります。
　（1）　絶対的リスク
　絶対的リスクとしては、法的制裁を受けるリスクが挙げられます。法的制裁を受けた場合は、その制裁内容自体も問題ですが、同時に社会的制裁を受けることが避けられません。法的制裁の内容自体が軽微であっても、その結果、社会的制裁を受け、会社としての存亡に関わることもあります。社会的制裁となる世論は、時代によって変遷します。ある時は是とされた事柄も、時間とともに非とされることがあります。世論の推移にも十分な注意が必要です。
　（2）　相対的リスク
　これに対し、相対的リスクとしては、目的不達成のリスクや損害発生のリスクが考えられます。例えば、製品開発の可否、商品が売れるか、利益が出るかなどのリスクです。これらはむしろ経営判断に属するものです。
　法的な観点からの相対的リスクもあります。例えば、自社の利益につながる条項を入れた方がよいと分かっている、あるいはその条項の修正を求めた方が自社にとって

よいことは分かっているが、当該相手方と取引をするにはその条項を入れることを求めることができない、あるいは条項の修正を求めることができないような場合でしょう。

このような場合も、そのリスクを想定・評価している場合としていない場合では、後の対処に大きな影響を及ぼします。

（3）　リスクへの対処

リスクを想定し、評価した結果、絶対的リスクと判断した場合には、審査担当者としては、これを許容することはできません。依頼部署に対し、契約の締結自体の断念を求めるか、契約書案の条項の修正を求めるほかありません。これに対し、相対的リスクと判断した場合には、依頼部署に対し、契約の締結の断念若しくは契約書案の条項の修正を求めますが、これができなければ、依頼部署の責任において、契約を締結することないしは原案のまま契約を交わすこともやむを得ないことになります。

◆裁判、強制執行、倒産の場面の視点

（1）　裁判の視点

審査部門の努力にもかかわらず、残念ながら、裁判になることもあります。審査部門としては、紛争の回避に努めながらも将来の裁判を想定して契約審査を行う必要があります。民事裁判の場面においては、どちらの当事者が証明責任を負うかを意識することが重要です。証明責任とは、裁判所が事実認定において当事者から提出された証拠からでは確信を抱けない場合（真偽不明の場合）に、その事実が認められないこととなる不利益をいいます。

また、相手方が契約に違反した場合の制裁についても意識する必要があります。例えば、損害額の立証が困難な場合も多く、このような場合に備えて損害額をあらかじめ規定した違約金条項を設けることも検討すべきでしょう。ただし、この違約金条項についても損害賠償額があまりに高額等の不合理な内容のものは、公序良俗に反して無効（民・新民90）ということにもなりかねないことから、この内容の検討も重要となります（→第2編第1章3◆損害賠償額の予定条項・第2章3◆損害賠償と違約金条項）。

（2）　強制執行の視点

さらに、民事裁判において損害賠償請求が認められた場合でも、相手方に責任財産がなければ、結局強制執行ができないことになり、損害の填補をすることができません。審査部門としては、この点の検討も不可欠となり、相手方の資力や担保等についても考慮することになります。このように民事執行の場面を意識することも、契約審査に当たっての重要な視点となります。

（3）　倒産の視点

相手方が倒産してしまった場合の対応を検討しておくことも有用でしょう。特に対

応していなければ、自社が有する請求権は破産債権（破産97以下）となり、確保された破産財団を債権額に応じて按分弁済する（破産194②）ことによる配当（破産193以下）を受けることしかできず（配当率が数％のことがほとんどです。）、少額の支払しか受けられないことがほとんどです。そのため、審査部門としては、請負代金の支払時期を工夫したり、担保権を設定したりすることも考えられます。

◆コンプライアンスの視点

(1) コンプライアンスの重要性

今日、企業には高度なコンプライアンス、法的適合性が求められています。企業が社会的存在であることから、法律に従った企業活動をすることは当然であり、近時、企業の多数の衝撃的な不祥事により、その重要性は極めて大きくなっています。コンプライアンス違反は、マスメディアでも大きく取り上げられ、上場廃止になったり、場合によっては廃業・倒産等、企業の存続さえも許されないこともあり、その重要性は強調してもし過ぎることはありません。

審査部門としては、契約審査に当たっては法令、特に各種規制法を検討する必要があります。また、民法、会社法等の一般法では有効なことでも、事情によっては、独占禁止法等によって規制されることがあり、大企業であればあるほどこの点を意識して検討することが不可欠となります。

(2) 法に違反した場合の効果の検討

さらには、法に違反した場合の効果についても検討する必要があります。民事法上、契約条項が否定されるのか（無効、又は解除原因）、損害賠償請求が可能なのか等を検討し、問題点を検討しておく必要があります。また、刑事法上の制裁、行政法上の制裁等企業が違反した場合の制裁についても、シビアに検討する必要があります。審査部門としては、リスクを各部署に説明し、契約条項を遵守させることが期待されます。

(3) 企業倫理の点からの検討

また、企業活動が法令を遵守しているかという視点のみならず、活動が社会的に相当なのか、企業倫理上問題がないかという検討を忘れてはなりません。国が定めた法令というのは最低の基準であり、これを遵守することにとどまらず、企業には倫理に違反しないことも要請されています。これは、社会的な影響の大きい上場会社であればなおさらです。社会的に問題となった事例等を審査部門で集積検討し、社会的相当性のチェックをすることは、今日においては不可欠です。このような企業姿勢は、社会の信頼を得て、企業評価を高めることにつながり、むしろ「攻め」の法務といえます。コンプライアンスの重視により、売上高、利益額がむしろ増加するのです。

弁護士に聞きたい！

Q1 コンプライアンスと社会的相当性
コンプライアンスという考え方には、法的適合性のみならず社会的相当性も含むのでしょうか。

A　コンプライアンスという用語は、一般に「法令遵守」と訳され、法律を形式的に遵守することだと考えがちでした。しかしながら、「企業の社会的責任」（CSR）という考え方があるように、ステークホルダー等企業を取り巻く利害関係人に対する積極的な社会貢献が期待されています。そうであれば、コンプライアンスも、法令の趣旨・目的、社会常識、倫理に従った活動という実質的な意味で理解されなければなりません。「法律ギリギリならば構わない」という姿勢は厳に戒められなければなりません。社会常識は時代とともに変化するものであり、また、法令を事後的に判断する裁判例も予断を許さない面がありますので、企業活動は余裕をもって行うべきであり、万が一にもコンプライアンス違反がないようにすべきです。

Q2 内部統制と契約審査手続
契約審査手続は、内部統制システムとどのような関係があるのでしょうか。

A　取締役会設置会社の取締役会は、取締役の職務の執行が法令・定款に適合することを確保するための体制その他会社の業務の適正を確保するために必要なものとして、法務省令の定める体制の整備の決定をしなければなりません（会社362④六）。この体制が内部統制システムです。そして、法務省令では、「損失の危険の管理に関する規程その他の体制」（会社則100①二）、「取締役の職務の執行が効率的に行われることを確保するための体制」（会社則100①三）、「使用人の職務の執行が法令及び定款に適合することを確保するための体制」（会社則100①四）等を定めています。

ところで、契約審査手続は、本章で論じるようにリスクの管理・回避であり、また、コンプライアンスの実現のための仕組みといえます。したがって、契約審査手続は、「損失の危険の管理に関する規程その他の体制」（会社則100①二）等に該当するものであり、内部統制システムの一つということができます。

> **Q3 取引先との関係で条項の修正ができない契約書案の審査**
> 　契約書案を確認してほしいという依頼に基づいて、契約書案を確認し、ヒアリングをしていると、依頼部署の担当者から「相手方は重要な取引先であって、契約書案の条項をとやかく言うことができない」という話がありました。審査担当者としては、条項の修正ができないのであれば、契約審査をする意味が乏しいように思いますが、どのように対処したらよいでしょうか。

A　第1に、いくら相手方が大切な取引先であっても、①契約書案の誤字脱字等の間違い、②契約書案の条項が古い法令を前提としている（今でも、「破産宣告」「和議」という言葉を見つけることがあります。）、また、③前後の条項から見て論理的におかしいような場合については、自社から意見を出せば、修正に応じてくれることがあります。このような場合には、自社がきちんとした会社であることを相手方に理解してもらうためにも、意見を言うべきです。

　第2に、契約書案の条項の修正ができなくとも、自社にとって、依頼部署に対し、契約書案上で特に留意すべき点を指摘しておくことが大切です。例えば、自社に厳しい約定がある場合には、その旨をあらかじめ依頼部署に説明し、契約条項を遵守することができるか確認しておくことが必要です。

（安藤芳朗）

＜参考文献＞
　井窪保彦ほか編著『実務　企業統治・コンプライアンス講義』20頁以下（民事法研究会、改訂増補版、平18）

第3章　依頼部署からの持ち込み

> **Point**
> ① 審査担当者は、依頼部署に対して、あらかじめ、契約審査依頼の際に受け取りたい情報や資料を示しておく必要があります。そのための方法として、契約審査依頼書の書式を作成し、審査に必要な資料は、依頼の時に契約審査依頼書に添付してもらうようにしましょう。
> ② 依頼部署から審査依頼があったら、契約審査依頼書、契約書案及び添付資料に目を通した上で、依頼部署に連絡して、審査回答希望日と回答希望日が設定された理由を確認し、第1回目のヒアリングの日程を調整します。
> ③ 契約内容を把握し、審査回答日と第1回目のヒアリングの日程が決まったら、どのようなスケジュールで契約審査を進めるかを考えます。

◆契約審査依頼書の書式と添付資料

（1）　契約審査の依頼

　契約審査の対象となる契約書案は、取引の相手方との間に何らかの取引又は取引の予定があり、交渉を経て作成されます。そして、契約審査手続は、審査担当者が依頼部署からの契約審査の依頼を受けてスタートします。審査担当者としては、依頼部署から、取引内容や契約交渉の際のやり取りなどの情報を受け取る必要があります。

　審査部門が情報を受け取るための工夫として、契約審査依頼書の書式を用意することが考えられます。標準的な書式をサンプルとして掲載しました（→書式例１）。もっとも、契約類型ごとに記載を要求すべき事項は異なりますので、審査依頼が特に多い契約類型について、例えば、秘密保持契約用、取引基本契約用、業務委託契約用というように、それぞれ別の書式を用意するなど、各企業の契約締結の実情に応じて工夫をしてください。

　また、この依頼書の記載事項が増えると、依頼部署の負担が増えてしまいますので、A4用紙で1枚程度が適切でしょう。契約審査手続が定着している企業の中には、会社のイントラネット等を利用して、契約審査の依頼・回答が電子的になされるところもあります。

(2)　審査依頼の際に確認・検討すべき資料

　ア　審査依頼の際に確認・検討すべき資料としては、第1に、契約当事者と契約目的物を特定するための資料として、商業登記や不動産登記の登記事項証明書が考えられます（→本編第5章◆事実レベルの問題点の検討）。また、相手方の信用情報について、信用調査機関の調査報告書があれば添付してもらうのもよいでしょう。

　イ　第2に、契約書案の中で、「別紙のとおり」と書いてある場合には、その別紙を添付してもらうべきです。「別紙のとおり」と書いてあるのに、その別紙の内容を確認・検討しなければ、契約書案を審査したことになりません。場合によっては、まだ作成されていないというケースもありますが、その場合には、未作成であることを把握することが大切です。契約書案の中で、「別に定める」と書いてある場合、その定めの内容を確認・検討する必要があります。別の定めを確認するための資料として、例えば、製品の仕様書、品質保証書、注文書、注文請書などの資料は、契約審査依頼書に添付されていると役に立つでしょう。

　ウ　第3に、当該契約に類似する契約があれば、それを参考にして審査をすることができます。実務上は、市販されている契約書式集よりも自社の過去の契約審査の例を参考にするケースが多いようです。依頼部署も、過去の類似の契約がOKだったのなら今回も大丈夫と考えていることが多いので、過去の審査の回答と異なる回答をする場合には、その理由を丁寧に説明する必要があります。また、契約のリスク管理の面からも、類似の契約内容については統一的な取扱いをすることが望ましいといえます。

　エ　さらに、第4として、当事者が3名以上いる場合や、ビジネススキームが把握しにくい場合には、当事者関係図を作成してもらい、契約審査依頼書に添付してもらいましょう。この図を作成してもらうことにより、審査担当者がスムーズにビジネススキームを把握することができるようになるだけでなく、依頼部署の担当者の、頭の中の整理をしてもらうことができます。

　このような当事者関係図は、弁護士が紛争となっている事案を整理する際にも作成しますが、分かりやすい当事者関係図を作るには、若干のコツがあります。そのコツの一つは、関係を記号化することです。例えば、個人は○で囲み、法人は□で囲むとか、債権は細長い三角形で（底辺側が債権者で頂点側が債務者）、保証債務は波線矢印で表記し、権利の譲渡は矢印を用いるといった具合です。

【当事者関係図の例】

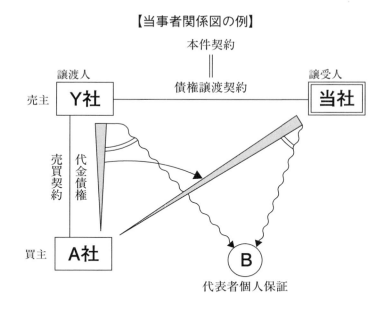

＜債権譲渡契約＞

オ 審査手続をスムーズに行うためにも、前述のような資料を契約審査依頼書に添付してもらいましょう。その旨を、契約審査依頼のためのマニュアルや契約審査依頼書に記載しておくという工夫も考えられます。

【契約審査に必要な資料の例】

ビジネススキームに関する資料	当事者関係図
相手方当事者に関する資料	① 商業登記の登記事項証明書 ② 有価証券報告書（※1） ③ 信用情報調査機関の報告書 ④ 相手方の会社の会社案内・パンフレット
目的物に関する資料	① 不動産登記の登記事項証明書 ② 特許公報（※2） ③ 当該商品のカタログ ④ 仕様書・図面 ⑤ 品質保証書
契約の内容に関する資料	① 注文書・注文請書 ② 契約書案中「別に定める」とある定めの文書 ③ 覚書の審査の場合には原契約書 ④ 原契約に関連するその他の覚書・合意書

類似の契約に関する資料	① 当該相手方との間の過去の契約書 ② 他の相手方との類似の契約の契約書

※1 上場企業の情報を確認するための方法として、「金融商品取引法に基づく有価証券報告書等の開示書類に関する電子開示システム」EDINET（Electronic Disclosure for Investors' NETwork）というサイトがあります。これは、金融庁が行政サービスの一環として提供しているもので、これにより、開示書類を閲覧することができます（「有価証券報告書」や「EDINET」で検索すれば見つけられます。）。

※2 特許に関する情報を確認するための方法として、特許情報プラットフォームというサイトがあります。これは、独立行政法人工業所有権情報・研修館が運営しているサイトで、明治以降発行された特許・実用新案・意匠・商標の公報等約1億1,000万件とその関連情報について、検索・利用が可能です（特許庁のＨＰからリンクが張られているほか、「特許情報プラットフォーム」で検索すれば見つけられます。）。

(3) 回答希望日とその設定理由の確認

依頼部署から審査依頼があったら、まず、契約審査依頼書、契約書案及び添付書類に目を通します。特に、契約審査依頼書に記載してある回答希望日の把握は大切です。明日までに回答が必要なのか、2週間後でよいのかによって、その契約審査にかけられる時間が決まってくるからです。

書類や資料に目を通したら、できる限り早く依頼部署の担当者に連絡をしましょう。自分が契約審査の担当者であることの説明をした後、まず、回答希望日とそれが設定された理由を確認します。回答希望日が設定された理由を確認することにより、他の業務との優先関係を考えることもできるようになります。

◆第1回目のヒアリングの日程調整

(1) ヒアリングの日程調整

契約審査手続において、依頼部署へのヒアリングは原則として必要です。依頼部署に回答希望日とその設定理由を確認したら、第1回目のヒアリングの日程を調整します。迅速な審査のためには、第1回目のヒアリングの日程を早期に調整する必要があります。

ヒアリングの際には、できる限り依頼部署まで出かけるようにしましょう。ヒアリングの際には、提出された契約書案や添付資料以外の資料が必要になることや、依頼部署内の他の人の意見を聞くことが必要になることが多々あります。依頼部署でヒアリングを実施していれば、その場で必要な資料を確認し、必要な人の意見を聞くことができます。

(2) 依頼部署とのコミュニケーション

依頼部署まで出かけていくことは、審査担当者の姿勢を依頼部署に示すことにもつながります。契約審査は、依頼部署から依頼された契約書案を上司のような目線でチェックするのではなく、依頼部署が取引の相手方との間で適切な契約が締結できるようにサポートするためのものですから、その姿勢を示すためにも審査担当者の側が出かけていくべきです。

契約審査に出かけると、その依頼部署の担当者以外の人に声をかけられ、法律的な相談を持ちかけられることもあります。日々の業務の中で、「法務担当部署にわざわざ照会をするほどではないけれど、ちょっと確認したい。」ということは、結構頻繁にあるようです。ヒアリングに出かけることによって、こうした疑問に答えることも法務担当部署の大切な仕事です。

◆基礎的な契約内容の把握とスケジュールの立案

(1) 基礎的な契約内容の把握

契約審査依頼書、契約書案及び添付資料から、契約内容や問題点が十分に把握できないときは、依頼部署に初めて連絡をした際に、基礎的な契約内容、すなわち契約当事者、契約目的物、契約類型（又はビジネススキーム）を確認しておくとよいでしょう。特に、契約審査依頼書等に特記事項がある場合には、その内容を簡単に確認しておくと、その点についてヒアリング前に調査を行った上でヒアリングに臨むことができるようになります。また、ヒアリングの際に用意しておいてもらうべき資料等がある場合にも、依頼部署に初めて連絡をした際に、その旨を伝えておきましょう。

(2) 電話によるヒアリング

実務的には、問題のないことが多い定型的な契約書案については、電話によるヒアリングで済ませることがあります。実際の取引の経緯や過去の審査の経緯から問題が少ないと思われる場合で、審査の効率上相当な場合には、面談によるヒアリングを省略し、電話による事実確認だけで済ませることもできます。もっとも、その場合には、第1回目の電話によるヒアリングだけで審査をすることになり、契約に潜んでいる問題点に気づかないまま審査を終了してしまう危険があります。そのような事態を防止するため、ヒアリングに関する事項をよく把握した上で、問題点を見落とさないように注意しましょう。

(3) 契約審査のスケジュール

回答希望日及びその設定理由を確認し、第1回目のヒアリングの日程が決まれば、それらの日程を軸に、他の仕事との優先関係等を考慮しながら、契約審査のスケジュー

ルを立てることになります。

　契約書案の書面上から判明する形式的な問題点や法律的な問題点については、ヒアリング前から調査を始めることが可能ですので、ヒアリングまでに、先例となる過去の類似の契約書を検索したり当該契約を規制する法律の有無、問題点に関する判例検索等の調査をしたりして、当該問題点に対する結論を得ておくようにしましょう。

　また、この契約審査の初期の段階で、契約書案に修正すべき箇所があり、依頼部署に相手方との交渉を依頼しなければならないことが判明している場合には、依頼部署が相手方と交渉する期間も計算に入れてスケジュールを立てなければなりません。

〔安藤芳朗〕

第3章　依頼部署からの持ち込み　　23

| 書式例1 | 契約審査依頼書 |

依頼者	○　○　○　○	所属部署	営　業　部
審査依頼日　平成○年10月1日		審査回答希望日　平成○年10月20日	

| 契約の相手方　　名称　　○○株式会社 |
| 　　　　　　　　代表者　○○○○ |
| 　　　　　　　　所在地　○○県○○市○○○丁目○番○号 |

相手方との取引（いずれかに○）	契約書案の作成者（いずれかに○）
（・新規）・継続中・復活	・相手方　（・当社）・定型書式

| 契約書のタイトル |
| 　　売買契約書 |

| 契約の目的 |
| 　　○○の機械を販売する |
| 　　（品番　○○－○○○○） |

| 契約金額 |
| 　　金5,000,000円（消費税込み） |

| 契約締結予定日 |
| 　　平成○年11月1日 |

| 審査に当たり特に注意を要すべき事項 |
| 　　機械の設置工事を第三者に委託してもよいか |
| 　　機械の補修の約定は契約書案のとおりでよいか |

| 添付書類 |
| 　　○○株式会社の信用調査報告書 |
| 　　製品の仕様書 |

審査結果回答欄

| 審査結果　A　契約書案に修正すべき事項はなく、このまま締結してよい。 |
| 　　　　　　B　修正が望ましい事項があるが、交渉の結果、修正できなくてもやむを得ない。 |
| 　　　　　　C　修正すべき事項があり、修正せずに契約することは大きなリスクがある。 |
| 　　　　　　D　法令違反等があり、修正できなければ契約してはならない。 |
| □詳細は別紙のとおり |

| 具体的な修正事項 |

| 印紙額 |

契約審査担当者：

第4章　依頼部署へのヒアリング

> **Point**
> ① ヒアリングにより、契約審査に必要な情報を獲得し、依頼部署に必要なアドバイスをするとともに、依頼部署のみならず関連する部署と人間関係を構築することができます。
> ② ヒアリングの準備として、契約内容のポイント（当事者、取引内容、契約類型）を把握し、具体的な取引場面をイメージしながらヒアリングすべき事項を列挙し、どのような順序で聞いたらヒアリングが流れよく実施できるかを考えましょう。また、ヒアリングまでに審査期間の見通しを立てましょう。
> ③ ヒアリングでは、契約審査に必要な情報を聞き漏らさないようにしましょう。当該取引については、依頼部署の担当者（以下「依頼担当者」といいます。）の方が詳しいのですから、必要な情報を教えてもらうという姿勢で臨みましょう。
> ④ 必要な情報について聞き取りをしたら、現時点で把握できている問題点について、依頼担当者に説明をしましょう。依頼担当者に、問題点を把握してもらうことも大切です。その際、否定的な発言をするときには十分に注意する必要があります。できれば、当該リスクを回避し得る方法など、前向きな提案をしましょう。

◆ヒアリングの意義
（1）　契約審査に必要な情報の獲得

　依頼部署から提出された契約審査依頼書、契約書案及び添付資料（以下これらを「契約書案等」といいます。）を、ある程度検討した段階で、依頼部署への第1回目のヒアリングを実施し、依頼担当者に対して、契約書案等の内容に関する疑問点及び派生する問題点について質問を行い、契約審査に必要な情報を得ます。

　ヒアリングでは、契約書案等のみからでは明らかにならない事項、すなわち、取引の相手方の信用、取引の経緯、取引の具体的な内容、書面によらない口頭の契約の有無、契約書案の記載と異なる取引慣行の有無、当該契約書案に潜むリスクの内容など、多岐にわたる情報を得ることになります。

このヒアリングが適切に行われることにより、契約内容を正確に把握することができ、リスクの把握・管理又は回避という契約審査の目的が果たされることになります。

(2) 依頼部署へのアドバイス

依頼担当者は、当該契約に潜むリスクを理解した上で相手方との交渉をすることが望ましいです。そのため、なるべく早い段階で契約のリスクを指摘すべきです。早い段階でリスクを指摘しておけば、依頼担当者から、リスクを回避するような修正案が出てくるかもしれません。

依頼部署に当該契約のリスクについて指摘する場合、当該契約について否定的な発言をするときは、十分に注意しなければなりません。依頼部署は、当該契約は締結可能であり、かつ、締結すべきであると考えて審査依頼をしているわけですから、否定する発言には敏感になっています。不用意に否定的な発言をしてしまうと、依頼担当者との信頼関係を害してしまうことがあります。

これに対して、「当該契約には、こんなリスクがありそうなので、このままでは難しいかもしれないが、こんな工夫をすればリスクが回避できそうだ」といった対案を提示できれば、依頼部署との信頼関係を築きやすいと思われます。さらに、相手方と交渉する際の武器を提供することができれば、依頼部署からの信頼を得ることができるようになります。

まれに、依頼部署が契約内容を確認することなく、審査依頼をしてくることがあります。そのような場合には、一緒に契約内容を確認することによって、依頼担当者にその内容を理解してもらうなどの工夫が必要です。

依頼部署では、当該契約に類似した契約を多数締結することが考えられます。今回の契約審査で適切なアドバイスができれば、次回以降の類似の契約においても反映されるでしょう。依頼部署への適切なアドバイスは、今後の契約審査にも影響するといえます。

(3) 依頼部署及び関連する部署との人間関係の構築

契約審査の過程では、依頼部署だけでなく、他の部署にも意見を求めることがあります。例えば、あるメーカーで、システム管理部門から材料の調達先との間のネットワークの構築に関する契約書案について審査依頼があり、情報の守秘義務期間が問題となったとします。審査担当者としては、過去の類似の契約の守秘義務期間を調査するだけでなく、システム管理部門で当該材料供給会社との間でどのような情報がやり取りされるのかが分からなければ、材料調達部門に問い合わせて、やり取りされ得る情報の範囲を確認する必要があります。さらに、当該情報の秘密保持期間としてどの

程度の期間が妥当なのか、知的財産部門があればそこに照会をする必要がありますし、場合によっては、当該商品の開発部門に問い合わせてモデルチェンジの頻度などを確認する必要があります。このように、一つの条項を審査するために、依頼部署であるシステム管理部門だけでなく、材料調達部門、知的財産部門、開発部門など、関連する部署から情報収集をすることもあります。

　契約審査の過程で、社内の各部署の事業内容を正確に把握することは、審査担当者にとって、自社の事業内容を理解することにつながります。また、各部署の担当者としても、自己の部署の事業内容が審査担当部署に正確に理解されることは、歓迎するところでしょう。社内で良好な人間関係が形成されることは、単に個人のメリットにとどまらず、法務担当部署全体のメリットにつながります。例えば、他の部署から審査を依頼された契約において当該部門が関連しそうな場合に、すぐに意見を求めることができるようになりますし、依頼部署が取引上のトラブルを発見した場合に、すぐに情報を知らせてくれるようになり、法務担当部署の法的紛争に関する情報収集能力も高まります。

◆ヒアリングの準備

(1) 準備の重要性

　ヒアリングを実施するに当たっては、事前に、契約の疑問点や派生する問題点を把握しておかなければなりません。質問の流れが悪いと、質問される側は質問の意図が分からなくなり必要な情報すら提供してくれなくなるおそれもあります。短時間で、流れよく、必要な情報を得られるようなヒアリングを実施するためには、事前に十分な準備をしておくことが重要です。

(2) 契約内容の把握

　ヒアリングの準備として、まずすべきことは、依頼部署から提出された契約書案等から、契約内容を把握することです。そのポイントは、①契約当事者の確定、②契約の目的物又は業務の特定、③契約類型の選択にあります。依頼部署作成の当事者関係図の有無にかかわらず、審査担当者としても当事者関係図を作成して、契約当事者を確認しましょう。

(3) ヒアリング事項

　契約のポイントが押さえられたら、次にヒアリング事項（疑問点や問題点）を考えます。疑問点や問題点を挙げていく際には、当該取引の具体的なイメージを描きながら考えていくとよいでしょう。

第1に、取引の相手方については、主な業務、本社の所在地、資本構成、自社との取引内容、過去の取引におけるトラブルの有無、今回の取引の担当者の役職と人柄、契約交渉における力関係などについて、ヒアリングをすることになります。

　第2に、具体的な取引の内容については、売買契約や賃貸借契約であればその目的物、業務委託契約であればその具体的な業務の内容、目的物や業務の特定方法、数量、納入方法、価格決定の経緯、代金支払の方法、成果物の取扱いなどを列挙します。

　第3に、契約書案に記載してある個別の条項、例えば貸与品の取扱いや情報提供について確認します。そして、損害賠償条項を確認するに当たっては、どのような損害が生じる可能性があるのかを依頼担当者に聞いてみるのもよいでしょう。また、契約類型からして約定しておくべき事項が契約書案に記載されていない場合には、その理由を確認しておかなければなりません。

　第4に、書面によらない口頭の契約や契約書案の記載と異なる取引慣行の有無、及びそれらがある場合にはその内容を忘れずに確認します。

(4) ヒアリングの順序

　ヒアリングすべき事項が列挙できたら、それらの事項をどのような順序で質問したらよいか考えます。質問事項が整理されていると、質問すべき事項を落としてしまうこともありません。話の流れが良くなり、話もしやすくなり、たくさんの周辺情報を聞くこともできるようになりますし、ヒアリングに要する時間も短縮することができます。

　ヒアリングの冒頭に契約の基礎的な事項として、当事者関係図を示して当事者を確認し、契約目的を確認したら、契約書案の条項に沿って（契約書案の条項が整然と並んでいることが前提ですが）確認していけば、流れの良いヒアリングができるはずです。

(5) ヒアリングシート

　そして、質問事項について、ヒアリングシート（→書式例２）にまとめてみるのも、一つの工夫です。このシートは、ヒアリングの際に漏れなく質問する際のメモにもなり、ヒアリングの際に回答を記載することでヒアリングの記録となり、また上司への報告の際の資料とすることもできます。

(6) 契約審査に要する期間の見通し

　ヒアリングに出かけると、依頼担当者から、審査に要する期間の見通しについて質問されます。契約審査に要する期間は、当該契約の問題点の内容によって変動しますが、ヒアリングをして初めて発見される問題点も多いので、実際には、この段階で正確な見通しを立てることは難しいです。

　しかし、依頼部署は、今後の審査の見通しについて大きな関心を持っていますので、

依頼部署と信頼関係を保ちながら契約審査を行っていくためには、暫定的なものであっても見通しを説明することが大切です。ヒアリングの準備の段階で、当該契約書案において、どのようなことが問題となり得るか、その点を調査するのにどのくらいの期間が必要かについて、考えておきましょう。

ヒアリングの準備段階で、問題となりそうな点を整理し、必要な調査事項及び調査に要する期間についての見通しをもっておくことで、第1回目のヒアリングの際に依頼部署から必要な事項を聞き取り、依頼部署に必要な資料を請求することができるようになり、二度手間、三度手間をかけることを防止することにつながります。

◆ヒアリングの際の姿勢

まず、取引の基礎的な事項、すなわち契約当事者、取引内容の大まかな把握が正しいかどうかを依頼担当者に確認しながら、質問していくことになります。審査担当者と依頼担当者とは協働関係にありますので、必要以上に構えることはありませんが、当該取引については依頼担当者の方が詳しいのですから、審査担当者は、自分が知らないことを依頼担当者から教えてもらうという姿勢で話を聞くことが大切です。その工夫の例としては、回答が「はい」か「いいえ」になるような質問（いわゆるクローズドクエスチョン）よりも、自由に回答できるような質問（いわゆるオープンクエスチョン）を活用することが考えられます。オープンクエスチョンを活用することで、ヒアリングを情報収集の場とすることができます。

ヒアリングの際には、話が大きく脱線しない限り、依頼担当者の話を遮らないようにして、意識して聞き役になりましょう。審査担当者の準備が適切になされ、質問が適切になされれば、依頼担当者も必要十分な回答をすることが多いように思われます。また、ヒアリングシートの質問順序を意識しすぎると、かえって流れが不自然になってしまうことがありますので、依頼担当者の話に関連する質問をして、話をつないでいけるとよいでしょう。

仮に、依頼担当者の話の途中で、法律上の問題点を発見しても、「それではダメです」などと否定的な見解を述べることは、基本的にすべきではありません。否定しただけでは、現に行われている取引の事実関係を変えることはできませんし、依頼担当者との話を前に進めることができなくなり、依頼部署との関係も悪化してしまいます。事実を正確に把握できなければ、適切なアドバイスをすることができませんので、コンプライアンス上問題とすべき事実関係についても、まずは、その実情を正確に教えてもらうようにしましょう。

◆法的な問題点についての説明と今後のスケジュール・課題の確認

(1) 法的な問題点についての説明

一通りの情報を入手し、補充すべき資料を入手したら、依頼担当者に対して、現時点で把握できている法的な問題点について説明します。

ヒアリングの準備の段階で調査が進んでいれば、規制を遵守するような対応が可能かについて、依頼担当者と相談することになるでしょう。下請法の適用の有無の場面であれば、注文書・請書に法定事項を記載することなどの確認や、業務委託契約であれば、相手方の道具等で作業をすることの可否や業務遂行の計画を相手方に示してもらうことの可否などを確認することがこれに当たります。

(2) スケジュールと課題の確認

ヒアリングの最後に、今後のスケジュールを確認しましょう。

第1回目のヒアリングによって、十分な情報が得られた場合には、いつまでに回答するかを説明します。

次回の打合せが必要であれば、それまでに審査担当者がすべきこと、依頼担当者に調査してもらうことを確認して、次回の打合せの予定を調整しましょう。

相手方と再交渉をすることが予定される契約については、回答希望日を前倒しして交渉期間を確保することになるでしょうから、そのような調整を依頼担当者とすることが必要になります。

(安藤芳朗)

＜参考文献＞
　菅原郁夫＝下山晴彦編『実践　法律相談－面接技法のエッセンス』（東京大学出版会、平19）
　加藤新太郎編『リーガル・コミュニケーション』（弘文堂、平14）

| 書式例2 | ヒアリングシート |

交渉担当部署	営業部	交渉担当者	〇　〇　〇　〇
契約の相手方	〇〇株式会社		
契約の類型	製作物供給契約		
対象物・対象業務	〇〇をするための機械		
契約金額	金5,000,000円（消費税込み）		
契約期間	履行期限　　　　平成〇年〇月〇日 継続的取引の場合　　年　　月　　日から　　年　　月　　日まで 更新条項の有無　　　有　・　無		

（当方が負う義務）
　　物の引渡し、設置工事
　　10年間の補修
　　消耗品・部品の保存

（相手方に請求できる権利）
　　代金の支払

（契約書締結の経緯）
　　今まで、〇〇株式会社とは、小口の取引が多かったので、契約書は取り交わしていなかったが、今回は金500万円の取引なので、書面にすることになった。

（相手方の信用リスクの調査）
　　信用調査会社の調査報告書を入手した。相手の会社を訪問し、代表者と面会した。
　　過去、小口の取引を3年ほどしているが、支払の遅延等のトラブルはない。

（対象物・対象業務のリスク）
　　耐用年数は10年である。相手方がエンドユーザーである。
　　本機械が故障すると、〇〇〇という影響があり、最悪〇〇〇という事態に陥る。

（法令上のリスク）
　　下請法の製造委託に当たるが、相手方とは下請法の適用がある関係にない。

（その他特記事項）
　　本機械には、〇〇社が特許権を有する技術が使用されており、許諾を得ている。
　　技術が盗まれないようにするための対策が必要である。

第4章 依頼部署へのヒアリング

【ヒアリング事項の例】

ヒアリングに当たっては、例えば次の事項を確認します。

① 当事者の確認
　　審査担当者作成の当事者関係図を示す
② 契約類型の確認
　　㋐ どのような商品なのか、性能や特徴を確認
　　㋑ 実際の物や仕様書を確認
③ 本件契約の経緯の確認
　　㋐ どういう経緯でこの商品を売ることになったのか
　　㋑ 過去も取引があったのか
　　㋒ 今後も取引が予想されるのか
④ 相手方の資力等の調査の有無の確認
　　㋐ 相手方の会社を訪問したか
　　㋑ 相手方の担当者はどのような人か
⑤ 契約条項の確認
　　㋐ 対象物は特定できているか
　　㋑ 「別に定める」検査規定は存在するか
　　㋒ 製品の耐久期間はどのくらいか
　　㋓ 消耗品や交換部品はどのようなものがあるか
　　　　ⓐ 保管にかかるコストはどれくらいか
　　　　ⓑ 他から調達することができるのか
　　㋔ 本製品の故障としてどのようなものが考えられるか
　　　　ⓐ 相手方に及ぼす損害はどの程度と考えられるか
　　　　ⓑ 第三者に損害を及ぼすおそれがあるか
⑥ 特記事項の確認
　　㋐ ○○社の技術とはどのような技術か
　　㋑ 許諾はどのような形で得たのか、許諾書面を確認
　　㋒ 許諾に関して費用を払ったのか
⑦ 今後のスケジュールの確認
　　次回のヒアリングの日程調整

第5章　契約の問題点の検討

> **Point**
> ① 契約の問題点を検討する場合、法令レベルの問題点のみではなく、契約当事者の把握などの事実レベルの問題点にも留意する必要があります。
> ② 事実レベルの問題点の検討としては、この契約によって実現しようとしているビジネススキーム、契約の相手方、契約の目的物について、注意を払う必要があります。また、新規の取引については課税関係の調査が必要です。
> ③ 法令レベルの問題点の検討としては、当該条項の有効性、その解釈の検討、当該条項の変更や別の条項を設けることにより、法令レベルのリスクを回避することが可能か、などの観点から精査することが求められ、そのために、法令の調査のほか、その解釈指針である判例や法律文献を調査する必要があります。
> ④ 審査担当者としては、法律の専門家である弁護士に対してリスク管理のための法的アドバイスを求め、弁護士から適切な回答を得ることにより契約審査手続を実効性のあるものにすることも必要となります。

◆契約の問題点の類型

契約の問題点には、法的適合性、契約条項の解釈という法令レベルの問題点に加えて、契約の相手方の履行可能性、契約の目的が達成される可能性などに深く関連する事実レベルの問題点もあります。審査担当者としては、審査対象の契約に関して契約当事者、契約類型、契約内容等の情報が適切に収集されているか確認した上で、契約の問題点を検討するという姿勢が重要です。

(1) 契約当事者の把握

契約締結の可否、担保権設定の要否等の判断をするためにも、依頼部署から契約書案が持ち込まれた場合、まずは契約当事者を把握しなければなりません。契約締結交渉の過程において契約当事者が変更される場合もありますので、注意が必要です。

(2) 契約類型の把握

依頼部署から持ち込まれた契約書案について、当該契約において予定されているビ

ジネススキームを把握し、当該ビジネススキームが典型契約に該当するものであるのか、それとも法律上規定のない契約類型であるのかという点を検討します。

契約書案の内容が典型契約に該当する場合には、当該契約において任意規定と異なる定めを設ける必要がないかという観点から検討をすることになります。なお、契約には一つの契約類型のみに該当するものばかりではなく、複数の契約類型に該当する混合契約（例えば、製作物供給契約では、売買契約と請負契約の両要素が含まれています。）も存在することに注意が必要です。さらに、特別法の有無についても注意する必要があります（例えば、賃貸借契約における借地借家法）。また、労働者派遣契約のように法律において一定の規制が設けられているような契約類型も存在するため、審査担当者は法を潜脱することがないよう適切な契約類型が選択されているかについて確認する必要があります。

他方、契約書案の内容が、非典型契約の場合には、総論的な規定（民・新民399以下）を除き、契約の具体的な内容は契約当事者間の合意によって律せられることとなりますので、審査担当者としては合意内容を入念に審査する必要があります。この場合、審査担当者としては、非典型契約という名のもとに法の潜脱をすることは許されないということを念頭に置かなければなりません。

(3) 契約目的の把握

契約書案を審査する際には、ヒアリング等を通して①目的（物）、②契約の履行過程において必要となる権利義務、③不履行の場合の措置などを確定し、「この契約によっていかなる目的を達成しようとしているのか」という契約目的を把握しなければなりません。

◆事実レベルの問題点の検討

(1) 契約の相手方に関する調査

　ア　契約の相手方の特定

契約交渉担当者が契約の相手方と一定の交渉を進めているのが一般的ですが、契約の相手方となる者が実際には契約交渉を行っていない場合（例えば、子会社の契約交渉を親会社の担当者が行っている場合）など、契約の相手方が契約交渉の相手方と異なる場合が少なくありませんので、契約の相手方の特定作業を行う必要があります。

契約の相手方が法人の場合には、登記事項証明書を入手してその内容を確認するなどの方法によることとなります。登記事項証明書は何人も請求することができます（商登10①）。取り急ぎの確認をする場合には、登記情報提供サービスを利用することも有用です。

また、契約交渉過程で想定されていた契約当事者と、契約時の契約当事者とが異なる場合が少なからず存在するため（例えば、当初は親会社が契約する予定で契約交渉が進んでいたが、相手方の事情により子会社が契約当事者となった場合）、審査担当者としては最終案の時点においても相手方を再確認するように心がけなければなりません。

　なお、会社法では、平成17年法律87号による改正前の商法19条（「他人ガ登記シタル商号ハ同市町村内ニ於テ同一ノ営業ノ為ニ之ヲ登記スルコトヲ得ズ」）に対応する規定が存在せず、同一市町村内に同一商号、同一事業目的の会社を設立することが可能であるため、同一商号の会社を見分けるために、登記事項証明書の本店所在地を確認することが重要となります。

　　イ　契約の相手方の資力調査

　契約の相手方が買主である場合や共同事業を目的とする契約を締結する場合など、契約の相手方の資力が問題となるような契約においては、契約の相手方の資力を把握することも不可欠となります。契約の相手方の資力などの調査を怠ると、突如として契約の相手方が銀行取引停止処分や破産手続開始の決定を受けるなどの事態が生じ、自社のリスク回避を図れないという事態に陥りかねません。契約の相手方の資力などを十分に把握していれば、その資力に応じて別途担保権設定契約（→**第2編第5章**）を締結するなどの方法により、あらかじめリスクを回避することが可能となります。

　このように契約の相手方の資力などが問題となる場合には、①契約の相手方から会社概要や決算書類などの交付を受ける方法、②インターネットなどで契約の相手方の情報を検索する方法（相手方が上場企業の場合には、EDINET（→**本編第3章◆契約審査依頼書の書式と添付資料の(2)**））等を利用することも有用です。）、③契約の相手方の本社、支店に出向いて営業状況を確認する方法などによる調査をすることとなります。

　(2)　契約の目的物に関する調査

　土地の売買契約や賃貸借契約の場合、登記事項証明書、公図、住宅地図を入手することが考えられます。登記事項証明書には、不動産の所在、地番、地目、地積（土地の場合）、権利関係の有無・内容、権利移転の過程が記載されています。何人でも登記事項証明書、公図の交付を求めることができます（不登119①・120①）。

　しかし、登記記録上の記載と現況が一致しているとは限りません。登記記録上の記載と現況が相違する結果、契約において目的物として定めた土地が存在しないという事態に陥り、契約の相手方と紛争になるケースが散見されます。このような紛争は、単に登記事項証明書を確認するのみではなく、公図や住宅地図の確認（建物の場合に

は、建物配置図を入手することが考えられます。)、現地に赴いて契約の目的物である土地を確認することにより回避することが可能です。

　このような調査は不動産の場合に限られません。例えば、フランチャイズ契約の場合にはノウハウの提供が重要な要素となるところ、いかなるノウハウを提供するのか（又は提供を受けるのか）という事項は契約締結の可否をも左右する事項といえ、また担保権設定契約において担保権の効力が及ぶ範囲を確定するについて、目的物の確定は非常に重要な要素となります。不動産以外の有体物の場合、登録のある物（例えば、自動車）であれば、登録関係を調べることとなりますが、登録のない物については実際に目的物を確認することが重要であり、ノウハウや権利関係（無体物）が対象となる場合には、その内容を把握することができる書面（権利関係の存在を示す契約書、ノウハウを記したマニュアル類など。なお、特許等の場合には、特許庁のHPから特許、実用新案、商標、意匠等の検索をすることができます。）の存否を確認することが重要となります。

　このように、契約の目的物を正確に把握することは契約審査の場面において最も重要な作業であり、その作業では単に契約書案の文言や資料上の記載のみを確認するのではなく、契約の目的物を現実に確認することも必要となります。審査担当者としては、契約の目的物に応じて適切な調査方法を選択することが肝要です。

　(3)　課税関係の調査

　契約審査の重要な目的にリスク回避が挙げられますが、忘れてはならない検討課題として税務関係が挙げられます。税務関係の調査を怠った場合、思わぬ形で課税され、利益が損なわれることも少なくないため、常に税務関係にも注意を払う必要があります。特に、新規の取引を行う場合には、経理担当者、場合によっては税理士に意見聴取をするなどして、課税上のリスクの把握に努めるべきです。

◆法令レベルの問題点の検討

　(1)　法令レベルの問題点の把握

　各条項につき、①当該条項は法令上有効か、②当該条項が法令上有効であるとして、いかなる解釈をされるのか、③当該条項の変更や別の条項を設けることにより、法令レベルのリスクを回避することが可能か、などの観点から法令レベルの問題点を精査することが求められます。

　(2)　法令の調査

　調査すべき法令は、民法、会社法などの一般的な私法のみではなく、借地借家法、独占禁止法、労働関連の法律、各種業法など多岐にわたるため、審査の対象となる契

約がいかなる法令との関係で問題となるか常に意識する必要があります。また、法令は社会の変動に応じて改正等が行われる場合が少なくありませんので、改正等の有無も常に意識し、適用される法令を的確に把握しなければなりません。

　法令を調査する手段は多岐にわたります。公布された法令を最も早く知る手段は官報ですので、新たな規制の有無等をいち早く調査する場合に最も適した手段となります。六法全書は一覧性に優れています。また、総務省が提供する「e-Gov法令検索」をはじめとするインターネット上の検索システム（ただし、利用の際には更新時期等を確認する必要があります。）、各省庁のHP等を利用するとよいでしょう。

　なお、各省庁、公正取引委員会などからガイドラインが出されている場合には、その内容をあわせて確認する必要があるため、審査担当者としては常にガイドラインの調査を意識するべきです。

(3)　文献・法律雑誌による調査

　法令レベルの問題点を把握するためには、法令に関する文献（基本書等）、法律雑誌等を参照することが簡便です。契約審査を効率的に進めるためには、各種法令に関する文献類を取りそろえておくとよいでしょう。少なくとも、締結頻度の高い契約において問題となる法令の解説書・法律雑誌は取りそろえた方がよいでしょう。

(4)　判例調査

　法令の条項の解釈に争いが存在する場合、判例（主として最高裁判例）の立場が解釈の指針となることが多いため、判例調査を求められる場合が少なくありません。また、法令に明文がなくても、判例法理によって一定の規制が及ぶ場合が存在するため、単に法令を調査するだけでは不十分な場合も存在します。

　判例を調査する場合に最も重要な事項は、「審査の対象となる契約における事実関係と裁判で問題となった事実関係が同一であるか」という点です。判例は、裁判所で当事者が主張した事実関係を前提に、当該紛争を解決するのに必要な解釈を示しているにすぎませんので、前提となる事実関係が相違すれば解釈が異なる場合があるためです（いわゆる「判例の射程範囲」）。このため、審査担当者としては、審査の対象となる契約の履行過程において発生する可能性のある事実関係を過不足なく想定し、その事実関係に適した判例を調査するという作業を実施することが求められます。

　判例の検索の方法としては、①裁判所、行政機関、民間出版社などが発行する判例集・判例雑誌、②裁判所のHP、③判例データベース（CD-ROMなどの媒体で提供されるものとWeb上で検索可能なものが存在し、また有料のものと無料のものが存在します。）、④文献・法律雑誌（判例の引用を確認する）などが挙げられます。

　一般に、契約審査に伴う判例調査の場合には、調査すべき判例が特定されている場

合は少なく、むしろ契約に関連する事項をもとに目的とする判例を検索しなければなりません。判例データベースを利用する場合には、キーワードによる絞り込み検索が可能ですが、キーワードの選定によっては検索結果を絞り込めず、結果的に調査すべき判例を絞り込むことが困難となる場合が少なくありません。このような場合には専門家（弁護士）に調査を依頼するとよいでしょう。

(5) 過去の契約書の参照

契約審査に当たっては、過去の契約書を参照することは大変有用です。既に同種の問題点について検討済みである場合が少なくないからです。特に、契約審査の際に十分な検討を要した条項が含まれる契約書については、後日同種の契約書案を審査する際に、まず参照すべきです。

◆専門家（弁護士）の活用

審査担当者としては、法律の専門家である弁護士に対してリスク管理のための法的アドバイスを求め、弁護士から適切な回答を得ることにより契約審査手続を実効性のあるものにすることも必要となります。

弁護士は事実レベル、法令レベルの各問題点に対する種々の調査方法を有しています。例えば、法令レベルの問題点を調査するためには、該当する法律に関する文献、判例雑誌、判例データベースなどを用意してこれらを有効活用しなければなりません。しかし、社内体制としてそのような文献類やデータベースなどを整備することは容易ではなく、これらが整備されていたとしても法的な専門知識がなければこれらを有効活用することはできません。弁護士はこのような文献類、判例データベースへのアクセス手段を取り揃えており、事案に応じた適切な解釈（判例）を選択するための法的な専門知識を備えていますので、審査担当者としては法的リスクを把握する手段として弁護士を活用すべきです。なお、弁護士の場合、事実レベルの問題点について弁護士法23条の2による照会をはじめとする種々の調査を実施することができますので、この点からも弁護士を活用することは有用です。

弁護士に契約について法的なアドバイスを求める際には、依頼部署から持ち込まれた契約書案を提示するのみではなく、当該契約の目的などを正確に伝えるべきです。弁護士は、社内弁護士である場合を除くと、自社の取引実体を正確に把握しているとは限らないため、単に契約書案を提示されるのみでは契約内容を把握することができず、ひいては契約に潜むリスクを的確に把握することができなくなるおそれがあります。このことは、審査担当者が依頼部署からヒアリングを実施する場合と同じですので、審査担当者としては依頼部署からのヒアリング結果を整理し、契約に潜むリスク

を把握するために必要となる情報を過不足なく提示することが肝要です。また、当該取引に関して業界の慣行があるような場合には、業界の慣行を前提としてリスクを把握する必要がありますので、業界の慣行についても弁護士に伝えるべきです。

　弁護士に契約について法的なアドバイスを求める際には、依頼部署から持ち込まれた契約書案の作成者、相手方との関係を正確に伝える必要があります。契約書案を自社が作成している場合には、その内容は自社に有利に規定されていることが一般的であるため、弁護士としては主としてコンプライアンスの観点から法的アドバイスを行うこととなるでしょう。他方、契約書案を相手方が作成した場合には相手方との関係が重要となります。相手方との関係が対等であり、条項の修正を求められるような関係であれば、弁護士として契約に種々存在するリスクについて、自社と相手方にリスクをいかにして配分することが望ましいかという観点から、リスク管理の方法として自社に最も望ましい条項を提言することが可能となります。これに対し、相手方との関係が対等ではないため条項の修正が容易ではない場合には、相手方に対して条項の修正を求めると契約を締結すること自体が困難となる可能性があるため、リスクの存否及びその内容を的確に把握して契約締結の可否の判断資料を提供することに重きを置くことになるからです。このため、審査担当者としては、契約書案の作成者、相手方との関係の把握に努めた上で弁護士に法的なアドバイスを求めるべきです。

　契約審査手続は一回的な審査で終了するものではなく、相手方と再交渉を重ねることもあるため、審査担当者としては弁護士に対して当初案についての法的アドバイスを求めるのみではなく、最終案についても法的なアドバイスを求める必要がある場合も少なくないことに留意して、弁護士に対して適切な時期に法的なアドバイスを求めるように心がけるとよいでしょう。

弁護士に聞きたい！

> **Q4　契約審査手続の不備と法的責任**
> 　契約審査手続に不備があり、会社に損害が生じた場合には、法律上のような問題が発生するのでしょうか。

A　会社法において、取締役、会計参与、監査役、執行役又は会計監査人は、その任務を行ったときは、会社に対して損害賠償責任を負い（会社423①）、職務を行うについて悪意又は重大な過失があったときは、第三者に対しても損害賠償責任を負うこととなります（会社429①）。

契約審査手続は、コンプライアンスを遵守しつつリスクを管理する手続であるところ、これは内部統制システム（会社362④六・416①一ホ、会社則100①・112②）の一類型に該当するといえるため、契約審査手続が構築されていない場合には、内部統制システムを整備する義務違反に該当し、取締役が損害賠償責任を負う可能性が生じます（内部統制システムを整備しなかったことが取締役の善管注意義務違反及び忠実義務違反に該当するとした裁判例として、大阪地判平12・9・20判時1721・3）。

ところで、内部統制システムは、形式的に構築されているのみでは不十分であり、これが実効性のあるものとして機能しなければならないと考えられます。このため、法的な問題点を多分に含む契約において、専門家（弁護士）の意見を聞くことなく契約を締結したが、実際には審査担当者における法的問題点の捉え方に問題があり会社に損害が発生したような場合には、取締役の任務懈怠が認定される可能性があります。

このような事態を可能な限り防止する観点からは、少なくとも法的に重大な問題点が含まれていると考えられる契約については、専門家（弁護士）の意見を聴取することを選択肢の一つとして用意しておくことが望ましいでしょう。ただし、弁護士に契約書案に関して意見を聞く場合、審査担当者として「弁護士の意見を鵜呑みにしてよい」というわけではありませんので、自己の意見と弁護士の意見を対比するくらいの心構えを持つことが必要となるでしょう。

Q5　契約書に関する業務と弁護士費用
契約書に関する業務を弁護士に依頼した場合、どのくらいの費用がかかるのでしょうか。

A　弁護士の報酬は、経済的利益、事案の難易、時間及び労力その他の事情に照らして適正かつ妥当なものでなければならないとされ（弁護士の報酬に関する規程2）、弁護士は、報酬の種類、金額、算定方法、支払時期等を定めた基準を作成し、事務所に備え置かなければならないとされています（弁護士の報酬に関する規程3）。このため、報酬基準は、弁護士によって異なります。

弁護士は、法律事務を依頼しようとする者から申出があったときは、その法律事務の内容に応じた報酬見積書の作成及び交付に努めることとされていますし（弁護士の報酬に関する規程4）、受任するに際し、報酬等について説明しなければなりませんので（弁護士の報酬に関する規程5）、依頼の前に見積もりの提示や説明を求めるとよいでしょう。

契約審査については、法律関係の調査業務として1件当たりの報酬を定める場合もありますし、契約審査に要した時間に応じて時間制の報酬（タイムチャージ）を定める場合もあります。なお、顧問弁護士の中には、契約書に関する簡易な業務を顧問契約の範囲内の業務として定めている場合がありますので、顧問弁護士に相談してみるとよいでしょう。

> **Q6　法人名なのに法人が存在しない**
> 新規顧客の担当者から名刺をもらいました。その名刺に法人名が記載されていますが、名刺に法人名が記載されているのであれば、その法人は存在すると考えてよいのでしょうか。

A　契約交渉窓口が契約の相手方から法人名の名刺をもらい、その名刺の記載を信用して法人を相手方とする契約をしたが、実際にはそのような法人は存在しなかったという場合があります。このような場合、相手方が債務を履行しないために法的措置を講じようとする際に、当該法人が存在しないため法的救済を求めることができなくなるおそれがあります。

このような事態は、法人を相手方とする契約をする際に、登記情報提供サービスを利用したり、登記事項証明書を取得したりすることにより対処することができます。実在しない法人の場合には登記記録が存在しません。

なお、会社法は、「会社でない者は、その名称又は商号中に、会社であると誤認されるおそれのある文字を用いてはならない」と規定し（会社7）、これに違反した者に対して100万円以下の過料に処すると定めています（会社978二）。

（安藤芳朗）

第6章　依頼部署への回答・交渉の依頼

> **Point**
> ① 依頼部署に契約審査の結果を回答する際には、いくつかの段階をつけて回答すると分かりやすいです。締結を可とする回答をするときには、依頼部署に契約履行上の注意事項をアドバイスします。修正を必要とする旨の回答をする際には、依頼部署に対して修正の理由を示すだけでなく、交渉の武器となる材料を提供しましょう。
> ② 契約交渉過程を記録に残しておくと、その契約内容がどのような意図の下で決定されたのかが分かるため、契約当事者の合理的意思解釈に役立ちます。担当者の変更に備えて、契約締結当時の担当者が持っていた契約交渉過程の記録を後任の担当者に引き継いでおくことは重要です。
> ③ 契約締結に至らなくても、契約締結を拒絶した側に損害賠償責任が発生することがありますので、契約交渉担当者は相手方に当然契約は締結されるものと誤信させるような積極的な言動をしないようにする必要があります。また、相手方に自社の最終決裁等によって契約締結に至らない場合があり得ることを文書やメールで告知しておくことが必要です。

◆依頼部署への回答・再交渉の依頼

（1）依頼部署への回答

当該契約書案の問題点を把握し、必要な調査及び検討を加えたら、依頼部署に回答をすることになります。回答をするに当たっては、以下のように段階をつけて回答すると分かりやすくなります。

> A　契約書案に修正すべき事項はなく、このまま締結してよい。
> B　修正が望ましい事項があるが、交渉の結果、修正できなくてもやむを得ない。
> C　修正すべき事項があり、修正せずに契約することは大きなリスクがある。
> D　法令違反等があり、修正できなければ契約してはならない。

Aで回答する場合には、契約審査依頼書（兼回答書）にその旨を記載して依頼部署に回答することになりますが、それ以外の回答をする場合には、契約審査依頼書に具

体的な修正案の別紙をつけて回答することになります。修正案の具体例は、**第２編の各書式例**を参考にしてください。

　AやBで回答する場合には、依頼部署は、契約書への調印を前提として動き出しますので、契約履行上の注意点があれば、それを付記して回答するようにしましょう。

　(2)　再交渉の依頼

　依頼部署に対して再交渉を依頼する場合には、修正案を示した上で、その理由を説明することが重要です。その理由は二通り考える必要があり、一つは、依頼部署に対して、コンプライアンス上の問題やリスクの指摘など、再交渉の必要性を説明する理由です。もう一つは、取引の相手方を納得させ、修正に応じてもらうための理由です。

　審査担当者が提案できる交渉の武器をいくつか挙げてみます。

　例えば、自社が買主で、売主である相手方が瑕疵担保責任や契約不適合責任を免責する条項について固執する場合には、相手方に当該物件に瑕疵や契約不適合がないことを表明する文書を差し入れてもらうことが考えられます。また、相手方が情報提供義務を負っておりその情報の真実性が問題となる場合には、相手方に情報の真実性を表明する文書を差し入れてもらうことも考えられます。

　相手方との交渉に当たっては、自社が修正に固執しない事項についても修正提案し、その部分の修正を求めない代わりに、他の修正が望ましい事項について修正に応じさせるということもあります。

　B、C、Dで回答する場合には、依頼部署は、取引の相手方と再度交渉することになります（厳密にいえば、Bの場合には、依頼部署は再度の交渉をするか否かを含めて判断することになります。また、Dの場合には、ビジネススキームを再考するか交渉打ち切りのための交渉をすることになります。）。

　相手方と交渉をするに当たっては、契約締結前であっても、契約締結に至らない場合の法的責任が発生することがありますので、審査担当者としては、依頼部署に対して、その点の注意を促すべきです。

◆契約締結に至る過程の記録化

　一般的に、契約等の法律行為の解釈は、当事者の企図する目的を適正に達成できるように解釈するべきとされています。そのため、契約書の記載内容に疑義が生じた場合、当該部分の契約内容は、契約締結時の契約当事者の合理的意思に基づいて解釈がなされることになります。

　疑義が生じた契約条項を解釈する際、契約締結当時の担当者がどのような意図でそのような契約条項を盛り込んだのか、その交渉の過程を明らかにすることができれば、

おのずとその契約条項の合理的意思解釈は可能となります。契約締結当時の担当者同士の交渉過程を記録化しておくことは、後日、契約解釈をめぐって紛争が発生した場合に非常に役立ちます。

会社の人事異動や退職によって、担当者が変更になることもあります。そのような場合においても、問題発生時の担当者が問題解決をめぐる交渉においてしっかりとした対応をとれるようにするために、契約締結当時の担当者が有していた契約交渉過程の記録を問題発生時の担当者にきちんと引き継ぐことが重要となります。

記録化の方法としては、例えば、審査部門の審査記録、契約書の修正案、相手方との交渉議事録、担当者のメモ、社内や相手方とのメールのやり取りの記録等が挙げられます。これらの記録を時系列に沿ってファイリングしておくと、どのような経緯で最終的な契約案に落ち着いたのか明らかになります。

◆契約締結に至らない場合の法的責任

(1) 契約締結に至らない場合の法的責任の根拠

一般に、契約の締結は、担当者による接触から始まり、契約交渉が進むに従って、「契約の大筋決定→契約の細部決定→契約案の提示→修正→再修正→契約案確定→契約書の調印」によって完了します。そして、本契約締結前の段階で費用を負担したにもかかわらず結果的に本契約が締結されなかった場合、その費用を他方当事者に請求できるかという問題があります（裁判では第1次的には契約が成立していることを前提に履行請求や債務不履行に基づく損害賠償を請求し、予備的に契約が成立していない場合には契約の準備費用を請求することが多く見られます。）。

私法の大原則である契約自由の原則によって契約を締結しない自由が認められていますが、契約締結に至っていなくても、裁判上、一定の場合には信義誠実の原則（民1②）から（最高裁昭和56年1月27日判決（判時994・26）、最高裁平成18年9月4日判決（判時1949・30）においては「信義誠実の原則」ではなく「信義衡平の原則」という文言が使われています。）、契約を締結しなかった側の損害賠償責任が認められています。これは、信義誠実の原則は私法関係を支配する理念であり、契約締結に至る準備段階においても妥当し、一定の場合には、契約が締結されることへの信頼が法的保護の対象となることを根拠としています。

(2) 損害賠償が認められた裁判例

損害賠償責任が認められた裁判例は、大きく以下の二つに分類できます。

① 相手方担当者の積極的な言動等、相手方当事者の行為により、他方当事者が契約が成立するものと信頼し、そのための準備を進めたのも無理からぬことであり、相

手方当事者も自らの行為によって他方当事者が契約の準備を進めることを認識していたと考えられる事例（積極的言動型）（最判平18・9・4判時1949・30、最判平19・2・27判時1964・45（なお、後者の判例は②の契約締結直前型にも分類できます。））

② 契約交渉が終了し、後は契約書に調印するだけの段階である等、契約締結直前の段階で他方当事者が契約が成立するものと信頼し、そのための準備を進めたのも無理からぬことであると考えられる事例（契約締結直前型）（最判平2・7・5裁判集民160・187）。

このような場合には、契約締結の中止を正当化できる特段の事情がない限り、契約締結を拒絶した当事者は他方当事者に対し損害賠償責任を負うことになります。

(3) 損害賠償の範囲

損害賠償の範囲について、通説は、契約が締結されると信じて行動したことにより支出した費用ないし被った損害（信頼利益）であるとしています（判例も明言はしていませんが、通説と同様の立場を採っていると考えられます。）。具体的には、目的物を現地まで見に行った際の交通費、代金支払のために融資を受けた際の利息等です（有力説は一定の場合には履行利益の賠償まで認めるべきとしています。履行利益とは契約が履行されれば得られた利益のことで、具体的には目的物の転売による利益等です。）。なお、裁判では、請求する側にも過失があったとして過失相殺を理由に損害賠償額が減らされることもあります。

(4) 契約締結に至らない場合の法的責任の回避

契約締結に至らない場合の法的責任を回避するためには、「相手方が契約が成立するものと信頼し、そのための準備を進めたのも無理からぬことである」といえないようにしておく必要があります。

そのためには、第1に、契約交渉担当者は相手方担当者に、契約は当然に締結されるものと誤信させるような積極的な言動をしないようにする必要があります。第2に、契約交渉の中で契約書への調印が完了するまでは契約が締結されない可能性があることを相手方当事者に知らしめることが必要です。

具体的には、契約交渉担当者が相手方担当者に契約は当然に締結されるものと誤信させるような積極的な言動をしないとともに、自社の最終決裁等によって契約締結に至らない場合があり得ることを文書やメールで告知しておくことです。また、契約締結に至らない場合には互いに何らの責任を負わない旨の合意書をあらかじめ交わすことも考えられます（条項例「甲と乙は、今後契約が締結され、あるいは契約が締結されなかった場合であっても、それまでに発生した準備費用については、各自が負担し、名目のいかんを問わず互いに何らの請求もしない」）。少なくとも審査担当者として

は、本契約締結前に秘密保持契約や協定の締結などの中間合意がなされる場合には、必ずその中間合意に「本契約が締結されない場合、それまでに発生した準備費用については各自が負担する」という内容の条項を入れるべきです。

(5) 契約締結前に費用を支出する場合の注意

逆に自社が相手方に対して契約準備費用を請求できるようにしておくためには、当然契約が締結されるものと誤信されるような相手方の積極的言動を記したファックス等の文書やメールを送ってもらうなどして、これを証拠として残しておくことが有用です。そのような積極的言動を記した文書を送ってもらうことが不可能であれば、直接交渉や電話等において相手方に積極的な言動があった場合には、その日時と相手方の積極的な言動を事細かに業務日誌等に記しておくことも有用です。

また、自社が契約準備費用を支出している場合には、その度に相手方に連絡をしておくことが有用です。相手方が自社の契約準備費用の支出を知りつつ、その点について何らの反応をせず、契約締結に向けた積極的な言動をした場合には、契約が締結に至らなかった場合の費用負担の可能性を黙示に承認したものと評価される可能性があります。

弁護士に聞きたい！

Q7　メールの内容への配慮

相手方担当者とメールのやり取りで契約交渉を行っています。このメールのやり取りについて、どのような点に注意したらよいでしょうか。

A　メールは、一旦相手方に送信されてしまえば、立派な対外的な文書となってしまいます。そこで、メールで契約交渉を行う際には、次の3点に注意してください。

① メール本文で契約書案の内容を否定したり、矛盾したりすることを記載しない。

厳しい内容の契約書案をメールで提示する場合であっても、メール本文に「この条項は、あくまでも形式的なものです。実際にはこの契約条項のとおりの運用はしませんのでご了承ください。」というようなことは書いてはいけません。

② 自社の決裁が下りていない段階で、断定的な見込みを記載しない。

相手方から提示された契約書案について自社の社内決裁が下りていない場

合には、たとえ担当者として問題ないと判断した場合であっても、「この内容で結構です。」などと断定的な意見を記載するのは控えた方がよいでしょう。

③　相手方がメールを受信したことを確認できるようにする。

大事な郵便物を送る際に書留郵便を利用するように、大事なメールを送信する際には、相手方がメールを受信したことを確認できるように条件設定しておくとよいでしょう。

(石川恭久、安藤芳朗)

＜参考文献＞

谷口知平＝五十嵐清編『新版注釈民法(13)債権(4)契約総則』90頁～172頁（有斐閣、補訂版、平18)

加藤新太郎編『判例Check　契約締結上の過失』（新日本法規出版、平16）

第7章　最終案の審査・契約締結後の処理

> **Point**
> ① 契約当事者は、最終的に締結された契約内容によって法的に拘束されるので、審査部門にとって契約書の最終案のチェックを行うことは非常に重要です。審査部門は、契約交渉を行っている依頼部署との立場の違いや、契約の相手方からも再修正を求められることを理解しましょう。
> ② 契約締結前の交渉段階における予備的合意書、契約内容を変更する際に取り交わす確認文書、契約書に付随する細かい事項についての取決め文書等の合意文書も、原則として当事者双方が合意した文書は法的拘束力を有する文書となりますので、可能な限り審査部門によって審査することが重要です。
> ③ 契約締結後の事情の変化により契約の実行が困難になった場合、法令の改正により契約内容を変更する必要が生じた場合には、契約の相手方と、契約内容の変更について協議を行う必要があります。
> ④ 契約書は、法令で定められた保管期間や、紛争が発生するおそれのある期間は、きちんと保管することが重要です。契約書は、それ自体が契約の効力発生要件となっている場合がありますし、契約成立の事実や契約内容を証明する手段として重要な証拠となります。契約成立の前提条件が成就したことを示す書面や、契約の有効性を証明する書面等と共に、後日の紛争に備えて保管する必要があります。

◆最終案の審査の重要性

　契約審査は、審査をすること自体が目的ではありません。契約は最終的に締結された契約内容によって効力が発生しますので、審査部門がどんなに的確な審査を行ったとしても、審査内容をきちんと最終的な契約内容に反映させなければ契約審査の意味がありません。審査部門の仕事は、審査後の契約書案の行く末をきちんと見守り、実際に締結される契約書最終案にＧＯサインを出すところまで続くと考えるべきです。
　審査部門は自社のリスク回避を主眼において契約審査をしますが、契約締結交渉を担当する依頼部署は、営業上の観点から、将来のリスクよりも目前の利益を優先する傾向があります。また、相手方も、修正された契約書案の審査を行い、必要があれば

契約書案を再修正することになります。このように依頼部署の事情や相手方の事情により、交渉過程で審査部門の主張を貫くことが難しいケースもあります。審査部門としては、依頼部署に対して、当該主張が絶対的リスクに関するものであればそれを譲歩しないように、相対的リスクに関するものであればリスクを甘受して妥協することもできるとアドバイスをする必要があります。

◆契約書以外の合意文書

(1) 契約締結交渉段階における予備的合意書

企業買収や合弁事業などの比較的大きな交渉案件などにおいては、何度も交渉が重ねられた結果、最終的な合意にたどり着くことが多いです。そのような場合、交渉当事者は最終的な契約を締結する前に、現段階における合意事項を確認する趣旨の下で、「覚書」等のタイトルのついた予備的合意書（欧米における「Letter of Intent」や「Memorandum of Understanding」等がこれに当たります。）を作成することがあります。

(2) 契約締結後の事情変更

契約締結後、契約当事者の状況や社会情勢が変化したのに伴い、契約内容を見直し変更する必要性が生じることがあります。そのような場合、契約書を改めて作成して合意し直すのではなく、契約書の中で変更する必要のある部分のみをピックアップして「覚書」等の形で合意することがあります。

(3) 細かい事項についての取決め

細かい取引条件等について、契約書とは別に「覚書」等に別途規定するというケースもあります。「覚書」等については審査しないという会社も見受けられますが、契約書でなくても、契約当事者間で合意した文書は、原則として契約書と同様に法的拘束力を有する文書ですので、審査部門としては、できるだけ「覚書」等についても審査を行うことが重要です。

◆契約内容の管理

(1) 契約内容を変更する必要が生じる場合

有効に成立した契約は、一種の法規範として契約当事者を法的に拘束します。契約を締結した当事者は自主的に契約内容をよく確認して、契約内容に違反しないように行動することが求められます（行為規範としての契約）。

そして、契約の持つ拘束力は国家によって承認され、契約を強制的に実現するための制度が整備されており、もし契約当事者が契約内容に従った義務履行を行わない場

合には、最終的には国家が裁判手続、強制執行手続等によって契約の履行を強制したり、相手方が被った損害について債務不履行に基づく損害賠償を命じたりすることになります。契約は、裁判所の紛争解決における判断基準となります（裁判規範としての契約）。

　もっとも、契約締結後の社会経済情勢の変化、会社の経営状態の変化等により、契約の一方当事者が、契約に定められた義務を履行することが困難になることがあります。この場合も、相手方の同意がない限り一方的に契約内容を変更することはできないため、相手方と協議を行い、履行可能な契約内容に変更する必要があります。

　また、契約締結後に強行法規や各種業法等の変更がなされ、当該契約の効力に影響を及ぼす場合には、適宜相手方と交渉の上、契約内容を変更する必要があります。

(2)　契約内容を変更・終了する場合の留意点

　　ア　確認事項

　契約内容を変更する場合には、契約内容の変更を必要とする理由、契約内容の変更を申し入れた当事者が自社か相手方のいずれであるのかという点を確認し、契約内容を変更する必要性の有無を審査する必要があります。例えば、相手方の都合によって契約内容の変更の申入れがなされた場合、契約内容を変更することなく、従前の契約内容を維持した方が望ましいこともあるためです。また、相手方との間で生じた紛争を解決する目的で、契約内容の変更が検討される場合もありますので、そのような場合には、相手方との紛争の実態を押さえた審査が必要です。

　　イ　契約内容を変更する契約の審査

　変更内容の審査については、基本的に通常の契約審査と同様となりますが、契約内容を部分的に変更する場合、変更しない条項との間に齟齬が生じないように注意をするとともに、変更箇所を除き従前の条項が適用されることを明確にしておく必要があります。

　さらに、変更を予定する契約に保証人がいる場合において、特に変更後の契約内容が主債務の内容を加重するような場合には、変更後の契約内容について保証人の同意も得ておく必要があります。

　　ウ　契約を終了する契約の審査

　契約の終了事由として、おおむね期間満了、契約に基づく解除、合意解除が挙げられますが、期間満了又は契約に基づく解除をする場合は、契約に定めるところに従って契約終了時の処理を行うこととなります。他方、当事者間の合意によって契約を解除する場合には、解除時に未履行の債権債務の清算や納品物・貸与物の取扱いなど、契約を終了するに当たって必要な権利義務の清算に関して具体的に規定することが必

要となります。また、契約終了後に発生し得る瑕疵担保責任等の責任、契約に基づいて発生した知的財産権の帰属、秘密保持義務のように契約終了後も効力を及ぼす必要がある債権債務などについて、その取扱いを明確にすることが重要です。

◆書類の管理
　(1)　契約書
　　ア　契約書の作成が法律上要求される場合
　契約自由の原則により、契約の締結方法は、原則として自由ということになっていますが、保証契約は書面で契約しなければ効力が生じないとされていますし（民446②）、定期借地契約（借地借家22）や定期建物賃貸借契約（借地借家38①）は公正証書などの書面を作成することが要求されています。このように、契約書を作成することが法律上要求されている契約においては、契約書の存在そのものが、契約が成立したことの重要な証拠となります。

　　イ　証明手段としての契約書
　契約当事者間において契約成立の事実や契約内容をめぐって問題が発生すれば、契約書は契約成立の事実や契約内容を証明する手段としての役目を担います。
　多くの場合は契約書の写しによっても証明することが可能ですが、契約書の署名押印欄や契約内容が改ざんされている等の疑いを持たれた場合には、契約書の署名押印欄や契約条項の訂正箇所等の物理的状況（筆圧、インクの色、押捺状況、契約書の紙質等）を実際の契約書原本で確認する必要がありますので、契約書の原本を保管することは重要です。

　(2)　契約書以外の重要な書類
　　ア　契約成立の前提条件が成就したことを示す書面
　契約の中には、ある一定の条件が成就することが契約の効力発生要件となっている契約があります。それらの契約については、前提条件が成就したことを示す書面についても、契約書本体と同様に保管をする必要があります。
　具体的な例としては、以下の書面が挙げられます。
①　会社の重要な資産処分に関する取締役会の承認（会社362④一）
　　取締役会議事録
②　農地売買における農業委員会・都道府県知事等の許可（農地3・5）
　　農業委員会・都道府県知事等の許可書
③　転貸借契約における賃貸人の承諾（民612①）
　　賃貸人の承諾書

第7章 最終案の審査・契約締結後の処理

④ 債権譲渡契約における対抗要件（民・新民467）

債権譲渡の通知書、承諾書等

イ 契約成立の事実や契約の有効性を示す書面

① 印鑑登録証明書

契約の相手方が契約締結後に「契約書の自分の署名は偽造された」等の理由により契約の成立を争うことは、時々あります。

この点、本人又は代理人の印鑑によって契約書に押印されている場合には、判例（最判昭39・5・12判時376・27）や法律上の規定（民訴228④）によって、その契約書は本人の意思に基づいて成立したことの推定が働きます（二段の推定）。

よって、印鑑登録がなされている実印によって契約書に押印がなされた場合には、その押印が本人の印鑑によるものであることを証明する印鑑登録証明書を契約書本体と一緒に保管することが重要です。

② 契約内容を了承したことを示す書面

契約をめぐる紛争においては、よく「契約書に記載されている内容を理解していなかった」との主張がなされることがあります。

そこで、契約内容についてきちんと説明をし、相手方が理解をしていたことを示す書類（保証意思の確認書、重要事項説明書の控えなど契約内容の説明を受けた旨の確認文書）があれば、その書類も契約書本体と一緒に保管する必要があります。

③ 契約締結権限を示す書面

契約の相手方の調印者が、法人の代表者ではなく、支店や各部門の部門長である場合、契約締結時に相手方から委任状を交付してもらうことがあります。

その委任状は、契約調印者が法人の代理人として契約締結権限を有することを示す重要な書面となりますから、契約書本体と一緒に保管することが重要です。

ウ 契約に基づく義務を履行したことを証明する文書

契約で定められた義務を履行したことを示す受領書等の書面も、後に義務履行をめぐる紛争が発生した場合に備えてきちんと保管しておくことが重要です。

エ 契約締結交渉に関する書類

契約の解釈に疑義が生じた場合には、契約締結当時の担当者同士の交渉過程の記録が紛争解決に大きく役立ちます。例えば、審査部門の審査記録、契約書の修正案、相手方との交渉議事録、担当者のメモ、社内や相手方とのメールのやり取りの記録等です。

これらの記録を時系列に沿ってファイリングして保管しておくと、どのような経緯で、最終的な契約案に落ち着いたのか明らかになります。

(3) 契約書等の保管期間、保管方法
　ア　保管期間
　　（ア）法令で保管期間が定められている場合
① 会社法
　会社法432条2項は、株式会社は、事業に関する重要な資料を会計帳簿の閉鎖の時から10年間保存しなければならないと規定しています。ここでいう「事業に関する重要な資料」が具体的に何を指すのか明確にされていませんが、取締役会議事録や契約書はこの規定により10年間保管をした方がよいでしょう。
② 税　法
　法人税法施行規則59条は、青色申告法人は、「取引に関して、相手方から受け取つた注文書、契約書、送り状、領収書、見積書その他これらに準ずる書類及び自己の作成したこれらの書類でその写しのあるものはその写し」を7年間保存しなければならないとされていますので、契約に関して相手方とやり取りした請求書や領収書等も7年間は保存しなければなりません。
③ その他の業法
　その他各業界を対象とする業法によって、文書の保管期間が定められている場合には、その期間内は保管する必要があります。
　　（イ）法令で保管期間が定められていない場合
　法令で保管期間が定められていない場合でも、契約関係をめぐって紛争が発生する可能性がある場合には、契約に関係する文書を保管しておく必要があります。具体的には、一般債権の消滅時効の時効期間である10年間（民167①）（新民法では、債権者が権利を行使することができることを知った時から5年間、権利を行使することができる時から10年間（新民166①）と改正されました。）、契約に係る製品の耐用年数期間内は、紛争が発生する可能性がありますので、その期間内は文書を保管しておいた方がよいでしょう。
　イ　保管方法
① 写しの作成
　書類は、火災等による消失、管理不備による紛失等の危険があるため、重要書類については、原本の他に写しを確保して別の場所で保管しておくことが重要です。
② 原本保管の方法
　重要書類であれば会社内の金庫や銀行の貸金庫等に保管しておいた方がよいでしょう。
　ただし、通常は、各担当者が原本を保管することが多いかと思われます。そのような場合には、どこに書類を保管しているのか分からなくならないように、保管先

についてもきちんと確認できる手段を確保しておくことが重要です。

③　電子データ化

　全ての書類を紙ベースで保管すると蓄積された書類を保管するスペースを確保するだけでも大変ですので、一定のルールを定めておき、電子データ化して保管することも有用かと思われます。

　ウ　契約書紛失によるリスク

前述したとおり、契約書は、証明手段等の様々な法的意義を有する重要な書類ですから、契約書を紛失すること自体重大なリスクといえます。さらに、紛失した契約書に重大な機密事項が記載されていた場合には、その契約書が第三者の手に渡れば、取返しのつかない損失を被ることになりますので、契約書の管理には細心の注意を払う必要があります。

弁護士に聞きたい！

Q8　契約締結後の問題点の発覚

　契約締結後に問題が発覚した場合には、どのように対処すべきでしょうか。

A　契約を一度締結すると、相手方の同意が得られない限り、その条項を修正することはできません。もっとも、契約の相手方が修正に応じてくれる場合もありますから、審査部門としては、依頼部署に修正交渉を促す必要があります。特に、コンプライアンスに関する問題点であれば、契約の相手方も修正に応じる可能性は大きいため、諦めずに再度交渉するべきです。相手方が契約内容の修正に応じてくれる場合には、再度契約書を締結し直すか、修正する部分についてのみ別途「覚書」を取り交わすことになります。

　なお、もし相手方が契約内容の修正に応じてくれなかった場合であっても、契約内容についての問題意識をしっかりと持ち続け、契約更新の時期が到来したら相手方と再度交渉を行うべきでしょう。

Q9　「不安の抗弁」とは

　継続的取引契約締結後、相手方の信用状態が悪化して、今後の支払能力や契約履行能力に不安を感じます。このような場合に、契約上の義務履行を拒んでもよいのでしょうか。

A　契約上、双方当事者が義務履行を行う場合において、後で義務を履行するこ

とになっている契約当事者の信用状態が悪化したときには、先に義務を履行することになっている当事者は、自らの先履行を拒絶し得るという「不安の抗弁」という法理が、ドイツ法等の外国法制上認められています。

日本においては、法律上の明文規定はありませんが、「既に成約した本件個別契約の約旨に従って更に商品を供給したのではその代金の回収を実現できないことを懸念するに足りる合理的な理由があり、かつ、後履行の被告の代金支払いを確保するために担保の供与を求めるなど信用の不安を払拭するための措置をとるべきことを求めたにもかかわらず、被告においてこれに応じなかった」場合において、取引上の信義則と公平の原則を根拠として、不安の抗弁を認めて継続的供給の停止を認めた裁判例があります（東京地判平2・12・20判時1389・79）。

しかし、不安の抗弁が認められる基準は明確ではないため、相手方の信用状態に不安を感じるという理由だけで、いきなり取引を停止するのは危険です。

まずは、相手方に対して相手方の支払能力や契約履行能力について説明を求め、それでも信用不安が残る場合には相手方に担保提供を要求するなど、信用不安を払拭するための折衝を行い、それでも相手方が要求に応じなかった場合に初めて、取引の停止を検討するべきでしょう。

（安藤芳朗）

＜参考文献＞
潮見佳男『新債権総論Ⅰ』（信山社出版、平29）

第 2 編

契約審査手続
各　論

第1章　全ての契約書に必要な審査

1　契約書の形式面の審査

> **Point**
> ① 契約書名が、契約内容から見て適切なものであるかどうか及び契約内容を具体的に反映しているかどうかを確認します。
> ② 自社及び相手方について、契約書の調印者が誰であるのかについて確認します。
> ③ 契約書の調印日を確認します。何らかの理由によって調印日を遡らせる場合には、審査担当者はその理由を確認し、記録にとどめる必要があります。
> ④ 契約書に付随する覚書・念書等の文書が存在するかについて注意します。
> ⑤ 契約書に貼付する印紙の額を確認します。

◆契約書名の適切性・具体性の審査

　契約審査の対象となる契約書（以下「当該契約書」といいます。）の形式面を審査します。

　第1に、当該契約書の末尾に別紙として添付してある（冒頭にあることもあります。）物件目録を見て、当該契約の対象物を把握する必要があります。対象物には、有体物である物（民85）と役務の提供（以下「サービス」といいます。）があります。物には、土地やその定着物（建物など）の不動産（民86①）とこれ以外の動産（民86②）があります。

　契約の対象物が物である場合には、物件目録を見ることによって、容易に当該契約の対象物を把握することができます。この対象物を契約書名に取り込むと分かりやすいでしょう。これに対して、サービスの場合には、契約の対象を掴むことは、対象物が物である場合ほど容易ではありません。この場合には、次に述べる契約当事者の提供する債務の内容や態様に応じた契約書名をつけることになります。

　第2に、契約当事者の提供する物又はサービスの内容や態様を確認します。多くの

契約では、一方が何かの債務を履行し、これに対して、他方が金銭を支払います（例えば、売買や賃貸借。）。契約書では、契約書の第1条に「目的」という条項があることがあり、そこを見ると一方の提供する債務の内容が端的に書かれています。

　以上の2点を把握することによって、適切な契約書名を導き出すことができます。物である土地の売買契約であれば、「土地売買契約書」とするのが普通です。これを「不動産売買契約書」とするのは、土地を不動産とした点において、曖昧で具体性を欠き、適切でないと考えます。これに対して、ある製品の開発を共通の目的とする共同開発契約の場合、当該契約の対象は、共同開発に向けてのサービス等の提供という債務の内容に着目して、「共同開発契約書」とするのが普通です。共同開発の対象を一言で言い表すことができる場合には、例えば、対象がコンピュータープログラムであれば、「コンピュータープログラム共同開発契約書」とするのが更に適切です。

　なお、以上のところから分かるとおり、契約書の名は適切かつ具体的なものでなければならず、単なる「契約書」というような契約書名は問題です。企業の場合、膨大な数の契約書が存在するわけですから、このような抽象的な名前がついていると、ファイリングの際に契約書が行方不明になったり、後日、契約書の一覧表を作るに際しても不便です。

◆契約書の調印者の確認と押印

　まず、自社の契約書の調印者を確認します。会社のような法人（会社3）の場合、例えば、株式会社の場合、代表取締役に代表権があるのが普通ですから（会社349①ただし書）、自社の契約の調印者は、代表取締役であるのが普通です。会社の重役のうち誰が代表取締役であるかについては、会社での役職でいうと、社長、会長、副社長、場合によっては専務取締役も代表権を持っていることがあります。これに対して、株式会社の代表権のない取締役や取締役ではない部長等の者が当該契約書の調印者となることができるかどうかは、各株式会社の一般的な業務分担規程又は個別的な業務分担によります。代表権のない取締役や取締役ではない部長等が会社から当該契約を締結する代理権が付与されているときには、その者は当該契約書の調印者となることができます。

　次に、相手方の調印者の確認です。相手方の商業登記事項証明書等を見れば、相手方の誰が代表権を持つかが分かります。代表権を持つ人が調印者となっていれば問題ありません。これに対し、調印者となっている人の代表権が確認できない場合には、先方に対し、調印者として署名する者については、代理する権限があるか確認する必

要があります。

　会社法は、ある種類又は特定の事項の委任を受けた使用人は、当該事項に関する一切の裁判外の行為をする権限を有するとしているので、この事項については、当該使用人は調印者となることができます（会社14①）。

　調印者は確実に押印する必要があります。契約書に押印がないと、「当該契約の正式な合意には至っていない」等の思わぬ主張が出されることもあります。押印がないからといって契約書が無効となるわけではないですが、それは、契約書に押印がなくてもよいということではなく、契約書には必ず当事者の押印が必要です。

◆契約書の調印日の確認

　契約書の調印日は必ず記入する必要があります。実際に、紛争となった場合に、私たち弁護士が、紛争解決の相談に乗らせていただく際に、契約書を確認すると、調印日のない契約書に直面することが少なくありません。

　調印日がない理由を推察すると、単純な「入れ忘れ」又は「誰かが入れてくれるであろう」という思い込みがあると考えられます。審査担当者としては、契約審査の時点で、調印日をいつにするか確認し、依頼部署の注意を喚起しておく必要があります。その際、「調印日はいつでもよいのですが、いつにしたらよいでしょうか」という相談があった場合には、①契約当事者が会して同時に調印する場合には、会した日、②それぞれの会社において別個に調印する場合には、後から調印した当事者が実際に調印した日、とするのが普通であると考えられます。

　これに対し、何らかの理由によって調印日を遡らせるという場合には、調印日を遡らせることそのものにコンプライアンス上の問題があり、審査担当者としては注意が必要です。確かに、依頼部署には調印日をバックデイトさせたいという理由があるかもしれません。例えば、契約調印に先立って原材料の調達等の実務が始まっており、そのために日付を遡らせる必要があるという場合です。そのような場合には、当該契約書の調印日は正しく記入し、当該契約書の条項の中に、先行した事実を追認する条項を入れることになります。例えば、次のような例です。

第○条（遡及適用）
　　本契約は、平成○年○月○日に遡って適用する。

> **新民法と契約審査**
>
> ○現行民法の適用か新民法の適用か
> 　民法改正法の附則において、経過措置について細やかな規定があります。例えば、よく話題となる消滅時効については、「施行日前に債権が生じた場合におけるその債権の消滅時効の期間については、なお従前の例による。」と定めており（民平29法44改正法附則10④）、多くの経過措置の条項において、「施行日前に債権が生じた場合」か否かが、現行民法と新民法の適用の分かれ目となっています。通常、契約によって債権が生じることから、施行日（平成32年4月1日）前に契約が成立したかがポイントになります。
> 　そして、契約書の契約日に契約が成立すると考えるのが普通ですから、契約書の契約日の記載が重要になってきます。弁護士は、契約書を見る機会が多いですが、契約日が空欄なものも多く見かけます。後から契約日を入れることは躊躇するものですので、契約書に署名押印する際に、必ず契約日も記入する習慣にしましょう。
> 　なお、現行民法、新民法の適用関係については、後掲の表【現行民法、新民法の適用関係】をご参照ください。

◆契約書に付随する覚書・念書等の文書の存在の確認

　契約書には、当該契約書の一部となる仕様書や個別合意書、また、当該契約書に関連する覚書、念書等の文書がある場合があります。

　第1に、契約書の条項の中で、「……別途定める……に従って……」というように、別の文書が当該契約書の一部分を構成している場合には、契約書に付随する文書もあわせて契約審査をする必要があります。

　例えば、製作物供給契約書において、契約の対象となる製作物の具体的な仕様について、「Yは、Xに対し、別途定める仕様書の内容の製作物を供給し……」とされることがあります。この場合には、別途定める仕様書が必ずあるわけですから、その仕様書も含めて契約審査をしなければなりません。また、製作物供給契約書では、「代金、納期及び納入場所については別途協議する。」とされることもよくあります。このような場合には、別途の協議が既になされているとは限りませんが、少なくとも代金の定め方については、依頼部署に明確となっているか確認する必要があります。

　第2に、当該契約を包み込む全体のビジネス・モデル、又はこれを示す基本合意文書が別に存在する場合があります。例えば、一定のビジネス・モデルの中で、その一部

となる契約書を交わす場合には、そのビジネス・モデルを示す覚書や念書が別途交わされることがあります。このような契約の場合には、その覚書や念書を確認することによって初めて、当該契約書の意味を理解することが可能となります。さもないと、「なぜこのような契約を交わすのだろうか。自社のメリットが全く見えない。」ということも起こります。

いずれにしても、契約審査に入る前に、まず、依頼部署に、当該契約書に付随する覚書、念書等の文書があるかどうかを確認し、それがあれば、当該契約書とともに契約審査を行う必要があります。

なお、契約書に付随する覚書、念書等の文書の存在が懸念されて、その効力を排除したい場合には、完全合意条項（→本章3◆完全合意条項）を入れることも検討しましょう。

弁護士に聞きたい！

> **Q10　合意書、覚書、念書の使い分け**
> 合意書、覚書、念書は、いずれも当事者間の合意としての効力があるということは分かります。では、実際上どのように区別して用いるのでしょうか。

A　合意書、覚書、念書は、いずれも当事者間の合意として、当事者を拘束するわけであり、契約書としての効力があります。そこで、これらの使い分けが問題となります。

まず、契約書との使い分けですが、例えば、売買契約書では、ある物を売り、これに対し、相手方は一定の代金を支払うわけですから（民555）、この内容の定めが売買契約の要素といえるものです。この契約の要素について記述する場合、契約書の名称を使うことが多いようです。これに対し、元となる契約書は既に交わされており、①契約書の内容を補足する場合、②契約書を交わした後、その解釈等をめぐり問題が発生した場合にそれを収束させる場合、③契約書を交わした後に、事情が変わり、契約書の内容の一部に変更を加える場合等には、合意書、覚書、念書という名称が使用されることが多いようです。

次に、合意書、覚書、念書の使い分けですが、合意書や覚書は、契約当事者双方が調印する場合が普通であるのに対し、念書は、一方が署名（記名押印）して、他方に差し入れる場合に用いられることが多いと考えられます。また、覚書については、契約書には直接表現しにくい微妙なやり取りを、戦略的に覚

書で交わすという実務もあるようです。

　いずれにしても、契約書、合意書、覚書、念書には、厳密な定義はありませんので、各会社の審査部門ごとに、区別の基準を持っていてもよいと考えます。

◆貼付する印紙額の確認

　印紙税の納付は、通常、作成した課税文書に所定の額面の収入印紙を貼り付け（印税8①）、課税文書の作成者が印章又は署名で消印することによって行います（印税8②）。

　契約書に貼付する印紙については、印紙がなくても契約書の効力に影響はしません。しかし、印紙税を納付することとなる課税文書の作成者が、その納付すべき印紙税を課税文書の作成の時までに納付しなかった場合には、その納付しなかった印紙税の額とその2倍に相当する金額との合計額、すなわち当初に納付すべき印紙税の額の3倍に相当する過怠税が徴収されることになりますから（印税20①）（ただし、調査を受ける前に、進んで不納付を申し出たときは1.1倍に軽減されます（印税20②）。）、実務では気を遣うところです。

　印紙税が課税されるのは、印紙税法別表第1（課税物件表）に掲げられている20種類の文書（課税文書）に限られます（印税2）。したがって、ある文書が課税文書に該当するかどうかは、課税物件表に該当するものであるかどうかの判断となります。

　課税文書に該当するかどうかの判断は、文書の名称や文言により形式的に行うのではなく、その文書に記載されている文言、符号等の実質的な意義に基づいてなされます（印紙税法基本通達3）。例えば、文書には取引金額そのものの記載がなくても、文書に記載されている単価、数量、記号等により、当事者間において取引金額が計算できる場合は、それを記載金額とします。また、売掛金の請求書に「済」や「了」と表示してあり、その「済」や「了」の表示が売掛金を領収したことの当事者間の了解事項であれば、その文書は、売上代金の受取書（課税物件表17号の1文書）に該当することになります（国税庁ＨＰ「タックスアンサーNo.7100　課税文書に該当するかどうかの判断」平成30年1月26日確認）。

　契約書は、契約の当事者がそれぞれ相手方当事者などに対して成立した契約の内容を証明するために作られますから、各契約当事者が1通ずつそれぞれ調印したものを所持するのが普通です。ところが、実務では、印紙代を節約するために、調印した契約書は1通だけ作成し、他は写しとすることがあります。単なる写しであれば、課税対象とはならず（国税庁ＨＰ「タックスアンサーNo.7120　契約書の写し、副本、謄本等」平成30年1月26日確認）、節税効果があります。

第1章　1　契約書の形式面の審査

> **弁護士に聞きたい！**

> **Q11　契約書の文言の表記方法**
> 　言う・いう、事・こと、頂く・いただく、追って・おって、等・など、清算・精算、最少限・最小限等、契約書等の文書の文言の表記方法に迷うことがあります。ルールはあるのでしょうか。

A　公用文の表記のルールに従うのが読み手にも分かりやすく、また作成者の迷いもなくなり、適切だと思います。入手しやすいものとして、廣瀬菊雄『公用文　用字用語の要点』(新日本法規出版、改訂版、平23)、東方出版社編著『公用文の表記』(東方出版社、改訂新版、平23)などがあります。気に入った本を手元に置き、その都度参照するとよいと思います。

(山田尚武)

【現行民法、新民法の適用関係】

項　目	該当条項	従前の例による場合	新民法が適用される場合等
意思能力	新民法3条の2		施行日(平成32年4月1日。以下同じ。)以後にされた意思表示
行為能力	新民法13条1項10号、102条	施行日前に制限行為能力者が他の制限行為能力者の法定代理人としてした行為	
無記名債権	現行民法86条3項	施行日前に生じた無記名債権(その原因である法律行為が施行日前にされたものを含む。)	(無記名証券：新民法520条の20)
公序良俗	新民法90条	施行日前にされた法律行為	
意思表示	新民法93条、95条、96条2項・3項、98条の2	施行日前にされた意思表示	
	新民法97条	施行日前に通知が発せられた意思表示	

代理	新民法101条、102条、105条〜110条、112条	施行日前に代理権の発生原因が生じた場合（代理権授与の表示がされた場合を含む。）におけるその代理	
	新民法117条（118条において準用する場合を含む。）	施行日前に無権代理人が代理人として行為をした場合におけるその無権代理人の責任	
無効・取消し	新民法121条の2（872条2項において準用する場合を含む。）	施行日前に無効な行為に基づく債務の履行として給付がされた場合におけるその給付を受けた者の原状回復義務	
	新民法122条、124条、125条（872条2項において準用する場合を含む。）	施行日前に取り消すことができる行為がされた場合におけるその行為の追認（法定追認を含む。）	
条件	新民法130条2項		施行日以後にされた法律行為
時効	新民法145条	施行日前に債権が生じた場合（施行日以後に債権が生じた場合であって、その原因である法律行為が施行日前にされたときを含む。）におけるその債権の消滅時効の援用	
	現行民法147条、158条〜161条	施行日前に時効の中断の事由又は時効の停止の事由が生じた場合におけるこれらの事由の効力	
	新民法151条		施行日以後に権利についての協議を行う旨の合意が書面でされた場合におけるその合意

	現行民法166条〜174条の2	施行日前に債権が生じた場合（施行日以後に債権が生じた場合であって、その原因である法律行為が施行日前にされたときを含む。）におけるその債権の消滅時効の期間	
債権質の対抗要件	新民法364条	施行日前に設定契約が締結された債権を目的とする質権の対抗要件	
指図債権を目的とする質権の対抗要件	現行民法365条	施行日前に生じた指図債権（その原因である法律行為が施行日前にされたものを含む。）	（指図証券：新民法520条の2以下）
根抵当権	新民法398条の2第3項、398条の3第2項	施行日前に設定契約が締結された根抵当権の被担保債権の範囲	
	新民法398条の7第3項		施行日以後に締結された債務の引受けに関する契約
	新民法398条の7第4項	施行日前に締結された更改の契約に係る根抵当権の移転	
特定物の引渡しの場合の注意義務	新民法400条	施行日前に債権が生じた場合（施行日以後に債権が生じた場合であって、その原因である法律行為が施行日前にされたときを含む。）におけるその債務者の注意義務	
法定利率	新民法404条	施行日前に利息が生じた場合におけるその利息を生ずべき債権に係る法定利率	
	新民法404条4項		新民法404条4項の規定により法定利率に初めて変動が

			あるまでの各期における同項の規定の適用については、新民法施行後の最初の期における基準割合と当期における基準割合との差に相当する割合を年3%に加算し、又は減算した割合とする。
不能による選択債権の特定	新民法410条	施行日前に債権が生じた場合（施行日以後に債権が生じた場合であって、その原因である法律行為が施行日前にされたときを含む。）における選択債権の不能による特定	
債務不履行責任	新民法412条2項、412条の2〜413条の2、415条、416条2項、418条、422条の2	施行日前に債務が生じた場合（施行日以後に債務が生じた場合であって、その原因である法律行為が施行日前にされたときを含む。）におけるその債務不履行の責任等	
	新民法417条の2(722条1項において準用する場合を含む。)		施行日以後に生じた将来において取得すべき利益又は負担すべき費用についての損害賠償請求権
	新民法419条1項	施行日前に債務者が遅滞の責任を負った場合における遅延損害金を生ずべき債権に係る法定利率	
	現行民法420条1項、421条	施行日前にされた損害賠償の額の予定に係る合意又は金銭でないものを損害の賠償に充てるべき旨の予定に係る合意	
債権者代位権	現行民法423条1項	施行日前に債務者に属する権利が生じた場合にお	

		けるその権利に係る債権者代位権	
	新民法423条の7		施行日以後に生じた新民法423条の7に規定する譲渡人が第三者に対して有する権利
詐害行為取消権	現行民法424条1項	施行日前に債務者が債権者を害することを知りながら法律行為がされた場合におけるその行為に係る詐害行為取消権	
不可分債権・不可分債務・連帯債権・連帯債務	現行民法428条	施行日前に生じた不可分債権(その原因である法律行為が施行日前にされたものを含む。)	
	現行民法430条、432条	施行日前に生じた不可分債務及び連帯債務(これらの原因である法律行為が施行日前にされたものを含む。)	
	新民法432条～435条の2		施行日以後に生じた連帯債権(その原因である法律行為が施行日以後にされたとき)
保証債務	新民法446条、448条、457条～463条、465条の2～465条の10	施行日前に締結された保証契約に係る保証債務	
	新民法465条の6第1項(465条の8第1項において準用する場合を含む。)		政令で定める日(平成32年3月1日)以降、施行日前においても公正証書の作成を嘱託することができる。
	新民法465条の6第2項、465条の7(465条の8第1項において準用する場合を含む。)		公証人は、政令で定める日(平成32年3月1日)以降にされた嘱託を受けて、施行日前においても公正証書を作成できる。

債権譲渡	新民法466条～469条	施行日前に債権の譲渡の原因である法律行為がされた場合におけるその債権の譲渡	
債務引受け	新民法470条～472条の4		施行日以後に締結された債務の引受けに関する契約
記名式所持人払債権	現行民法471条	施行日前に生じた記名式所持人払債権（その原因である法律行為が施行日前にされたものを含む。)	（記名式所持人払証券：新民法520条の13以下）
弁済	新民法473条、474条、476条～479条、481条～484条、486条、492条、494条、497条～502条、504条	施行日前に債務が生じた場合（施行日以後に債務が生じた場合であって、その原因である法律行為が施行日前にされたときを含む。）におけるその債務の弁済	
	新民法488条～491条	施行日前に弁済がされた場合におけるその弁済の充当	
相殺	現行民法505条2項	施行日前にされた意思表示	
	新民法509条	施行日前に債権が生じた場合（施行日以後に債権が生じた場合であって、その原因である法律行為が施行日前にされたときを含む。）におけるその債権を受働債権とする相殺	
	新民法511条	施行日前の原因に基づいて債権が生じた場合におけるその債権を自働債権とする相殺（差押えを受けた債権を受働債権とするものに限る。)	

	新民法512条、512条の2	施行日前に相殺の意思表示がされた場合におけるその相殺の充当	
更改	現行民法513条	施行日前に更改の契約が締結された更改	
有価証券	新民法520条の2～520条の20		施行日以後に発行された証券
契約の成立	新民法521条～525条、527条	施行日前に契約の申込みがされた場合におけるその申込み及びこれに対する承諾	
	新民法526条	施行日前に通知が発せられた契約の申込み	
	新民法529条～530条	施行日前にされた懸賞広告	
契約の効力	新民法533条、536条	施行日前に締結された契約に係る同時履行の抗弁及び危険負担	
	新民法537条2項、538条2項		施行日以後に締結された第三者のためにする契約
契約上の地位の移転	新民法539条の2		施行日以後にされた契約上の地位を譲渡する旨の合意
契約の解除	新民法541条～543条、545条3項、548条	施行日前に契約が締結された場合におけるその契約の解除	
定型約款	新民法548条の2～548条の4	施行日前に締結された定型取引に係る契約についても、適用する（ただし、現行民法の規定によって生じた効力を妨げない。）。	
		契約の当事者の一方（契約又は法律の規定により解除権を現に行使することができる者を除く。）により反対の意思表示が書面でされた場合には適用しない（政令で定める日（平成30年4月1日）から施行日前にされたものに限る。）。	

典型契約	贈与：新民法549条〜551条 売買：新民法557条、560条〜568条、570条、572条、576条、577条、579条、581条 消費貸借：新民法587条の2〜591条 使用貸借：新民法593条、593条の2、596条〜600条 賃貸借：新民法601条、602条、604条1項、605条〜605条の3、606条、607条の2、609条、611条、613条、616条、616条の2、619条〜622条の2 雇用：新民法624条の2、626条、627条 請負：新民法634条、636条、637条、642条 委任：新民法644条の2、648条、648条の2、651条 寄託：新民法657条〜660条、662条、664条の2〜666条 組合：新民法667条の2、667条の3、670条〜673条、675条〜677条の2、680条の2、682条、685条〜687条	施行日前に各契約が締結された場合におけるこれらの契約及びこれらの契約に付随する買戻しその他の特約	
	新民法604条2項		施行日前に賃貸借契約が締結された場合において施行日以後にその契約の更新に係る合意がされるときにも

			適用する。
	新民法605条の4		施行日前に不動産の賃貸借契約が締結された場合において施行日以後にその不動産の占有を第三者が妨害し、又はその不動産を第三者が占有しているときにも適用する。
不法行為等	現行民法724条後段（934条3項（936条3項、947条3項、950条2項及び957条2項において準用する場合を含む。）において準用する場合を含む。）	現行民法724条後段に規定する期間が新民法施行の際既に経過していた場合におけるその期間の制限	
	新民法724条の2		不法行為による損害賠償請求権の現行民法724条前段に規定する時効が新民法施行の際完成していなかった場合
遺言執行者の復任権及び報酬	現行民法1016条2項において準用する同法105条	施行日前に遺言執行者となった者の責任	
	新民法1018条2項において準用する同法648条3項及び648条の2	施行日前に遺言執行者となった者の報酬	

（宮田智弘）

2　契約書の内容面の審査

> **Point**
> ① 手早く契約書の起案者の意図を見抜くよう努めます。
> ② 契約書が定型書式を参考にしたと思われる場合、一般的な契約条項の列挙にとどまっていないかを確認します。
> ③ 契約書が定型書式を参考にしていないと思われる場合、起案したのが自社なのか相手方なのか、当該案件のために書き下ろしたものなのか、繰り返し利用されているものなのかを確認し、審査する必要があります。
> ④ 契約書の条項の流れが、契約の目的→契約の内容→付随的な義務→担保→債務不履行（損害賠償・解除等）→契約期間→紛争解決という順番になっているかを確認します。
> ⑤ 契約書の条項の加除・修正が可能であるかどうか、依頼部署に確認します。

◆手早く契約書の起案者の意図を見抜く

　契約書を要領よく確認・検討するためのコツは、手早く契約書の背後にあるもの、すなわち、契約書の起案者は、まず、どのような意図をもって起案したかを見抜く必要があります。取引やその後に起こり得る紛争を有利に導こうとしているのか、自社とのトラブルを恐れているのか、税金上の都合で何らかの帳票が必要だからと考えているのか、いろいろな想定ができます。眼光紙背に徹することです。

　次に、どれだけの時間と労力をかけて起案したかを想像しましょう。注目すべきは、契約書の条数です。日本の契約書は、アメリカの契約書などと比較して、細かなことを書き込まないものが多いといわれています。筆者の経験からすると、契約内容が民法上の典型契約か、非典型契約かによって異なりますが、おおむね20条くらいの契約書が多いように感じます。条数が20条以内のものであれば、日本的な契約書として契約の大まかな点を規定したにすぎず、細部は解釈に委ねられると考える必要があります（A4で1、2枚又はB4の左右2段組みで1枚程度）。このような簡潔な契約書がよいかどうかは別として、関係者の頭にスッと入ってくるということで、現場では好まれる傾向があるのも確かです。別の見方をすると、このような契約書は契約の両当事者に

とって、契約書を交わすメリットとデメリットという観点からは等しい、無難な契約書ということができます。しかし、それでは依頼部署の実現しようとしている契約の目的を十分に達成できない場合がありますので、この点は、依頼部署に対し、当該契約書によると細部は解釈に委ねられることを説明することが肝要です。

　これに対し、条数が20条を超えるものであれば、起案者は、時間と労力をかけて当該案件のために特別に書き下ろしているわけですから、その意味で、より工夫された契約書になっているものといえます。この場合は、依頼部署が起案したのか、それとも相手方が起案したのかを確認し、注意深い審査が必要です。

◆契約書が定型書式を参考にしたと思われる場合

　契約書を起案する場合、他の契約書を参考にそれを修正しながら起案するのが普通です。そこで、審査担当者は、契約審査の対象となる当該契約書が、どのような契約書を参考にして起案されたかをイメージすることが大切です。

　契約書は、契約書のひな型を掲載した市販の出版物などから引用した定型的な参考書式（以下「定型書式」といいます。）に基づいて起案される場合と、定型書式によらないで、当該案件のために特別に書き下ろされる場合とがあります。後者には、当該契約の一方当事者が常日頃利用しているときと、当該案件のために今回特別に書き下ろすときとがあります。

　定型書式を参考にしたと思われる場合には、「一般的な契約条項の列挙にとどまっていないか」「いざというときに役立たないのではないか」を考えなければなりません。すなわち、市販の出版物にある定型的な契約書のひな型は、多くのケースに利用できるように、あえて一般的な契約条項を列挙するにとどまっていることが多く、定型書式に従って起案される場合には、細やかな規定が抜け落ちてしまいがちになることです。例えば、債務不履行の場合の損害賠償額の予定条項や、逆に損害賠償を制限する条項などは定型書式には入っておらず、これに従うと契約書にも入りません。

◆契約書が定型書式を参考にしていないと思われる場合

　当該契約書が定型書式を参考にしていないと思われる場合には、まず、次の二つのことを考えなければなりません。

　第1に、どちらの契約当事者が当該契約書の起案を担当したのかということです。自社の依頼部署が起案した場合には、当該依頼部署の契約の目的を実現するために、特別に何かの参考書式を参考にして、又はひな型となるような契約書を合成して、当

該案件のために特別に書き下ろしているわけですから、その意味で、より工夫された契約書になっていると見て間違いありません。しかし、依頼部署の意図が的確に当該契約書上に表現されているとは限りませんし、依頼部署が勇んで、相手方にとってあまりにも重いペナルティ条項を入れているなど、契約当事者間のバランスを欠く条項、独占禁止法違反等、コンプライアンス上の問題があるかもしれません。この点を確認する必要があります。

　これに対し、相手方が起案した場合には、全条文にわたって特に注意深く審査する必要があります。当該契約に向けて相手方が特別に書き下ろした契約書は、全体として、相手方に一方的に有利なものであることもあり、また、自社の依頼部署にとって思わぬ落とし穴となる条項があるかもしれないからです。

　第2に、契約書が定型書式を参考にしていないと思われる場合でも、繰り返し利用されているひな型による場合もあるということです。当該契約書が、自社が繰り返し利用しているひな型に基づいて起案されたものであるならば、審査担当者にとっておおむね安心してよい契約書といえるでしょう。これに対して、相手方が、繰り返し利用しているひな型の場合には、原則として、全条文にわたって注意深く審査する必要があります。

　以上の関係を表にすると次のとおりです。

【契約書が定型書式を参考にしていないと思われる場合の留意点】

自社起案	当該案件のために書き下ろしたもの	勇み足がないか確認を要する。
	繰り返し利用しているもの	おおむね安心してよい。
相手方起案	当該案件のために書き下ろしたもの	全条文にわたって特に注意深く審査する。
	繰り返し利用しているもの	全条文にわたって注意深く審査する。

◆契約書の条項の流れ

　契約書の条項には流れがあります。審査担当者は、次のような流れをつかんでおくと、契約条項の抜け漏れに気付きます。また、この流れに沿わない条項については、依頼部署に対して修正を指示しましょう。細かいようですが、契約書の条項の流れは大切です。この流れが乱れていると、依頼部署の担当者に思わぬ誤解やトラブルを与える元になります。

【契約書の条項の流れ】

契約の目的	前文又は第1条に記載してあることが多い。ここから、契約の目的及び売買、賃貸借等の契約類型が分かる。
契約の内容	売買の場合には、売買の対象となる目的物の特定がなされる。この場合、対象物件は、契約書の冒頭又は末尾の物件目録に記載されることも多い。これに対し、対価としての代金の支払が義務の場合には、代金額、支払時期及び支払方法（現金による振込か、約束手形か）が定められる。
付随的な義務	秘密保持条項、反社会的勢力排除条項等、契約の内容に付随的な条件等がここに置かれる。
担　保	譲渡担保設定条項等。なお、連帯保証条項は最後に置かれることが多い。
債務不履行（損害賠償・解除等）	債務不履行の効果として、損害賠償、契約の解除が続く。これらについては、契約書に特に定めがなくても、民法の一般的な損害賠償の規定（民・新民415・416）や契約の解除の規定（民540・541・543・545、新民540〜543・545）が適用される。
契約期間	期間満了の場合の措置、自動更新条項等。
紛争解決	誠実解決条項、専属的合意管轄等の条項。

弁護士に聞きたい！

Q12　定義条項の意義

　　最近、契約の目的規定の後の第2条あたりに、「定義」との条項があるのをよく見かけます。このような「定義」条項を設ける意味はどこにあるのでしょうか。

A　　契約書の条項数が多数にわたる場合、例えば、秘密保持契約、特許実施権許諾契約、ソフトウェア開発委託契約、フランチャイズ契約等の非典型的な契約書の場合において、重要な用語を契約書中の各条項中に定義付けていると、読んでいるうちに忘れてしまい、後から探しにくいことがあります。そこで、冒頭に定義規定を設けるのです。条項数が20条ほどの契約書であれば、あえて設ける必要はないと思います。

> **新民法と契約審査**
>
> ○前文・目的規定の重要性
>
> 　新民法では、履行不能について、「債務の履行が契約その他の債務の発生原因及び取引上の社会通念に照らして不能である」と定義付けています（新民412の2①）。また、債務不履行に基づく損害賠償請求についての債務者の帰責事由について、「債務の不履行が契約その他の債務の発生原因及び取引上の社会通念に照らして債務者の責めに帰することができない事由によるものであるとき」と定義付けています（新民415①ただし書）。いずれも、取引上の社会通念と共に「契約その他の債務の発生原因」に照らしてその有無が判断されます。新民法が、契約当事者の意思を重視していることの現れです。
>
> 　また、売主の瑕疵担保責任についても、新民法は、「隠れた瑕疵」（民570）の考え方から離れて、契約の内容に適合しないもの（以下「契約不適合」といいます。）と規定しました（新民562①本文）。
>
> 　これらは、新民法では、当事者の契約内容に着目して、履行不能になるか否か、債務者の帰責事由の有無、契約不適合になるか否かを判断するということであり、今後、契約書において、契約内容をできる限り明確に定めることが求められます。そこで、契約書の前文において、契約に至った経緯や動機等を端的に記載したり、目的規定において、当事者の意図や実現を目指す価値を明示したりすることも有力です。
>
> 　例えば、開発委託契約であれば、その前文において、委託者は、その先開発委託した技術を何に利用するのかを記載することで、開発委託契約の債務の内容を示し、履行不能や債務者の帰責事由、契約不適合の判断に資することができます。
>
> 　前文・目的規定をこのような目的のために記載するのは新しい発想です。

◆契約書条項の加除・修正の可能性

　契約書を相手方が起案し、自社に提出するような場合、相手方との力関係いかんによっては、相手方が当該契約書は相手方の通常用いているものであり、条項の加除・修正はできないと主張してくることもあります。

　この場合でも、審査担当者としては、それを鵜呑みにしてはいけません。相手方が自社の商品の買い手であり、力関係としては上手であっても、契約書の条項について

合理的な指摘をすれば、受け入れてくれることも多々あります。また、参考書式が相手方のひな型であり、それ自体の条項を修正することができないとしても、別途、個別に覚書を交わして、当該案件に特有な事項を盛り込むことが可能な場合もあります。

しかし、それでも、条項の加除・修正ができないという場合には、次の点について依頼部署に注意を促す必要があります。

第1に、契約書の各条項を現実に実行できるのかということです。実行できない条項を持つ契約書を交わすというのはおかしいと思うかもしれませんが、実際にはよくあります。

例えば、製作物供給契約の受給者の立場において契約審査をする場合において、「受給者は、製作物が供給された日から1週間以内に供給された全製作物を検品し、その性能・品質が本件契約書に定めたものに合致しない場合には、直ちにその旨を供給者に通知しなければならない。受給者がこれを怠った場合は、以後、製作物について欠陥の申立てはできないものとする。」という条項に直面したとします。

しかし、実際に、製作物が供給された日から1週間以内に全製作物を検品するということが可能でしょうか。もちろん、製作物の内容によっては可能かもしれませんが、この点、依頼部署に、「契約書にある検品は実際問題として実施するのですか？」と確認する必要があります。その回答が「できない」というものであれば、その旨を相手方に申し出て条項を変更する必要があります。相手方もできないことを強いるのは難しいと考えるでしょうから、交渉の余地が生まれてくるはずです。

第2に、条項の加除・修正ができない場合には、当該契約書を交わす場合、「○条は、……というもので注意が必要です。」と注意点を指摘するのが大切です。難しい問題を難しい問題としてあらかじめ覚悟しておくことが大切です。

（山田尚武）

3　契約書に共通に見られる条項の審査

> **Point**
> ①　民法の損害賠償条項と異なる条項は、念入りに審査します。
> ②　損害賠償額の予定条項は、一方当事者に有利であることが多く、特に注意を要します。
> ③　損害賠償の範囲に関する条項は、一方当事者に有利であることが多く、特に注意を要します。
> ④　表明保証条項については、自社に不利になっていないか、念入りに審査します。
> ⑤　完全合意条項は本当に必要なのか、慎重に審査します。
> ⑥　金銭消費貸借契約や売買契約等において分割返済となっている場合には、期限の利益の喪失条項の有無及び内容を審査します。
> ⑦　相手方が破産手続開始や民事再生手続開始等の申立てをした場合には、当該契約を解除する旨の条項（いわゆる倒産解除条項）は無効とされることが多々あります。
> ⑧　誠実解決条項には、少なくとも行為規範としての意味があるといえますので、審査担当者はこれがなければ追加するのも一案です。
> ⑨　合意管轄条項については、専属的合意管轄であることを明示しているか否か、注意を要します。
> ⑩　契約類型に留意しながら適切な反社会的勢力排除条項の審査をします。

◆損害賠償条項

　実務においては、信頼関係に基づいて契約を結ぶのに損害賠償条項はなじまないこと及び民法に損害賠償の規定があり不都合はないという理由から、損害賠償条項がない契約書が多く見られます。これに対し、契約書の中に損害賠償条項がある場合もあります。それには、民法と同じ趣旨の条項を確認的に盛り込む場合と、民法にはない内容を工夫して盛り込む場合があります。損害賠償条項には、損害賠償請求に関する条項、損害賠償額の予定条項及び損害賠償の範囲に関する条項があります。

　損害賠償請求に関するものとしては、第1に、債務不履行における債務者の帰責事由

の存否について、次の例のように、債務者の主張立証責任を債権者に転換する規定や債務者の故意又は重過失を要件とする規定が考えられます。

＜例1＞

> 第○条（損害賠償請求）
> 　乙〔物又はサービスの提供者〕が、本契約に定める義務に違反しこれによって甲〔お金の支払者〕に損害が発生した場合は、乙に帰責事由があるときには、乙は甲に対し損害賠償の義務を負う。

＜例2＞

> 第○条（損害賠償請求）
> 　乙〔物又はサービスの提供者〕が、本契約に定める義務に違反しこれによって甲〔お金の支払者〕に損害が発生した場合は、乙に故意又は重大な過失があるときには、乙は甲に対し損害賠償の義務を負う。

　いずれも債務者〔物又はサービスの提供者〕の側に有利な規定ですので、債権者側の審査担当者は、念入りに審査します。

　第2に、債務不履行の事実と損害との間の因果関係の存否の判断を容易にする工夫として、債務不履行の事実が発生した場合に想定することができる損害の項目を条項の中に列挙しておくことが考えられます。

＜例3＞

> 第○条（損害賠償請求）
> 　部品に欠陥があった場合には、供給者は、受給者に対し、部品の受給者において現に支出し、又は支出を予定している、①在庫中の欠陥部品又は市場から回収した欠陥部品を補修するに要した費用、②既に市場に出回っている欠陥部品を回収するために要した広告・宣伝費用、回収に従事した受給者の人件費等の全ての回収費用、③欠陥部品を用いて製造された製品を利用した消費者において、欠陥部品が原因で発生した人的・物的損害、④①から③の損害を回収するために要した裁判費用、弁護士費用等、全ての費用を賠償する責めに任ずる。

新民法と契約審査

○債務不履行による損害賠償の帰責事由の取扱い

　新民法は、「債務者がその債務の本旨に従った履行をしないとき又は債務の

履行が不能であるときは、債権者は、これによって生じた損害の賠償を請求することができる。ただし、その債務の不履行が契約その他の債務の発生原因及び取引上の社会通念に照らして債務者の責めに帰することができない事由によるものであるときは、この限りでない。」と規定します（新民415①）。これには大きく二つの意味があります。

一つには、債務者の帰責事由は、民事裁判上は債務者の抗弁として、債務者の主張立証すべき事項となることです。この点、現行民法下でも事実上同じように扱われてきましたが、明文上、債務者の帰責事由の主張立証責任が債務者の負担となったことから、契約書作成実務において、この定めとは異なり、債務者の帰責事由の主張立証責任を債権者に転換したり、債務者の帰責事由を債務者の故意又は重過失がある場合に限定するなどして、債務者の負担を軽減する条項を取り入れる例がより多く見られるかもしれません。

もう一つには、債務者の帰責事由は、契約その他の債務の発生原因及び取引上の社会通念に照らして判断されることです。債務者の帰責事由が「契約その他の債務の発生原因」も含めて判断されることから、債権者の側からすると、債務者の帰責事由の不存在の抗弁が簡単に成立しないように、契約書等において債務者の負担すべき債務の内容と責任を明確に定めることが求められます。

◆損害賠償額の予定条項

損害が発生したこと及びその損害額の証明を容易にする条項です。この条項は、一方当事者に有利であることが多く、特に注意を要します。

損害には、被害を受けた当事者の財布から代金が出ていく損害（これを「積極損害」といいます。）と、財布から代金は出ていかないものの被害を受けた当事者が儲け損なった損害（これを「消極損害」といいます。）があります。前者は言わば「領収書のある損害」、後者は「領収書のない損害」ということができます。実際に紛争が起こった場合には、特に消極損害の立証は難しいものです。そこで、損害賠償額を予定することが大切です（民420①前段、新民420①）。損害賠償額の予定とは、債務不履行があった場合には、「金○○万円を損害額とみなす」と規定することです。例えば、建物賃貸借契約においては、「建物賃貸借契約終了後に、賃借人が当該建物を退去明渡ししない場合には、賃借人は賃貸人に対し賃料の2倍に相当する賃料相当損害金を支払う」とする条項が見られます。

また、損害賠償額を予定することによって、相手方に対し、「契約を確実に履行しなければならない」と思わせる心理的効果もあります。これによって相手方の債務の確実な履行が期待できます。

弁護士に聞きたい！

> **Q13　損害賠償の予定額の目安──攻める側**
> 　商品の売買契約を締結する準備をしていますが、もしものことがあると当社に相当の損害が発生することが予想されるので、売買契約書の条項の中に損害賠償の予定額を入れたいと思います。実務においては、何を目安に損害賠償額を予定したらよいのでしょうか。

A　　民法には債務不履行について損害賠償額の予定ができる（民420①前段、新民420①）とありますが、予定額の定め方については何らの規定もしていません。そこで、損害賠償額の予定をする場合、その目安が問題となります。

　損害賠償額の予定には、証明することが難しい損害額の証明を容易にするという意味と、相手方に心理的な負担を負わせることによって債務の履行を確実にするという意味があります。後者の点に着目すれば、損害の予定額はなるべく大きい方がよいようにも見えます。しかし、前者の点に着目すれば、損害額は大きいばかりがよいのではなく、あまりに膨大な損害額を予定すれば、その予定が民法の公序良俗（民・新民90）に触れてしまうおそれがないわけではありません。

　ところで、損害には積極損害と消極損害があります。損害額を合理的に予定するには、まず、商品に欠陥があった場合に商品を回収して補修するための費用、商品の欠陥が原因で発生する損害等の積極損害を具体的にイメージします。次に、消極損害として、商品を販売したら得られたであろう利益を想定します。利益は、売上額から商品原価を差し引いた粗利益であると考えると簡単です。個別的な契約であれば商品の数が決まっているので、粗利益の総額を出すのはそれほど難しくありません。これに対し、継続的な契約の場合には粗利益の総額を算定するのは難しい点もありますが、例えば、1年間の取引数を想定し、この間、取引したら得られたであろう粗利益を想定したらどうでしょうか。

　こうして得られた積極損害と消極損害を合計し、さらに想定では完全に網羅できない損害があることを見込んで、合計額を1.5倍、2倍、ないしは3倍として

みます。数倍までいくと大きな額になると思いますので、合計額の2倍から3倍くらいが一つの目安となるのではないでしょうか。

> 新民法と契約審査
>
> ○損害賠償額の予定に関する規定の改正
> 　現行民法は、「当事者は、債務の不履行について損害賠償の額を予定することができる。この場合において、裁判所は、その額を増減することができない。」と規定していますが（民420①）、新民法はこの後段を削除しました（新民420①）。その趣旨は、法外な賠償額の予定は、かねてより公序良俗違反の一般法理の適用で解決してきましたが、そうであれば、後段の規定はない方がよいということでの改正です（山野目章夫『新しい債権法を読みとく』94頁（商事法務、平29））。もちろん、裁判所は、賠償額の予定について積極的に干渉する趣旨でないことはもちろんです。
> 　今後も法外な賠償額の予定は別として、必要に応じて積極的に損害賠償額の予定条項を導入してみてはどうでしょうか。

◆損害賠償の範囲に関する条項

　現行民法は損害賠償の範囲について、通常損害と特別損害の区別を設け、前者については賠償すべき損害について特に説明を要しないとし、後者については特別な説明とこれを裏付ける立証が必要であるとしています（民・新民416）。そこで、債務不履行による損害の発生を懸念する当事者は、損害賠償の範囲を具体的に記載することで、特別事情の損害も含めて確保することが可能となります。

　例えば、不動産の売買において、買主の意図が転売目的にあるのであれば、転売の目的を具体的に契約書に記載し、転売利益も損害賠償の範囲に含めることを明記し、また、買主の意図が賃貸住宅の経営であれば、その旨を具体的に契約書に記載し、その逸失利益も損害賠償の範囲に含めることを明記します。そうすることでいざ売主に債務不履行があれば、転売利益や賃貸住宅経営の逸失利益についても特別事情による損害として認められる可能性が高まるものと思われます。この損害賠償の範囲に関する条項は、一方当事者に有利であることが多く、特に注意を要します。

第1章　3　契約書に共通に見られる条項の審査

> **新民法と契約審査**
>
> ○損害賠償の範囲
>
> 　新民法は損害賠償の範囲について、「特別の事情によって生じた損害であっても、当事者がその事情を予見すべきであったときは、債権者は、その賠償を請求することができる。」と規定します（新民416②）。
>
> 　特別の事情によって生じた損害について、現行民法は、「当事者がその事情を予見し、又は予見することができたとき」に賠償請求できるとしていますが（民416②）、これを「予見すべきであったとき」という規範的な文言に修正しました。この規範的な評価は、契約その他の債務の発生原因及び取引上の社会通念に照らして判断され、「債務者が単に知っているとか、告げられていたというのみでは予見可能性があるとされるものではない」とされています（山野目・前掲92頁）。
>
> 　契約書作成実務においては、「予見すべきであったとき」という規範的な文言の解釈の際に有利になるように、前文や目的等の条項において、契約者の意図を明示することが検討されるべきです。一歩進んで損害賠償の範囲の費目を明示することも検討しましょう。

弁護士に聞きたい！

Q14　損害賠償額の上限の設定——守る側

　　当社は、コンピューター・システムの設計を業としていますが、業務委託契約としてコンピューター・システム設計契約を交わす場合、もしコンピューター・システムの設計に不都合があって、お客様から多額な損害賠償請求を受けた場合にどのように対処したらよいかについて頭を悩ませています。というのは、コンピューター・システムの設計費用は低く抑えられていますが、実際にお客様は、当該コンピューター・システムを利用して幅広い業務展開をしており、万が一、当社の設計が原因で、お客様の幅広い業務展開に支障が出たら莫大な損害を被るかもしれないからです。損害賠償条項をどのように工夫したらよいでしょうか。

A　損害賠償額の予定には、先に述べたように、損害額の立証を容易にするため

に損害賠償の額を予定する場合の他に、損害額が膨大になりすぎないように損害額の上限を設定する場合もあります。そこで問題となるのは、何を目安に損害額の上限を設定するかです。

　一つの考え方として、契約金額を上限とすることが考えられます。ご質問の場合、例えば、代金1億円でコンピューター・システム設計業務を受託したとしたら、損害賠償額は代金1億円を超えないと設定します。この考え方は、業務委託契約において、委託者と受託者の義務が対価的な関係に立っていることに着目するもので、一見合理的ともいえ、損害賠償額の上限設定を試みようとする場合、委託者に対し提案するのもよいでしょう。

　しかし、現行民法の損害賠償の規定を見ると、損害賠償の範囲は、通常損害と予見し、ないしは予見することができた特別事情による損害は賠償すべきであると定めていて（民416）、そのどこにも、双務契約の場合に損害賠償額が対価的な限定を受けるとはなっていません。委託者の側からこの点について指摘を受けると、代金1億円で上限設定をすることを委託者が受け入れるかどうか微妙になるでしょう。受託者としては、委託者の幅広い業務展開の全てについての損害を填補することはできないこと、仮にこれも填補するとすれば、保険による填補を導入せざるを得ず、相当の代金アップを要請することになることを説明し、委託者に理解を求める必要があります。

◆表明保証条項

　表明保証条項とは、契約の一方当事者が他方当事者に対し、ある時点における一定の事項の事実関係又は法律関係の存在又は不存在であることについて、はっきりと宣言し、これを保証する条項です。これに違反した場合、相手方は損害賠償請求をすることができ、かつ、契約を解除することができる条項と併せて規定されます。後に述べる反社会的勢力排除条項は表明保証条項の一種であり、M＆Aに伴う株式譲渡契約書（→本編第11章1◆表明保証・書式例24）や事業譲渡契約書（→本編第11章2書式例25）には表明保証条項が置かれることも多いです。

　表明保証条項は、表明し保証する当事者にとっては、不利な規定です。審査担当者は念入りに審査する必要があります。審査のポイントは、まず表明保証する当事者が故意又は重過失によらずして知らなかった事項の扱いです。契約する上で一定事項について表明保証することが必要である場合であっても、表明保証する当事者の主観面からの絞りをかけることで、表明保証する当事者も相手方から不測の主張がされることを防ぐことができます。

＜例4＞

> 〔株式譲渡人乙が、株式譲受人甲に対し、株式譲渡の対象となる会社について、表明保証する場合〕
> 第○条（表明保証）
> 　……の事項を表明し保証する。ただし、本契約締結日及びクロージングの日において、乙が故意又は重過失なくして知らなかった事項についてはこの限りでない。

　次に、表明保証違反の効果です。損害賠償や契約解除が併せて規定されることが多いですが、表明保証違反の内容も様々ですので、些細な表明保証違反を理由に損害賠償が認められたり、契約が解除されたりすることがないことを確認しましょう。

＜例5＞

> 〔株式譲渡人乙が、株式譲受人甲に対し、株式譲渡の対象となる会社について、表明保証する場合〕
> 第○条（表明保証違反による解除）
> 　乙が、表明保証条項に違反し、契約の目的を達することができない場合には、甲は、本契約を解除することができる。

◆完全合意条項

　M＆Aに関する株式譲渡契約書等の中に、次のようないわゆる完全合意条項が定められることがあります。

＜例6＞

> 第○条（完全合意）
> 　本契約は、本件株式譲渡その他本契約における対象事項に関する買主、対象会社及び売主の最終的かつ完全な合意を構成するものであり、かかる対象事項に関する本契約締結日までの当事者間の一切の契約、合意、約定その他の約束は、本契約に別段の定めがある場合を除き、本契約締結をもって失効する。

　その趣旨は、最終的な契約書をもって完全な合意内容とし、これに反する従前の合意ややり取りの効力を排除しようとするものです。しかし、このような条項がなくても「後法は前法に優位する」法の適用の一般原則から、同じ結論を導くこともできますし、完全合意条項があっても、当事者間の従前の合意ややり取りが最終的な契約の解釈の参考となることは否定できません。本当に必要な条項なのか、慎重に審査します。

◆期限の利益の喪失条項

　金銭消費貸借契約や売買契約等において分割返済となっている場合がよく見られます。したがって、これらの場合に、債権者が債務者に対し債務の弁済を請求するためには、期限が到来していなければなりません（民135①）。しかし、民法の定める期限の利益の喪失事由は、①債務者が破産手続開始の決定を受けたとき、②債務者が担保を滅失させ、損傷させ、又は減少させたとき、③債務者が担保を供する義務を負う場合において、これを供しないときと限られています（民137）。ここに、契約書において、期限の利益の喪失事由を列挙する意味があります。主な喪失事由は次のとおりです。
①　金銭消費貸借契約や売買契約において分割返済の定めのある場合において、分割返済を1回でも怠ったとき。
②　約束手形の不渡りを出したとき。
③　破産手続開始、民事再生手続開始、会社更生手続開始及び特別清算開始の各申立てを自らしたとき、又は申立てを受けたとき（以下、破産手続、民事再生手続、会社更生手続、特別清算をあわせて「倒産手続」といいます。）。
④　③のような倒産手続開始の申立てに至らないときでも、債務者が仮差押え、仮処分のような保全処分を受けた場合又は公租公課の滞納処分を受けたとき。
　ただし、④の保全処分については、保全処分が多くの場合、債権者の一方的な申立てによってなされている実情に鑑みると、直ちに期限の利益の喪失事由とすべきかどうか疑問があります。
　また、期限の利益の喪失事由は、所定の事実が発生すれば、当然に期限の利益が喪失するという当然喪失条項と、所定の事実が発生した場合に、債権者の期限の利益の喪失請求によって期限の利益が喪失するという請求喪失条項とがあります。両者の使い分けは難しく、実際に、厳密に区別している契約書はあまり見かけません。しかし、所定の事実が信頼関係を即座に失わせるような重大なもので、かつ、取り返しができないようなものである場合、例えば、2回目の約束手形の不渡りによる銀行取引停止処分や倒産手続開始を申し立てた場合には、当然喪失条項がなじみます。これに対し、所定の事実が軽微なもので、かつ債務者において挽回可能な場合、例えば、1回分の分割返済の遅延や軽微な契約違反のときには、請求喪失条項とするのが自然です。

◆倒産解除条項

　期限の利益の喪失条項については、契約書では、広く倒産手続開始の申立てをもって、期限の利益の喪失条項とするのが普通であると説明しました。次に問題となるのは、倒産手続開始の申立てをもって、契約の解除事由とすることができるかです（以

下「倒産解除条項」といいます。)。このような条項は、売買契約、継続的販売契約、賃貸借契約及びファイナンスリース契約に見られますが、契約類型によって倒産解除条項の扱いは異なります。

　まず、建物の賃貸借の場合については、賃借人に破産手続開始の申立てがあった事案において、差押えを受け、又は破産手続開始の申立てを受けた場合には直ちに契約を解除し得るという条項は、賃貸人の解約を制限する借家法1条ノ2（旧法）の規定の趣旨に違反し、賃借人に不利なものであるから同法6条（旧法）により、無効であるとしています（最判昭43・11・21判時542・51）。建物賃貸借の場合、賃借人が破産しても直ちに賃料の支払を怠るとは限りませんし、また、賃借人保護の観点からも、倒産解除条項は無効であると解されています。

　次に、機械の売買契約において、代金の一部を支払った段階で、買主が会社更生手続開始の申立てをした事案において、「手形の不渡り、会社更生手続開始の申立ての原因となるべき事実が発生した場合には、催告を経ることなく契約を解除することができる」という倒産解除条項は、債権者、株主その他の利害関係人の利害を調整しつつ窮境にある株式会社の事業の維持更生を図ろうとする会社更生手続の趣旨、目的を害するものであるから無効である、と判示しています（最判昭57・3・30判時1039・127）。倒産解除条項を有効とするということは、様々な内容を含む契約書にある条項を用いて個別的に解決することになりますが、そうではなく、会社更生手続という全体の手続の中で、個々の問題を処理するという考えが現れています。

　さらに、フルペイアウト方式によるファイナンスリース契約によりリース物件の引渡しを受けたユーザーについて、民事再生手続開始の申立てがあった事案において、民事再生手続開始の申立てがあった場合に特に催告をしないで解除することができるとする条項については無効とする最高裁判決があります（最判平20・12・16判タ1295・183）。

　以上、審査担当者は、倒産解除条項については、無効とされることが多々あることに注意が必要です。

◆誠実解決条項

　契約書の条項をいかに精緻に組み立てたとしても、契約締結後には、契約締結段階では想定しなかった事態が発生することがあります。このような事態に備えて、「本契約書において定めた条項の解釈について疑義が生じた場合又は本契約書に定めのない事項について紛争が生じた場合には、双方、誠実に協議し、当事者間の話合いをもって解決するよう努力する」という条項（これを「誠実解決条項」といいます。）が入れられることがあります。

このような誠実解決条項があったとしても、当事者間の話合いによって紛争解決ができなければ、裁判所において解決するほかありません。そもそも、契約書において定めた条項の解釈について疑義が生じた場合又は契約書に定めのない事項について紛争が生じた場合に、双方が誠実に話合いで協議し解決するのは当然のことですから、誠実解決条項にそれほど意味があるかという疑問はあるでしょう。しかし、契約書は裁判をする際の規範（これを「裁判規範」といいます。）であると同時に、当事者が契約書の内容を遵守し、そのとおりに行動するという意味において当事者が行動する規範（これを「行為規範」といいます。）です。疑義や紛争が発生した場合には、誠実解決条項があれば、一方当事者が「まず、お互いよく話し合いましょう」と切り出す口実にはなります。したがって、誠実解決条項には、少なくとも行為規範としての意味があるといえます。審査担当者はこれがなければ追加するのも一案です。

◆合意管轄条項

誠実解決条項も功を奏せず、当事者間に紛争が発生した場合に、どこの裁判所において裁判をするかは重要な問題です。

訴えは、被告の普通裁判籍の所在地を管轄する裁判所の管轄に属するとされ（民訴4①）、法人等の普通裁判籍は、その主たる事務所又は営業所による等とされています（民訴4④）。他方で、財産権上の訴えは義務履行地を管轄する裁判所に提起することができるとされ（民訴5一）、弁済すべき場所は、特に合意がない限り、債権者の現在の住所においてなすべきとされています（民484、新民484①）。したがって、金銭の支払を求める訴えは、多くの場合、債権者の現在の住所を義務履行地として、債権者の現在の住所を管轄する裁判所に提起できます。これは、代金や損害賠償等の金銭請求を求める側に有利です。

法律に定める管轄は以上のとおりですが、契約においても、裁判所の管轄を合意することによって管轄を定めることができます。合意管轄は書面によってしなければなりませんので（民訴11②）、契約書の中で明記する必要があります。

この合意管轄は、第一審裁判所に関する定めに限られ（民訴11①）、土地管轄の問題（東京地方裁判所又は大阪地方裁判所かという問題）と事物管轄の問題（同一地域を管轄する簡易裁判所又は地方裁判所かという問題）の双方について、合意することができます。そこで合意管轄条項を検討する場合には、両者の問題を考慮する必要があります。

その検討要素は、土地管轄の問題について、交通手段の便利さ（例えば、新幹線の駅の近くの地方裁判所は便利です。）も含めて、どこが自社にとって有利かです。遠方

の裁判所で裁判があれば、弁護士の旅費及び日当がかさみます。これに対し、近くの裁判所であれば、この点の負担も軽いです。もっとも、土地管轄の問題については、どうしても取引の力関係がものをいい、自分の近くに引き寄せようとする傾向があります。このような場合には、双方平等な案として、「本件に関する紛争は、甲及び乙のそれぞれの本社住所地を管轄する地方裁判所を第一審の合意管轄裁判所とする」と提案するのも一つです。

　事物管轄の問題については、企業間の紛争の場合には事件及び事件の背景が複雑になりやすいため、訴訟の目的物の価額が140万円以下で、普通であるなら簡易裁判所の裁判となる場合（裁所33①一）であっても、地方裁判所を選択することになります。

　そこで、「本件に関する紛争は、名古屋地方裁判所を第一審の合意管轄裁判所とする」という条項が考えられます。

　もっとも、この場合、付加的合意管轄であるのか、それとも専属的合意管轄であるのかに注意する必要があります。付加的合意管轄とすれば、民事訴訟法の規定による他の管轄裁判所はもとより、名古屋地方裁判所にも訴えを提起することができることを意味します。これに対し、専属的合意管轄とすれば、名古屋地方裁判所のみにしか訴えを提起することはできないという意味になります。両者には大きな違いがあるため、審査担当者は注意を要します。もっとも、付加的合意管轄裁判所を定めるのは当事者にとってあまり意味がなく、実際には、「本件に関する紛争は、名古屋地方裁判所を第一審の専属的合意管轄裁判所とする」のように、第一審の専属的合意管轄裁判所を定めるのが普通です。

◆反社会的勢力排除条項

　反社会的勢力排除条項は、平成19年6月19日に、政府が「企業が反社会的勢力による被害を防止するための指針」を発表したことに始まります。本書の旧版では、「現時点では、反社会的勢力排除条項については、そこまで認知されていないのが実情です。」と記載しましたが、その後、広く行き渡るようになり、どの契約類型の契約書においても見られるようになりました。条項の内容は、当事者が反社会的勢力でないことの表明保証条項、「暴力団等反社会的勢力であることが判明した場合」等を契約の解除事由とする条項等です。

　例えば、流通系4団体（全国宅地建物取引業協会連合会、全日本不動産協会、不動産流通経営協会及び日本住宅建設産業協会）が策定した売買契約書のモデル条項例は次のとおりです。売買契約のほか媒介契約、賃貸住宅契約のものがあり、類型に応じた精緻な条項です。

審査担当者は契約類型に注意しながら適切な条項を定める必要があります。

＜例7＞

(反社会的勢力の排除)
第○条　売主及び買主は、それぞれ相手方に対し、次の各号の事項を確約する。
① 自らが、暴力団、暴力団関係企業、総会屋若しくはこれらに準ずる者又はその構成員（以下総称して「反社会的勢力」という）ではないこと。
② 自らの役員（業務を執行する社員、取締役、執行役又はこれらに準ずる者をいう）が反社会的勢力ではないこと。
③ 反社会的勢力に自己の名義を利用させ、この契約を締結するものでないこと。
④ 本物件の引き渡し及び売買代金の全額の支払いのいずれもが終了するまでの間に、自ら又は第三者を利用して、この契約に関して次の行為をしないこと。
　ア　相手方に対する脅迫的な言動又は暴力を用いる行為
　イ　偽計又は威力を用いて相手方の業務を妨害し、又は信用を毀損する行為

2　売主又は買主の一方について、次のいずれかに該当した場合には、その相手方は、何らの催告を要せずして、この契約を解除することができる。
　ア　前項①又は②の確約に反する申告をしたことが判明した場合
　イ　前項③の確約に反し契約をしたことが判明した場合
　ウ　前項④の確約に反した行為をした場合

3　買主は、売主に対し、自ら又は第三者をして本物件を反社会的勢力の事務所その他の活動の拠点に供しないことを確約する。

4　売主は、買主が前項に反した行為をした場合には、何らの催告を要せずして、この契約を解除することができる。

5　第2項又は前項の規定によりこの契約が解除された場合には、解除された者は、その相手方に対し、違約金（損害賠償額の予定）として金○○○○円（売買代金の20％相当額）を支払うものとする。

6　第2項又は第4項の規定によりこの契約が解除された場合には、解除された者は、解除により生じる損害について、その相手方に対し一切の請求を行わない。

7　買主が第3項の規定に違反し、本物件を反社会的勢力の事務所その他の活動の拠点に供したと認められる場合において、売主が第4項の規定によりこの契約を解除するときは、買主は、売主に対し、第5項の違約金に加え、金○○○○円（売買代金の80％相当額）の違約罰を制裁金として支払うものとする。ただし、宅地建物取引

> 業者が自ら売主となり、かつ宅地建物取引業者でない者が買主となる場合は、この限りでない。
>
> （出典：国土交通省HP）

（山田尚武）

＜参考文献＞
潮見佳男『民法（債権関係）改正法の概要』（金融財事情研究会、平29）
山野目章夫『新しい債権法を読みとく』（商事法務、平29）
野村豊弘監修・虎ノ門南法律事務所編著『民法改正で変わる！契約実務チェックポイント』（日本加除出版、平29）

第2章　秘密保持契約の審査

1　秘密保持契約における審査の視点

> **Point**
> ①　秘密保持契約は、何らかの目的をもって情報を提供し、又は情報提供を受けることを想定して締結される契約ですので、審査担当者として、まずは秘密保持契約を締結する目的を確定しなければなりません。
> ②　秘密保持契約を審査する場合には、自社が「情報を提供する側」であるか、「情報提供を受ける側」であるのか、又はその両方に該当するのかについて整理し、具体的なリスクを想定した上でその内容を検討する必要があります。
> ③　秘密保持契約が締結されていない場合には、情報に関する法的保護を受けられない可能性があるため、他の契約の審査をする場合においても常に秘密保持契約を締結する必要がないか注意をしなければなりません。

◆秘密保持契約締結目的の確定
　(1)　秘密保持契約の締結目的
　秘密保持契約は、当事者の一方から他方に対して提供される情報を、契約をもって秘密として取り扱うこと（以下、秘密保持契約をもって秘密として取り扱われる情報を「秘密情報」といいます。）を内容とするものです。
　秘密保持契約を締結する場面は、大別して二つに分類されます。一つの場面は契約交渉の場面です。例えば、相手方との間で合併等の事業承継を予定しているような場合に、合併等の正式契約に至る前にデューデリジェンスを実施して、相手方の経営状況等を記した資料の提供を受けるときに締結されるケースです。このような場面では、契約締結前に情報が提供されることとなる上、合併等はデューデリジェンスの結果や交渉の結果によって実現されない可能性もあるため、あらかじめ提供される情報を秘密として取り扱う旨を定めておかなければ、経営上の重要な情報が流出するというリスクが生じます。このような場面において、秘密保持契約を締結することの意義を見い出すことができます。

もう一つの場面は、契約の履行過程において秘密情報が提供されることが予定されている契約を締結する場面です。例えば、共同開発契約やフランチャイズ契約の場合には、契約の履行過程において技術情報や経営ノウハウなどが提供されるため、これらを秘密として保持するために秘密保持契約を締結することが必要となります。

　秘密保持契約は、締結される場面に応じてその内容を具体化することとなりますが、この際に相手方との信頼関係も大きく影響します。相手方との信頼関係が形成されていない場合には、特に情報を提供する側において情報流出の危険性を考慮し、秘密保持契約の内容を厳格にすることが必要となります。秘密保持契約を後者の場面で締結する場合には、既に相手方と一定の交渉がなされており、相手方との間で一定の信頼関係が形成されている場合が少なくありませんが、秘密保持契約を前者の場面で締結する場合には、相手方との間で信頼関係が形成されているとは限らないため、自社が情報を提供するような場合には慎重な態度を取らざるを得ません。

　このため、審査担当者としては、いかなる場面において秘密保持契約の締結が求められているのか確認するとともに、自社と相手方との関係も整理しておかなければなりません。なお、後者の場面では、秘密保持契約としての独立した契約を締結するのではなく、基本となる契約の一条項として秘密保持条項を規定する場合もあります。また、当事者の一方のみが秘密保持義務を負うような場合には、契約書の形式ではなく、誓約書など一方当事者から他方当事者に差し入れる形式が採用される場合もあります。

　(2)　秘密保持契約締結目的の確定

　秘密保持契約は、秘密保持契約を締結すること自体に意義があるのではなく、当事者間で定めた目的に従って秘密情報を利用し、又は利用を制限することに真の目的があります。例えば、合併等の事業承継であれば、相手方の経営情報を把握して合併のメリット・デメリットを検討し、事業承継の方法等を検討することが目的となり、共同研究開発であれば、研究開発のために相手方から提供される情報を活用することが目的となります。この目的によって提供をし、又は提供を受けるべき情報が異なります。

　このため、秘密保持契約を審査する際には、「いかなる目的で秘密情報を提供するのか（いかなる目的で秘密情報の提供を受けるのか）」という点を確定することが不可欠です。秘密情報の提供目的（秘密情報の提供を受ける目的）により、秘密保持契約において定めるべき内容が異なりますので、審査担当者は依頼部署からのヒアリング等により、秘密情報の提供目的（秘密情報の提供を受ける目的）を確定する作業を行わなければなりません。

◆自社の立場の整理

(1) 立場の違いによる視点の違い

秘密保持契約は、当事者の一方が他方に対して情報を提供するに当たり、提供される情報を秘密情報として保持することを内容とする契約ですので、当事者は「情報を提供する側」と「情報提供を受ける側」に分類されます。秘密保持契約は、この立場の違いにより検討すべき内容が大きく異なります。

具体的には、自社が「情報を提供する側」である場合には、①相手方に対し秘密情報を保全するために必要となる義務を課しているか、②相手方の情報管理体制に問題はないか、などの観点からの審査を行うこととなります。他方、自社が「情報提供を受ける側」である場合には、①情報提供を受ける目的との関係において、秘密保持契約において自社に課せられる義務に問題はないか（加重な義務が課せられていないか）、②秘密保持契約との関係において社内の情報管理体制に問題はないかなどの観点からの審査を求められることとなります。

このように、秘密保持契約においては、自社が「情報を提供する側」であるのか、それとも「情報提供を受ける側」であるのかにより審査の視点が大きく異なりますので、自社の立場を整理することは非常に重要です。自社の立場を整理することは、売買契約（自社が売主であるのか、それとも買主であるのか）や業務委託契約（自社が業務を委託する側であるのか、それとも業務を受託する側であるのか）などあらゆる契約について当然に求められる事項ですが、秘密保持契約の場合にはこの点を特に注意しなければなりません。

なお、情報の提供は一方の当事者からのみなされるとは限りません。共同研究開発を実施する場合や合併をはじめとする事業承継の場面においては、情報の提供が双方向になされることとなります。このような場合には、自社の立場を「情報を提供する側」、「情報提供を受ける側」というように一義的に定めることが難しく、審査担当者としては「情報を提供する側」という側面からの視点だけではなく、「情報提供を受ける側」という側面からの視点も求められます。この場合、条項の個別内容を審査する際には、自社としてどちらの側に軸足を置くのか整理しておくことが望ましいでしょう。

(2) リスクの想定

情報提供のリスクの想定については、情報を提供する立場である場合と情報の提供を受ける立場である場合とでその内容は異なります。

情報を提供する立場の場合には、自社の情報が流出するリスクが発生するため、ま

ずは秘密情報の対象と秘密保持の方法を厳格に定めることにより、情報の流出を生じにくくすることがリスク回避の観点からは重要となります。また、情報が流出してしまった場合の対処についても具体的に想定することが必要となります。

　他方、情報提供を受ける立場の場合には、秘密情報の対象や秘密保持の方法の定め方によって、提供を受けた情報を利用できる範囲が限定され、利用価値を伴わないというリスクが発生し得るため、秘密情報の対象や秘密保持の方法などが情報利用との関係において適切な内容として定められているかという観点が求められます。また、自社の情報管理体制が秘密保持契約に定められる内容に合致しない場合には、情報流出のリスクが高まり、損害賠償その他の責任問題に発展しかねないため、この点についても適切な対処が必要です。

◆情報を提供する側における秘密保持契約の重要性

　(1)　情報に対する法的保護

　企業間の取引において一方から他方に対して提供される情報は、取引情報、技術的手法、経営手法など多岐にわたるところ、「情報を提供する側」としては、提供する情報が法的保護を受けるものであるかということを検討しなければなりません。「営業秘密」を保護する法律として不正競争防止法が存在しますが、同法による保護を受けるためには、①秘密として管理されていること（秘密管理性）、②生産方法、販売方法その他の事業活動に有用な技術上又は営業上の情報であること（有用性）、③公然と知られていないこと（非公知性）の各要件を満たすことが必要です（不正競争2⑥）（→**本章2◆情報を提供する側から見た秘密情報の(2)**）。

　開示の対象となる情報が前述の要件を満たさない場合に、秘密保持契約が締結されていなかったり、秘密保持条項が存在しなかったりすると、たとえ高い価値を有する情報であったとしても、情報を提供する側は法的な保護を受けられない可能性があります。また、共同研究開発において、開示の対象となる技術情報が秘密保持義務の対象となる場合、特許権の成否の判断において、当事者間の対象製品の販売によって公知になったといえないとする事案もあり（知財高判平24・7・11（平23（行ケ）10271）裁判所ウェブサイト）、将来の権利化を否定されないようにするためにも秘密保持契約を締結することが重要となります。このため、自社が相手方に対して情報を提供することを求められる契約においては、秘密保持契約（秘密保持条項）を締結することの要否を判断しなければなりません。

　(2)　情報提供の可否

　自社の情報を提供する場合、情報提供の目的とともに相手方と自社との関係を十分

に考慮することが必要です。例えば、広告業者に対して広告作成業務を委託するに当たり、自社の情報を提供する場合には、「当該広告業者が自社の情報を漏洩しないようにするためには、どのような措置を講じることが望ましいか」という観点が重要となりますが、共同研究開発のような場合には、自社の情報が相手方の製品開発に流用されないよう、「情報の目的外利用の禁止」という観点が重要となります。後者のような場合、競業企業が自社の情報を求めている場合も少なくなく、競業企業である相手方に情報が提供される場合には、相手方による情報の濫用の危険性が常につきまとい、相手方に自社の情報を利用されることは自社にとって多大な被害を生じかねません。このような場合に自社の情報を適切に管理する最も有用な方法は、「情報を自社内で全て管理し、第三者に情報を提供しないこと」であるといっても過言ではありません。また、相手方における情報管理体制が不十分であれば、たとえ相手方が情報を濫用しなくとも情報が他に流出する危険性が残されます。

　このため、審査担当者としては、秘密保持契約の内容のみならず、自社と相手方との関係を念頭に置き、「相手方に対して提供をしてもよい情報であるのか」という観点からの審査を行うことが不可欠です。

（宮田智弘、野村朋加）

＜参考文献＞
　佐藤孝幸『実務法律講義①　実務　契約法講義』39頁〜43頁（民事法研究会、第4版、平24）
　升田純「現代型取引をめぐる裁判例(37)」判例時報1710号39頁〜48頁

2　秘密情報の対象

> **Point**
> ① 情報を提供する側からは、不正競争防止法による法的保護と債務不履行・不法行為による法的保護との相違を理解した上で、秘密情報の対象を特定することが必要です。
> ② 情報提供を受ける側からは、情報提供を受ける目的、目的達成に必要となる情報の種類、自社の管理体制などを総合考慮して秘密情報の対象を特定することが必要です。
> ③ 顧客データなどの個人情報が秘密情報に該当する場合もありますが、個人情報保護法との関係を整理した上で、その取扱いを決定することが必要です。

◆情報を提供する側から見た秘密情報

(1)　秘密情報に関する法的保護の類型

　秘密保持契約を締結する目的は、相手方に対して秘密保持義務を課すことにより、相手方に提供した情報を自己のものとして独占することにあるので、秘密保持契約において特定した秘密情報が法的な保護を受けなければ無意味となります。

　秘密情報に関する法的な保護は、①不正競争防止法による保護、②秘密保持契約による保護（債務不履行を根拠とする保護）、③不法行為を根拠とする保護に大きく分類されます。

　不正競争防止法による保護については、不正競争防止法2条1項4号ないし9号に該当する行為について、差止請求（不正競争3）、損害賠償請求（不正競争4）、信用回復措置請求（不正競争14）による保護を求めることができます。また、訴訟手続において当該秘密情報が公開されてしまうことを防止する措置として、訴訟記録の閲覧等制限手続（民訴92①二）、裁判所による秘密保持命令（不正競争10）、当事者尋問等の公開停止（不正競争13）などの措置を求めることができるとともに、書類等の提出命令（不正競争7）、損害額の推定など（不正競争5・9）、立証の軽減がなされています。

　債務不履行又は不法行為に基づく損害賠償請求の場合には、特別の規定が存在しないため（ただし、民訴92①二・220以下参照）、不正競争防止法の方が法的保護は手厚いといえますが、不正競争防止法による保護を受けるためには、当該情報が「営業秘密」（不正競争2⑥）に該当することが必要となります。

(2) 不正競争防止法による保護

不正競争防止法では、同法の保護の対象となる「営業秘密」を、「秘密として管理されている生産方法、販売方法その他の事業活動に有用な技術上又は営業上の情報であって、公然と知られていないもの」と定義しています（不正競争2⑥）。

第1に、「秘密として管理されている」の要件については、営業秘密の保有者が主観的に秘密にしておく意思を有しているのみではなく、当該営業秘密を客観的に秘密として管理することを通じて当該意思が明示され、結果として相手方において当該意思を容易に認識できる状態にあることが必要と解釈されています。これらは、①当該情報にアクセスした者に当該情報が営業秘密であることを認識できるようにしていること、②当該情報にアクセスできる者が制限されていることが必要であることなどの要素をもとに判断されています（知財高判平26・8・6（平26（ネ）10028）裁判所ウェブサイト等）。このため、「秘密として管理されている」の要件を充足するためには、機密・部外秘などの扱いがなされている場合、社内規則等により当該情報にアクセスできる者が制限されている場合、就業規則等において従業員に守秘義務が課せられている場合など、社内で当該情報について厳格な管理がなされていることが求められます（なお、経済産業省「営業秘密管理指針」（平成15年1月30日策定、平成27年1月28日全部改訂）参照）。

第2に、「営業秘密」に該当するには、「有用な」情報でなければなりません。これは商品やサービスの生産、販売、研究開発に役立つなど事業活動にとって有用なものなどと解釈されますが、他方において公共の利益を害するような公序良俗に反する内容の情報は、法的な保護の対象にならないと解釈されています。

第3に、「公然と知られていない」の要件を充足するためには、当該情報が刊行物に記載されていないなど、保有者の管理下以外では一般に入手することができない状態にあることが必要であると解釈されています。このため、文献等によって開示されている情報から推知することができる情報はこの要件を欠くこととなります。なお、当該情報を知る者全てに守秘義務が課されているような場合には、この要件を充足する可能性があります。

(3) 秘密保持契約による保護

以上のように、不正競争防止法による保護を受けることができる場合は相当に限定されることとなるため、「営業秘密」に該当しない情報について、秘密保持契約において秘密情報として特定しておかなければ、相手方の行為が不法行為に該当しない限り法的な保護を受けられなくなります。

このため、情報を提供する側としては、秘密情報の対象について、「営業秘密」よりは広範な定義を検討しなければなりません。この場合、情報を提供する側として、秘密保持契約によって保護を受ける範囲を拡大すべく、秘密情報の対象について「開示

又は提供される一切の情報及び資料」という包括的な定義を求める場合がありますが、このような包括的な定義が常に適切であるとはいえません。秘密情報の対象が包括的であり、明確な特定がなされていない場合、形式的には全ての情報が秘密保持契約による保護を受ける可能性を有することとなりますが、他方、自社において真に確保したい情報が曖昧となり、当事者間で定められた目的を達成する上で不必要な情報をも相手方に提供する可能性も生じるため、自社の情報管理という観点からは望ましくないためです。また、秘密情報の対象が包括的に定義される場合、自社の管理体制が十分に確立されていないと当該情報には法的保護に値する価値がないと判断されるおそれがあります（不正競争防止法上の「営業秘密」における秘密管理性の要件（不正競争2⑥）参照）。

秘密保持契約の目的は、相手方に秘密保持義務を課すことにより自社の情報を適切に管理することにあるため、まずは相手方に提供すべき情報の取捨選択を行うべきです。情報を提供する目的に基づき相手方に提供すべき情報の取捨選択をすることが容易でない場合には、情報提供時の自社の情報管理体制に問題がないかという観点から精査した上で、秘密情報の対象を包括的に規定することの是非を検討するべきです。

なお、情報の提供が一方的になされる場合ではなく、合併などの場面で当事者相互に情報が提供される場合において、情報は相互に提供されるものの一方当事者について秘密保持義務を課すべきとはいえない場合には、秘密情報を特定するに当たり、情報提供の主体を明示することを含めた検討が求められます。

【秘密保持契約と不正競争防止法による情報に対する保護】

	秘密保持契約	不正競争防止法
保護される情報の範囲	秘密保持契約において特定された情報	「営業秘密」に限られる（不正競争2⑥）。
救済手段	損害賠償請求	損害賠償請求（不正競争4）、差止請求（不正競争3）、信用回復措置請求（不正競争14）
損害額の立証	必要	必要であるが、一定の範囲で損害額が推定される（不正競争5）。
秘密性を維持するための措置	訴訟記録の閲覧等制限（民訴92①二）（ただし、当該情報のうち、不正競争防止法にいう「営業秘密」に該当するものに限る。）	訴訟記録の閲覧等制限（民訴92①二）、秘密保持命令（不正競争10）、当事者尋問等の公開停止（不正競争13）

◆**情報提供を受ける側から見た秘密情報**
　(1)　秘密情報の対象の特定
　情報提供を受ける側としては、「情報提供を受ける目的を達成するために必要となる情報は何か」という観点から秘密情報の対象を特定することとなります。特に、情報提供を受ける側は、秘密保持契約において当該情報を秘密として管理するための体制整備が求められるため（→**本章3◆秘密情報の管理体制の(2)**）、情報提供を受ける目的を達成するために不必要な情報の提供を受けることは可能な限り避けるべきです。
　また、提供される情報の全てを秘密情報の対象とされてしまうと、自社における管理が困難な場合も少なくなく、秘密保持契約に違反するケースが生じやすくなるため、相手方との間で、本来であれば無用な紛争が生じかねません。
　そこで、情報提供を受ける側としては秘密情報の対象を明確にすることを検討するべきであり、具体的には、①情報の内容、②情報の提供形態、③秘密情報であることの指定、などの観点から、秘密情報の対象を特定することが可能であるかについて検討を加えるべきです。
　(2)　例外条項の検討
　情報提供を受ける側においては、秘密保持義務の対象から除外する旨の例外条項に注意しなければなりません。この例外条項については、以下のような条項が設けられることが一般的です。
①　相手方から開示を受ける前に既に公知となっていた情報
②　相手方から開示を受けた時点で既に保有していた情報
③　相手方から開示された後に、自らの責めによらず公知となった情報
④　正当な権限を有する第三者から秘密保持義務を課されることなく適法に取得した情報
　ところで、自社がメーカーの場合において、相手方から提供を受けた情報と無関係に独自に開発を行うような場合が考えられますが、「相手方から開示された情報とは無関係に、独自に開発した情報」という例外条項が規定されていないと、このような情報も秘密保持義務の対象に含まれると解釈される余地が生じ、自社の商品開発に影響が及んでしまいます。このような場合には、秘密保持契約の内容として、上述のような例外条項を規定することを検討するべきです。
　また、法令に基づき、第三者から情報の開示請求を受けた場合にこれに対応することが秘密保持契約に違反しないことを明示すべく、「法令の定めに基づき又は権限のある官公庁等からの開示要求があった場合」には情報提供者の同意なくして情報を開

示することができる旨の規定を設けることを検討するべきです。

　なお、秘密保持義務の対象に個人情報が含まれる場合には、利用目的による制限を遵守し、安全管理措置を徹底するために、例外条項の適用を排除することも必要となります。

◆**秘密情報と個人情報保護法**
（1）　個人情報を提供する場合
　事業活動において、顧客から取得した個人情報を活用することが必要な場合が少なくなく、顧客データなどの形式で第三者に個人情報を提供する場合があります。
　この場合、当事者間で秘密保持契約が締結され、秘密情報の一部として個人情報が取り扱われることがありますが、個人情報については個人情報保護法による規制があるため、個人情報を相手方に提供することが想定されている場合には、個人情報保護法との関係を整理する必要があります。
　個人情報保護法では、個人情報を次のように定義しています（個人情報2①）。

> 　生存する個人に関する情報であって、次の各号のいずれかに該当するもの
> 一　当該情報に含まれる氏名、生年月日その他の記述等（文書、図画若しくは電磁的記録（電磁的方式（電子的方式、磁気的方式その他人の知覚によっては認識することができない方式をいう。次項第2号において同じ。）で作られる記録をいう。第18条第2項において同じ。）に記載され、若しくは記録され、又は音声、動作その他の方法を用いて表された一切の事項（個人識別符号を除く。）をいう。以下同じ。）により特定の個人を識別することができるもの（他の情報と容易に照合することができ、それにより特定の個人を識別することができることとなるものを含む。）
> 二　個人識別符号が含まれるもの

　そして、個人情報を体系的に構成したものである個人情報データベース等（個人情報2④）を事業の用に供する「個人情報取扱事業者」（個人情報2⑤）は、個人情報の利用目的をできる限り特定して（個人情報15①）、あらかじめその利用目的を公表している場合を除き、速やかに、その利用目的を本人に通知又は公表しなければならず（個人情報18①）、あらかじめ本人の同意を得ないで特定された利用目的の達成に必要な範囲を超えて個人情報を取り扱ってはならないとされています（個人情報16①）。
　その上で、第三者との関係においては、①利用目的の達成に必要な範囲内において

個人データの取扱いの全部又は一部を委託する場合、②合併その他の事由による事業の承継に伴って個人データが提供される場合、③特定の者（グループ企業など）との間で個人データを共同利用する場合（個人情報23⑤）、④オプトアウトの手続がとられている場合（要配慮個人情報（個人情報2③）を除きます。）（個人情報23②）を除くと、個人情報保護法23条1項各号に該当する場合以外には個人データを第三者に提供してはならず、個人データの取扱いの全部又は一部を委託する場合には、受託者に対する必要かつ適切な監督を実施しなければなりません（個人情報22）。

なお、いわゆるマイナンバーについては、行政手続における特定の個人を識別するための番号の利用等に関する法律19条各号に該当する場合を除き、第三者に提供することができませんので、注意が必要となります。

このため、自社が取り扱う個人情報を提供することが想定されている場合には、まず個人情報を提供することについて前述の要件を充たしているかという点を検討しなければなりません。その上で、個人情報を提供する目的、個人情報を提供することによって得られるメリットを検討し、個人情報を提供することの可否を決定する必要があります。

個人情報保護法における第三者提供の規制対象は、個人情報取扱事業者が個人データを提供する場合であるため、データベース化されていないアンケート結果を第三者に提供する場合などは個人情報保護法の規制は及ばないこととなりますが、このような場合であっても個人のプライバシー保護の観点からの保護が及ぶため（最判平15・9・12判時1837・3）、別異の取扱いをすることはできません。特に、昨今では個人情報流出事故が相次いでおり、社会的な注目を浴びていることから、自社において個人情報の流出を招来した場合には社会的な信用を損なう事態となりかねません。情報を提供した個人との関係においても、1人当たり5,000円から5万円程度の慰謝料が認められており（東京地判平28・4・26（平27（ワ）11311）等）、その損害も軽視することはできません。個人情報の流出を防止するためには、個人情報を第三者に提供しないことを第一に検討するべきであり、検討の結果、個人情報の提供が必要となる場合であっても、個人情報の提供方法、相手方における個人情報の管理状況等を精査した上で個人情報の提供を決定するべきでしょう。

(2) 個人情報の提供を受ける場合

個人情報の提供を受けるに当たっては、個人情報の利用目的、第三者提供の観点から個人情報の提供を受けることについて問題がないか精査する必要があります。

個人情報の提供を受けた場合には、個人情報の取扱いについて責任が発生しますので、個人情報の提供を受けなければならないのかという観点からの精査を行い、個人

情報の提供を受けなければならない場合であっても、まずは個人情報を集計・数値化して特定個人を識別することができない統計情報にすることにより目的を達成することができるか検討し、そのような統計情報では目的を達成することができない場合に、個人情報の提供を受けることを前提とした対応を検討するべきです。個人情報の提供を受けるとの判断をした場合には、個人情報保護法及び各省庁のガイドラインを前提にした管理体制が求められることとなりますので（→**本章3◆秘密情報の管理体制の**(2)ウ）、個人情報の管理体制について検討を加えることとなります。

（宮田智弘、野村朋加）

＜参考文献＞

菅原貴与志『詳解　個人情報保護法と企業法務－収集・取得・利用から管理・開示までの実践的対応策－』226頁～270頁（民事法研究会、第7版、平29）

三好豊「秘密情報をめぐる企業間の新たな紛争類型と契約による予防」ジュリスト1308号180頁

3　秘密保持の方法

> **Point**
> ①　秘密情報の管理体制を確保することが秘密を保持する上で最も重要であり、秘密情報の利用者、利用方法、保存方法、情報利用を終了した後の返還方法等の種々の観点から秘密情報の管理体制を確立する必要があります。
> ②　秘密保持契約終了後の秘密保持義務の定めは秘密を保持するために不可欠です。
> ③　損害の賠償について違約金条項を設けることにより、秘密情報が流出することを事前に予防することも肝要です。

◆秘密情報の管理体制

（1）　秘密保持のための管理体制の重要性

　秘密情報として取り扱われる情報は、それが秘密として保持されることによって初めて価値を有します。そのため、秘密保持契約においては、情報を秘密として保持するための管理体制が重要となります。

　他方、情報が流出した場合の損害回復措置も秘密保持契約において重要な要素ですが、情報の価値を維持するという観点から見た場合、損害回復措置が十分に機能するとはいえません。秘密情報が流出した場合の損害回復措置としては、①差止請求、②損害賠償請求、③信用回復措置請求が考えられますが、金銭賠償の原則（民417）を前提とする限り、秘密情報が不正競争防止法上の「営業秘密」に該当する場合、又は秘密情報の流出行為が名誉毀損に該当するような場合（民723）を除くと、①又は③の対応を求めることは困難です。また、金銭賠償についても後述するように損害回復措置として十分とはいえません。

　情報は一旦外部へ流出してしまうとその価値を著しく減じることとなり、秘密情報の流出について金銭賠償がなされるのみでは情報を秘密として保持するという当初の目的を果たすことはできません。このため、情報を提供する側としては、秘密情報の流出をいかにして未然に防ぐかという観点が最も重要となります。審査担当者としては、相手方に対して求める情報管理体制の程度を十分に検討し、その管理監督体制にまで配慮することが求められます。

(2) 契約期間中の情報管理体制
　ア　情報管理体制に関する契約条項
　秘密保持契約においては、適切に情報が管理され、情報を秘密として保持されること、すなわち情報が他に流出しないことが重要となりますので、情報提供を受ける側の情報管理体制が適切であるか否かが最大の関心事であるといえます。情報を提供する側としては、秘密保持契約において以下のような条項を設けることにより、情報提供を受ける側に対して適切な情報管理体制を求めることとなります。
① 秘密情報の目的外利用の禁止（又は制限）
　秘密情報が目的外で利用されてしまうと情報を秘密として保持することが困難となりますので、秘密情報の目的外利用を禁止することは重要となります。
② 秘密情報を利用する者の制限（アクセス権限の設定）
　情報提供を受ける側において、秘密情報に接する者が多ければ多いほど秘密情報が外部に流出する可能性が高まるため、情報を提供する側としては、秘密情報が流出する可能性をできる限り排除しなければなりません。
　したがって、情報を提供する側としては、秘密情報を利用する者をできる限り制限するべきです。
　他方、情報提供を受ける側としては、秘密情報を利用する者を必要以上に制限されることにより、情報提供を受ける目的を達成することができなくなることがないよう、いかなる範囲の者が提供される情報に接する必要があるのかについて吟味しなければなりません。なお、情報を提供する目的によっては、情報提供を受ける側として従業者以外の第三者に情報開示をすることが必要となる場合も考えられます。このような場合、特に情報提供を受ける側としては、第三者への情報開示の一切が禁止されてしまうと情報提供を受ける目的を達成することができなくなってしまうため、第三者への情報提供を可能とする規定としなければなりません。このような条項を設ける場合、情報を提供する側としては、第三者への情報提供に対する事前同意、情報を提供するに当たり当該第三者に対しても秘密保持義務を課すことなどを要件として定めておかなければなりません。
③ 秘密情報の保管、保存方法に関する制限
　秘密情報を適正に管理するためには、㋐他の情報と区別して秘密であることを明示する、㋑保管庫の施錠やパスワードロックによる情報流出の防止措置、㋒保管場所の入退室の制限、㋓外部からの不正アクセスの防止措置などが必要となりますので、情報を提供する側としては情報提供を受ける側において、これらの対策が適切に講じられているか十分に把握しなければなりません。

④　秘密情報の複写、複製の禁止（又は制限）

　情報は書面、データなど様々な形態で提供されることとなりますが、秘密情報が記載又は記録された書面、データ等の複写、複製を許容した場合、情報の管理が行き届かなくなり、情報が流出するおそれがあります。

　そのため、情報を提供する側としては、原則的に秘密情報が記載又は記録された書面、データ等の複写、複製を禁止することが望ましいといえます。このことは秘密情報を利用する者に関する制限と密接に関連するものであり、情報を提供する目的と合致するよう秘密情報が記載又は記録された書面、データ等の複写、複製を制限するべきです。

　他方、情報提供を受ける側として、秘密情報が記載又は記録された書面、データ等の複写、複製が禁止されることにより情報提供を受ける目的に支障があるような場合には、複写、複製について適切に管理する方法を確立するなどして、複写、複製に関する要件を緩和するよう求めるべきです。

⑤　役員・従業員の秘密保持義務

　情報提供を受ける側の役員・従業員に対して秘密保持義務が課せられていなければ、情報を秘密として保持することは実質的に困難となりますので、情報を提供する側としては、情報提供を受ける側において役員・従業員との間で秘密保持契約を締結することを要求するべきです。特に役員、従業員が退職した場合について、秘密保持に関する適切な措置がなされていないと、退職した役員、従業員から秘密情報が流出する可能性があります。

⑥　情報管理状況の報告

　情報を提供する側としては、情報提供を受ける側の情報管理状況を定期的に確認し、情報が適切に管理される状態を維持することが必要となりますので、情報提供を受ける側に対して情報管理状況の報告義務を課すとともに、必要に応じて情報提供を受ける側の施設等に立ち入って調査することができる権限を付与する条項を設けるなどして、情報を提供する側の担当者が情報提供を受ける側の情報管理状況を調査する権限を規定し、情報管理体制の管理監督を行うべきです。

　　イ　情報管理体制の把握

秘密保持契約において、求めるべき情報管理体制の全てを詳細に条項として定めることは容易ではありません。そのため、特に情報を提供する側の審査担当者としては、まずは情報提供を受ける側における実際の情報管理体制を把握し、その上で提供する情報の内容及びその重要度、経済産業省「営業秘密管理指針」（平成15年1月30日策定、平成27年1月28日全部改訂）などに規定される、あるべき情報管理体制を参照して、情報提供を受ける側の情報管理体制に不備がないか確認し、不備がある場合には是正を求め

ることが必要となります。
  ウ　個人情報を取り扱う場合の管理措置
　提供する情報の中に個人情報が含まれる場合には、まず、個人データの第三者提供に関する要件を充足していることが求められますが（個人情報23～26）、その上で、情報提供を受ける側の組織的安全管理措置、人的安全管理措置、物的安全管理措置、技術的安全管理措置がなされているか検討しなければなりません（個人情報20）。審査担当者としては、以下のような項目（詳細は個人情報に関する各省庁のガイドライン参照）に関し、情報提供を受ける側の情報管理体制に問題がないか確認する必要があります。
① 　組織的安全管理措置
　㋐　従業員の役割・責任の明確化
　㋑　個人情報保護管理者の設置
　㋒　個人データの取扱いにおける作業責任者の設置及び作業担当者の限定
　㋓　監査実施体制の整備
　㋔　個人データの安全管理措置を定める規程等の整備及び規程等に従った運用
② 　人的安全管理措置
　㋐　従業員との間で個人データの非開示契約が締結されていること
　㋑　従業員に対する教育、訓練が実施されていること
③ 　物的安全管理措置
　㋐　入退室の管理
　㋑　盗難対策
　㋒　機器、装置等の物理的な保護
④ 　技術的安全管理措置
　㋐　個人データへのアクセス制限
　㋑　個人データのアクセスの記録化
　㋒　不正ソフトウエア対策
　（3）　契約終了時の措置
　情報を提供する側としては、秘密保持契約が終了した時点で相手方から提供した情報を回収しなければ、相手方が提供を受けた情報を利用する可能性を残すこととなり、情報を秘密として保持することができなくなります。
　そのため、秘密保持契約においては秘密保持契約終了時に提供した情報の回収方法に関する定めを設けることが必要となります。提供した情報を回収する方法として返還又は廃棄が考えられますが、現場レベルにおいてはいずれを選択する場合であっても、複写、複製を含めた全てについて返還又は廃棄がなされたかを確認することが重要となります。

◆秘密保持契約の終了と秘密保持義務

　秘密保持契約が終了した時点において、文書やデータなど秘密情報が記載されている媒体を返還し、又は破棄することは、秘密情報の流出を防ぐ上で不可欠な対応となります。もっとも、秘密情報が口頭で提供される場合や、秘密情報が記載された媒体を人が目にすることにより、人の記憶として秘密情報が保存されることもあるため、秘密保持契約が終了した時点において秘密情報が記載されている媒体を処理するのみでは、情報を提供する側として秘密情報を自社のものとして確保することは困難です。

　一般に契約当事者は、契約終了によって契約上の義務を免れることとなるところ、秘密保持契約においてもこの一般原則が適用されてしまうと、契約終了と同時に情報提供を受ける側は秘密保持義務から解放されることとなり、情報を提供する側としては秘密情報を秘密として保持することができません。

　このように、秘密保持契約終了と同時に情報提供を受ける側の秘密保持義務も免除されることとなると秘密保持の実効性を保つことができなくなるため、秘密保持契約においては、秘密保持契約終了後も秘密保持義務が存続する旨の規定を設けることが重要となります。

　なお、情報提供を受ける側としては、契約終了後の秘密保持義務が一定期間に制限されていないと、永続的に当該情報について秘密保持の管理体制を敷かなければならないため、秘密保持義務が課される期間について、当該情報の有する価値と秘密保持の必要性との関係から合理的と判断される期間に限定するよう求めることも必要となります。また、秘密情報には、個人情報のように第三者への提供が当然には予定されないものが含まれる場合がありますので、秘密保持義務の対象となる情報の種類に着目して秘密保持義務を課す期間を区分する方法も考えられます。

弁護士に聞きたい！

Q15　従業員との秘密保持契約
　　在職中の従業員や退職後の従業員に秘密保持義務を負担させるためにはどのような方法が有効でしょうか。

A　　まず、在職中の従業員については、労働契約の付随的義務として当然に秘密保持義務を負っていると解されています。したがって、必ずしも労働契約とは別途の契約上の根拠がなくても在職中の従業員が企業秘密を漏洩した場合は契約違反となります。もっとも、秘密保持義務の内容を明確化し、また、従業員に自覚させるためにも就業規則に秘密保持義務を定めたり、個別契約を締結す

ることをお勧めします。

　次に、退職後の従業員については、労働契約自体が終了していますので、同契約の付随義務としての秘密保持義務は原則として負担しません。そのため、退職後も秘密保持義務を課す場合は、労働契約とは別途の根拠を必要とします。

　そして、退職後の秘密保持義務は、退職後の競業避止義務よりはその程度は低いものの、退職した従業員が過去の職業経験を活かして経済活動をすることに対する一定の制約となりますので、労働者の職業選択の自由、営業の自由との調整が必要になります。

　この点、営業秘密に当たる企業秘密については、不正競争防止法において高度の法的保護が与えられており、退職後であっても法律上当然にその漏洩は禁止されます。他方で、同法の保護を受けるためには、秘密管理性等の要件を満たす必要があり、例えばパスワードを付したり、施錠された場所で管理する等した上で、その企業秘密にアクセスできる従業員を限定する等、日常の利用には一定の制約が課されます。そのため、守秘の必要性が高度なものに限定して、同法の保護が受けられるように管理する、というのが現実的でしょう。

　その余の企業秘密についての退職後の秘密保持契約は、当該企業秘密について、その漏洩を防止することによって確保しようとする企業の正当な利益の具体的内容等との関係で、秘密保持義務を課す従業員の在職中の地位、守秘義務を負担させる期間、地理的範囲等が合理的な内容になっているか否か、代償措置の有無・程度等の諸要素が勘案されてその有効性が判断されます。そして、当該秘密保持義務を課すことが労働者の職業選択の自由を過度に制約し、公序良俗に反すると判断される場合には有効性が維持できません。また、秘密保持義務が課される秘密の範囲が抽象的で過度に広範であると評価される場合にも無効と判断される場合がありますので注意が必要です。

　上記を踏まえると、退職後の従業員に対して秘密保持義務を課すに当たっては以下の対応が必要になると思われます。

① 　退職後も漏洩を防止する必要性のある情報について、その漏洩を防止することによって確保しようとする企業の正当な利益の具体的内容等を精査して分類する。

② 　①の結果、漏洩を防止すべき必要性が高度なもので、同必要性が、当該企業秘密について営業秘密としての保護を受けるための要件を具備するために生ずる不利益を上回る場合は、当該企業秘密については、営業秘密として管理する。

③ その余の企業秘密については、入社時、異動時、昇進時、新規プロジェクト参加時等、特定の従業員を当該企業秘密にアクセスできる地位（職位、職務内容等）に就かせる前提として、都度、対象となる企業秘密を具体的に特定して、必要かつ合理的な範囲の個別契約を締結する。
④ 必要な場合は代償措置を講じる。
⑤ ③の取扱いを円滑に実施するために、就業規則に、従業員は「③の取扱いに服する」旨を明記する。

なお、退職した従業員による企業秘密の漏洩を防止する他の方法として、退職後の競業避止義務を定める方法があります。退職後の競業避止義務は、退職後の秘密保持義務よりも、従業員の職業選択の自由、営業の自由に対する制約の程度が大きいため、判断の枠組み、対応は上記秘密保持義務の有効性判断とおおむね同様ですが、有効と認められる範囲はより限定されます。退職後の競業避止義務を課す場合は、その必要性について十分な検討を行い、その内容について慎重に決定する必要があるといえるでしょう。

最後に、従業員の秘密保持義務や競業避止義務を実質的に担保すべく、それら義務違反があった場合、退職金の全部又は一部が発生しない旨の退職金制度も有効な場合があります。退職金制度の性質（賃金の後払いなのか、功労報償的なものなのか等）とも関係しますが、各企業の実情を踏まえ、導入を検討するとよいでしょう。

◆損害賠償と違約金条項

(1) 秘密保持契約における損害賠償請求の問題点

情報提供を受ける側が秘密保持契約に違反した場合には、情報を提供する側は損害賠償請求をなすことにより損害の回復を図ることが可能となります。しかし、秘密保持契約違反を理由とする損害賠償請求には、以下のような問題点があります。

第1に、情報を提供する側において、損害が発生した事実を立証することが容易ではないことです。売買契約や請負契約などの場合における損害賠償請求と異なり、情報流出による損害というのは一般化されているものではありませんので、秘密情報が情報提供を受ける側を通じて第三者に流出したとしても、情報を提供する側に発生する損害を特定することは非常に困難となります。

第2に、情報の経済的な価値を算定することは容易ではないため、損害額を確定することが困難であることです。情報提供を受ける側が情報提供の目的に反して秘密情報を利用した場合であっても、秘密情報の価値を算定することが困難であるがゆえに、

裁判では秘密情報を利用することによって製品が製造されるなど、秘密情報が具現化して損害を客観的に算定することが可能となって初めて損害賠償請求が認められるという傾向にあります。このため、秘密保持契約違反（債務不履行）が認められても損害賠償請求は棄却されるという事態が発生する可能性があります。

これらの点について、不正競争防止法では損害の額に関する推定規定（不正競争5）、損害計算のための鑑定（不正競争8）などの制度が設けられていますが、これらの規定は秘密情報が「営業秘密」（不正競争2⑥）に該当する場合に適用されるものであり、その他の秘密情報については適用されません。

このため、秘密保持契約においては、①秘密情報によって製品が製造されるなど、損害を客観的に算定することが可能な事態となっている場合、②秘密情報の流出行為が信用毀損行為に該当し、信用毀損による慰謝料請求が認められるような場合など、一定の事情が存在しなければ損害賠償請求が認められない可能性があるという問題点があります。

(2) 違約金条項

秘密保持契約における損害賠償請求には上記のような問題点があるため、それを解消する方法として違約金条項を設けることは検討に値します。違約金条項を設けることにより、秘密情報の流出、不正使用等を防止するという抑止効果も期待することができます。

違約金とは、債務者が債務不履行の場合に給付することを約した金銭のことをいいますが、民法上では違約金は賠償額の予定と推定されています（民420③）。債務不履行による損害賠償請求をする場合には、損害の発生及びその額を証明しなければなりませんが、その立証は容易ではないため、債務不履行があれば、損害の有無、多少を問わず債務者に予定の賠償額を支払わせることにより、債権者として立証の困難性というリスクを回避する方法が賠償額の予定となります。

秘密保持契約においては、前記のように損害の発生及びその額を証明することは困難ですので、違約金条項を定めておくことが効果的です。ところで、損害賠償額の予定について、その額が不当に巨額であるような場合には公序良俗（民・新民90）に反して無効であるとの解釈がなされており、この実務を踏まえ、今回の民法改正においても、裁判所がその額を増減することができない旨の規定は削除されています（民・新民420①）。

このため、違約金条項を設ける場合には、秘密情報の内容、当該情報を秘密として保持する必要性の程度、当該情報が目的外利用をされるような場合に生じ得る損害の程度などを勘案して、合理的な範囲内でその額を定めることが重要となります。

（宮田智弘、野村朋加）

書式例3　秘密保持契約書

秘密保持契約書

　○○株式会社（以下「甲」という。）と○○株式会社（以下「乙」という。）は、甲乙間で○○の共同開発事業（以下「本事業」という。）を行うに当たり、相互に開示又は提供される情報の取扱いについて、次のとおり秘密保持契約を締結する。

第1条（秘密情報）
1　本契約において、秘密情報とは、本事業遂行の目的で、書面、電子メール、口頭、電子記憶媒体その他形態を問わず、相手方（以下「開示者」という。）より提供又は開示された技術上及び営業上の情報のうち、開示の際に秘密である旨明示されたものをいう。
2　口頭で開示された情報については、開示者が、開示の時点で秘密である旨を明示し、かつ、その相手方（以下「被開示者」という。）に対し、開示の日より10日以内に当該情報の概要及び当該情報が秘密である旨を明示した書面が提供された場合に限り、秘密情報として取り扱う。

【チェック事項】
　秘密情報の範囲については、開示される情報の種類、内容、情報の適正管理、今後の事業展開等を踏まえ、秘密である旨の明示を要件とするか否かを含め、その範囲を具体的に特定するべきです。
　なお、秘密である旨の明示をもって秘密情報の範囲を特定する場合には、特に口頭で開示された情報について、当該情報が秘密情報に含まれるか否かの解釈に争いが生じることがないように、運用を具体化しておくことが望ましいです。

3　前2項の規定にかかわらず、次に定める情報は秘密情報に含まれない。
　①　開示者から開示を受けた時点で、既に公知であったもの
　②　開示者から開示を受けた後、被開示者の責めによらないで公知となったもの
　③　開示者から開示を受ける以前から被開示者が既に保有していたことを証明し得るもの
　④　正当な権利を有する第三者から秘密保持義務を負うことなく開示されたもの
　⑤　開示者から開示された情報を使用することなく、被開示者が独自に開発、知得したもの

【チェック事項】
　秘密情報からの除外事由を定める場合には、情報開示の目的のみならず、自社の事業展開を踏まえた考慮が必要です。本契約のように共同開発の事業を目的とする場合、自社が独自に知得した情報の利用が制限されることにより、自社の製品開発

> に支障を生じるおそれがあるときには、第5号のような除外事由を定めることも必要となります。

第2条（秘密保持）
1 　被開示者は、秘密情報について厳に秘密を保持・管理し、秘密情報を、本事業を遂行する目的以外に使用してはならない。
2 　被開示者は、開示者の書面による事前の同意を得ることなくして秘密情報を第三者に開示し、又は漏洩してはならない。ただし、弁護士、公認会計士その他守秘義務を負う者に対する開示についてはこの限りではない。
3 　被開示者が開示者の書面による事前の同意を得て第三者に秘密情報を開示する場合は、当該第三者との間で本契約と同等の秘密保持契約を締結して秘密保持義務を遵守させるものとし、当該第三者による秘密情報の取扱いについて一切の責めを負う。
4 　被開示者が、法令又は行政機関の規則等により秘密情報を開示する場合には、本条第1項を適用しない。ただし、開示が義務でないときは、被開示者は開示者に対し、事前に開示について同意を得るものとする。

第3条（秘密情報の利用者）
1 　被開示者は、本事業を遂行する上で必要最小限の範囲の取締役その他の役員及び従業員（以下「役員等」という。）に対してのみ、秘密情報を開示し、又は利用させることができる。
2 　前項の場合、被開示者は役員等に対し、在任中であると退職後であるとを問わず本契約に基づく秘密保持義務と同等の義務を課すものとする。

> 【チェック事項】
> 　秘密情報の利用者について本条のような制限が設けられることにより、契約の目的を損なうことがないか実態調査を要します。

第4条（秘密情報の複写・複製）
1 　被開示者は、開示者の事前の書面による承諾なくして、秘密情報を複写又は複製してはならない。
2 　被開示者は、秘密情報を複写又は複製するときは、複写又は複製に関する記録を作成しなければならない。
3 　被開示者は、開示者から求められたときは、開示者に対し前項の記録を開示しなければならない。

> 【チェック事項】
> 　本事業が共同開発であることを前提とする限り、秘密情報を複写、複製すること

は必要であると考えられ、開示者の事前の書面による承諾を得なければならないとすることにより事業遂行に影を落とす可能性があります。そこで、第1項について、「本事業の遂行のために必要な範囲を超えて」複写又は複製をしてはならないと定めることも検討に値します。

第5条（秘密情報の管理）
1 被開示者は、秘密情報に関する全ての書面及び媒体並びにその複写物及び複製物を善良な管理者の注意をもって保管しなければならない。
2 開示者は、被開示者に対し、秘密情報の管理状況の報告を求めることができる。
3 開示者は、秘密情報の管理状況を調査するため、被開示者に事前の通知をした上で被開示者の事務所等に立ち入ることができることとし、被開示者はこれに協力する。
4 開示者は、前項の調査に当たり、被開示者の施設管理権を侵害し、又は被開示者が開示者以外の第三者に対して負担する秘密保持義務その他の法的義務に反することにならないよう配慮する。

第6条（秘密情報の帰属）
 甲及び乙は、本契約に基づき開示者から被開示者に開示された秘密情報の権利は全て開示者に帰属するものとし、秘密情報に関する特許権、商標権、意匠権、著作権その他の知的財産権及びこれらの実施権又は使用権を開示者から取得するものではないことを確認する。

第7条（発明等の帰属）
 被開示者は、秘密情報に基づき発明、考案、意匠及び著作物の創作をなしたときは、速やかに開示者に通知し、その帰属及び取扱いについて協議する。

【チェック事項】
 秘密情報に基づいて発明等がなされた場合には、当事者間でその帰属等について紛争が生じやすいため、あらかじめ具体的な基準を定めておくことが望ましいです。ただし、秘密保持契約において具体的な基準を定めることは困難な場合もありますので、その場合には共同開発契約において具体的な基準を定めることとなります。

第8条（秘密情報の返還）
 被開示者は、本契約が終了したとき、又は開示者から秘密情報の返還請求を受けたときは、秘密情報の使用を直ちに終了するとともに、秘密情報に関する全ての書面及び媒体並びにそれらの複写物及び複製物を開示者に返還しなければならない。ただし、開示者が被開示者に対し、返還に代えて廃棄、消去処分を書面により指示した場合には、被開示者は速やかに開示者の同意を得た方法により廃棄、消去処分をすると

ともに、開示者に対しその事実を証明する書面を提出しなければならない。

第9条（事故時の対応）
　秘密情報が漏洩した場合又はそのおそれが生じた場合、被開示者は直ちに開示者に対し情報の内容、流出経路及び流出範囲等を報告し、開示者の指示に従い、秘密情報の回収等適切な処置を講じて損害の発生及び拡大防止に努めなければならない。

第10条（損害賠償）
　甲及び乙は、本契約に違反して相手方に損害を与えたときは、その損害（当事者が予見し、又は予見することができた特別事情による損害、合理的な範囲内における弁護士費用を含む。）を賠償しなければならない。

第11条（有効期間）
1　本契約の有効期間は、本契約締結日から2年間とする。ただし、期間満了の3か月前までに甲又は乙から本契約を延長させる旨の意思表示がなされたときは、甲乙協議の上、当該期間を延長することができる。
2　第2条ないし第10条及び第12条の規定は、本契約が終了した後も効力を有する。

第12条（合意管轄）
　本契約又は本契約に関連して、甲乙間に生じる全ての紛争は、〇〇地方裁判所を第一審の専属的合意管轄裁判所とする。

第13条（協議事項）
　甲及び乙は、本契約に規定のない事項及び本契約の条項に関して疑義が生じたときは、信義誠実の原則に則り、誠意をもって協議する。

　以上の契約を証するためこの証書2通を作成し、甲及び乙は各々その1通を保有するものとする。

　　平成〇年〇月〇日

　　　　　　　　　　　　　　　　　　〇〇県〇〇市〇〇〇丁目〇番〇号
　　　　　　　　　　　　　甲　　　〇〇株式会社
　　　　　　　　　　　　　　　　　代表取締役　〇　〇　〇　〇　印

　　　　　　　　　　　　　　　　　　〇〇県〇〇市〇〇〇丁目〇番〇号
　　　　　　　　　　　　　乙　　　〇〇株式会社
　　　　　　　　　　　　　　　　　代表取締役　〇　〇　〇　〇　印

◆チェックリスト

秘密情報の対象	
1　情報を提供する側の場合 ・情報を提供する目的は何か ・情報を提供する目的を達成するために提供しなければならない情報は何か ・情報を提供する形態はどのようなものを想定しているのか（口頭・書面・記憶媒体等） ・秘密とすべき情報に漏れはないか（不正競争2⑥参照） ・秘密情報と称して個人情報を提供していないか（個人情報保護法違反をしていないか） ・秘密保持義務の除外規定に過不足はないか ・基本契約に付随して秘密保持契約が締結されるような場合、その優劣関係に問題はないか	□ □ □ □ □ □ □
2　情報提供を受ける側の場合 ・情報提供を受ける目的は何か ・情報提供を受ける目的を達成するために提供を受けることが必要な情報は何か ・情報提供を受ける目的との関係で、秘密情報の対象を限定する必要はないか ・情報提供を受ける形態（口頭・書面・記憶媒体等）との関係で、秘密情報の対象を限定する必要はないか ・情報管理体制との関係で、「秘密であることを明示したもの」などの限定を付す必要はないか ・秘密保持義務の除外規定に過不足はないか	□ □ □ □ □ □
利用目的	
・提供した秘密情報の利用目的が制限されているか（特に情報を提供する側から）	□
開示対象者	
1　情報を提供する側の場合 ・契約の相手方の役員、従業員のうち、どの範囲の者まで情報の開示を認めるか（契約の相手方の規模・契約目的との対比） ・契約の相手方の役員、従業員に情報が開示されるに当たり、当該役員らに対し秘密保持の措置を求めているか ・契約の相手方の役員、従業員に情報が開示されるに当たり、契約の相手方内部における情報管理体制に問題はないか（管理体制の検査等を行う必要があるか） ・契約の相手方の管理について、管理責任者の選任などを具体的に明示することが必要な場合に該当するか	□ □ □ □

・契約の相手方以外の第三者への情報提供が必要となる事案であるか（関連会社へ情報を提供する場合、再委託をする場合など）	☐
・第三者への情報提供について、その要件が明示されているか（情報提供の可否・秘密保持の措置等）	☐
2　情報提供を受ける側の場合	
・情報提供を受ける目的を達成するためには、役員、従業員のうちどの範囲の者まで情報開示を受ける必要があるか	☐
・情報提供を受ける目的を達成するために、第三者（関連会社を含む。）に情報開示をする必要があるか	☐
・第三者への情報開示が想定される場合、第三者の範囲、情報開示の頻度はどの程度か	☐
複写・複製・改変	
1　情報を提供する側の場合	
・複写・複製を許容してよいのか（情報の内容・契約目的等）	☐
・複写・複製を許容する場合、その要件はどうするのか（複写・複製の可否・複写物・複製物の個数等）	☐
・契約の相手方における複写物・複製物の管理体制に問題はないか	☐
・改変行為を禁止する必要はないか	☐
・知的財産権の出願等を禁止する必要はないか	☐
2　情報提供を受ける側の場合	
・情報提供を受ける目的を達成するために情報の複写・複製をする必要があるか	☐
・複写物・複製物の管理はどのように行うのか	☐
・情報提供を受ける目的を達成するために情報の改変行為が必要となるか	☐
成果物	
・提供される情報をもとに成果物が生じる場合、その成果物の所有権（場合によっては知的財産権）の帰属について具体的に想定した規定が設けられているか	☐
・知的財産権の取扱いに関する制限規定に問題はないか（特に情報提供を受ける側から）	☐
差止請求	
・差止請求等の措置を明文化する必要があるか（特に情報を提供する側から）	☐
損害賠償	
1　情報を提供する側の場合	
・情報が漏洩した場合などに想定される損害としてどのようなものが考えられるか（損害賠償の範囲）	☐

・違約金条項を設ける必要があるか	☐
・違約金条項を設けた場合、違約金の金額は適正か	☐
2　情報提供を受ける側の場合	
・損害賠償の範囲は適正か	☐
・違約金条項が設けられている場合、違約金の金額が不相当ではないか	☐

契約期間	
・契約期間の定め方に問題はないか（契約目的を達成する期間との関係）	☐
・契約の更新は必要か（認めるか）	☐
・契約の更新を認める場合の要件はどうするのか（自動更新か否か・更新後の契約期間等）	☐

契約終了時の措置	
1　情報を提供する側の場合	
・提供した情報の回収はどのように行うか（情報を提供する側が回収を行うのか・情報提供を受けた側で破棄するのか）	☐
・情報の回収の確認はどのように行うのか（特に複写・複製を許容した場合や情報提供を受けた側で情報を破棄する場合）	☐
・契約終了後の秘密保持義務を課す必要があるか	☐
・契約終了後の秘密保持義務を課す場合、その期間をどうするか（提供した情報の内容、当該情報が持つ価値、当該情報の価値が維持される期間等）	☐
・知的財産権等の取扱いは問題ないか	☐
2　情報提供を受ける側の場合	
・情報の返却・破棄が可能な体制が整備されているか	☐
・契約終了後の秘密保持義務を課される期間が不相当でないか	☐
・役員、従業員に対し、退職後の秘密保持義務を課しているか（内容面でも問題はないか）	☐
・知的財産権等の取扱いに問題はないか	☐

第3章　売買契約の審査

1　売買契約

> **Point**
> ①　売買契約においては、取引当事者、目的物（特に、その品質、性能、仕様等）及び代金額といった契約の基礎的事項の確認をするとともに、契約書の各条項が民法や商法の規定と異なる場合には、その内容の検討、民法や商法に規定がある事項について契約書に定めがない場合には、その規定の内容を補充的に記載することの検討をすることになります。
> ②　新民法では、原則として目的物の引渡し後の滅失・損傷を理由に買主が履行の追完請求、代金減額請求、損害賠償請求及び解除の権利主張をすることができない旨が規定されましたが（新民567）、確認的に条項を入れた方が望ましいといえます。
> ③　売買契約の解除は、原則的に契約の一般原則と同様ですが、商法に特則がありますので注意しましょう。
> ④　新民法では、売買の目的物が種類、品質又は数量に関して契約の内容に適合しないものであるときの売主の担保責任として、損害賠償請求や契約解除が定められています。

◆売買契約の審査
(1)　売買契約の審査のポイント
売買契約の審査のポイントは次のとおりです。
①　契約の基礎的事項（取引当事者、目的物及び代金額）の確認
②　契約書の各条項が民法や商法の規定と異なる場合には、その内容の検討
③　民法や商法に規定がある事項について、契約書に定めがない場合には、その規定の内容を補充的に記載することの検討
(2)　売買契約の内容
売買契約とは、売主がある財産権を買主に移転し、買主がこれに対してその代金を支払う契約をいい（民555）、売買契約が成立すると、売主は目的物の引渡義務を負い、買主は代金支払義務を負います。

売買契約は、不要式の諾成契約とされていますので、売主と買主との間で、目的物及び代金額についての合意があれば成立します。他の事項に関する合意がなければ民法や商法の規定どおりの契約が成立します。そして、民法や商法の任意規定と異なる合意をしたときは、合意内容どおりの契約が成立します。

　民法や商法の規定と同一内容の条項を契約書に記載したときは、確認的な条項ということになります。法的には確認的な効力しかない条項であっても、契約書は行為規範として契約履行の際の基準となりますので、契約書に民法や商法の規定と同一内容の記載をすることによって、履行時のトラブルの発生を防ぐことができます。また、契約書に民法や商法の規定と同一内容の記載があることは、その点について特約をしない旨の表示として考えることもでき、契約交渉の際に不用意な合意をしないよう依頼部署に注意喚起を促すことにもつながります。したがって、民法や商法の規定と同一内容の条項であっても、トラブルの発生やその解決に関係する条項については、契約書に記載しておくことが望ましいといえます。

　(3)　目的物の品質等に関する定め

　売買契約の場合には、その目的物を品質、性能、仕様等で明確に定めることが大切です。実際の紛争事例の中でも、目的物の仕様が明確に定まっていなかったために生じた紛争がとても多いです。

　目的物の品質と仕様の関係について、従来は、主に目的物の品質が問題とされていました。民法では、契約の性質や当事者の意思によってその品質を定めることができないときは、売主は中等の品質を有する物を給付しなければならないと定められています（民401①）。

　しかしながら、最近では、目的物の仕様が問題とされるケースが多くなりました。すなわち、契約において目的物の仕様が詳細に定められるようになったのです。仕様が詳細に定められると、たとえ品質が低下していなくとも、契約上定められた仕様と異なる点があれば債務の本旨に従った履行とはいえません。新民法において、瑕疵担保責任が契約の内容に適合しない場合の責任に改められたことも、この表れといえます。

　したがって、契約書に目的物の詳細な仕様を記載する場合には、審査担当者は、依頼部署の担当者とその内容を十分に協議しておくことが望まれます。また、売主側の審査担当者は、契約後に仕様を変更しようとする場合にも、些細な点と思われるような仕様の変更や、品質を向上させるような仕様の変更であっても、買主と十分に協議し、その了解を得るように依頼部署にアドバイスをする必要があります。

　(4)　目的物の引渡場所

　目的物の引渡場所について、商法の規定によると、その売買の性質又は当事者の意

思表示によって定まらないときは、買主の現在の営業所（営業所がない場合にあっては、買主の住所）となります（商516①）。もっとも、商事の売買においては、明示又は黙示の合意、取引の性質及び商慣習で定められる場合がほとんどであり、本条が適用される場合はまれです。売主側の審査担当者としては、具体的な納品の手順についてヒアリングを実施し、自社がどこまでの義務を負っているのかを確認することが必要です。

(5) 検査・通知

商法の規定によると、買主は、目的物を受領したときは、遅滞なく、その物を検査する義務を負っています（商526①）。検査方法に関する明文の規定はありませんが、目的物の瑕疵・数量不足（新民法下においては、目的物が種類、品質又は数量に関して契約の内容に適合しないものであるか否か）を発見するのに合理的な方法で、合理的な注意をもって行われることが要求されます。

買主が、検査によって数量不足又は瑕疵を発見したとき、又は受領後6か月以内に瑕疵を発見した場合は、直ちに売主に対してその旨の通知を発しなければ、売主が悪意でない限り、買主は損害賠償請求や解除をすることができません（商526②③）。そのため、買主側の審査担当者としては、契約書に通知義務を明記しておき、契約の履行部署に通知義務があることを意識させるべきでしょう。

また、商法526条2項・3項の類推適用により、買主が6か月以内に瑕疵を発見できなかったときは、過失がなくても、売主が悪意でない限り、損害賠償請求権及び瑕疵担保請求権を行使できなくなると解されています（最判昭47・1・25判時662・85）。そのため、買主側の審査担当者としては、依頼部署にその点を指摘して目的物の受領時に適切な検査をするように促し、検査方法について確認しておくとよいでしょう。

(6) 代金の支払

代金額の定めについては、契約書に記載されている金額に消費税が含まれているか否かについて書かれていない場合があります。一般的には、内税表示が原則とされていますので（消税63参照）、特に記載がなければ消費税が含まれていると考えられます。もっとも審査担当者としては、金額についての紛争を回避するためにも、依頼部署に対して、消費税額が含まれているかを明らかにするように促しましょう。

代金の支払時期については、目的物の引渡しについて期限があるときは、代金の支払についても同一の期限を付したものと推定されます（民573）。もっとも、商事の売買においては、特約によって、目的物の引渡しを先履行とすることが多いようです。

また、支払場所は、民法や商法の規定によると、売主の現在の営業所（営業所がない場合にあっては、売主の住所）（商516①）、目的物の引渡しと同時に代金を支払うべきときは、その引渡しの場所（民574）ですが、前述のとおり、明示又は黙示の合意、取

引の性質及び商慣習で定められる場合がほとんどであり、本条が適用される場合はまれです。

　審査担当者は、代金の支払時期及び支払方法について確認しましょう。細かい話のようですが、振込で支払うこととされている場合には、振込手数料をいずれの当事者が負担するのかも確認しておきましょう。弁済の費用は弁済する側が負担するのが民法上の原則ですが（民485本文）、これと異なる慣習が存在しますので、ヒアリングの際に確認しておくことが望ましいでしょう。

新民法と契約審査

○民法の改正に伴う商法の改正

　目的物の種類又は品質に関する担保責任について、商人間の売買では、商法526条2項が適用されますが、この条項も民法の改正に伴って改正されました。

　改正前の商法526条2項には「履行の追完の請求」という文言はありませんでしたが、期間を経過した後においては完全な給付を請求し得ないものと解されていました（最判昭47・1・25判時662・85）。この点について、「履行の追完の請求」もできなくなることが明示されました。

　また、改正前の商法526条2項には「代金減額」という文言がありましたが、同条は民法で認められた売買の担保責任に基づく請求権を保存するための要件に関する規定であって、民法の規定するところ以外に新たな請求権を認めたものではないとして、代金の減額請求が否定されていました（最判昭29・1・22判時20・21）。しかし、新民法で代金の減額請求が認められることに伴い、商法526条2項においても代金の減額請求が認められることになると考えられます。なお、同条の改正があったにもかかわらず、契約書中に「代金の減額請求」が記載されていない場合には、あえて代金の減額請求をしない趣旨であると解釈される可能性がありますので、契約書を変更しておく必要があると思われます。

◆危険負担・危険の移転時期

　危険負担とは、当事者双方が相互に対価的な債務を負担する契約（双務契約）において、一方の債務が債務者の責めに帰することができない事由によって履行不能となって消滅した場合に、他方の債務が消滅するかどうかの問題をいいます。

　現行民法では、特定物売買においては、売主に帰責性がなく目的物が滅失又は損傷

した場合でも買主は代金を支払わなければならないとされています（民534①）。

　目的物が滅失してしまったのに、代金を支払わなければならないという現行民法の規定は不合理であるため、実務では、特約で危険の移転時期を目的物の引渡し時と定めることが多いようです。

　新民法では、目的物の滅失・損傷に関する危険が、目的物の引渡しによって売主から買主に移転し、原則として引渡し後の滅失・損傷を理由に買主が履行の追完請求、代金減額請求、損害賠償請求及び解除の権利主張をすることができない旨が規定されたことにより（新民567）、現行民法下における不合理性は明確に解消され、特約条項を入れなくても問題はないと考えられます。しかしながら、確認的に条項を入れた方が望ましいといえるでしょう。

新民法と契約審査

○危険負担制度の見直し

　新民法においては、目的物の所有者が危険を負担すべきとの考えに立っていた現行民法534条及び535条は削除され、当事者双方の責めに帰さない事由によって債務の履行が不可能となった場合は、債権者は反対給付の履行を拒むことができると規定されました（新民536①）。また、目的物の滅失等の危険の移転について、新民法567条1項は、「売主が買主に目的物（売買の目的として特定したものに限る。以下この条において同じ。）を引き渡した場合において、その引渡しがあった時以後にその目的物が当事者双方の責めに帰することができない事由によって滅失し、又は損傷したときは、買主は、その滅失又は損傷を理由として、履行の追完の請求、代金の減額の請求、損害賠償の請求及び契約の解除をすることができない。この場合において、買主は、代金の支払を拒むことができない。」と定めており、目的物の滅失及び損傷に関する危険は、目的物の引渡しによって移転することが明記されました。これらの規定により、現行民法下における危険負担制度の不合理性は解消されたため、あえて特約を設ける必要性はなくなりましたが、念のため危険の移転時期について定めた方がよいことは本文で述べたとおりです。

　なお、新民法536条1項においては、債権者は反対給付の履行を拒むことができるのみであるため、債務を消滅させるためには解除をする必要があることに留意しましょう。

◆売買契約の解除

売買契約の解除は、原則的に、契約の一般原則と同様です。

もっとも、商人間の売買契約においては、売買の性質又は当事者の意思表示により、特定の日時又は一定の期間内に履行をしなければ契約をした目的を達成することができない場合において、当事者の一方が履行をしないでその時期を経過したときは、履行しなかった当事者に帰責性がなくても（最判昭44・8・29判時570・49）、相手方は直ちにその履行を請求した場合を除き、契約の解除をしたものとみなされます（商525）。

実務的には、契約を解除する際には、相手方に通知する場合が多いと思われますが、審査担当者としては、通知がなくても解除される場合があることを認識しておきましょう。

新民法と契約審査

○契約解除制度の変更

新民法では、現行民法同様催告による解除を認めた上で、債務の不履行が軽微な場合の催告による解除を制限する規定が追加されました（新民541ただし書）。この場合には、債権者は、損害賠償などの解除以外の方法で保護されることになります。したがって、軽微な不履行である場合にも解除を可能にしたい場合には、契約でその旨を定める必要があります。また、催告による解除のほか、新民法542条において催告によらない解除が規定されています。

現行民法下と大きく異なっている点は、新民法541条、542条による解除には、債務者の帰責性が不要とされていることです。

なお、新民法543条において、債権者の責めに帰すべき事由による不履行の場合には、これらの解除はできないこととされています。

◆売主の担保責任

現行民法は、売買の目的物に瑕疵があった場合について、その瑕疵を買主が知らなかったときは、売主の担保責任として買主の売主に対する損害賠償請求権を認めており、瑕疵のために契約の目的が達成できないときは、買主は、契約の解除もすることができるとしています（民570・566）。

新民法にも現行民法の売主の担保責任と同様の規定が設けられていますが（新民562）、「瑕疵」ではなく「種類、品質又は数量に関して契約の内容に適合しないもので

あるとき」（＝契約不適合）という表現に変わっています。改正により、目的物の「種類、品質又は数量」を特定し、何が契約の内容に適合するかについて、より具体的に明記することが必要になるものと考えられます。詳細は、下記の新民法と契約審査「〇契約不適合の場合の買主の権利」及び「〇中古品の売買契約において注意すべきこと」、本編第11章２の新民法と契約審査「〇瑕疵担保責任から契約不適合責任へ」を参照してください。

　なお、消費者を保護する見地から、消費者が買主となる売買契約では、瑕疵担保責任を全部免除するとの条項は無効とされますし（消費契約8①五）、不動産売買契約において宅地建物取引業者が売主となる場合には、担保責任の期間について目的物の引渡しの日から2年以上となる特約をする場合を除き、民法に規定するものよりも買主に不利となる特約をしてはならないと定められています（宅地建物40）。瑕疵担保責任を免除又は軽減する旨の規定がある場合には、買主側の審査担当者としては、その内容の妥当性を検討すべきですし、売主側の審査担当者としても、それが強行規定によって無効とならないかを検討する必要があります。

新民法と契約審査

〇契約不適合の場合の買主の権利

　本文でも述べたとおり、新民法562条では、現行民法570条における「瑕疵」という文言ではなく「種類、品質又は数量に関して契約の内容に適合しないものであるとき」という文言に変更されています。これは、現行民法下において支配的であった特定物の性質は契約の内容にならないとの考えを否定するものです。

　新民法では現行民法で規定されていた隠れた瑕疵の「隠れた」という要件が削除されていますが、これは契約不適合か否かを判断する際に、「隠れた瑕疵」つまり買主の善意・無過失（＝瑕疵の認識可能性）を判断することになるからです。

　新民法においては、引き渡された目的物が契約の内容に適合しないものであるときは、買主は売主に対し、目的物の修補、代替物の引渡し又は不足分の引渡しによる履行の追完請求をすることができるとされています（新民562①本文）。ただし、売主は買主に不相当な負担を課するものではないときは、買主の請求と異なる方法による履行の追完をすることができるとされています（新民562①ただし書）。

　また、買主の代金減額請求権も認めています（新民563）。

さらに、買主は契約不適合を理由とした解除や損害賠償請求をすることもできます（新民564・415・541・542）。
　契約審査の際に検討すべき点としては、売主である場合において、履行の追完方法を限定する必要の有無です。例えば、目的物の修補は容易であるが代替物や不足分の引渡しは困難である場合には、特約で履行の追完方法について目的物の修補に限る旨を定めておくことが必要になると考えられます。新民法562条1項ただし書では、買主に不相当な負担を課するものでないときは、買主の請求と異なる方法による履行の追完が可能であることが規定されていますが、「不相当な負担」という基準は明確ではないため、トラブルを避けるためにも契約書に記載しておきましょう。

○中古品の売買契約において注意すべきこと
　中古品の売買契約においては、新民法では特定物への適用を前提とした瑕疵担保責任の条項は削除され、買主には、引き渡された目的物が種類、品質又は数量に関して契約の内容に適合しない場合、目的物の修補、代替物の引渡し又は不足分の引渡しによる履行の追完請求権が認められました（新民562）。
　これは新品の目的物にも当てはまることですが、中古品の売買の際には、後々のトラブルを避けるため、契約書で性能等の品質について特に明確に定めておく必要が高いといえるでしょう。
　また、中古品の売買（特に一品物）においては、契約不適合の場合における追完方法としての代替物の引渡しが困難となるケースが想定されます。その場合は、特約で履行の追完方法として代替物の引渡しを排除する必要があるといえます。

（安藤芳朗、坪井梨奈）

＜参考文献＞
　潮見佳男『新債権総論Ⅰ』（信山社出版、平29）
　我妻榮ほか『我妻・有泉コンメンタール民法－総則・物権・債権』（日本評論社、第4版、平28）
　潮見佳男『民法（債権関係）改正法案の概要』（金融財政事情研究会、平27）
　江頭憲治郎『商取引法』（弘文堂、第7版、平25）
　吉田直『ケーススタディ現代商行為法－商事契約法的アプローチ－』（中央経済社、第2版、平18）

書式例4　中古自動車売買契約書

中古自動車売買契約書

　売主〇〇株式会社（以下「甲」という。）及び買主〇〇株式会社（以下「乙」という。）は、第1条に記載する中古自動車の売買について、以下のとおり合意する。

第1条（売買の合意と目的物）
　　甲は、その所有に係る下記の中古自動車（以下「本件自動車」という。）を乙に売り渡し、乙は運行の用に供する目的でこれを買い受ける。
記
　　　登録番号　　　　　　〇〇〇　〇〇〇　〇　〇〇〇〇
　　　車名・型式・年式　　〇〇〇・〇〇－〇〇〇〇〇・〇〇年式
　　　車台番号　　　　　　〇〇〇〇〇－〇〇〇〇〇〇〇
　　　走行距離　　　　　　〇〇〇キロメートル
以上

【チェック事項】
　目的及び仕様に関する事項は、瑕疵がないか（契約内容に適合しているか）否かの判断に当たって極めて重要となります。中古自動車といっても、乗用車として用いるのか、コレクション目的かで瑕疵がないか（契約の内容に適合しているか）どうかに関する基準は異なります。どういった目的で目的物を売買するのかを定めましょう。

第2条（代金と支払時期）
　　本件自動車の売買代金額は金〇〇円（消費税を含む。）とし、乙は甲に対して次の各号のとおり支払う。
　①　本日、契約金として、現金で金〇〇円を支払う。ただし、契約金は売買代金に充当され、手付ではない。
　②　残代金のうち金〇〇円を、平成〇年〇月〇日、本件自動車の引渡しと引換えに、現金で支払う。
　③　前2号の残代金〇〇円は分割して〇回払いとし、平成〇年〇月から平成〇年〇月まで、毎月〇日限り金〇〇円を、甲の指定する口座に振り込み支払う。ただし、振込手数料は乙の負担とする。

【チェック事項】
　代金額に消費税が含まれるかを明記しましょう。

代金の支払方法には、現金の交付、振込、約束手形の振出による方法などがありますが、支払方法も明確に定めましょう。
　　　民法上、手付契約（民・新民557）が成立すると、相手方が契約の履行に着手するまでは、買主はその手付を放棄し、売主はその倍額を償還（現実に提供）して契約を解除することができ、その後の損害賠償請求が制限されます。これと異なる意味で「手付」という文言を用いることはリスクがありますから、手付でないことを明確にする場合は「契約金」としておきましょう。

第3条（相殺）
　　甲が乙に対して債務を負担する場合、甲は、乙に対する債権の弁済期が到来しているか否かにかかわらず、本債権と甲が乙に対して負担する債務とを対当額にて相殺することができる。

第4条（引渡し及び登録手続）
1　甲は、乙に対し、平成〇年〇月〇日、第2条第2号の金〇〇円の支払と引換えに本件自動車を甲の〇〇営業所において、取扱説明書、自動車検査証及び本件自動車の登録手続に要する書類とともに引き渡す。
2　乙は、甲から前項の書類を受領後、直ちに本件自動車の登録手続を行い、前項の書類を受領後2週間以内に本件自動車の登録事項等証明書を甲に交付する。

【チェック事項】
　　契約上、持参債務か取立債務かが明らかではない場合には、その点を明らかにしましょう。

第5条（所有権の移転時期）
1　本件自動車の所有権は第2条第3号の支払の完済時に、甲から乙に移転する。
2　乙が第2条第3号の支払の完済前に本件自動車の所有名義を変更した場合でも、その完済時まで、甲は本件自動車の所有権を留保する。

第6条（検査）
1　乙は、本件自動車の引渡しを受けたときは、2営業日内に、本件自動車の装備・外観等が良好な状態にあることの検査を完了しなければならない。
2　乙は、前項の規定による検査により、本件自動車に瑕疵を発見したときは、直ちに、甲に対してその旨の通知をしなければならない。
3　本件自動車に直ちに発見することのできない瑕疵があった場合において、乙が、その瑕疵を発見したときは、乙は、直ちに、甲に対してその旨の通知をしなければならない。

第7条（費用負担）
1　本件自動車の登録手続に要する費用は乙の負担とする。
2　乙は、本件自動車の平成○年分の自動車税について、平成○年○月分以降の月割相当額を第2条第2号の支払にあわせて甲に支払う。

> 【チェック事項】
> 　不動産や自動車のように、所有者に対して納税義務が課せられる場合には、後の紛争を回避するため、その負担を契約で定めることが考えられます。納税義務者を契約で変更することはできませんから、納税義務を負担する側に対する費用の償還という形で清算されます。

第8条（危険負担）
　本件自動車の引渡しまでに甲の責めに帰することができない事由により、本件自動車が滅失又は毀損したときは、その危険は甲の負担とする。

第9条（反社会的勢力の排除）
1　甲及び乙は、自己又は自己の役員が現在、暴力団、暴力団員、暴力団準構成員、暴力団関係企業、総会屋、社会運動標ぼうゴロ、政治運動標ぼうゴロ、特殊知能暴力集団等の反社会的勢力に該当しないことを表明し、かつ将来にわたっても該当しないことを確約する。
2　甲及び乙は、自ら又は第三者を利用して、暴力的な要求行為、法的責任を超えた不当な要求行為、脅迫的な言動、暴力及び風説の流布・偽計・威力を用いた信用毀損・業務妨害、その他これらに準ずる行為を行わないことを確約する。
3　甲又は乙は相手方が前2項のいずれかに反した場合には、何らの催告を要せず本契約を解除することができる。
4　前項の規定により本契約が解除された場合には、解除した者はこれによる損害を賠償する責めを負わない。

第10条（期限の利益の喪失）
　乙が第2条第3号の代金につき、分割支払を怠ったときは、乙は、期限の利益を喪失し、残額を一時に支払わなければならない。

第11条（遅延損害金）
　乙が、第2条の代金の支払を遅滞したときは、甲に対し乙は、遅滞の日の翌日から、完済の日まで、その残額に対し、年6％による遅延損害金を支払う。

第12条（解除）
　甲又は乙が次の各号のいずれかに該当したときは、その他方当事者は、相手方に対

して催告することなく、本契約を解除することができる。
① 甲乙間の契約（本契約以外の契約を含む。）上の義務に違反したとき。
② 差押え、仮差押え、仮処分、租税滞納処分、その他の公権力の処分を受けたとき。
③ 銀行取引停止処分を受ける等支払停止になったとき。
④ 破産手続、民事再生手続、会社更生手続又は特別清算の各開始の申立てを自らしたとき又は第三者から各開始の申立てを受けたとき。
⑤ 監督官庁より営業停止、営業許可の取消し、その他の行政処分を受けたとき。
⑥ 財産状態が悪化し、又はそのおそれがあると認められる相当の事由があるとき。

第13条（合意管轄）
　本契約に関する訴訟については、○○地方裁判所を第一審の専属的合意管轄裁判所とする。

　以上の契約を証するため本書2通を作成し、甲乙の記名押印の上、甲乙は各1通を保有する。

　　平成○年○月○日

　　　　　　　　　　　　　　　　　　　○○県○○市○○○丁目○番○号
　　　　　　　　　（売主）甲　　　○○株式会社
　　　　　　　　　　　　　　　　　　代表取締役　○　○　○　○　印

　　　　　　　　　　　　　　　　　　　○○県○○市○○○丁目○番○号
　　　　　　　　　（買主）乙　　　○○株式会社
　　　　　　　　　　　　　　　　　　代表取締役　○　○　○　○　印

◆チェックリスト

目的物	
・目的物は特定されているか	☐
・目的物の仕様が定められているか	☐
・第三者の権利が及んでいるものでないか	☐
代金額	
・価格設定の合理性が担保されているか	☐
・消費税・費用の負担は明確に定められているか	☐
代金支払	
・支払時期・方法は明確に定められているか	☐

- ・振込手数料の扱いについて合意があるか ☐
- ・支払時期・方法が自社の通常の方法と異なる場合、経理担当部署は対応可能か ☐
- ・相殺条項はあるか ☐

納入・検査・受入

- ・納入日・納入場所が明確に定められているか ☐
- ・自社の義務の内容が一義的に明確になっているか（例えば、設置工事の義務）☐
- ・検査の方法は、誰が、どのように定めることになっているのか ☐
- ・検査が可能な程度の情報（仕様図面）等は入手可能なのか（渡してあるのか）☐
- ・受入検査を省略する場合があるか ☐
- ・瑕疵が発見された場合の通知について記載してあるか ☐

所有権の移転・危険負担

- ・所有権移転時期が定められているか ☐
- ・所有権留保特約をするのが適当な場合でないか ☐
- ・危険負担について、危険の移転時期が明確になっているか ☐

品質保証

- ・目的物の耐用期間はどのくらいか ☐
- ・保証期間（無料交換・補修期間）はどのくらいか（その期間、補修義務者が対応できるか）☐
- ・免責条項は定められているか ☐

知的財産権

- ・目的物の知的財産権の権利関係はどのようになっているか ☐
- ・目的物の転売に第三者の承諾が必要な場合ではないか ☐

権利の譲渡等

- ・契約当事者たる地位、債権又は債務の譲渡を禁止する必要はないか ☐

無催告解除条項・期限の利益喪失条項

- ・無催告解除条項・期限の利益喪失条項はあるか。その要件は適切か ☐

2　取引基本契約

> **Point**
> ① 取引基本契約を締結する場面では、大量反復的な取引が継続的に行われることが予定されるので、相手方の信用調査や相手方との取引内容の確認等を慎重に行う必要があります。
> ② 取引基本契約を締結しただけでは具体的な契約は成立せず、個別契約が締結されて初めて具体的な契約が成立するので、個別契約の成立要件について確認する必要があります。
> ③ 取引基本契約の審査においては、売買契約や製作物供給契約等の審査事項に加えて、継続的契約に特徴的な条項として、契約内容の変更、契約の更新及び終了に関する条項について審査をします。

◆取引基本契約とは

　基本契約とは、法律的な定義はありませんが、一般に、大量反復的取引を継続的に行う場合に、個々の取引の都度、契約書を作成するという非効率を回避するため、事前に、当事者間で、個々の取引に共通に適用される基本となる事項を定めた契約をいいます。

　そして、取引基本契約は、その文字どおり取引に関する基本契約ですが、この場合の取引とは、大量反復的取引の典型例である売買契約や製作物供給契約を指すことが多いようです。なお、契約書のタイトルは、例えば、「自動車部品売買基本契約書」など、できる限り具体的にすべきです（→本編第1章1◆契約書名の適切性・具体性の審査）。

　売買契約や製作物供給契約において、基本契約が締結される理由は、売買契約や製作物供給契約では目的物、数量、代金（単価）及び納期については個々の取引ごとに合意する必要がありますが、それら以外の事項（商品の納入方法、検査の条件、代金の支払方法、相殺の許容、所有権の移転時期、危険負担、売主の担保責任、期限の利益の喪失事由、解除事由、損害賠償額の算定方法など）については、個々の取引ごとに変更されることは少なく、基本契約を締結した方が効率がよいと考えられるからです。

　取引基本契約を締結する場面では、大量反復的な取引が継続的に行われることが予定され、自然と取引額が大きくなり、リスクを抱えることになりますので、相手方の

信用調査等を慎重に行う必要があります。また、取引基本契約は、当該相手方との間の全ての売買契約に適用されることが多いので、現在想定されている目的物のみならず、将来取引される可能性がある物の有無についても確認しておくことが必要です。

取引基本契約及び個別契約では、次のような条項・事項について定められます。

（債権の保全を目的とする条項）
① 営業状況の報告義務（決算書類の提出等）
② 営業上の重大な事項（合併、株式交換・株式移転、事業譲渡等）の通知義務
③ 期限の利益喪失事由、契約の即時解除事由
④ 担保の提供義務
⑤ 相殺、換価処分の許容
⑥ 弁済充当の順序

（商品の特質に関係する条項）
① 個別の売買契約の締結方法（契約成立要件）
② 価格の算定方法、商品の納入方法、代金の支払方法
③ 検査の条件（検査方法、検査基準、検査時期）
④ 危険負担（危険の移転時期）
⑤ 所有権の移転時期
⑥ 売主の担保責任及び品質保証条件
⑦ 免責条件
⑧ 当事者の債務不履行時に相手方のとり得る措置
⑨ 損害賠償又は損害担保

（個別契約で合意することになる事項）
① 商品の明細：品名、規格（品質）、数量
② 価格：単価、総代金、数量過不足の場合の処理
③ 納入条件：引渡しの時期・場所、包装
④ 代金支払条件：支払時期

◆取引基本契約と個別契約との関係

取引基本契約が成立しただけでは、売主が買主に引き渡すべき目的物、個数等が確定しませんので、売買契約や製作物供給契約が成立したとはいえません。何らかの方法により目的物、個数、代金（単価）及び納期についての合意が成立したときに、売買契約や製作物供給契約が成立することになります。このように、目的物、個数等が確定した個々の契約のことを、基本契約に対して、個別契約と呼びます。

取引基本契約においては、基本契約の条項は各個別契約に適用されること、個別契約において基本契約と異なる合意をしたときには個別契約が優先されることなど、基本契約と個別契約との関係について確認的に記載されます。なお、このような記載がなくても、個別契約において基本契約と異なる合意をしたときには、その合意は一般規定である基本契約の条項に優先されます。基本契約において、基本契約に反する個別契約の条項は無効とする旨の規定が定められている場合には、基本契約が優先すると考えられます。しかしながら、この場合においても、当該個別契約を締結した担当者の権限によっては、個別契約に定めた条項が有効となる余地も否定できませんので、注意が必要です。

　次に、取引基本契約においては個別契約の成立に関する条項が記載されます。

　契約の成立について、商法では、商人が、平常取引をする者からその営業の部類に属する契約の申込みを受けたときは、遅滞なく、契約の申込みに対する諾否の通知を発しなければならず（商509①）、その通知を発することを怠ったときは、その商人は、その契約の申込みを承諾したものとみなされると規定しています（商509②）。

　取引基本契約を締結する当事者間において申込みがなされるときは、「平常取引をする者からその営業の部類に属する契約の申込みを受けた」場合に該当しますので、この条項が適用されると解されます。

　実務では、個別契約の成立方法として、
① 　買主が売主に対し注文書を送付し、売主が買主に対し注文請書を送付する。
② 　買主が売主に対し注文書を送付し、売主が一定期間に異議を述べない。
といった方法が採られることがありますが、上述した商法509条との関係が問題となり、②の場合には注文請書を送付しなくても一定期間が経過すると承諾したとみなされる可能性があることについて依頼部署に注意を促す必要があります。

　また、製作物供給契約などの取引基本契約において、下請法が適用される場合には、個別契約書又は注文書のひな型に下請法3条1項所定の事項が記載されているかを確認する必要があります。

◆取引基本契約の審査

（1）　売買契約書・製作物供給契約書としての審査

　取引基本契約は、個別の売買契約や製作物供給契約に適用されますので、売買契約や製作物供給契約の審査の際に問題となった条項については、同様に審査する必要が

あります。例えば、下請法の適用がある製作物供給契約においては、親事業者は公正取引委員会規則で定めるところにより下請事業者の給付の内容、下請代金の額、支払期日及び支払方法その他の事項を記載した書面の交付義務がありますので（下請3①本文・②、下請代金支払遅延等防止法第3条の書面の記載事項等に関する規則1①②）、この点について、審査しなければなりません。

書面の交付義務については、上記事項が一定期間における製造委託等について共通であるものとしてこれを明確に記載した書面によりあらかじめ下請事業者に通知（又は電磁的方法により提供）されたときは、当該事項については、その期間内における製造委託等に係る書面への記載は、その通知したところによる旨を明らかにすることをもって足りるとされています（下請代金支払遅延等防止法第3条の書面の記載事項等に関する規則4）。

なお、通知した書面（実務上は取引基本契約書であることが多いです。）については、新たな通知が行われるまでの間は有効とすることができます。この場合、通知書面には、新たな通知が行われるまでの間は有効である旨明記することが必要であり、また、親事業者においては年に1回、社内の購買外注担当者に対し、通知した書面に記載されている内容について周知徹底を図ることが望ましいとされています。

(2) 取引基本契約に特徴的な条項

取引基本契約は継続的な契約である点で、単発的な売買契約や製作物供給契約とは異なった審査をすることになります。すなわち、継続的な取引の過程で、目的物の仕様や代金の支払方法など、取引条件を変更する必要が生じることがあります。その場合に、変更がスムーズに行えるよう、改定条項を入れておくなどの工夫が必要です。

また、取引基本契約が継続的な契約であることから、有効期間及びその更新に関する条項が定められることになります。仮に、更新に関する条項がなかったとしても、更新拒絶の意思表示がなく、かつ、取引が継続されていれば、更新されたものと解釈されることになります。

紛争が生じやすいのは、取引が順調に進まなくなり、取引基本契約を更新拒絶しようとしたケースですので、更新拒絶に関する条項（特に、異議を申し述べる期間や更新拒絶事由の有無）は慎重に審査する必要があります。なお、異議を述べるだけで更新拒絶ができるような定めになっていても、それまでの取引関係からして、異議を述べるだけでは更新拒絶ができなくなる場合もありますので、注意が必要です。

新民法と契約審査

○時効制度の大幅改正

新民法では、債権について、債権者が権利を行使することができることを知った時（主観的起算点）から5年間行使しないとき、権利を行使することができる時（客観的起算点）から10年間行使しないときに消滅するとされています（新民166①）。また、職業別の短期消滅時効については削除されました。民法の改正にあわせ、商法522条の商事消滅時効の制度も廃止とされることになるなど、今回の民法改正は実務に大きな影響を与えることになりました。消滅時効に関しては、時効の完成期間だけではなく協議を行う旨の合意による時効の完成猶予の規定が設けられたこともポイントとなります。この制度は、権利についての協議を行う旨の合意が書面でされたときは、合意から1年経過時又は合意において当事者が協議を行う期間（1年未満に限られます。）を定めたときはその期間経過時若しくは協議の続行を拒絶する旨の書面による通知の時から6か月経過時の、いずれか早い時までの間は、時効は完成しないとするものです（新民151①）。

この制度が適用されるためには、書面によることが必要ですから、合意書などの形式で①権利の内容（契約内容）、②①の権利に関する協議を行うことを記載する必要があります。また、当該合意書が時効完成猶予を趣旨とすることを明確にするために、③合意により、①の債権の消滅時効が新民法151条1項所定の期間は完成しないことの確認条項を入れることが望ましいでしょう。

【債権の原則的な時効期間】

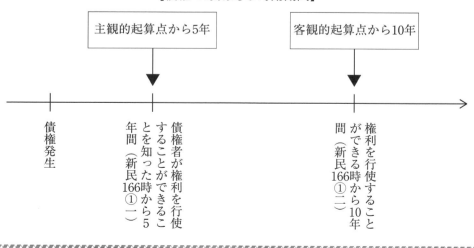

（安藤芳朗、坪井梨奈）

＜参考文献＞

東京弁護士会法友全期会債権法改正特別委員会編著『弁護士が弁護士のために説く債権法改正　事例編』（第一法規、平29）

公正取引委員会・中小企業庁『下請取引適正化推進講習会テキスト』（平28）

江頭憲治郎『商取引法』（弘文堂、第7版、平25）

滝川宜信『取引基本契約書の作成と審査の実務』（民事法研究会、第4版、平24）

滝川宜信『実践　企業法務入門－契約交渉の実際から債権回収まで』（民事法研究会、第5版、平23）

鈴木満『新下請法マニュアル』（商事法務、改訂版、平21）

吉田直『ケーススタディ現代商行為法－商事契約法的アプローチ』（中央経済社、第2版、平18）

河合正二『取引基本契約書の有利な交わし方』（かんき出版、平18）

書式例5　取引基本契約書

取引基本契約書

【チェック事項】
　本書式例では、汎用性を考慮し、抽象度の高い取引基本契約書を掲載しています。
　目的物が特定できる場合には「部品売買基本契約書」等、目的物や取引内容を特定しましょう。

　買主○○株式会社（以下「甲」という。）と売主○○株式会社（以下「乙」という。）とは、甲乙間の売買に関し、その基本的事項について次のとおり契約を締結する。

第1条（適用範囲）
　本契約は、甲乙間の全ての売買契約に適用する。

第2条（個別契約との関係）
　個別契約において、本契約と異なる条項を定めたときは、個別契約の約定が優先する。

第3条（個別契約の成立）
1　個別契約は、甲が、発注日、目的物の名称、数量、引渡期日、引渡場所、価格、支払期日等を記載した注文書により注文し、乙がこれを承諾することによって成立する。
2　乙は、甲の注文を承諾しない場合は、注文書到達後5日以内に、甲に対し、その旨を通知することとし、通知のない場合は、注文書記載の内容で承諾したものとする。

【チェック事項】
　使用される注文書を確認しましょう。
　売主側であれば、承諾期間として5日間で判断できるのかを確認しましょう。
　下請法の適用がある場合には、注文書に必要な記載事項があるかを確認しましょう。

第4条（目的物の引渡し）
　乙は、甲に対し、注文書記載の引渡期日に、注文書記載の引渡場所において、目的物を引き渡す。引渡しに必要な費用は乙の負担とする。

【チェック事項】
　具体的な納入手続について、依頼部署に確認しましょう。
　運送業者を使用するか否か、荷下ろしはどのように行われるのか等を確認し、自

社の義務の範囲を確認しましょう。

第5条（検査及び受領）
1　甲は、目的物の引渡しを受けたときは、甲の定める検査規格に基づき、5営業日内に甲の定める検査方法に従って検査を行い、検査に合格したものを受領し、不合格品があった場合には、乙に対し、速やかにその旨を通知する。
2　前項の定めにかかわらず、甲乙間であらかじめ検査を省略することとした場合は、甲は、引き渡された目的物を直ちに受領し、当該目的物は検査に合格したものとみなす。

【チェック事項】
　検査規格・検査方法の定めがあるか否かを確認しましょう。

第6条（不合格の場合の処理）
1　乙は、検査の結果、不合格品があったときは、甲の指定する期限までに、乙の負担で引き取り、代品納入をしなければならない。
2　乙は、検査の結果、数量不足が判明したときは、甲の指定する期限までに、追加納入をしなければならない。
3　乙は、検査の結果、数量超過が判明したときは、甲の指定する期限までに、乙の負担で超過分を引き取らなければならない。

第7条（不合格に対する異議）
　　乙は、甲による検査に疑義又は異議のあるときは、遅滞なく、書面により、甲にその旨を申し出て、甲乙において協議する。

第8条（特別採用）
　　甲は、検査の結果、不合格になったものについて、乙と協議の上、価格を決定し、特別にこれを引き取ることができる。

第9条（代金の支払、相殺）
1　甲は、乙に対し、注文書記載の代金を、注文書記載の支払期日までに、乙の指定する預金口座に振り込み支払う。振込費用は甲の負担とする。
2　甲は、乙に対して金銭債権を有するときは、乙に対し、当該債権と代金債権とを対当額で相殺する旨の通知をすることにより、相殺することができる。

【チェック事項】
　下請法が適用される場合には、支払方法を書面で定めることが必要であり、有償

> 支給品の代金の相殺は、その支給品を用いた目的物の代金の支払日以降に相殺することになりますので、注意を促しましょう。

第10条（所有権の移転）
　目的物の所有権は、検査完了時に移転する。第8条により特別採用された目的物の所有権は、特別採用の合意成立時に移転する。

第11条（危険負担）
　目的物の引渡し前に、甲及び乙の責めに帰することができない事由により、目的物が滅失又は毀損した場合には、乙は、甲に対して代金の請求をすることができない。

第12条（品質保証、仕様の変更）
1　乙は、目的物について、別に定める仕様に合致していることを保証する。
2　乙は、目的物の仕様を変更する場合には、その変更内容について甲の承諾を受けなければならない。
3　乙は、目的物の品質を保証するために、目的物の品質管理基準、検査方法等を整備し、これに基づき責任をもって品質管理、検査等を行う。
4　甲は、必要と認めた場合、乙に目的物の品質を保証する書面を求めることができる。
5　乙は、天災、地変などの不可抗力その他乙の責めに帰さない事由による欠陥については、責任を負わない。

> 【チェック事項】
> 「別に定める仕様」、「品質管理基準」、「検査方法」を確認し、「品質保証書面」の要否について確認しましょう。
> 買主側であれば、仕様変更する際の事前連絡や買主の承諾を求める必要がある場合も考えられます。この点を依頼部署によく確認しておきましょう。

第13条（支給品・貸与品）
1　甲が、乙に対し、材料等を支給する場合には、別途、贈与契約又は売買契約を締結する。
2　甲が、乙に対し、図面、機械等を貸与する場合には、別途、使用貸借又は賃貸借契約を締結する。

第14条（第三者損害）
　目的物の欠陥により、第三者の生命、身体又は財産に損害が生じたときは、甲乙協議の上、当該欠陥の原因を特定し、その負担割合を決定する。

【チェック事項】
　協議条項には、強い法的拘束力はありませんが、実際に対応すべき事態が生じたときには、契約書に協議条項があると、協議のきっかけとなることがあります。そして、協議すべき事項を契約書に盛り込んでおくと、協議の成果が出やすくなります。

第15条（通知義務）
　甲及び乙は、次の各号のいずれかに該当する事実が生じたとき、又はそのおそれのあるときは、速やかに相手方に通知しなければならない。
① 住所、代表者、商号の変更
② 事業の譲渡・譲受、合併又は会社分割
③ 甲乙間の取引に関連する組織の変更
④ 第17条各号の事由に該当する事実

第16条（反社会的勢力の排除）
1　甲、乙及び連帯保証人○○○○（以下「丙」という。）は、自己又は自己の役員が現在、暴力団、暴力団員、暴力団準構成員、暴力団関係企業、総会屋、社会運動標ぼうゴロ、政治運動標ぼうゴロ、特殊知能暴力集団等の反社会的勢力に該当しないことを表明し、かつ将来にわたっても該当しないことを確約する。
2　甲、乙及び丙は、自ら又は第三者を利用して、暴力的な要求行為、法的責任を超えた不当な要求行為、脅迫的な言動、暴力及び風説の流布・偽計・威力を用いた信用毀損・業務妨害、その他これらに準ずる行為を行わないことを確約する。
3　甲、乙又は丙は相手方が前2項のいずれかに反した場合には、何らの催告を要せず本契約を解除することができる。
4　前項の規定により本契約が解除された場合には、解除した者はこれによる損害を賠償する責めを負わない。

第17条（期限の利益の喪失）
　甲又は乙は、相手方が前条第3項又は次の各号のいずれかに該当したときは、相手方に対する通知により、期限の利益を喪失させることができる。
① 監督官庁より営業の取消し、営業停止等の処分を受けたとき。
② 支払停止又は支払不能の状態に陥ったとき。
③ 税金の滞納処分を受けたとき、又は第三者より強制執行を受けたとき。
④ 破産手続、民事再生手続、会社更生手続又は特別清算の各開始の申立てを自らしたとき又は第三者から各開始の申立てを受けたとき。
⑤ 事業を停止したとき、又は解散の決議をしたとき。

第18条（合意解約）
　甲又は乙は、本契約の有効期間内であっても、双方合意の上本契約を解約すること

ができる。

第19条（解除）
1　甲又は乙は、相手方が第17条各号のいずれかに該当したときは、催告その他の手続を要せずに、本契約及び個別契約の全部又は一部を解除することができる。
2　甲又は乙は、相手方が本契約又は個別契約に違反したときは、相当の期間を定めて是正を催告したにもかかわらず、期間内に是正がなされない場合には、本契約及び個別契約の全部又は一部を解除することができる。

第20条（有効期間）
1　本契約の有効期間は、平成○年○月○日から1年間とする。
2　前項の期間満了の2か月前までに、甲及び乙が、相手方に対して更新をしない旨の通知をしなかったときは、契約を更新したものとみなし、その有効期間は、更新日から1年間とする。契約の更新については、その後も同様とする。

【チェック事項】
　どのくらい前に更新拒絶の通知を受け取れば、依頼部署としては損害発生を回避できるのかを確認しておきましょう。
　更新後の契約期間を明確にしておきましょう。

第21条（連帯保証人）
1　丙は、甲が乙に対し本契約に基づき負担する一切の債務につき連帯保証をする。
2　保証極度額は、金○円とする。
3　保証期間は、平成○年○月○日から1年間とする。
　ただし、期間満了の2か月前までに、甲及び丙が、相手方に対して更新をしない旨の通知をしなかったときは、契約を更新したものとみなし、その有効期間は、更新日から1年間とする。契約の更新については、その後も同様とする。

【チェック事項】
　保証極度額、保証期間の定めがあるかをチェックしましょう。特に、新民法においては現行民法の貸金等根保証契約から根保証契約一般に拡大され、保証極度額が規定されていない場合は、根保証契約の効力が認められません（新民465の2②）。

第22条（管轄裁判所）
　本契約及び個別契約に関する訴訟については、○○地方裁判所を第一審の専属的合意管轄裁判所とする。

第23条（協議解決）
　本契約に定めのない事項及び本契約の各条項に疑義が生じた事項については、甲乙丙協議の上、解決する。

　以上の契約を証するため本書3通を作成し、甲、乙及び丙記名押印の上、各1通を保有する。

　　　平成○年○月○日

　　　　　　　　　　　　　　　　　　○○県○○市○○○丁目○番○号
　　　　　　　　　（買主）甲　　　　○○株式会社
　　　　　　　　　　　　　　　　　　代表取締役　○　○　○　○　印

　　　　　　　　　　　　　　　　　　○○県○○市○○○丁目○番○号
　　　　　　　　　（売主）乙　　　　○○株式会社
　　　　　　　　　　　　　　　　　　代表取締役　○　○　○　○　印

　　　　　　　　　　　　　　　　　　○○県○○市○○○丁目○番○号
　　　　　　　　　（連帯保証人）丙　　　　　　　○　○　○　○　印

◆チェックリスト

契約の目的物	
・予定されている目的物は何か。目的物の単価は。取引の数量は	☐
・量産されている物なのか。一品物なのか	☐
・第三者の権利が及んでいるものでないか（※特に、権利・ソフトウェアの取引の場合、「売買契約書」というタイトルのものであっても、使用許諾契約であったり、頒布許諾契約であったりする場合がある。）	☐
・個別契約の締結ではなく、基本契約を締結することが適当か	☐
個別契約との優先関係	
・個別契約の定めが基本契約に優先することが明記してあるか	☐
個別契約の成立	
・個別契約の都度契約書を作成するか。注文書と請書で取引するのか	☐
・注文書で取引がなされる場合、注文書の記載事項はどのようになっているか	☐
・注文請書を発行せずに取引する場合、異議期間は検討期間として適当か	☐
・基本契約又は個別契約において、目的物の特定（仕様・品番等）、数量、納期、	☐

納入場所、単価を一義的に定めるようになっているか	
単価	
・単価の変動が想定される場合、単価の改定条項を入れておく必要はないか	☐
納入・検収・受入	
・自社の義務がどこまで（どこから）かが一義的に明確になっているか	☐
・受入検査の期間が明確になっているか（※下請法が適用される場合に注意）	☐
・受入検査の方法は、誰が、どのように定めることになっているのか	☐
・受入検査が可能な程度の情報（仕様図面）等は入手可能なのか（渡してあるのか）	☐
・受入検査を省略する場合があるか	☐
・数量過不足・不合格品があった場合にすべきことが明確になっているか	☐
・数量不足・不合格品についての再納期の指定方法はどのようになっているか	☐
・再納期は物の納入に必要な合理的期間をおいて指定されるようになっているか	☐
・受入検査結果に異議があるときの措置について定めがあるか	☐
支払方法	
・支払方法に制限はないか（※下請法が適用される場合に注意）	☐
・支払時期・方法が、自社の通常の方法と異なる場合、経理担当部署は対応可能か	☐
・相殺条項はあるか	☐
所有権の移転・危険負担	
・所有権移転時期が定められているか	☐
・所有権留保特約をするのが適当な場合でないか	☐
・危険負担について、危険の移転時期が明確になっているか	☐
品質保証	
・想定されている目的物の耐用期間はどのくらいか	☐
・保証期間（無料補修期間）はどのくらいか。その期間、補修義務者が対応できるか	☐
・免責条項は定められているか	☐
・品質保証のために、相手方の工場等に行って技術指導をする必要はないか	☐
・品質保証のために、相手方の工場等に行って検査をする必要はないか	☐
仕様の変更	
・想定されている目的物の仕様の変更の頻度は。次回の変更の予定は	☐
・仕様の変更に自社の許可は必要でないか（相手方の許可を要する場合、仕様の変更が困難にならないか）	☐

支給品・貸与品	
・相手方から支給（有償・無償）されているものはないか（あるとすれば、何か）	☐
・相手方から貸与（有償・無償）されているものはないか（あるとすれば、何か）	☐
・支給品の取扱いについて、自社に不利な条件になっていないか	☐
知的財産権	
・想定されている目的物の知的財産権の権利関係はどのようになっているか	☐
・想定されている目的物の売買に第三者の承諾が必要な場合ではないか	☐
守秘義務	
・当事者間でやり取りされる秘密はどのようなものか。その媒体は何か。その重要性の程度は	☐
・守秘義務期間はいつまでか（契約終了後の効力条項の要否）	☐
・契約終了時の対応が明記されているか	☐
権利の譲渡等	
・契約当事者たる地位又は債権の譲渡を禁止する必要はないか	☐
・想定されている物の調達に当たり、第三者への再委託を要する場合がないか	☐
通知義務	
・片面的か。双務的か	☐
・通知を要する事項に過不足はないか	☐
合意解約条項	
・合意解約条項があるか	☐
期限の利益喪失条項・無催告解除条項	
・期限の利益喪失条項・無催告解除条項はあるか。その要件は適切か	☐
有効期間	
・基本契約の有効期間はどのように定められているか	☐
・更新（更新拒絶）のための要件はどのように定められているか	☐
保証契約	
・連帯保証契約となっているかどうか	☐
・根保証契約の場合、極度額、保証期間の定めがあるかどうか	☐

第4章　賃貸借契約の審査

1　賃貸借契約総論

> **Point**
> ① 賃貸借契約のうち、建物所有を目的とする土地の賃貸借契約と建物の賃貸借契約には借地借家法が適用されます。
> ② 借地借家法が適用されるか否かの分岐点となるため、当該契約が「建物」の賃貸借に当たるのか、また、「建物」の所有を目的とする土地の賃貸借に当たるのかという点を確認する必要があります。
> ③ 賃貸借契約は賃貸人と賃借人との信頼関係を基礎とする継続的契約ですので、条項の解釈に当たっても信頼関係が大きく関係します。例えば、賃料を1か月以上滞納した場合には賃貸人が無催告で解除できる条項があったとしても、通常、1か月の滞納では信頼関係を破壊したとはいえず、賃貸借契約の解除は認められません。
> ④ 賃料の自動増額特約は基本的には有効とされますが、自動増額の算定基準が相当でなく、賃借人に著しく不利益となる場合には無効となる余地があります。
> 　また、一定期間賃料の増額を行わない特約は有効ですが、賃料の減額を行わない特約については、定期建物賃貸借契約の場合を除き、かかる特約があったとしても賃料の減額請求が妨げられることはありません。

◆借地借家法の適用

(1)　賃貸借契約とは

　賃貸借契約は、当事者の一方がある物の使用収益を行わせることを約束し、これに対して他方が対価を支払うこと及び引渡しを受けた物を契約終了時に返還することを約束することによって成立します（民・新民601）。賃貸借の目的物は土地・建物のほか、機械、器具、書籍、生活用品等あらゆる種類の物に及びます。

(2)　借地借家法

　土地・建物の賃貸借契約のうち、建物所有を目的とする土地の賃貸借契約と建物の賃貸借契約は民法の特別法である借地借家法によって、大幅な修正がなされています。

これは、建物所有目的の土地や建物の賃貸借契約は営業若しくは生活の基礎となるものであるから、民法よりも借主を保護し、存続期間や契約の更新等につき貸主側の自由にならないよう大幅な修正を加えたのです。

　もっとも、旧借地法・借家法では、あまりに貸主の権利を制限しすぎていたため、現在の借地借家法では、定期借地契約や定期建物賃貸借契約等を認め、一定程度貸主側の事情にも考慮しています。

◆「建物」とは

　土地の賃貸借契約においては、借地借家法が適用されるか否かがまずは大きな分岐点となります。また、建物賃貸借契約においては、常に借地借家法の適用があります。そして、借地借家法の適用があるのは、「建物」所有目的の土地賃貸借契約と「建物」賃貸借契約ですので、「建物」とは一体何を意味するのかが、大きな問題となります。

　一般に、借地借家法の対象となる建物とは、土地に定着し、周壁屋蓋を有し、住居や営業等の用に供することができる永続性のある建物をいいます。判例も、建物の意義について、「障壁等によって他の部分と区画され、独占的排他的支配が可能な構造・規模を有するもの」（最判昭42・6・2判時488・62）、「土地に定着し、周壁を有し、……屋根として……永続して営業の用に供することが可能なもの……独立的、排他的な支配が可能である」もの（最判平4・2・6判時1443・56）としています。

　そして、アパートやビルの一室のように建物の一部についても、上記の基準を当てはめて借地借家法の建物に当たるとされています（鉄道高架下施設の一部につき建物と認めたものとして、前掲最判平4・2・6）。

　これに対して、デパートにおける陳列棚やケース貸しといわれるケースによる出店、ボックス貸しといわれる駅の構内営業などは建物に当たらないでしょうし、コインパーキングの設備等も建物には当たりません。

　判例も、ケース貸しの事案で「貸店使用の事実関係（判決理由参照）からみて、借店人が貸店舗内の特定の場所の使用収益をなさしめることを請求できる独立の権利を有するものと認められないときは、その貸店契約については、賃貸借の規定の適用はないと解するのが相当である」（最判昭30・2・18判時48・18）と判示しています。

　立体駐車場やプレハブなどは、その構造によってケースバイケースに判断されるといえます。

　前記のうち、完成しているものについては、登記が可能であるか否かが一つのメルクマールにはなるでしょう。

> **弁護士に聞きたい！**

Q16　デパートのテナントとなる場合に注意すべきことは
　当社はスペインのとあるブランドを買収し、名古屋のデパートに日本初の店舗を出す予定で、現在デパート側と交渉中です。デパート側とは、高級ブランドが並ぶ専門店街に出店するか、個別の部屋ではないフロアの一画に出店するのか、保証金をいくらにするのか、賃料等を定額にするのか等について交渉中です。どのような点に注意して交渉を行えばよいでしょうか。

A　デパート内の店舗については、テナント契約や自社の名称を出さずに出店するコンセッショナリー契約等の契約内容が多様であり、出店先の場所の形状等も様々です。また、賃料等が定額の場合もあれば、売上高に比例してスライドする方式の場合もあり、純粋な賃貸借契約ではなく、一種の共同事業としての側面が付加された契約といえる場合があります。そのため、デパート内の店舗については、その契約内容や場所の形状等により、借地借家法の適用がある賃貸借契約となる場合とそうではない場合とがあります。借地借家法の適用があれば、手厚い法律上の保護を受けることとなります。

　まず、場所や形状ですが、専門店街が個別の部屋のような形態となっている場合には、「障壁等によって他の部分と区画され、独占的排他的支配が可能な構造・規模を有するもの」として借地借家法の「建物」に当たる場合が多いでしょう。これに対して、そうではないフロアの一画であれば、形状にもよりますが借地借家法の「建物」には当たらないと認定されるケースも多いでしょう。その場合には、定期建物賃貸借契約ではなくても期間満了によって契約は原則として終了しますし、更新の条項があったとしても場所の移動を要請され、それに応じなければやはり更新を拒絶されるおそれもあります。

　また、場所や形状だけではなく、①保証金が高額であるか否か、②賃料が定額制か売上げに比例する形態か、③内装を自身が行っているのか、デパート側が行っているのか、④自身の営業がデパートの営業に従属するものであるか等も借地借家法の適用の有無の判断の材料となります。高額の保証金を入れている、賃料が定額となっている、内装を自身でやっている、デパートとは独自に価格設定や売上管理を行っている場合には賃貸借契約と認定され、借地借家法の適用があると判断される場合が多いでしょう。

以上から、事業の採算性が認められ、継続的に店舗を利用することを希望するのであれば、何とか専門店街を賃借するとともに、契約条項をチェックして借地借家法の適用がある賃貸借契約であると認められるよう交渉すべきといえるでしょう。

◆信頼関係

(1) 継続的契約

一般の契約では、契約で期間を定めれば、その期間の満了によって契約は原則として終了します。ところが、借地借家法の適用のある賃貸借契約においては、定期借地契約や定期建物賃貸借契約等に該当しない限りは、契約期間が満了しても、ほぼ自動的に契約は更新されます。そういう意味では、半永久的な契約となるといっても過言ではありません。

また、一般の契約では、契約違反があれば基本的には契約を解除することができます。ところが、借地借家法の適用のある賃貸借契約においては、賃借人が賃料不払等の契約違反をしても、直ちに契約が解除できるわけではありません。

この理由は、賃貸借契約が信頼関係を基礎とする継続的契約であるからです。

このような契約においては、信頼関係が破壊されない限り、できる限り契約を存続させる方向で法律はできており、判例もそのような判断をとっています。

(2) 信頼関係破壊法理

契約の更新拒絶は、正当事由がない限りは認められませんし（借地借家6・28）、契約締結時に契約を更新しない特約を設けたとしても、それが定期借地契約若しくは定期建物賃貸借契約等法律で認められた特別の要件を満たさない限りは、そのような特約は、賃借人に不利益な条項として無効となります（借地借家9・30）。

また、賃料不払のケースでも、不払が信頼関係を著しく破壊する場合にのみ解除が認められています（最判昭39・7・28判時382・23）。この点につき、どの程度の不払があれば解除できるかの判断は困難ですが、少なくとも3か月分以上の不払がなければ信頼関係が破壊されたとはいえないケースが多いといえるでしょう（土地については、支払方法にもよりますが、信頼関係の破壊のためには、半年以上の滞納が必要なケースもあります。）。

さらに、無断譲渡や無断転貸のケースでも、判例は「背信的行為と認めるに足らない特段の事情がある場合には」解除はできないと判示しています（最判昭28・9・25判時

12・11)。

(3) 催告の重要性

解除が有効か否かにつき、信頼関係の破壊の有無を判断する上では、事前に催告したか否かは一要素となります。賃料不払の事案において、相当期間を定めて催告したにもかかわらず支払がなかった場合には、無催告で解除するよりは信頼関係が破壊されていると判断される可能性が高いといえます。

確かに、賃貸人側の契約審査において解除の場合に無催告でも可能にするように助言することは審査担当者としてはごく通常の指摘であるといえます。しかしながら、契約書に無催告で解除できる旨の記載が入っていたとしても、信頼関係が破壊されているか否かにつき、疑問があるような事案においては、実際に解除を行う場合に、催告をすることを検討すべきであることをあらかじめ依頼部署には説明しておきましょう。

弁護士に聞きたい！

Q17 信頼関係の破壊とはどういう場合か

当社の経営するオフィスビルにおいて、①賃借人の会社の代表者が脱税で有罪となり、代表者が変更されなかった場合、②同代表者が覚せい剤取締法違反で有罪となり、代表者が変更された場合、③当該オフィスビルが覚せい剤取引の現場になっていたことが判明した場合に、債務不履行を理由として賃貸借契約を解除し、退去させることができるでしょうか。

A　賃貸借契約において、解除を行う場合、契約書のどの条項に違反するのかがまず問題となります。

ご質問のような場合には直接の規定がないことが多く、「本件建物の他の居住者に危険又は迷惑を及ぼす行為があったとき」とか「借主に共同生活を乱す行為があったとき」といった条項や、解除の条項の最後に記載されていることが多い「その他本条各号と同様の行為があったとき」といった一般的な条項を根拠に解除していくことが多いでしょう。しかしながら、この条項を使用するとしても、信頼関係の破壊がなければ解除ができないことは他の場合と同様であり、賃料不払等と異なり、直接の契約違反か否かが微妙な事案であればあるほど解除ができるか否かの判断は困難となってくるでしょう。

特に、賃貸人の主観により信頼関係が破壊されたと判断しているにすぎない場合には、解除は難しいといえます。原則として信頼関係の破壊の有無は客観的に判断されることから、賃貸人の主観において信頼関係が破壊されているのか否かではなく、当該事情によって客観的に信頼関係が破壊されているといえるのか否かで判断されることとなります。

ご質問の例は微妙ですが、私見では、①と②に関しては、これだけでは解除は困難であり、他の事情が加わることによって客観的に信頼関係が破壊されたといえる場合には解除ができる場合も出てくると思います。これに対して、③については当該行為そのものが客観的に信頼関係を破壊する事情であるとして、解除を認めることが可能なのではないかと思います。他の事情としては、当該オフィスビルがクリーンなイメージを売りものとし、それを表示しているとか、覚せい剤取締法違反を契機に暴力団事務所として使用されていたことが判明したといった事情が考えられますが、いずれにせよ、全ての案件において個別具体的に判断されることとなります。

もっとも、端的に建物内で薬物使用など反社会的な行為を禁止する条項を設けておくと、ご質問の例でも解除を行うことができる可能性が出てくると思われます。それは、こうした条項を入れることによって、条項違反の行為が主観的な信頼関係の破壊を超えて客観的な信頼関係の破壊と認定される余地があるからです。また、覚せい剤取締法違反の事実が判明したことによって、賃借人が暴力団関係者であることが判明する場合もあり、反社会的勢力との認定ができ、解除できる場合もありますので、契約書ではそのような文言を入れておくことも検討するとよいでしょう（→反社会的勢力排除条項の詳細については、本編第1章3◆反社会的勢力排除条項）。

◆賃料増減額条項

(1) 借地借家法の規定

借地借家法では、賃料の増減額が可能な場合として、以下のように定めています。すなわち、借地については、①土地に対する租税その他の公課の増減、②土地の価格の上昇若しくは低下その他の経済事情の変動、③近傍類似の土地の地代等に比較して不相当となったとき（借地借家11①）、建物については、①土地若しくは建物に対する租税その他の負担の増減、②土地若しくは建物の価格の上昇若しくは低下その他の経済事情の変動、③近傍同種の建物の借賃に比較して不相当となったとき（借地借家32①）には、それぞれ当事者は将来に向かって地代若しくは借賃の増減額を請求することが

できます。

(2) 自動増減額条項

では、毎年数％賃料を増額させるといった特約を結ぶことはどうでしょうか。

若しくは、物価上昇（下落）率や消費者物価指数に応じて賃料を増減額させるといった特約はどうでしょうか。

まず、注意しなければならないことは、定期建物賃貸借契約では、賃料の改定特約は原則として有効と解されていることです（借地借家38⑦）。したがって、特に賃借人は、この点に関して、不利益な条項となっていないかについて注意をする必要があります。

その他の場合については、個別具体的に判断せざるを得ませんが、一般的には、自動的な増減額を算定する元となる基準が社会的に相当であれば、特約自体は有効となる場合が多いといえます。逆に、一律数％増額させるといった特約は、当初の賃料が相場に比して著しく低いといった事情でもない限りは無効と解される場合が十分にあり得ます。ですから、いずれの立場からみても、自動的に賃料が改定される条項を入れる場合には、例えば、「契約期間中に固定資産税等の増額が生じたときは、公課金増額の比率に準じ賃料を増額することができる」等のように、客観的な根拠に基づき算定される条項にすべきです。

(3) 増減額を行わない旨の特約

一定期間賃料の増額を行わない特約は有効ですが（借地借家11①ただし書・32①ただし書）、一定期間賃料の減額を行わない特約があったとしても、賃料減額請求権の行使は妨げられないと解されています（土地につき、最判平16・6・29判時1868・52）。

ただし、定期建物賃貸借契約では、その他の契約の場合と異なり、賃料の減額を請求することができない旨の特約がある場合には、賃料の減額を請求できなくなるため、注意が必要です。

なお、サブリース契約の場合の賃料減額請求については、**本章２◆サブリース契約**をご参照ください。

新民法と契約審査

○賃貸人の地位の移転

土地や建物の賃貸人が賃貸中の土地や建物を第三者に譲渡した場合、当該賃貸借契約はどうなるでしょうか。

本来であれば、契約の当事者はあくまで旧所有者と賃借人ですので、土地や

建物の所有権が移転しても、賃貸借契約自体は旧所有者との間に残るようにも思われます。

　しかしながら、新民法では、賃貸借の対抗要件（借地であれば、借地権の登記若しくは当該土地上の建物の所有権の登記（借地借家10）、借家であれば、賃借権の登記若しくは当該建物の引渡し（借地借家31））を備えた場合には、旧所有者と新所有者が、①賃貸人としての地位を旧所有者に留保することと、②新所有者が旧所有者に対して土地や建物を賃貸することを合意しない限り、土地や建物の所有権が第三者に移れば、賃貸人の地位も新所有者に移転するとされています（新民605の2①）。この点、改正以前においても、判例上では、特段の事情がない限り、賃貸人の地位が新所有者に移転するとされていましたが、新民法ではこれが明文化されたにすぎないため、実務には特に影響はありません。

　さらに、新たな所有者が賃借人に対して自分が新賃貸人であることを主張するためには、譲渡を受けた土地や建物につき登記をすれば足り（新民605の2③）、特に、賃借人の同意や賃借人への通知は必要ありません。

　しかしながら、それでは賃借人としては、具体的に所有者が変わったことをいちいち登記記録で確認する必要が出てくるため、契約書では、「賃貸人が対象物件を譲渡する場合には、事前に賃借人に通知しなければならない」といった条項を設けておくとよいでしょう。

　また、賃貸人の地位が新所有者に移転した後に、賃借人が旧賃貸人に賃料を支払ってしまった場合には、受領権者としての外観を有する者に対する弁済（新民478）となるため、賃借人が善意無過失であれば、旧賃貸人に対する賃料の支払が有効とされます。このとき、契約書に上記のような賃借人への通知を行う条項があったにもかかわらず、通知がされなかった場合には、賃借人の過失を否定する有力な根拠となるでしょう。

（矢崎信也、貝沼宏徳）

＜参考文献＞
　田山輝明ほか編『新基本法コンメンタール　借地借家法』（日本評論社、平26）

2　建物賃貸借契約

> **Point**
> ① 建物賃貸借契約では、賃貸人としては、具体的に限定して用法を定めるべきであるのに対し、賃借人としては、できる限り抽象的に定める方が得策です。ただし、いずれにせよ用法違反により解除できるか否かは、当該用法違反が信頼関係を破壊したといえるかによって判断されます。
> ② いわゆるサブリース契約においては、一定額の賃料の保証や賃料の自動増額特約があったとしても、賃料の減額請求ができることもありますので注意が必要です。
> ③ 修繕特約の可否については、一般民間住宅とオフィスビルとでは異なる考え方をとることが可能です。前者では厳しく制限がなされ、特約も無効となる可能性が高いのに対し、後者では比較的緩やかに解され、特約が有効となる余地があります。
> ④ 建設協力金を賃借人が支出している契約において賃貸人の交替があった場合、建設協力金が敷金としての性質を有する場合には新所有者に引き継がれますが、金銭消費貸借上の貸金の性質を有する場合には、新所有者には引き継がれないと解されています。
> ⑤ 居住用建物の賃貸借契約に付された敷引特約は、当該建物に生ずる通常損耗等の補修費用として通常想定される額、賃料の額、礼金等他の一時金の授受の有無及びその額等に照らし、敷引金の額が高額に過ぎると評価すべきものである場合には無効となることがありますので、高額にならないように配慮が必要です。
> ⑥ 建物賃貸借契約に付された更新料条項は、原則としては有効ですが、更新料の額が賃料の額、賃貸借契約が更新される期間等に照らし、高額に過ぎるなどの特段の事情がある場合には無効となることがありますので、高額にならないように注意が必要です。

◆用法違反

　建物賃貸借契約では、用法違反を理由に契約を解除するというケースが非常に多く問題となります。

　裁判例では、不動産業、広告請負業及びそれらに通常関連する業務のための事務所

に使用する目的で賃貸した建物を、風俗営業を営む関連会社に性病の検査を行う場所として使用させていた事案につき、信頼関係の破壊を理由に解除を認めた例があります（福岡高判平19・2・1（平18（ネ）806）裁判所ウェブサイト）。逆に、事務所として使用する目的で賃貸した建物において、賃借人の完全子会社が運営するエステサロンを開店させたという事案では、信頼関係を破壊しない特段の事情があるとして解除を否定しました（東京地判平24・12・20（平23（ワ）38753））。

結局のところ、用法違反により解除できるか否かは、当該用法違反が信頼関係を破壊したといえるかによって判断されることとなりますが、その判断に当たっては、賃貸借契約締結の経緯、用法違反の程度、用法の変更についての話合いの有無及び内容、原状回復の容易性、近隣に与える影響の程度、用法変更後の建物の品位の変更の有無及び程度等諸般の事情を総合考慮して決せられることとなります。

契約書の審査の段階では、賃貸人としては、できる限り具体的に限定して用法を定めるべきでしょうし、逆に賃借人としてはできる限り抽象的に定めた上、用法の変更を可能とする条項もできれば設けておくことが得策といえます。

◆サブリース契約

サブリース契約とは、不動産賃貸業を営む業者が、土地所有者が建設した建物で転貸事業を行うため、建物所有者（兼土地所有者）との間であらかじめ一定期間の賃料保証等についての合意を行い、これに基づき建物所有者からその建物を一括して賃借することを内容とする契約をいいます。この契約により、建物所有者は、建物の管理等に関する全ての業務を不動産業者に任せることが可能となり、あらゆる事務から解放されて賃料を受領するだけの立場となることができます。他方、不動産業者も土地を取得することなく、建物賃貸業務を行うことができ、建物の賃借料と転貸料との差額を取得することが可能となります。

かつては、そもそもサブリース契約が賃貸借契約に当たるのか否かが争われていましたが、最高裁は明確にサブリース契約を賃貸借契約であると判断しました（最判平15・10・21判時1844・37、最判平15・10・23判時1844・54）。

そして、多くのサブリース契約においては、賃料保証や賃料自動増額特約等の条項が設けられていますが、これらの場合においては、賃借人である不動産会社は借地借家法32条1項に基づき賃料減額請求を行使し得る旨を判示しました。ただし、その上で、かかる賃料減額請求が認められるか否かは、当事者が賃料額決定の要素とした事情その他諸般の事情を総合的に考慮すべきであり、同契約において賃料額が決定されるに至った経緯や賃料自動増額特約等が付されるに至った事情、とりわけ約定賃料額

と当時の近傍同種の建物の賃料相場との関係、賃借人の転貸事業における収支予測に関わる事情、賃貸人の敷金及び融資を受けた建築資金の返済の予定に関わる事情等をも考慮すべきであるとしています（前掲最判平15・10・21）。

契約書を審査する場面においては、賃貸人の立場からは、将来的に賃料減額がなされないよう契約に至った事情について、別途覚書や議事録等を作成しておくとよいでしょうし、賃借人の立場からは、あらかじめ争いを避けるために賃料自動増額特約そのものを排除するか、若しくは仮に条項としては残すとしても、例外的に減額請求が可能である場合を具体的に記載しておくとよいと思われます。

◆原状回復義務

（1） 賃貸借契約が終了した場合、賃借人は目的物の返還義務と原状回復義務を負います（民616・597①、新民601・621）。

新民法では、賃借物を受け取った後に生じた損傷のうち、通常の使用及び収益によって生じた損耗並びに経年変化を超えるものについて、賃借人が原状回復義務を負うことが明記されましたが、現行民法下においても、全国各地の判例を集積して作成された国土交通省「原状回復をめぐるトラブルとガイドライン」によって同様の基準が示されていたため、このような原状回復義務の範囲が明記されたことが直ちに賃貸借契約実務に影響を与えるわけではないといえます。

（2） では、賃借人の義務の範囲を拡大し、通常使用に伴う損耗や毀損についてのリフォーム費用の全部又は一部を賃借人の負担とする特約は有効でしょうか。

結論としては、全ての事案において、個別具体的に判断せざるを得ませんが、一般的には、オフィスビルにおいては特約は許容される可能性があるのに対し、民間住宅においては特約も無効となる可能性が高いでしょう。

裁判例では、市場性原理と経済合理性の支配するオフィスビルの場合には、賃借人を保護する必要性が高い民間賃貸住宅とは異なって考えることができることから、通常損耗も原状回復の対象とすることを有効とする判断が出てきています（東京高判平12・12・27判タ1095・176）。

したがって、オフィスビルの場合には、原状回復義務の範囲を拡大する特約を設け、これが有効となる可能性は十分にありますので、賃貸人側の契約審査では、特約を設けることを検討すべきですし、賃借人側の契約審査では特約条項をよく検討した上で、削除や修正を請求していくこともあるといえます。

これに対して、民間住宅においては、原則として通常使用に伴う損耗や毀損についてのリフォーム費用は、本来、賃料に含まれていることから、これを賃借人の負担と

する特約は無効となることが多いでしょう。ただし、このようなリフォーム費用につき、賃料には含まれていないことを明確に合意した上で、特定の費用についてのみ賃借人の負担とする特約であれば有効と解される余地があります。最高裁判例でも、通常損耗に関する費用は賃料の中に含まれているのが通常であることを前提に、通常損耗について賃借人が原状回復義務を負うためには、賃借人が補修費を負担することとなる通常損耗の範囲につき、賃貸借契約書自体に具体的に明記されているか、賃貸人が口頭により説明し、賃借人がその旨を明確に認識して、それを合意の内容としたと認められるなど、その旨の特約が明確に合意されていることが必要であるとしています（最判平17・12・16判時1921・61）。

◆建設協力金

賃借人（借主）が建物の建設費用の全部又は一部を賃貸人（貸主）に預託し、この費用を利用して貸主が建物を建設し、完成した物件について、建物の賃貸借契約が締結される場合があります。この際に建設費用として授受される金銭のことを「建設協力金」といいます。そして、この返還については、「借主は貸主に対して建設協力金として金○○万円を差し入れる。建設協力金は本契約締結日より○年間据え置き、据置期間経過後は○年間にわたり毎月末日に各金○万円の均等分償還する。」等と定め、一時据置期間を置く場合もありますが、いずれにせよ月額の賃料の全部又は一部と相殺され、定額ずつ返済がなされていきます。

問題となるのは、倒産時を含め返済途中で建物の譲渡が行われ、賃貸人が変更された場合に、建設協力金の返還義務が新所有者、すなわち新賃貸人に承継されるか否かです。これは、旧賃貸人が破産した場合に顕著な差となって顕在化します。

この点については、建設協力金の法的性質の捉え方によりますが、一般論としては、建設協力金が敷金の性質を有する場合には新所有者に引き継がれ、単に金銭消費貸借上の貸金としての性質を有する場合には引き継がれないといえるでしょう。そして、建設協力金が敷金の性質を有するか否かの基準としては、①差し入れられた建設協力金の目的、②差し入れられた建設協力金の名目、③賃料の額と建設協力金の額、④敷金が別個に存在するか否か、⑤契約成立に至る経緯等を総合考慮して判断されます。

判例では、賃借人から建物所有者である賃貸人に差し入れられた保証金が、契約成立の時から5年間これを据え置き、6年目から利息を加えて10年間で返還する約定の建設協力金であり、他に敷金も差し入れられているなどの事実関係の下では、建物の所有権を譲り受けた新賃貸人は、旧賃貸人の保証金返還債務を承継しないとしたものがあります（最判昭51・3・4判時812・57）。

したがって、借主の立場としては、契約書によって建設協力金の承継を強制することは極めて困難であるといえますが、予防法務として、任意の譲渡の場合には、契約書には新所有者に必ず承継させる旨の条項を入れておいた上、当該建設協力金が敷金の性質であることを確認する旨の覚書を別途交わす等の方法が考えられます。しかしながら、このような方法も万全ではないため、結局は、建設協力金を預託する相手方の信用力をどのように見極めるかについての経営判断が重要といえるでしょう。

なお、建物が抵当権の実行により競売となった場合には、建設協力金が敷金の性質を有していたとしても、次のような場合にしか新所有者には承継されません。すなわち、①賃貸借契約が抵当権設定時より前になされるとともに抵当権設定前に建物の引渡しを受けていて、抵当権者に対抗できる場合、②賃借権の登記がなされかつ抵当権者全員の同意がある場合（民387）などです。しかしながら、②は特殊な場合ですし、①についても、通常は建物を建設すると同時に金融機関の抵当権が設定され、その後に建物を賃借することとなるため、抵当権に対抗できる賃貸借契約は少ないといえます。①に該当する場合としては、建物の所有者が金融機関からの借入れをせずに自己資金と建設協力金のみで建物を建てた場合、相続により建物を取得した場合、一度完済した場合等で、新たに抵当権を設定する以前に建物を借りた場合などが考えられます。

◆敷引特約

建物賃貸借契約の中には、敷金を預託するとともに、賃借人が本件建物を明け渡した後に契約経過年数に応じて決められた一定額の金員が控除される内容の特約（敷引特約）が付されているものがあります。このような敷引特約は、賃借人に金銭的負担を課すものであることから、民法等の任意規定と比較して消費者の義務を加重し、消費者の利益を一方的に害するものは無効とする消費者契約法10条に違反しないかが問題となります。

この点につき、最高裁は、居住用建物の賃貸借契約に付された敷引特約は、当該建物に生ずる通常損耗等の補修費用として通常想定される額、賃料の額、礼金等他の一時金の授受の有無及びその額等に照らし、敷引金の額が高額に過ぎると評価すべきものである場合には、当該賃料が近傍同種の建物の賃料相場に比して大幅に低額であるなど特段の事情のない限り、無効となると解するのが相当であると判断しました（最判平23・3・24判タ1356・81）。居住用建物の賃貸借契約に敷引特約を付す場合には、上記の事情を考慮して敷引金の額が高額にならないように配慮しなければなりません。

> ### 新民法と契約審査
>
> ○敷金に関する規定の明文化
> 　現行民法では、「敷金」について明文化された条項はなく、判例で示された判断をベースに運用されてきましたが、新民法では、「いかなる名目によるかを問わず、賃料債務その他の賃貸借に基づいて生ずる賃借人の賃貸人に対する金銭の給付を目的とする債務を担保する目的で、賃借人が賃貸人に交付する金銭」と明確に定義され、その返還時期についても、明確な規定が設けられました（新民622の2①）。
> 　ただし、新民法は、判例を明文化したものであるため、賃貸借実務上、従前の運用のままでも特に問題はなく、例えば、上述した敷引特約の有効性についても、上記判例で示された考慮要素を基に、敷引金の額が高額になりすぎないように検討する必要があるという点に変わりはないでしょう。

◆更新料条項の有効性

　更新料は、期間が満了し、賃貸借契約を更新する際に、賃借人と賃貸人との間で授受される金員であり、一般的には、賃料の補充・前払、賃貸借契約を継続するための対価等の趣旨を含む複合的な性質を有するものとされています。このような更新料条項は、賃借人に金銭的負担を課すものであることから、消費者契約法10条に違反しないかが問題となります。

　この点につき、下級審裁判例では有効性の判断が分かれていましたが、最高裁は、賃貸借契約書に一義的かつ具体的に記載された更新料条項は、更新料の額が賃料の額、賃貸借契約が更新される期間等に照らし高額に過ぎるなどの特段の事情がない限り、無効とはならないと判断しました（最判平23・7・15判時2135・38）。

　更新料条項が無効となるかどうかは、個別の事情に応じて判断せざるを得ませんが、例えば、契約期間が1年間の賃貸借契約であれば、賃料1、2か月分程度の更新料であれば、無効となる可能性は低いと考えられます。

弁護士に聞きたい！

Q18　退職した従業員と社宅
　当社には社宅があります。ある従業員は自ら依願退職したのですが、社宅

を出て行ってくれません。従業員を立ち退かせることはできるのでしょうか。

A　まず、そもそも社宅を借りる契約は賃貸借契約に当たるのでしょうか。当たるとすれば借地借家法の適用があることとなるため問題となります。

この点につき、判例は社宅使用料が社会通念上賃料とみられるのか否かによって、賃貸借契約に当たるか否か、すなわち借地借家法の適用があるか否かを決定しているようです（最判昭29・11・16判時40・9、最判昭31・11・16判タ66・55、最判昭32・4・2判タ71・52、最判昭39・3・10判時369・21）。そして、賃貸借契約ではない場合には、従業員の身分に随伴する一種特別の契約関係を構成しており、従業員の身分を失えば社宅の使用権も失うものと考えています。

もっとも、賃貸借契約に当たり借地借家法の適用があるとしても、社宅は従業員たる身分と密接不可分であることから、従業員としての資格を失った場合には、更新拒絶の場合の正当事由は一般の住宅に比して認められやすくなるでしょう。その際には、①一般の市価と比較した賃料の金額、②企業を退職した理由、③居住している家族関係や年数等も勘案して総合判断されることとなりますが、依願退職の場合には正当事由が否定されることはあまりないと思います。

したがって、ご質問の場合には、いずれにせよ立ち退きを要求できる可能性が高いものと判断されます。

Q19　行方不明の従業員の社宅はどうすればよいか
　　　行方不明の従業員がいますが、社宅には荷物がそのまま置いてあるようです。どうすればよいでしょうか。荷物等を片付けてもよいでしょうか。

A　ご質問のような事例は、企業がしばしば直面する厄介な問題であるといえます。

一つの方法としては、身元保証人となっている両親等に事情を説明して、片付けてもらうことが考えられます。

しかしながら、両親等であっても子どもの荷物を無断で片付けることは厳密には許されるものではありませんし、既に両親が死亡していたり、高齢で動けなかったり、両親と交流がなかったりなど、事実上両親の協力を仰げない場合も多いでしょう。そのような場合に、企業として荷物を片付けてもよいのでしょうか。

結論から述べると、本人に無断で荷物を片付けることはできません。仮に、社宅の利用約款等に、そのようなことが可能である旨が記載されていたとしても、違法となる可能性が高いといえます。それを強行すれば、刑法上は住居侵入罪（刑130）、民法上は不法行為（民709）等に該当してしまい、将来的に本人が戻ってきた場合には、企業若しくは担当者の方が法的責任を追及される可能性があります。

　現行法では、自力救済といって、権利があってもそれを裁判所等の公権力を借りずに強制的に実現させることは禁じられています。したがって、ご質問の場合には面倒でも建物明渡請求訴訟を提起した上で、判決を得て強制執行を行うべきであると思われます。

　なお、本人は行方不明であるとのことですから、訴訟では公示送達という方法で本人に書面等を送付する（送付したことにする）ことになります。また、解雇をする場合にも、同様に公示による意思表示（民98）という方法をとらざるを得ないと考えられます。詳しくは弁護士に相談されるとよいでしょう。

新民法と契約審査

○保証について①（極度額の設定）

　賃貸借契約において、連帯保証人がいる場合、これまでは、特に制限を設けることなく、連帯保証人の責任が定められていたものがほとんどでしたが、新民法では、個人が根保証契約を締結する場合、主たる債務の元本、利息、違約金、損害賠償等について極度額を定めなければ効力を生じないとされた点に注意が必要です（新民465の2②）。この改正が実務に与える影響は大きく、賃貸人としては、個人の連帯保証人を付ける場合には、必ず極度額を定めなければなりません。

　ただし、新民法の施行日（平成32年4月1日）前に保証契約が締結された場合には、従前の例によるとされているため（民平29法44改正法附則21①）、極度額を定めていなかったとしても無効となるわけではありません。この点、自動更新の場合に、どうなるかが問題となりますが、私見では、更新後も附則が適用され、無効とはならないと考えています。もっとも、更新の際に、新たな契約を締結する場合には、極度額を定めなければ無効となるものと思われます。

　では、極度額としてどの程度の金額を定めるのが適切といえるでしょうか。この点について、明確なルールはなく、賃貸人と連帯保証人の間で合意した

金額を自由に設定することになりますが、賃貸人としては、極度額は多額であればあるほどよいものの、極度額が多額になりすぎると尻込みをして連帯保証人になることに応じないということもあり得るでしょう。

　そこで、賃貸人としては、賃借人が賃料を滞納し、明渡しを求めて裁判をする場合も想定し、6か月から1年分程度の賃料相当額を目安にするとよいでしょう。

（矢崎信也、貝沼宏徳）

＜参考文献＞
　㈶不動産適正取引推進機構編著『賃貸住宅の原状回復をめぐるトラブル事例とガイドライン』（大成出版社、改訂版、平16）
　松並重雄「時の判例　いわゆるサブリース契約と借地借家法32条1項の適用の有無ほか－最三小判平成15.10.21」ジュリスト1277号119頁
　安福幸江「判例展望民事法(9)サブリース契約をめぐる裁判例と問題点」判例タイムズ1152号50頁

書式例6　建物賃貸借契約書

建物賃貸借契約書

　貸主○○株式会社（以下「甲」という。）と、借主○○株式会社（以下「乙」という。）及び連帯保証人○○○○（以下「丙」という。）は、次のとおり建物賃貸借契約（以下「本契約」という。）を締結した。

第1条（対象物件）
　　甲は、甲の所有する下記建物（以下「本件貸室」という。）を乙に賃貸し、乙はこれを事務所として賃借することを約した。
　　　所　　在　　○○県○○市○○○丁目○番○号
　　　家屋番号　　○番
　　　構　　造　　鉄筋コンクリート造○階建て
　　　床 面 積　　○○○．○平方メートル
　　　上記のうち○階○号室○○．○平方メートル（別紙図面〔省略〕のとおり）

第2条（契約期間）
1　本契約の契約期間は、契約日より2年間とし、契約期間の3か月前までに甲乙双方より特段の意思表示がないときは、自動的に同一期間更新されるものとする。
2　乙は、本契約期間中であっても、6か月前までに甲に対し、書面により通知し、又は6か月分の賃料を支払うことにより即時に本契約を中途解約することができる。
3　乙は、本契約を更新する場合には、甲に対し、更新料として金○○万円を支払う。

第3条（賃料）
1　賃料は月額金○○万円（消費税別）とし、乙は毎月末日までに翌月分を甲の指定する銀行口座に振り込む方法により支払う。
2　前項の賃料が経済事情の変動、公租公課の変動又は近隣の賃料との比較により不相当となった場合、甲は、賃料の増額を請求することができる。

第4条（共益費）
1　乙は前条に定める賃料のほか、次の各号に定める共益費を前条と同様の方法により支払う。
　　①　上下水道、エレベーター等共用施設の保守・管理等の費用
　　②　共用施設の清掃、衛生、水道、光熱、空気調和に関する費用
　　③　共用施設の保守、運転費
　　④　その他共用施設の維持管理費
2　前項の共益費は、別紙共益費一覧表〔省略〕のとおりとする。

> 【チェック事項】
> 　何が共益費に該当するのかが記載されていない契約書が多いですが、双方にとってトラブルを避けるために、できる限り特定されていた方がよいでしょう。

第5条（遅延損害金）
　乙が賃料及び共益費の支払を遅延した場合は、甲は乙に対し、契約金額に加え、支払日までの遅延損害金（年率10％）を請求することができる。ただし、当該損害金の支払により、甲の契約解除権の行使は妨げられない。

第6条（敷金）
1　乙は、賃料、遅延損害金その他本契約に基づいて生ずる一切の乙の債務を担保するため、甲に対し敷金として賃料の8か月分を預託する。敷金には利息は付さない。
2　乙に賃料の不払その他本契約に関して発生する債務の支払遅延が生じたときは、甲は、催告なしに敷金をこれらの債務の弁済に充当することができる。甲は、この場合には、弁済充当日、弁済充当額及び費用を乙に書面で通知する。乙は、甲より充当に関する通知を受けた場合には、通知を受けた日から30日以内に、甲に対し敷金の不足額を追加して預託しなければならない。
3　本契約が終了し、乙が本件貸室を原状に復して甲に返還する場合、甲は、以下のとおり、本契約締結日から明渡日までの経過年数に応じた額を第1項の敷金から控除するとともに、乙に本契約に基づく賃料及び損害金等の未払があるときは当該未払債務の額を差し引いた残額を乙に返還する。
　　経過年数1年未満　　　　○○万円
　　　　　1年以上3年未満　　○○万円
　　　　　3年以上　　　　　○○万円
4　前項の場合において、甲は、敷金から差し引く金額の内訳を乙に明示しなければならない。
5　乙は、第3項の敷金返還請求権をもって甲に対する賃料その他の債務と相殺することができない。
6　賃料が増減額されたときは、敷金も第3条の賃料の8か月分となるよう増減額されるものとする。この場合において、敷金が増額される場合には、乙は、甲に対し、新たな敷金の額と従前の敷金の額の差額を追加して預託するものとし、敷金が減額される場合には、甲は乙に対し、新たな敷金の額と従前の敷金の額の差額を返金するものとする。

第7条（費用の負担）
1　本件貸室に係る固定資産税その他の公租公課については、甲が負担するものとする。ただし、乙が設置した造作についての公租公課は乙の負担とする。

2　乙は次の各費用を負担する。
　① 本件貸室の電気、ガス、上下水道等公共料金の利用料
　② 本件貸室内の清掃、衛生、警備費用
　③ 本件貸室内の蛍光灯、電球の取替費用
　④ 本件貸室内の消火器点検、詰替費用
　⑤ その他本件貸室の使用に関して生ずる一切の費用

第8条（禁止事項）
　　乙は、次の各号の事項に該当する場合には、事前に甲の書面による承諾を受けなければならない。
　① 本件貸室のリフォーム、改造、造作等現状を変更するとき。
　② 本件貸室の全部若しくは一部を転貸若しくは第三者に使用させ、又は賃借権の全部若しくは一部を第三者に譲渡するとき。

第9条（修繕義務）
　　本件貸室の躯体部分の修繕は甲の負担とし、部分的な小修繕は乙の負担とする。ただし、乙の責めに帰すべき事由による修繕は乙の負担とする。

第10条（契約解除）
　　次の各号に掲げる事由が乙に生ずる場合には、甲は催告せずに本契約を解除することができる。
　① 賃料の支払を3か月以上怠ったとき。
　② 銀行取引停止処分を受け、又は、破産手続開始の申立て、民事再生手続開始の申立て、会社更生手続開始の申立て若しくは特別清算開始の申立てがあったとき。
　③ 差押え・仮差押え・仮処分又は競売の申立て若しくは公租公課の滞納処分を受けたとき。
　④ 第16条に違反する事実が判明したとき。
　⑤ その他乙に信用毀損行為が存したとき。

第11条（不可抗力）
　　天災地変その他の不可抗力により、本件貸室の全部又は一部が滅失若しくは破損して使用不可能となった場合には、本契約は、当然に終了する。

第12条（立退料）
　　乙は、本件貸室の明渡しに際し、甲に立退料、移転料その他名目のいかんにかかわらず一切の金銭上の請求ができないものとする。

第13条（原状回復義務）
1　乙は、本件貸室の明渡しに際し、乙の保有する物品等を全て収去しなければならな

い。
2　乙は、甲の承諾なく造作加工したものについては、契約時の原状に復し、甲の立会いにより本件貸室の引渡しを行う。
3　乙は退去の際に、前項に加え別紙〔省略〕に記載する項目全てにつき、賃貸借開始時の原状に復して明け渡さなければならない。

第14条（明渡し）
　　乙は、本契約終了時に、本件貸室の明渡しを遅滞した場合には、遅延期間に応じ、本件貸室の賃料の2倍に相当する額の賃料相当損害金を甲に支払わなければならない。

第15条（連帯保証人）
1　丙は、甲に対し、本契約に基づく乙の債務につき、極度額金〇〇万円の範囲内で連帯して保証する。
2　丙は、本契約に先立ち、乙から、乙の財産状況等に関し、(1)財産及び収支の状況、(2)本契約に基づく賃料債務以外に負担している債務の有無並びにその額及び履行状況、(3)本契約に基づく賃料債務の担保として他に提供し、又は提供しようとするものがあるときはその旨及びその内容について説明を受けたことを確認する。
　　乙は、上記事項に関する丙に対する説明内容が事実であることを確認する。
3　丙の請求があったときは、甲は、丙に対し、遅滞なく、賃料及び共益費等の支払状況や滞納金の額、損害賠償の額等、乙の全ての債務の額等に関する情報を提供しなければならない。

> 【チェック事項】
> 　連帯保証人の保証意思を確認するために実印にて押印し、契約書には印鑑証明書を添付してもらうとよいでしょう。

第16条（反社会的勢力の排除）
1　乙は、甲に対し、次の各号の事項を確約する。
　①　自ら又は自らの役員（業務を執行する社員、取締役、執行役又はこれらに準ずる者をいう。）が、暴力団、暴力団関係企業若しくはこれらに準ずる者又はその構成員（以下、併せて「反社会的勢力」という。）ではないこと。
　②　反社会的勢力に自己の名義を利用させ、本契約を締結するものではないこと。
　③　自ら又は第三者を利用して、次の行為をしないこと。
　　ア　甲に対する脅迫的な言動又は暴力を用いる行為
　　イ　偽計又は威力を用いて甲の業務を妨害し、又は信用を毀損する行為
2　乙は、本件貸室の使用に当たり、次の各号に掲げる行為を行ってはならない。
　①　本件貸室を反社会的勢力の事務所その他の活動の拠点に供すること。

② 本件貸室又は本件貸室の周辺において、著しく粗野若しくは乱暴な言動を行い、又は威勢を示すことにより、甲、他の賃借人、付近の住民又は通行人に不安を覚えさせること。
③ 本件貸室を反社会的勢力に占有させ、又は本件貸室に反復継続して反社会的勢力を出入りさせること。

第17条（合意管轄）
　本契約につき裁判上の争いとなったときは、○○地方裁判所を第一審の専属的合意管轄裁判所とすることに甲、乙及び丙は合意する。

第18条（信義誠実）
　本契約に定めのない事項又は本契約の規定の解釈について疑義がある事項については、甲、乙及び丙は、民法その他の法令及び慣行に従い、誠意を持って協議し、解決する。

　以上の契約を証するため本書2通を作成し、甲乙丙の記名押印の上、甲乙は各1通を保有する。

　　　平成○年○月○日

　　　　　　　　　　　　　　　　　○○県○○市○○○丁目○番○号
　　　　　　　　（貸主）甲　　　　○○株式会社
　　　　　　　　　　　　　　　　　代表取締役　○　○　○　○　印

　　　　　　　　　　　　　　　　　○○県○○市○○○丁目○番○号
　　　　　　　　（借主）乙　　　　○○株式会社
　　　　　　　　　　　　　　　　　代表取締役　○　○　○　○　印

　　　　　　　　（連帯保証人）丙　○○県○○市○○○丁目○番○号
　　　　　　　　　　　　　　　　　　　　　　　○　○　○　○　印

◆チェックリスト

契約の目的物	
・貸室は特定されているか	□
・登記記録で確認したか。契約の名義と登記記録の名義は同一か	□
・登記記録上の名義と異なっており、契約者が相続人である場合、相続の事実を確認したか	□

・貸室の一部の場合、図面等で特定されているか	☐
使用目的	
・用法は特定されているか ・どの程度具体化されているか	☐ ☐
貸室の種類・性質	
・担保はどうなっているか。乙区の確認をしたか	☐
期間	
・期間の定めはあるか ・賃借人から中途解約が可能な条項があるか	☐ ☐
賃料・共益費	
・賃料は確定しているか ・支払方法は確定しているか ・増減額に関する規定はあるか ・共益費は特定されているか ・遅延損害金に関する規定は存するか	☐ ☐ ☐ ☐ ☐
敷金	
・敷金の定めはあるか ・返還時期はどうなっているか ・利息はどうなっているか ・敷金で充当できる範囲が記載されているか ・賃料が変更された場合の敷金の変更の規定は存するか	☐ ☐ ☐ ☐ ☐
費用の負担	
・貸主が負担すべき費用と借主が負担すべき費用は特定されているか	☐
禁止事項	
・禁止事項は具体的に定められているか	☐
修繕義務	
・修繕義務は定められているか	☐
解除の条項	
・解除の条項は具体的に定められているか ・催告が必要か否か	☐ ☐
立退料	
・立退料についての規定は存するか	☐

原状回復	
・原状回復の条項は定められているか	☐
・原状回復の範囲を拡大する特約は存するか	☐
明渡し遅延	
・明渡しを遅延した場合の賃料相当損害金の金額に関する条項はあるか	☐
連帯保証	
・個人の連帯保証人の場合に極度額の定めはあるか	☐
・賃借人の財産状況に関する情報提供を行ったことを確認する定めはあるか	☐

3　定期建物賃貸借契約

> **Point**
> ① 定期建物賃貸借は、契約の更新がなく、契約期間の終了時期が明確となる一方、家賃や敷金、礼金等が低めに設定されている場合もあります。普通建物賃貸借契約と定期建物賃貸借契約のいずれの形式を選ぶかは、建物の利用目的や家賃等の経済的負担の大小等の事情を考慮して判断すべきでしょう。
> ② 定期建物賃貸借契約は、事業用定期借地契約の場合と異なり、必ずしも公正証書によって行わなければならないわけではありませんが、書面により行わなければなりません。
> ③ 定期建物賃貸借契約を締結するためには、賃貸人は、あらかじめ、契約書とは別個の書面により、賃借人に対し、更新がなく、期間の満了によって賃貸借が終了することを説明しなければならず、これを怠った場合、定期建物賃貸借の形式で契約書を作成しても普通建物賃貸借となってしまうため、注意が必要となります。
> ④ 定期建物賃貸借契約に更新はありませんが、同一の賃貸人と賃借人との間で再契約をすることは可能です。ただし、再契約をする場合には、従前の契約を終了させる旨の通知を行うとともに、初めて定期建物賃貸借契約を締結する場合と同様に、書面による事前説明等を行わなければならないことに注意が必要です。
> ⑤ 普通建物賃貸借契約から定期建物賃貸借契約への切替えを行うことも可能ですが、平成12年3月1日より前に締結した居住用建物賃貸借契約の場合は、当分の間、たとえ当事者間で合意したとしても、同一の当事者間で、同一の建物について定期建物賃貸借契約に切り替えることができないとの制限が設けられています。

◆定期建物賃貸借契約について

　通常の賃貸借契約では、正当事由がある場合でなければ、賃貸人から契約の更新拒絶や解約の申入れをすることができないとされています（借地借家28）。これに対し、定期建物賃貸借は、契約で定めた期間が満了することにより、更新されることなく、

確定的に賃貸借が終了します（借地借家38①）。

このような定期建物賃貸借契約という契約類型が設けられた背景には、通常の賃貸借契約では正当事由がなければ更新拒絶等をすることができず、契約終了のめどが立たなくなってしまうため、物件の所有者が賃貸に出すことをためらわざるを得なかったという事情がありました。そこで、契約期間満了に伴い、更新がなく契約期間が終了する定期建物賃貸借制度が設けられました。

このような定期建物賃貸借は、賃貸人からすると、契約の更新がなく、契約期間の終了時期が明確であるため、物件の使用計画を立てやすく、また、近いうちに自身で利用したり、売却する予定の物件でも安心して賃貸することができるというメリットがあります。一方、賃借人の立場の場合には、契約の更新がないという点は大きなデメリットとなりますが、長期間の利用を予定していない場合であれば、定期建物賃貸借にする代わりに、家賃や敷金、礼金等を低めに設定するように交渉することを検討してもよいでしょう。

◆定期建物賃貸借契約の要式性

定期建物賃貸借契約は、公正証書等の書面で契約をする必要があります（借地借家38①）。ただし、事業用定期借地契約の場合とは異なり、公正証書は例示として挙げられているだけですので、公正証書によらなくとも一般の書面による契約であれば、定期建物賃貸借契約を締結することは可能です。

◆書面による事前説明

定期建物賃貸借契約を締結しようとするときは、賃貸人は、あらかじめ、賃借人に対し、契約の更新がなく期間の満了により賃貸借契約が終了する旨を記載した書面を交付して説明しなければならないとされています（借地借家38②）。そして、賃貸人がこの義務を怠った場合には、たとえ契約書に更新をしないと定めていても、その部分は無効とされ、普通建物賃貸借契約と扱われることになります。

では、ここでいう書面とは契約書でよいのでしょうか。事前に契約書案などを示して説明をするだけで、説明義務を果たしたといえるかが問題となります。

この点、判例は、賃借人が、当該契約には契約更新がなく、期間満了により終了すると認識しているか否かにかかわらず、契約書とは別個の書面の交付を要するというべきであると判断しています（最判平24・9・13民集66・9・3263）。このように、契約締結の意思決定のための十分な情報を提供するとともに、契約更新の有無に関する紛争を防止する目的から、個別具体的な事情を考慮せず、形式的・画一的に別個の書面を交

付して説明する必要があるとされているため、賃貸人としてはこのような説明を果たさなければならない点に注意が必要となります。

◆再契約について

　定期建物賃貸借契約は、期間の満了により更新されることなく契約が終了しますが（借地借家38①）、同一の賃貸人と賃借人との間で再契約をすることは可能です。

　再契約とは、従前の契約の終了と新たな契約の締結を意味します。

　この点、定期建物賃貸借契約は期間の満了により終了することから、終了時に格別の手続は不要であると思われるかもしれませんが、賃貸期間が1年以上の場合には期間の満了の1年前から6か月前までの間に、期間の満了により賃貸借が終了する旨の通知を賃借人にしなければ、定期建物賃貸借契約の終了を賃借人に対抗することができないと定められています（借地借家38④）。再契約の場合、同一の賃借人が引き続き同一の物件を使用することになるため、上記通知は不要と考える見解もありますが、再契約の交渉をしたものの、契約期間満了の直前に再契約に至らなかったような場合に上記期間内に通知をしていないと、定期建物賃貸借契約の終了を賃借人には主張できないことになってしまいます。そのため、賃貸人としては、再契約を予定している場合にも、念のため、期間満了により終了する旨の通知をしておくべきといえるでしょう。

　また、普通建物賃貸借契約の更新の場合、賃貸条件は従前の契約のとおりとして、口頭のみで更新を合意することがあります。しかし、定期建物賃貸借契約の再契約とは、新たに定期建物賃貸借契約を締結することになるため、再契約自体が定期建物賃貸借権の成立要件を満たしていなければなりません。

◆普通建物賃貸借契約からの切替えについて

　賃貸人としては、定期建物賃貸借契約が期間満了により確実に終了することが大きなメリットとなるため、現在、普通建物賃貸借契約により締結している賃貸借についても定期建物賃貸借契約に切り替えたいというニーズがあるかもしれません。

　この点、居住用建物以外の賃貸借の場合であれば、従前の普通建物賃貸借契約を合意解約して、同一の賃借人と同一の建物について定期建物賃貸借契約を締結することは自由に行えるものとされています。

　一方、居住用建物の定期建物賃貸借契約については、平成12年3月1日より前に締結した契約の場合、たとえ当事者間で既存の契約を合意解約して、新たに定期建物賃貸借契約を締結することに合意したとしても、同一の当事者間で、同一の建物について定期建物賃貸借契約を締結することは当分の間はすることができないとの制限が設け

られています（借地借家平11法153改正法附則3）。この点、当分の間というのは、立法当初は4年程度と考えられていたようですが、現在でもこの制限は撤廃されていません。

弁護士に聞きたい！

Q20　定期建物賃貸借契約への変更を要請された場合
　　当社はオフィスビルを賃貸していますが、オーナーから更新の際に定期建物賃貸借契約に変更してほしいとの要請がなされました。当社としてはこれに応じなければならないものでしょうか。

A　ビルの建替えを検討しているオーナーにとって、テナントを退去させることは最大の問題の一つであり、それをスムーズに実現させるためには、賃貸借契約を確実に終了させる必要があります。このため、通常の賃貸借契約から定期建物賃貸借契約に切り替えることによって、期間の満了によって賃貸借契約を終了させ、テナントに立ち退いてもらいたいと考えることはごく自然な発想です。このため、オーナーとしては賃借人に対し、定期建物賃貸借契約への変更を依頼することがあります。

　この点については、従前の契約を継続させることはテナントの権利ですので、テナントとしては、たとえ更新時であったとしても契約の切替えに応じる義務はありません。ただし、定期建物賃貸借契約に切り替える場合には、賃料が減額されたり、敷金も安くなったりする場合がありますので、そのようなオーナーからの申出を機に移転の予定や経営状態等に応じてテナントとして賃借条件について交渉していくことも一つの方策でしょう。

新民法と契約審査

○保証について②（保証人に対する情報提供義務）
　これまでの賃貸借契約では、賃借人との人的関係や情宜から安易に保証人となってしまい、後々になって多額の債務の履行を迫られるケースも多かったことから、新民法では、保証人の保護のために、保証人に対する種々の情報提供義務に関する規定が設けられました。具体的には、①契約締結時の情報提供義務（新民465の10）、②主たる債務の履行状況に関する情報提供義務（新民458の2）、③期限の利益喪失時の情報提供義務（新民458の3）が設けられました。

主債務者は、事業のために負担する債務を主たる債務とする（根）保証の委託をするときは、個人の保証人に対し、①財産及び収支の状況、②主たる債務以外に負担している債務の有無並びにその額及び履行状況、③主たる債務の担保として他に提供し、又は提供しようとするものがあるときはその旨及びその内容に関する情報を提供しなければなりません（新民465の10①）。

　仮に、主債務者である賃借人から情報提供がなされなかった場合や不実の情報提供がなされた場合には、それによって連帯保証人が保証の合意をしてしまったのであれば、連帯保証人は、債権者が上記事実を知っていたとき又は知ることができたときには保証契約を取り消すことができます（新民465の10②）。

　このように、保証人が保証契約の取消しを主張する可能性があるため、賃貸人は、契約締結時に、保証人が賃借人から上記事項の説明を受けたこと及び説明内容が事実であることを確認する旨の条項を設けておくとよいでしょう。

　保証人が主債務者の委託を受けて保証をした場合には、保証人から請求があったときは、債権者は、保証人に対し、遅滞なく主債務の履行状況に関する情報を提供しなければなりません（新民458の2）。上記義務は、保証人が個人の場合に限らず、法人の場合にも課されます。この点、新民法では、この情報提供義務に違反した場合の効果についての規定はありませんが、これに違反した場合には、その後に発生する賃料等について、保証債務の履行請求が信義則により否定される可能性もあるため、賃貸人としては注意が必要です。

　なお、賃貸借契約では直接の関係はないと思われますが、新民法では、主債務者が期限の利益を有する場合に、その利益を喪失したときは、債権者は、個人の保証人に対し、その利益の喪失を知った時から2か月以内にその旨を通知しなければならないとされました（新民458の3①）。かかる通知を行わなかったときは、主債務者が期限の利益を喪失してから現に通知をするまでに生じた遅延損害金に係る保証債務の履行を請求することができません（新民458の3②）。

（矢崎信也、貝沼宏徳）

書式例7　定期建物賃貸借契約書

定期建物賃貸借契約書

　貸主○○株式会社（以下「甲」という。）及び借主○○株式会社（以下「乙」という。）は、以下の条項により借地借家法（以下「法」という。）第38条に規定する定期建物賃貸借契約（以下「本契約」という。）を締結した。

第1条（対象物件）
　　甲は、甲の所有する下記建物（以下「本件貸室」という。）を乙に賃貸し、乙はこれを事務所として賃借することを約した。
　　所　　在　　○○県○○市○○○丁目○番○号
　　家屋番号　　○番
　　構　　造　　鉄筋コンクリート造○階建て
　　床 面 積　　○○○．○平方メートル
　　　上記のうち○階○号室○○．○平方メートル（別紙図面〔省略〕のとおり）

第2条（契約期間）
1　契約期間は、本契約締結日より2年間とする。
2　本契約は、前項に規定する期間の満了により終了し、更新がない。
3　甲は、第1項に規定する期間の満了日の1年前から6か月前までの間に、乙に対し、期間の満了により賃貸借が終了する旨を書面によって通知する。

【チェック事項】
①　契約書の中には、再契約を予定する条項や再契約を拒否する事由を限定的に定めるものがありますが、実質的に見て再契約を前提とする内容となっている場合、更新が予定されているとして、定期建物賃貸借ではなく通常の建物賃貸借とみなされるおそれがあるため、注意が必要です。
②　賃貸期間が1年以上の定期建物賃貸借契約において、期間満了の1年前から6か月前までに終了通知をせず、通知期間経過後に終了通知をした場合、同通知から6か月間は契約終了を賃借人に対抗することができず、建物の明渡しが猶予されます（借地借家38④）。また、期間満了後、賃貸人が終了通知をしないまま、賃借人が長期間にわたって建物を継続使用した場合には、新たに黙示の普通建物賃貸借契約が成立したとみなされる可能性があります（東京地判平21・3・19判時2054・98）。
　　賃貸人としては、期間満了時に確実に契約が終了するという定期建物賃貸借

の利点を失うおそれがあるため、通知期間内に必ず終了通知を行うようにしましょう。

※第3条以下及びチェックリストは、普通建物賃貸借契約の例によります（→**本章2書式例6**）。

第5章　担保権設定契約の審査

1　動産質権設定契約

> **Point**
> ① 相手方所有の動産類を預かる場合には、商事留置権が発生しますが、それを換価するためには、裁判所の競売手続を行う必要があります。これに対し、商取引における質権設定契約では、流質の特約を設けることによって、任意に売買することが可能となるため、煩雑な手続なしに換価して債権の回収に充てることができます。
> ② 動産質権設定契約は、実務ではそれほど使用されていませんが、相手方所有の動産類を預かる場合には、極めて有効な債権回収手段となります。
> 　質権設定契約を単独で結ぶ場合は多くありませんが、各種取引基本契約等の中に条項を設けておくと効果的です。
> ③ また、質権には善意取得の適用があり、この点からも商事留置権よりも有利となるため、債権担保の方法として活用するとよいでしょう。

◆留置権と質権

　取引先から動産類を預かっている取引において、取引先が代金を支払ってくれない場合に、その動産に対して取り得る法的手段はあるでしょうか。

　まず、考えられるのは法定担保権たる留置権です。これは、民法及び商法で認められる権利ですが（民295、商31・521・557・562・589・753②等）、それぞれ成立の要件や効力が異なっています。

　民事留置権の要件は、①他人の物を占有していること、②その物に関して生じた債権を有していること（牽連性）、③債権が弁済期にあること、④占有が不法行為によって始まったものではないことです。これに対して、商事留置権（商521）の成立要件は、①当事者双方が商人であること、②当事者双方のために商行為たる行為によって生じた債権であること、③債権が弁済期にあること、④目的物が債務者所有の物又は有価証券であることです。

　また、その効果として、いずれも、その物を留置できるとともに、競売権が存することは共通していますが（民執195・190）、民事留置権は相手方が破産した場合には効力

を失うのに対して（破産66③）、商事留置権は特別の先取特権とみなされ（破産66①）、別除権となり（破産2⑨・65②）、破産手続によらずに行使することができます（破産65①）。

ただし、いずれにせよ、換価するためには、競売手続が必要となるため、手続が煩雑となったり、手続の進行によっては、時期を逸してしまい換価価値が下がってしまう可能性があります。そもそも裁判所を利用することだけで、換価価値が下がる可能性もあります。

【民事留置権と商事留置権】

	留置物が相手方所有であること	債権と物との牽連性	相手方破産の場合
民事留置権	不要	必要	効力なし
商事留置権	必要	不要	効力あり

そこで、次に考えられるのは、約定担保権たる質権です（民342）。これは契約により発生する担保権です。

質権も商事留置権と同様に、質権設定者が破産した場合には、別除権となり（破産2⑨・65②）、破産手続によらずに行使することができます（破産65①）。質権者は留置権者と同様に、質物を留置したり（民347）、競売を申し立てたり（民執190）、正当な理由がある場合には、裁判所の許可を得て裁判所の選任する鑑定人の評価額と債権額との差額を質権設定者に返還して質物の所有者となることができます（民354、非訟93①）。しかしながら、このような方法は現実的ではなく、裁判所に申立てを行わなければならない点では留置権とあまり差異がありません。

ところが、質権については、次に述べるように、流質特約を交わすことによって、質権設定者が弁済を怠ったり、破産した場合などは、競売手続を経ることなく任意の売却が可能となり、時期を逸することなく迅速に、かつ簡便な方法で換価を行うことが可能となります。

◆流質特約について

民法では、質権設定者が、質権設定契約等によって、質権者に弁済に代えて質物の所有権を取得させ、又は法律の定める方法によらずに質物を処分させることを約束すること、すなわち流質契約を禁止しています（民349）。これは、債務者の窮迫に乗じて債権者が暴利を貪ることを抑制するためです。

しかしながら、商法では、逆に流質契約を是認しています（商515）。これは、商人は相当の経験と知識を有しており、冷静に利害を計算して契約するので、法による後見的な抑制は必要なく、むしろ流質契約を認めることが商人の金融を容易にさせること

になるという趣旨に基づくものです。

　ただし、あくまでこれは特約がある場合に有効となるものですので、商人間で質権設定契約を締結したからといって、当然に流質契約が成立したことになるものではないことに注意してください。

　以上により、商行為については、流質契約を特約として締結することができます。

　そして、この流質特約は、動産の所有者が破産した場合等に大きな効果を発揮します。契約書に規定すれば、例えば、倉庫業者、運送業者や動産類の加工業者（取引先から生地を預かって染色整理する業者や鉄板類を預かって切断したり変形させる業者等）等にとっては極めて有効な債権回収手段となるといえます。

　この点につき、実務では、質権設定契約のみを単独で結ぶケースは多くはありません。むしろ、各種取引基本契約等の中の一条項として規定を設けておくと効果的です。条項としては以下のような文言が考えられます。

> 第○条（質権の設定）
> 1　乙は甲に対する手形、売掛金、その他の一切の債務に対する担保として、乙が所有し、甲が占有する○○に質権を設定することを合意する。
> 2　乙が前項の債務履行を遅滞した場合には、甲は乙に対する通知等を要せず、○○を任意に売却し、その代金をもって前項の債務の弁済に充当することができる。
> 3　乙は前項の甲の処分時期、処分価格、処分方法につき、異議を述べない。

　もちろん、担保権者として清算義務が存しますので、動産類を売却し、債権に充当してもなお残金が存する場合には、所有者（破産管財人であることが多いです。）に対して返金手続を行うことになります。

◆即時取得（善意取得）について

　所有者から動産を預かったと考えていたが、実際の所有者ではなかった場合にはどのようになるでしょうか。

　この場合、前述のとおり、民事留置権は発生していますが、商事留置権については、その要件を欠くこととなるため、その動産を預けた者が所有者と信じていたとしても発生しません。

　これに対して、質権については、即時取得（善意取得）制度（民192）の適用があるため、その動産を預けた者が所有者であると信じ、かつ信じたことに過失がなければ質権を即時取得することとなります。

この点からみても、質権は商事留置権よりは有利であるといえます。

弁護士に聞きたい！

Q21　取引先の破産の場合、預かっている動産を処分できるか
　当社は取引先所有の生地を預かり、加工していたところ、取引先が破産手続を行うという通知が弁護士から来ました。この生地は季節物であるため、すぐに売却しないと価値が半減してしまいます。当社としては、これを売却して代金に充てたいのですが、どうすればよいでしょうか。

A　前述のように、流質特約があれば、売却して代金に充当することができます。
　問題は、特約がない場合ですが、その場合には、留置権しか有しないため、原則として無断で売却することはできません。売却する場合には、競売手続を利用することとなります。
　では、無断で売却するとどうなるでしょうか。他人から預かっている動産類を無断で売却する行為は、民法上は不法行為（民709）となり損害賠償請求の対象となるとともに、刑法上は横領罪（刑252）若しくは業務上横領罪（刑253）に該当します。実務では、それが違法行為とは知らずに売却をしてしまい、後に破産管財人と交渉して事後的に裁判所の許可を得て和解するというケースもなくはないですが、実際にはこのように違法行為となるため、コンプライアンスの面から考えても、そのような強行的な措置は避けるべきです。
　ご質問のケースでは、取引先に弁護士がついているということですから、生地の価値の減少という実態を説明して、双方合意の上で売却するという方法を採るか、裁判所に事情を説明して、競売手続を迅速に進めてもらうくらいしか方法はないでしょう。
　そして、このような事態となるのを避け、スムースに債権回収を図るためにも、契約書において流質特約を入れておくとよいと思われます。

（矢崎信也、貝沼宏徳）

＜参考文献＞
　伊藤眞ほか『条解破産法』（弘文堂、第2版、平26）
　遠藤浩＝鎌田薫編『基本法コンメンタール　物権－平成16年民法現代語化』（日本評論社、第5版、平17）

書式例8　動産質権設定契約書

動産質権設定契約書

債権者○○株式会社（以下「甲」という。）と債務者・質権設定者○○株式会社（以下「乙」という。）は、次のとおり質権設定契約を締結する。

第1条（質権設定）
1　乙は、甲に対し、甲乙間における平成○年○月○日付取引基本契約に基づいて乙が甲に対して現に負担し、又は、将来負担する一切の債務（以下「本件債務」という。）を担保するため、乙の所有する下記の動産（以下「本件動産」という。）の上に質権を設定し、甲は、その引渡しを受けた。

記

　（質権設定動産の表示）
　①　種　類　○○○○
　②　名称等　○○○○
　③　数　量　○○○○

2　本条により設定された質権は、前項記載の本件債務のほか、質権実行に要する費用、本件動産の保存に要する費用、債務不履行又は本件動産の隠れた瑕疵により生じた損害を担保するものとする。

第2条（増担保）
　本件動産の市場価格の下落等により、本件債務に比して本件動産の価値が過少となった場合に、甲が乙に対して増担保又は代担保の提供を請求したときは、乙は、直ちにこれを提供しなければならない。

第3条（期限の利益の喪失）
　乙において次の各号に一つでも該当したときは、甲の請求を待たずに当然に、乙が甲に対し負担している債務についての期限の利益は喪失し、乙は甲に対し直ちに債務全額を支払う。
　①　債務の弁済を一度でも遅滞したとき。
　②　手形・小切手を不渡りにする等支払停止又は支払不能の状態に陥ったとき。
　③　破産手続、民事再生手続、会社更生手続、特別清算の各開始の申立てを自らしたとき若しくは第三者から各開始の申立てを受けたとき、任意整理を開始したとき、又は解散決議をなしたとき。
　④　差押え、仮差押え、仮処分又は競売の申立てがあったとき。
　⑤　租税公課を滞納して督促を受けたとき、又は保全差押えを受けたとき。

⑥　本契約書及びその他甲乙間の約定に違反したとき。
⑦　その他前各号に類する乙の信用状態が悪化したと判断される事実があったとき。

第4条（流質）
1　乙が弁済期に本件債務の支払をせず、又は期限の利益を喪失した場合には、甲は乙に対する通知等を要せず、本件動産を任意に売却し、その代金をもって本件債務の弁済に充当することができる。
2　乙は前項の甲の売却手続に関する時期、価格、相手先及び方法等一切の手続につき、異議を述べない。
3　第1項による任意の売却処分に代えて、甲は、代物弁済として本件動産の所有権を取得することができる。

第5条（返還等）
1　乙が、前条の方法によらずに本件債務を完済したときは、甲は乙に対して本件動産を還付する。
2　前項により本件動産を返還する場所は、甲の指定する場所とし、返還に際して本件動産の移動その他に要する費用は乙の負担とする。
3　甲が前条その他の方法により債務の弁済を受けた場合に、残金が存する場合には残金を乙に返金する。

第6条（合意管轄）
　甲及び乙は、本契約に関して発生した紛争については、〇〇地方裁判所をもって第一審の専属的管轄裁判所とすることに合意する。

第7条（協議事項）
　本契約に定めのない事項については、本契約の趣旨に則り、甲乙誠意を持って協議して決定する。

　以上の契約を証するためこの証書2通を作成し、甲及び乙は各々その1通を保有するものとする。

　　平成〇年〇月〇日

　　　　　　　　　　　　　　　　　　〇〇県〇〇市〇〇〇丁目〇番〇号
　　　　　　　　　　　　　　　甲　　〇〇株式会社
　　　　　　　　　　　　　　　　　　代表取締役　〇　〇　〇　〇　印

　　　　　　　　　　　　　　　　　　〇〇県〇〇市〇〇〇丁目〇番〇号
　　　　　　　　　　　　　　　乙　　〇〇株式会社
　　　　　　　　　　　　　　　　　　代表取締役　〇　〇　〇　〇　印

◆チェックリスト

対象となる債務	
・特定はできているか	☐
・動産の価値の下落に備えて増担保条項はあるか	☐
・動産の保存費用等も対象となっているか	☐
・期限の利益喪失の約定はあるか	☐
質権の対象となる動産	
・債務者の所有に属している旨の記載があるか	☐
流質特約	
・条項はあるか	☐
・任意に処分できる旨が記載されているか	☐
・処分方法や価格等に異議を述べない旨の記載があるか	☐
・弁済充当の文言はあるか	☐
・清算義務についての条項はあるか	☐
その他	
・動産の返還についての条項はあるか	☐

2　集合物譲渡担保契約

> **Point**
> ①　集合物譲渡担保契約は、「構成部分が変動する集合動産」を一つの集合物として担保の目的とすることで担保価値を大きくすることができます。それは一方で、価値のある担保を確保できるという点で債権者のメリットとなり、他方で、価値のある担保を提供することによって信用の供与を受けることができるという点で債務者（譲渡担保設定者）のメリットともなります。
> ②　集合物譲渡担保契約は、目的物が特定されていることが必要です。目的物の特定は、担保目的物の種類、所在場所、その量的範囲を指定する方法によって行います。
> ③　集合物譲渡担保の対抗要件として、占有改定又は指図による占有移転とあわせて、動産債権譲渡特例法の動産譲渡登記を利用するのも一案です。
> ④　集合物譲渡担保契約の目的物は譲渡担保設定者の手元に置かれ、集合物譲渡担保権の設定は外観からは分かりにくいため、債務者（譲渡担保設定者）が日常の業務を超えて目的物を処分しても気がつかないことが多いです。そこで、担保の目的物を常に把握できる工夫をする必要があります。
> ⑤　集合物譲渡担保権は、目的物が滅失した場合に支払われる損害保険金請求権に及びますが、譲渡担保設定者が通常の営業を継続している場合には、特段の事情がない限り、同請求権に対して物上代位権を行使することはできません。譲渡担保権者としては早期の回収を可能にするため、直ちに物上代位権を行使することができる旨の条項を設ける必要があります。

◆集合物譲渡担保の意味

　譲渡担保とは、債権を担保するために、債務者又は第三者が所有する物の所有権を債権者たる担保権者に移転し、被担保債権が弁済されれば債権者は当該目的物を所有者に返還しますが、弁済されなければ債権者は当該目的物から優先弁済を受けることができる担保をいいます。債権者であり譲渡担保権利者となる者を「譲渡担保権者」といい、譲渡担保を設定する者を「譲渡担保設定者」といいます。

譲渡担保には、譲渡担保権者が目的物を自己に帰属させた上で、その価額と被担保債権との清算を行う「帰属清算型」と、譲渡担保権者が目的物を処分して、処分価額と被担保債権との清算を行う「処分清算型」とがあります。

譲渡担保と質権との差は、質権者は目的物を占有しますが（民342）、譲渡担保の場合には、譲渡担保権者が目的物を占有しなくてもかまいません。その結果、譲渡担保は、目的物を譲渡担保設定者の占有下においたまま担保を設定することができますので、例えば、機械設備や動産の継続使用を認めたままの状態で担保を設定することができるというメリットがあります。そこで、譲渡担保は、民法には特に規定はないものの、慣習上の物権として判例・学説上認められてきました。

不動産、動産、債権、株式、ゴルフ会員権等、財産的な価値のあるものであれば、譲渡担保の目的物となります。このうち、動産を目的とする譲渡担保を「動産譲渡担保」といいます。動産譲渡担保には、工場内の単独の機械を目的とするような、個別的な動産を目的とする場合と、ある特定の工場の中に設置された機械・設備や器具の全部を目的とするような、複数の動産を目的とする場合があります。前者を「個別動産譲渡担保」、後者を「集合動産譲渡担保」ということができます。

さらに、集合動産譲渡担保の中には、日常的に搬入・搬出される倉庫内や店舗内の在庫や工場内の原材料・仕掛品・製品のように、構成部分が常に変動する集合動産を一体として目的とする場合があります。これを特に「集合物譲渡担保」といいます。

集合物譲渡担保の特色は、個々の動産を担保とするよりも、また、特定の場所にある全部の動産を目的とする場合に比較して、常に変動する動産を集合体として譲渡担保の目的とすることができることから、担保価値を大きくすることができます。

◆集合動産譲渡担保と集合物譲渡担保

集合物譲渡担保は、契約によって設定します。譲渡担保設定者は自社の在庫商品を担保に供することが可能となりますが、目的物は、新たに仕入れられ、販売される等、常に変動するため留意すべき点があります。というのは、集合動産譲渡担保の目的物は、特定の場所にある特定の目的に供される動産ですが、目的物そのものの構成部分には変動はありません。この場合、譲渡担保の目的物そのものは特定しているのであって、その意味では、集合動産とはいっても特定の動産が複数集合しているものと考えることができ、基本的な扱いは動産譲渡担保契約と同じように考えることができます。

これに対し、集合物譲渡担保では、日常的に搬入・搬出される倉庫内や店舗内の在庫や工場内の原材料・仕掛品・製品等の目的物となる動産は日々変動します。したがって、目的物を譲渡担保の対象として捉えるために、何らかの方法で目的物を特定し

なければなりません。この点、判例は、「構成部分の変動する集合動産であっても、その種類、所在場所及び量的範囲を指定するなどの方法によって目的物の範囲が特定される場合には、一個の集合物として譲渡担保の目的とすることができる」としています（最判昭54・2・15判時922・45）。

昭和54年の最高裁判例によれば、集合物譲渡担保が成立するには、①動産の種類、②所在場所、③量的範囲を特定する必要があるとされ、倉庫内の乾燥ネギフレーク28ｔに関する事例について譲渡担保における特定を満たしているとされています。他の判例では、「第1ないし第4倉庫内及び同敷地・ヤード内を保管場所とし、現にこの保管場所内に存在する普通棒鋼、異形棒鋼等一切の在庫商品」を譲渡担保とした事例について譲渡担保における特定を満たしているとしています（最判昭62・11・10判時1268・34）。

◆集合物譲渡担保の対抗要件
（1）　当該動産の引渡し

動産譲渡担保の対抗要件は当該動産の引渡しです（民178）。

ところで、引渡しには、実際に自社から相手方に動産を交付する、現実の引渡し（民182①）、既に相手方が所持している物を今後相手方に譲渡したものとする、簡易の引渡し（民182②）、物理的には自社が物を所持しているにもかかわらず、今後相手方のために占有することにする、占有改定（民183）、及び第三者の手元にある物について、自社が第三者に対し今後相手方のためにその物を占有するように命じ、相手方がこれを承諾する、指図による占有移転（民184）の四つの方法があります。

動産譲渡担保の場合には、目的物の利用を譲渡担保設定者に委ねるわけですから、対抗要件となる引渡しは、占有改定と指図による占有移転の二つです。

集合物譲渡担保の場合、目的物は日々変動するわけですが、このような場合に、変動するごとに占有改定あるいは指図による占有移転をするのではあまりに煩雑ですし、また、占有改定と指図による占有移転による公示は、第三者から分かりにくく、このような限界のある公示方法を細かに要求してもあまり意味はありません。そこで、集合物譲渡担保の場合には、集合物の構成部分である個別の動産は集合物に結合されているので、集合物について一旦占有改定がなされれば、当該集合物に加わる動産は、集合物としての同一性が失われない限り個別に占有改定するまでもなく、当然に、当初の占有改定の効力は及び、対抗要件を具備したことになると解しています（最判昭62・11・10判時1268・34）。

動産の種類、所在場所及び量的範囲を特定することによって譲渡担保の目的とできることと、当初の占有改定があれば個別の占有改定は不要であると解することによって、集合物譲渡担保は使いやすいものとなっています。

もっとも、占有改定及び指図による占有移転による引渡しは、公示機能が弱く、集合物譲渡担保を設定した後、譲渡担保設定者がその日常の業務を超えて他の第三者に対し処分した場合には、第三者において動産を即時取得（民192）するおそれがあります。これに備えて、集合物譲渡担保の場合には、対象の集合物についてネームプレートを張り付けるなどします。これを「明認方法」といいますが、これによって、第三者による譲渡担保目的物となる動産の即時取得が回避される可能性があります。

(2)　動産債権譲渡特例法の動産譲渡登記と集合物譲渡担保

　動産譲渡担保の場合の対抗要件は、占有改定又は指図による占有移転ですが、これらの対抗要件は第三者から見ると担保権が設定されているか否か分かりにくいと言わざるを得ません。そこで、動産債権譲渡特例法では、債権譲渡登記制度の適用範囲が拡充されており、動産についても動産譲渡登記をもって民法178条の引渡しとみなすとされています（動産債権譲渡3①）。従前は、占有改定や指図による占有移転をした場合には、引渡日を確実に証拠とするために、公証役場において動産譲渡担保設定契約書に確定日付を付するなどの実務的な工夫がなされてきましたが、この動産譲渡登記を利用すれば、このような手続は不要です。

　この動産譲渡登記は、個別の動産譲渡担保の場合にもまた集合物譲渡担保の場合にも利用することができます。

　もっとも、動産譲渡登記を利用した場合にも、占有改定又は指図による占有移転による引渡しは必要とされています（経営法友会マニュアル等作成委員会編『動産・債権譲渡担保マニュアル』124頁（商事法務、平19））。その理由として次のようなことが指摘されます。すなわち、データベースの過大化によるシステム障害を防止するためという技術的な理由によって、動産譲渡登記は、特別の事情がない限り、登記の存続期間が10年間です（動産債権譲渡7③）。これに対し、占有改定又は指図による占有移転による引渡しには限定はありません。そこで、10年が経過し動産譲渡登記の存続期間が満了した時点で、なお、占有改定又は指図による占有移転による引渡しの効力が残存していた方が都合がよいからです。

弁護士に聞きたい！

Q22　破産手続における集合物譲渡担保の取扱い
　　担保は破産手続に至ったときに真価を発揮するといわれます。集合物譲渡担保は破産時点においてどのような意味を持つのでしょうか。

A　譲渡担保の法的性質については、これを所有権的に構成するのか、担保権的に構成するのか争いがあります。しかし、この争いはともかく、判例は、譲渡担保設定者について会社更生手続が開始された事案において、譲渡担保権は取戻権ではなく、更生担保権であると解しています（最判昭41・4・28判時453・31）。この考え方からすれば、破産の場合にも、譲渡担保権は別除権（破産2⑨・65）と解することになります。譲渡担保権者は、破産手続上で別除権者になって、破産手続によらないで債権の回収を図ることができます（破産65①）。

　具体的には、譲渡担保権者は、別除権者として、破産管財人と協議して別除権を受け戻してもらうこと、つまり、被担保債権の全額を返済してもらうことができます。また、譲渡担保権者は、別除権者として、民事執行法による担保権の実行としての競売（民執190）をすることができます。さらに、譲渡担保設定契約書の中で、「譲渡担保権者は、譲渡担保の目的物を自己に帰属させて、又は第三者に処分して、被担保債権について優先弁済を受けることができる」との条項があれば、譲渡担保設定者について破産手続が開始された場合にも、これらの条項による担保権の実行が可能となります。

　ただし、このような債権回収を目的として安易に譲渡担保権を設定してしまうと、債務者が破産した場合に、破産管財人から保管費用等の請求を受けてしまう可能性があります。維持管理に費用を要する場合や換価に多大なコストを要する場合には、譲渡担保権を設定することにリスクが伴うことに注意が必要となります。このような場合に備えて、譲渡担保設定契約書の中に、保管費用等は債務者の負担とする旨の定めを設けておくとよいでしょう。

◆集合物内の動産の処分と現状の確認
（1）　集合物内の動産の処分

　集合物譲渡担保の場合、担保の目的物は、集合物としての同一性を維持しつつも、その構成部分は変動することが予定されています。例えば、特定の在庫商品を集合体として担保とした場合には、譲渡担保設定者にとっては、通常の営業として、在庫商品を処分するのは当然です。したがって、譲渡担保設定者は通常の営業の範囲内で、個々の動産を処分する権限を有しています。このように権限に基づいて処分された動産については、担保権は消滅します。

　しかし、通常の営業を超える処分がなされた場合、これらの在庫商品が集合物から離脱したと認められない限り、処分の相手方は当該在庫商品の所有権を承継取得することはできないと解されています（最判平18・7・20判時1944・105）。

(2) 集合物内の動産の現状の確認

　集合物譲渡担保は、外観上は担保権が設定されているのか否かが分かりにくいです。また、目的物が集合物の場合、譲渡担保設定者は通常の営業の範囲内で、集合物を構成する個々の動産を処分する権限がありますから、譲渡担保設定者が第三者に対し、通常の営業を超える動産の処分をする可能性があります。

　このような事態を未然に防ぐには、譲渡担保権者は必要事項が網羅された契約によって集合物譲渡担保権を設定するのみならず、定期的に譲渡担保の目的物である動産の状況を確認し、場合によっては、棚卸計算をする必要があります。

◆集合動産が滅失した場合における損害保険金請求権に対する物上代位の可否

　譲渡担保の目的物である集合動産の滅失に備えて損害保険をかけている場合がありますが、譲渡担保権者がこの保険金請求権に物上代位権を行使することができるか否かが問題となります。

　この点、最高裁は、目的動産が滅失した場合に支払われる損害保険金請求権に物上代位権が及ぶと認めましたが、同時に、「譲渡担保権設定者が通常の営業を継続している場合」には、損害保険金請求権が発生したとしても、直ちに物上代位権を行使することができる旨が合意されているなどの特段の事情がない限り、譲渡担保権者が物上代位権を行使することは許されないとし（最決平22・12・2判タ1339・52）、物上代位権を行使することができる時期について制限を加えました。

　譲渡担保設定者が営業を継続する場合には、当然ながら、保険金を滅失した動産の補充などのために使用することを望むため、譲渡担保設定者と譲渡担保権者の利益調整のために、上記のような制限を設けたと考えられます。

　譲渡担保権者としては、譲渡担保設定者が「通常の営業を継続している」か不明な場合もあるため、早期に物上代位権を行使することができるように、契約書に、保険事故発生時の通知義務を課す条項を設けるとともに、直ちに保険金請求権に物上代位権を行使することができる旨の条項を設ける必要があります。

　　　　　　　　　　　　　　　　　　　　　　　　　　　　（清水綾子、貝沼宏徳）

　＜参考文献＞
　　経営法友会マニュアル等作成委員会編『動産・債権譲渡担保マニュアル』（商事法務、平19）
　　遠藤浩＝鎌田薫編『基本法コンメンタール　物権－平成16年民法現代語化』（日本評論社、第5版、平17）
　　高木多喜男『担保物権法』（有斐閣、第4版、平17）

書式例9　集合物譲渡担保契約書

集合物譲渡担保契約書

　○○株式会社（本社所在地　○○県○○市○○○丁目○番○号。以下「甲」という。）と○○株式会社（本社所在地　○○県○○市○○○丁目○番○号。以下「乙」という。）とは、乙の動産を甲に譲渡するに当たり、以下のとおり合意した（以下「本件譲渡担保契約」という。）。

第1条（基本合意）
1　乙は、甲に対し、甲と乙との間の取引基本契約に基づいて、乙が甲に対し現在及び将来負担する一切の債務を担保するために、乙が所有する下記の動産（将来搬入されるものも含む。以下「本件物件」という。）を譲渡した。

記
　① 　（動産の種類）　　　甲向けの部品の完成品、半完成品及びこれを製作するために要する原材料
　② 　（動産の所在場所）　乙の肩書住所地にある乙の工場、倉庫、荷さばき所等を含む、乙の本社工場の敷地内の全部（別紙「工場敷地図面」〔省略〕参照）
　③ 　（動産の量的範囲）　②に存在する①の全部
2　乙は、甲に対し、本日、占有改定の方法により本件物件の引渡しを完了した。
3　甲と乙は、本件物件のうち将来搬入される動産についても、乙が直接占有する動産につき前項の占有改定の方法による引渡しがなされているものとする。

第2条（本件物件の保管・処分）
1　乙は、本件物件を甲のために占有し、善良なる管理者の注意をもって保管する。
2　乙は、通常の営業活動の範囲内においてのみ本件物件を処分することができる。
3　乙は、前項により、本件物件を処分した場合には、適宜、補充する。
4　乙は、甲から本件物件の処分差止めの通知を受領したときは、その時点で、処分を中止する。

第3条（動産譲渡登記）
1　乙は、本件譲渡担保契約締結後直ちに本件物件の譲渡について、甲と協力して動産及び債権の譲渡の対抗要件に関する民法の特例等に関する法律に基づく動産譲渡登記手続を行う。
2　前項に定める動産譲渡登記の存続期間は、本件譲渡担保契約締結より10年間とする。
3　第1項に定める動産譲渡登記手続に要する費用は乙の負担とする。
4　乙は、甲から請求のあったときは、第1項に定める動産譲渡登記の延長登記に協力す

るものとする。

第4条（無負担の保証）
　乙は、本件物件について完全な所有権を取得した上で甲に譲渡することとし、本件物件について他に譲渡担保、質権、先取特権、その他甲の権利を損なう一切の権利がないことを保証する。

第5条（明認方法）
1　乙は、本件物件について、甲の本件譲渡担保契約の目的物である旨を第三者に明認させるための公示をする。
2　乙が、前項の公示をしない場合には、甲は、自ら本件物件の保管場所に立ち入り、自ら公示することができる。

第6条（本件物件の管理）
1　乙は、毎月月末時点における本件物件の入出荷の明細及び在庫の状況を記録し、甲から請求があった場合には、直ちに、本件物件の数量、価格等を甲に報告しなければならない。
2　甲は、いつでも本件物件の保管場所に立ち入り、本件物件の数量を計算する等の確認・検査をすることができ、乙はこれに協力する。
3　本件物件の管理費、修繕費、維持費及び公租公課等は全て乙の負担とする。
4　乙は、本件譲渡担保契約期間中、その負担において、本件物件について甲を被保険者とする損害保険を付保し、当該保険証券の写しを甲に交付する。
5　乙は、本件物件の全部又は一部が滅失、損傷等した場合、直ちに、甲に対し、通知しなければならない。
6　甲及び乙は、本件物件の全部又は一部の滅失、損傷等を原因として乙が受けるべき金銭その他の物に対して、本件被担保債権の弁済期前においても、甲が直ちに物上代位権を行使することができることについて確認する。

第7条（期限の利益の喪失）
　乙において次の各号に一つでも該当したときは、甲の請求を待たずに当然に、乙が甲に対し負担している債務についての期限の利益は喪失し、乙は甲に対し直ちに債務全額を支払う。
①　債務の弁済を一度でも遅滞したとき。
②　手形・小切手を不渡りにする等支払停止又は支払不能の状態に陥ったとき。
③　破産手続、民事再生手続、会社更生手続、特別清算の各開始の申立てを自らしたとき若しくは第三者から各開始の申立てを受けたとき、任意整理を開始したとき、又は解散決議をなしたとき。
④　差押え、仮差押え、仮処分又は競売の申立てがあったとき。
⑤　租税公課を滞納して督促を受けたとき、又は保全差押えを受けたとき。

⑥ 本契約書及びその他甲乙間の約定に違反したとき。
⑦ その他前各号に類する乙の信用状態が悪化したと判断される事実があったとき。

第8条（譲渡担保権の実行と清算）
1 乙が前条各号に一つでも該当した場合には、甲は、本件物件を自己に帰属させた上で本件被担保債権の弁済を図ること、また、本件物件を第三者に処分することで本件被担保債権の弁済を図ることのいずれかの方法で、本件物件の担保権を実行することができる。この場合、甲は、乙に対して実行通知をする。
2 前項の実行通知があった場合には、乙は、直ちに、(1)本件物件の処分・移動を中止し、(2)本件物件の換価手続に必要な全ての書類を交付し、また、(3)甲による本件物件の引揚げへの立会い等あらゆる協力をする。
3 第1項の場合、甲の被担保債権額が本件物件の処分額を上回った場合には、乙は直ちにその差額を甲に対し弁済し、また、本件物件の処分額が甲の本件被担保債権額を上回った場合には、甲はその差額を乙に対し支払う。この場合、乙は甲の処分額について一切異議を述べない。

第9条（費用負担）
　本件譲渡担保契約に基づく本件譲渡担保権の設定、対抗要件の具備、本件譲渡担保権の実行に係る費用その他本件譲渡担保契約に基づく取引にかかる費用は、乙が負担する。

第10条（本件譲渡担保権の放棄）
　甲は、乙に対して通知することにより、いつでも本件譲渡担保権の全部又は一部を放棄することができる。

第11条（秘密保持義務）
　甲及び乙は、本件譲渡担保契約に基づいて知り得た相手方の秘密を第三者に開示してはならない。

第12条（管轄裁判所）
　甲及び乙は、本件譲渡担保契約から生じる権利義務に関して訴訟を提起するときは、○○地方裁判所を第一審の専属的合意管轄裁判所とすることを合意する。

第13条（誠意解決条項）
　本件譲渡担保契約に定めのない事項その他、本件契約書に関して疑義が生じた場合には、甲及び乙は、別途協議して解決する。

以上のとおり契約が成立したため、本件契約書2通を作成し、甲乙記名押印の上、各自1通保管する。

第5章　2　集合物譲渡担保契約

```
　　　　平成○年○月○日
                            ○○県○○市○○○丁目○番○号
                    甲      ○○株式会社
                            代表取締役　○　○　○　○　印

                            ○○県○○市○○○丁目○番○号
                    乙      ○○株式会社
                            代表取締役　○　○　○　○　印
```

◆チェックリスト

被担保債権	
・被担保債権は確定しているか（既発生の債権だけか、将来の債権も含むのか）	☐
目的物の特定	
・目的物の種類は特定されているか（漠然としていないか、また狭く限定していないか）	☐
・場所の特定は明確か（図面は添付されているか）	☐
・量的範囲は明確か（「○○のうちの一部」ないしは「○○のうち○○トン」は明確でない）	☐
対抗要件	
・占有改定ないしは指図による占有移転の条項があるか	☐
・動産譲渡登記手続に関する条項があるか	☐
・明認方法の定めはあるか	☐
・明認方法の定めに実効性があるか	☐
担保権の実行性の確保	
・譲渡担保権者は、目的物の状況を日常的に把握する方策があるか	☐
・被担保債権の弁済期前でも保険金請求権等に物上代位をすることができる旨の特約はあるか	☐
担保権の実行	
・担保権の実行通知の条項があるか	☐
・帰属清算条項又は処分清算条項はあるか	☐
費用負担	
・目的物の管理費用を債務者負担とする定めはあるか	☐

3　集合債権譲渡担保契約

> **Point**
> ①　新民法においては、将来債権の譲渡が可能であることが明文化され、また、譲渡制限の意思表示（譲渡禁止特約）に反してなされた債権譲渡の効力自体も有効とされましたので、今後も、動産債権譲渡特例法に基づく債権譲渡登記制度を利用した債権譲渡担保による資金調達が活用されるものと思われます。
> ②　債権譲渡担保により譲渡人から譲受人に対して債権が譲渡されたとしても、これは、担保目的の債権譲渡ですので、譲渡人に一定の信用不安が発生しない限り、第三債務者には債権譲渡の事実を知らせず、従前どおり譲渡人が第三債務者から譲渡債権を取り立て、取り立てた金銭については譲渡人のために使用することを認めるのが一般的です。
> ③　譲渡人に信用不安が発生した際、譲受人が速やかに債権譲渡担保権を実行できるように、一定の事由が発生した場合には譲渡人の期限の利益を喪失させた上で、第三債務者に債権譲渡登記に関する登記事項証明書を交付して債務者対抗要件を具備できるようにしておく必要があります。
> ④　新民法においては、第三債務者は、譲渡禁止特約があることを知っていたか（悪意）、又は重大な過失によって知らなかった譲受人に対して、債務の履行を拒絶することができるとされていますので、債権譲渡担保契約を締結する際には、譲渡人に対して、譲渡禁止特約等の抗弁事由がないことを表明保証させるとよいでしょう。

◆**債権譲渡登記制度を利用した債権譲渡担保の有用性**

（1）　債権譲渡担保とは

　一般的に、債権の保全手段として、債務者が有する担保目的物の権利を一旦債権者に移転させて、債務者が債務を弁済したときに担保目的物の権利を債務者に戻す担保のことを「譲渡担保」といいます。

　そして、「債権譲渡担保」とは、譲渡担保のうち債務者の有する債権を担保の目的とするものであり、債務者が有する債権を債権者に譲渡する形式をとるため、民法の債

権譲渡に関する規定の適用を受けます（民466～473、新民466～469）。

　実務においては、担保設定時に債権の内容が確定している個別債権のみならず、担保設定時には未確定である債権も含めて、債務者の取引活動の過程において生じる債権のうち、発生原因、発生期間、債権の種類、第三債務者などの一定の識別基準で範囲が特定される既発生債権や将来債権（集合債権）を広く譲渡担保の目的とすることがあり、そのような譲渡担保を「集合債権譲渡担保」といいます。

（2）　民法改正と将来債権譲渡契約の有効性

　従前は、将来債権譲渡については極めて限られた範囲でしか認められないと認識されていましたが、判例（最判平11・1・29判時1666・54）によって、約8年3か月と比較的長期間に発生する将来債権についての債権譲渡についても有効性を認められ、そして、新民法においては、将来債権譲渡が有効であり、将来債権の譲受人が発生する債権を当然に取得することが明文化されました（新民466の6①②）。

（3）　民法上の対抗要件具備と債務者の信用悪化

　債権譲渡契約を譲受人と譲渡人との間で締結したとしても、債権譲渡の効果を譲渡債権の債務者（第三債務者）や第三者に主張するためには、対抗要件を具備する必要があります。

　民法では、譲渡債権の債務者（第三債務者）に対する対抗要件として債権譲渡の通知又は承諾（民・新民467①）、第三者に対する対抗要件として確定日付のある債権譲渡通知書又は承諾書（民・新民467②）を要求しています。

　そのため、債権譲渡の効果を対外的に主張するためには、債権譲渡を行ったことを債務者（譲渡人）から債務者の取引先である第三債務者に対して確定日付のある書面（内容証明郵便など）により通知するか、第三債務者に承諾してもらう必要があります。

　しかし、譲渡人が自らの信用の担保のために、取引先（第三債務者）に対する債権を譲渡したことを取引先（第三債務者）に知らせれば、譲渡人の対外的な信用が悪化する危険性が高くなります。

　また、譲渡人の信用悪化を防ぐために、債権譲渡の効果が生じているにもかかわらず第三債務者に対する通知を行わず、譲渡人の危機状況発生時以降に第三債務者に対する通知を行えば、譲渡人の破産手続開始決定後に、対抗要件否認の問題が生じます（破産164）。

（4）　債権譲渡登記制度の活用

　このような問題点を解決するために、動産債権譲渡特例法では、法人の行う金銭債権の譲渡については、債権譲渡の事実について、指定法務局等に備えられた債権譲

登記ファイルに登記することによって第三者対抗要件を備え（動産債権譲渡4①）、第三債務者に登記事項証明書を交付して債権譲渡の事実・内容及び債権譲渡登記がなされたことを通知する、又は承諾を得る（承諾の場合には登記事項証明書の交付を必要としません。）ことで債務者対抗要件を備えることが可能となっています（動産債権譲渡4②）。

　これにより、譲受人（債権者）としては、債権譲渡担保契約を締結すると同時に債権譲渡登記を行うことで、将来譲渡人（債務者）が破産した場合に、管財人から債権譲渡担保契約の締結や対抗要件を備えた行為について否認される可能性は低くなります。

　また、債権譲渡登記の申請には第三債務者の関与を必要としないため、第三債務者に登記事項証明書を交付するまでの間、債務者（譲渡人）の信用が低下するという可能性も低くなります。

　なお、動産債権譲渡特例法では、第三債務者が特定されていない将来債権の譲渡も対象とすることができますので、動産債権譲渡特例法に基づく債権譲渡登記制度を、将来入居する賃借人に対する賃料債権や、各会社の将来の顧客に対する債権の譲渡に利用することも可能です。

　このように、債権譲渡登記制度を利用すれば、従来の債権譲渡担保契約の欠点であった、否認されるリスク、債務者（譲渡人）の信用悪化のリスクを回避しつつ、広範囲の債権を担保にとることができるため、債権保全の手段として広く活用されるようになりました。

(5)　譲渡債権の特定

　既存の個別債権を譲り受ける場合には、第三債務者の名称・住所、債権金額、発生原因等を債権譲渡担保契約書に記載することによって譲渡債権を特定することになります。

　また、将来債権を含む集合債権を譲り受ける場合には、第三債務者の名称・住所、債権の種類、発生原因・発生期間等によって特定することになります。

新民法と契約審査

○債権譲渡に関する抗弁事由

　現行民法では、第三債務者が、異議をとどめないで債権譲渡を承諾した場合には、譲渡人に主張できた事由（抗弁）を譲受人に主張できなくなると定めら

れていましたが（民468①）、新民法においては、第三債務者は、債務者対抗要件を具備するまでに発生していた抗弁事由（相殺、同時履行、解除事由等）については、抗弁放棄の意思表示をしない限り、譲渡債権の譲受人に引き継がれることになりました（新民468①）。

　よって、債権譲渡担保契約を締結する際には、債権者（譲受人）は、譲渡債権に抗弁事由がないかを十分に確認するとともに、譲渡人に対して抗弁事由がないことを表明保証させる必要があります。

◆譲渡人に信用不安が発生する前の対応

　前記のとおり、債権譲渡登記制度を利用した債権譲渡担保は、第三債務者に債権譲渡の事実を知られることなく第三者対抗要件を具備することにより、譲渡人の信用悪化を回避できる点にメリットがあります。

　よって、譲渡人に信用不安が発生するまでは、従前どおり、譲渡人が譲渡債権を自ら第三債務者から取り立て、取り立てた金銭については自己のために使用することを認める必要があります。

◆譲渡人に信用不安が発生した場合の対応

　譲渡人が被担保債権の弁済を遅滞する等、譲渡人の信用悪化を示す一定の事由が発生した場合には、譲受人が速やかに債権譲渡担保権を実行できるようにしなければなりません。

　債権譲渡登記制度を利用した債権譲渡においては、債権譲渡登記がなされることで第三者対抗要件は具備されますが（動産債権譲渡4①）、譲受人が、譲渡債権を第三債務者から直接取り立てるためには、さらに債務者対抗要件を具備する必要があります。

　この点、債権譲渡登記制度を利用した債権譲渡においては、債務者対抗要件は、債権譲渡に関する登記事項証明書を第三債務者に交付し通知し、又は承諾を得ることで具備することができるとされており（動産債権譲渡4②）、民法とは異なり譲渡人のみならず譲受人からも通知することができます。

　よって、債権譲渡担保契約を締結する際には、譲渡人に一定の信用悪化事由が発生した場合には、被担保債権について当然に期限の利益を喪失させるとともに、第三債務者に速やかに登記事項証明書を交付できるようにしておくとよいでしょう。

◆譲渡禁止特約が付された債権の譲渡

(1) 譲渡禁止特約が付された債権譲渡の効力

現行民法では、譲渡される債権に譲渡禁止特約が付されている場合には、その債権の譲渡性が失われるとされていましたが（民466②本文）、新民法においては、譲渡禁止特約に反して債権が譲渡された場合でも、債権譲渡自体は有効とされました（新民466②）。

ただし、第三債務者は、譲渡禁止特約があることを知っていたか（悪意）、又は重大な過失によって知らなかった譲受人に対しては、債務の履行を拒絶することができるとされ、また、第三債務者は、譲渡人に対して弁済・相殺を行った場合には、その効力を主張することができるとされました（新民466③）。

また、第三債務者は、譲受人が特約の存在につき悪意又は重過失であるかどうか判断がつかない場合であっても、供託をすることができるとされました（新民466の2）。

(2) 譲渡禁止特約が付された債権の譲渡人が破産した場合

前記のとおり、新民法においては、譲受人が、譲渡禁止特約について悪意又は重過失がある場合には、第三債務者は債務の履行を拒絶できるとされました（新民466③）。

しかし、譲渡人が破産した場合は、譲渡禁止特約が付された債権の全額を譲り受け、第三者対抗要件を具備した譲受人は、たとえ譲渡禁止特約について悪意又は重過失があった場合であっても、第三債務者に対して債権全額の供託を求めることができ、供託金から債権の回収を行うことができることになりました（新民466の3）。

なお、第三債務者が破産管財人に対して弁済を行った場合には、譲受人は、破産管財人に対して、不当利得の返還請求をすることになりますが、その請求権は破産手続によらずに随時弁済を求めることができる財団債権（破産148①五）に該当すると解されますので、他の破産債権よりも優先的に弁済を受けることができます。

(3) 将来債権譲渡担保と譲渡禁止特約

新民法においては、将来債権譲渡について債務者対抗要件（新民467①、動産債権譲渡4②）を具備する時までに、譲渡禁止特約の合意がされた場合には、譲受人が特約について悪意であったとみなされるとされ、第三債務者は、債務の履行を拒むことができるとされました（新民466の6③）。

そのため、将来債権について譲渡担保にとる場合には、債権譲渡登記制度を利用する場合であっても、債務者対抗要件（第三債務者に登記事項証明書を交付して債権譲渡の事実・内容及び債権譲渡登記がなされたことを通知する、又は承諾を得ること）を具備する前に、譲渡禁止特約の合意がなされていれば、第三債務者から履行を拒絶されてしまいますので、注意する必要があります。

(4) 譲渡人による表明保証の重要性

　前記のとおり、債権譲渡に譲渡禁止特約が付されている場合には、譲受人が債権譲渡担保を実行して第三債務者から直接取立てを行う際に、第三債務者から履行を拒絶されるリスクがありますので、債権譲渡担保契約を締結する際には、譲渡人に譲渡債権について譲渡禁止特約等の抗弁が存在しないことを表明保証させるとよいでしょう。

（福本　剛）

＜参考文献＞
　青山大樹編著『条文から分かる民法改正の要点と企業法務への影響』（中央経済社、平27）
　経営法友会マニュアル等作成委員会編『動産・債権譲渡担保マニュアル』（商事法務、平19）

書式例10　集合債権譲渡担保契約書

集合債権譲渡担保契約書

　○○株式会社（以下「甲」という。）と○○株式会社（以下「乙」という。）とは、甲の債権を乙に譲渡するに当たり、以下のとおり合意した。

第1条（債権の譲渡）
　　甲は、乙との間の平成○年○月○日付金銭消費貸借契約に基づく貸金債務を担保するために、甲が有する下記記載の債権を乙に対し譲渡する。
記
① 　第三債務者　　（住所）　○○県○○市○○○丁目○番○号
　　　　　　　　　（名称）　○○株式会社
② 　譲渡債権　　　（債権の種類）　請負代金債権
　　　　　　　　　（債権の発生原因）　甲と第三債務者との間の平成○年○月○日付「建築請負基本契約書」に基づく取引により、甲が第三債務者に対して現在及び将来有する請負代金債権
　　　　　　　　　（債権の発生期間）　平成○年○月○日から平成○年○月○日まで

第2条（債権譲渡登記）
1　甲は、本契約締結後直ちに譲渡債権の譲渡について、乙と協力して動産及び債権の譲渡の対抗要件に関する民法の特例等に関する法律（以下「動産債権譲渡特例法」という。）に基づく債権譲渡登記手続を行う。
2　債権譲渡登記の存続期間は、本契約締結より10年間とする。
3　債権譲渡登記手続に要する費用は甲の負担とする。

第3条（期限の利益の喪失）
　　甲において、次の各号に一つでも該当したときは、甲は乙に対して負担している債務について期限の利益を喪失し、債務全額を直ちに支払う。
① 　債務の弁済を一度でも遅滞したとき。
② 　手形・小切手を不渡りにする等支払停止又は支払不能の状態に陥ったとき。
③ 　破産手続、民事再生手続、会社更生手続、特別清算の各開始の申立てを自らしたとき、又は第三者から各開始の申立てを受けたとき、任意整理を開始したとき、解散決議をなしたとき。
④ 　差押え、仮差押え、仮処分又は競売の申立てがあったとき。
⑤ 　租税公課を滞納して督促を受けたとき、又は保全差押えを受けたとき。
⑥ 　本契約書及びその他甲乙間の約定に違反したとき。

⑦　その他前各号に類する甲の信用状態が悪化したと判断される事実があったとき。

第4条（第三債務者への通知）
　　甲において、前条各号に一つでも該当した場合、乙は動産債権譲渡特例法第4条第2項に基づく第三債務者への通知を行うことができるものとし、甲はこれに協力する。

> 【チェック事項】
> 　債権者（譲受人）が第三債務者から債権回収を行うためには、債務者対抗要件を具備する必要がありますので、第三債務者に対して登記事項証明書を交付して通知し、又は承諾を得る必要があります（動産債権譲渡4②）。なお、登記事項証明書を第三債務者に交付して通知する場合、民法上の債権譲渡通知と異なり、譲渡人のみならず譲受人からも通知することができるとされています。

第5条（譲渡債権の回収・受領）
1　第3条に基づき甲が期限の利益を喪失しない限り、甲は、第三債務者より譲渡債権の弁済を受領することができる。
　　ただし、甲は譲渡債権の弁済期日よりも前に第三債務者より譲渡債権の弁済を受領する場合は、あらかじめ乙の承諾を得るものとする。

> 【チェック事項】
> 　動産債権譲渡特例法に基づく集合債権譲渡担保契約のメリットは、危機時期前に第三債務者に債権譲渡の事実が知られる危険が低いことにあります。
> 　よって、危機時期前には、第三債務者に債権譲渡の事実を知られないように、譲渡人（債務者）に従前どおり債権の回収を行わせるべきです。

2　第3条に基づき甲が期限の利益を喪失したときは、甲は前項に基づく譲渡債権弁済の受領権限を喪失するものとし、以後譲渡債権の弁済は乙が第三債務者より直接受領し、甲が乙に対して負担する債務の弁済に充当されても甲は何ら異議を述べない。
　　また、乙が譲渡債権の弁済を受領するに際しては、乙が、乙の判断により適宜弁済の充当を行うことができ、また第三債務者との交渉により債権額の減免等の措置を講じることができることとし、当該措置によって甲の乙に対する債務は何ら減免されないことを甲は承諾する。

第6条（譲渡債権の保証、権利侵害の禁止）
1　甲は、本契約締結時点において、譲渡債権につき無効、取消原因、相殺、譲渡禁止特約等による抗弁事由その他一切の瑕疵がないことを保証する。
2　甲は、譲渡債権を第三者に譲渡、移転、担保提供等、乙の権利を侵害し、又は侵害するおそれのある行為をしない。

【チェック事項】
　新民法においては、第三債務者が譲渡人に対して有する抗弁事由を放棄しない限り、同抗弁事由が譲受人に引き継がれることになりましたので（新民468①）、譲渡人に対して抗弁事由がないことを表明保証させる必要があります。

第7条（権利証書等の確認）
　甲は、乙より要求があった場合は速やかに、譲渡債権に関する契約書原本、会計記録及びその他乙が必要とする資料の閲覧、複写、交付に応じるものとする。

第8条（譲渡債権の報告）
　甲は、毎月○日現在及び乙より要求があった場合には、その時点における譲渡債権残高を、当該時点から○日以内に乙に対し書面で報告する。
　なお、甲は、譲渡債権に係る取引の変動により、譲渡債権金額が著しく変動した場合には、直ちに乙に対して報告する。

第9条（管轄裁判所）
　甲及び乙は、本契約から生じる権利義務に関して訴訟を提起するときは、○○地方裁判所を第一審の専属的合意管轄裁判所とすることを合意する。

第10条（規定外条項）
　本契約書に定めのない事項その他本契約書に関して疑義が生じた場合には、甲及び乙は、別途協議してこれを定める。

　以上のとおり、契約が成立したため、本契約書2通を作成し、甲乙記名押印の上、各自1通保管する。

　　平成○年○月○日

　　　　　　　　　　　　　　　　　○○県○○市○○○丁目○番○号
　　　　　　　　　　　　　甲　　　○○株式会社
　　　　　　　　　　　　　　　　　代表取締役　○　○　○　○　印

　　　　　　　　　　　　　　　　　○○県○○市○○○丁目○番○号
　　　　　　　　　　　　　乙　　　○○株式会社
　　　　　　　　　　　　　　　　　代表取締役　○　○　○　○　印

◆チェックリスト

被担保債権	
・被担保債権は特定されているか	☐
債権譲渡の対象	
・債権の種類は何か	☐
・債権の発生原因は何か	☐
・第三債務者は誰か	☐
・債権の発生期間は限定されているか	☐
対抗要件	
・民法上の対抗要件か、動産債権譲渡特例法上の対抗要件か	☐
・対抗要件具備にかかる費用は誰が負担するのか	☐
期限の利益喪失条項	
・信用不安が発生したとみなされる事項が網羅されているか	☐
期限の利益喪失前の回収金の扱い	
・譲渡人において受領することができる旨が規定されているか	☐
譲渡債権の保証	
・抗弁事由の負担がないことが確認されているか	☐
・契約後に譲渡債権に担保設定等をすることを禁止したか	☐
譲渡債権の状況確認	
・譲渡債権の内容について確認をとる手段を確保したか	☐

第6章　知的財産に関する契約の審査

1　開発委託契約

> **Point**
> ① 開発委託契約は、会社がある研究・開発を行う際に一定の開発業務を外部に委託する場合や、業務の効率化を実現するためのシステム構築を外部に委託する場合等によく用いられます。
> ② 開発委託契約は、一定の成果を求める契約ですので、委託者としては、開発の結果生じた成果物についての権利帰属、成果物の性能確保、成果物が第三者の権利を侵害していた場合の対策等について、しっかりとした取決めをしておく必要があります。
> ③ 開発委託契約においては、委託者がどの程度の水準の成果を求めているのかあらかじめ明確にしておかないと、成果物の内容について委託者の認識と受託者の認識との間に齟齬が生じ、追加委託料の発生や検収拒絶等の問題が発生しますので、受託者としては、委託者の要望については具体的に確認をしておく必要があります。
> ④ 成果物の完成前に開発委託契約が終了した場合、受託者に支払う委託料の額をめぐる紛争を回避するために、委託料の支払時期や支払方法について明確に定めておく必要があります。
> ⑤ 下請法の適用がある場合には、委託者は、発注時に直ちに発注内容を具体的に記載した書面を交付しなければなりません。なお、発注内容を定められないことにつき正当な理由がある場合には、その理由と内容を定めることとなる予定日を書面に記載する必要があります。

◆開発委託契約の活用場面

　企業が新規事業のための研究・開発を行うに当たり自社のみで研究・開発することが困難な場合に、試験・研究やその他関連する業務の全部又は一部を第三者に委託することはよく行われます。

　また、現在のIT社会においては、企業が業務の効率化を図るためにはITネットワークと融合したシステムを構築することが不可欠となっているため、企業が自社のシス

テム開発を外部に委託することもよく行われています。

◆開発委託契約の法的性質及び同契約に盛り込むべき内容
（1） 開発委託契約の法的性質

　開発委託契約の多くは、委託者が受託者に対して、ある一定の成果を求めて開発業務を委託し、開発業務の成果に対して対価を支払う内容になっているため、請負契約（民632）としての性質を有していますが、受託者による役務の提供自体が契約の目的となっているような場合には準委任契約（民656）として評価されることになります。

　なお、受託者が、成果物の完成のみならず、企画段階において委託者の要望を実現するためのアドバイスを行う場合や、開発された成果の運用等について指導を行うような場合には、その業務については準委任契約として評価されます。

　このように、開発委託契約が、請負契約か準委任契約かを区別する大きな理由は、受託者が成果物を完成させる前にプロジェクトが頓挫したような場合に、受託者に報酬支払請求権が認められるか否かが異なるからです。

　すなわち、開発委託契約が請負契約と評価されれば、受託者は、特約がない限り、仕事の完成前に報酬を請求することができませんが、準委任契約と評価されれば、受託者は、既に履行した割合に応じて報酬を請求することができます。

　ただし、以下のとおり、新民法においては、請負契約における請負人は、仕事完成前であっても途中まで作成した成果物により注文者が利益を得ている場合には、その利益の割合に応じて報酬を請求することができるようになりましたので（新民634）、請負契約と準委任契約との間の法的性質の差は縮まったといえます。

新民法と契約審査

○請負契約、委任契約に関する新民法の内容

　（1） 仕事未完成時における請負人の報酬請求権

　現行民法では、請負契約において、報酬は仕事の完成に対して支払われるものとされ（民632）、仕事が未完成であれば原則として報酬は発生しないとされていました。

　しかし、新民法においては、注文者の帰責事由によらずに履行不能となった場合や、仕事の完成前に請負契約が解除された場合には、請負人は、既に行われた仕事の結果のうち可分な部分の給付によって注文者が受ける利益の割合に応じて報酬を受けることができるとされました（新民634）。

> (2) 成果報酬型の委任契約について
> 　新民法においては、受任者の報酬については、委任事務の履行割合に応じて報酬を支払う場合に加えて（履行割合型）（新民648③）、委任事務の履行により得られる成果に対して報酬を支払う場合（成果完成型）（新民648の2）が明文化され、成果完成型の委任契約においては、報酬の支払は成果の引渡しと同時履行の関係に立つとされました。

(2) 開発業務の成果について

　ア　成果の帰属

　開発業務を第三者に委託した場合には、開発の結果生じた成果を委託者が確実に利用できるように、契約において成果の帰属を明確に規定しておくことは重要です。

　特に、委託した業務に関連して、受託者側の従業員が発明等をなした場合には、職務発明（特許35）の制度等により、従業員個人か受託企業のいずれがその権利者となるのか確認をした上で、特許権等の権利の帰属について契約で明確に規定しておく必要があります。

　イ　成果の公表

　研究開発を受託者に委託した場合、受託者が研究成果を研究会や科学雑誌等において公表することを希望する場合があります。

　特に、受託者が大学や研究機関などの場合には、研究成果の公表を強く希望することが多く、公表を認めない場合には研究開発の委託そのものが不可能な場合があります。

　その一方、研究成果の公表が委託者の業務に重大な影響を及ぼすこともありますし、特許出願前に公表されることにより新規性（特許29①）を喪失し、（新規性喪失の例外規定（特許30）の適用申請が可能な場合を除いて）特許を取得することができなくなるおそれがあるので、委託者としては、受託者に研究成果の公表を認める場合には、発表する内容やタイミングについてできるだけコントロールできるようにしておく必要があります。

(3) 権利侵害への対応

　委託者が受託者の開発した成果物を使用することが、第三者の特許権、著作権等の知的財産権を侵害し、紛争が生じる場合があります。

　そこで、このような場合に備えて、あらかじめ契約書に成果物が第三者の権利を侵害していない旨の権利保証条項を設けたり、成果物の使用が第三者の権利を侵害した

場合の責任の分担についての規定を盛り込む必要があります。

一般的には、委託者による成果物の使用によって、第三者から権利侵害を理由に差止請求や、損害賠償請求を受けた場合には、委託者は受託者に対し、委託者に生じた損害を賠償請求できる旨の規定を盛り込んでおくことが多いです。

なお、受託者としても、委託料に比して莫大な損害賠償義務を負わされる危険がありますので、賠償すべき金額を委託料の範囲内とする等の制限条項を設けることも多いです。

(4) 秘密保持条項

委託者が受託者に開発を委託する際に、委託者の営業上の秘密情報が開示される場合には、受託者が開示を受けた情報を開発業務以外の目的に使用したり、第三者に漏洩することを防止するために、秘密保持条項を設けておく必要があります（→**本編第2章3**）。

弁護士に聞きたい！

Q23 開発委託契約書の印紙税
ソフトウェアに関して開発委託契約書を作成する予定ですが、開発委託契約書に印紙を貼付する必要はあるのでしょうか。

A　ソフトウェアに関する開発委託契約は、通常、ソフトウェアの作成という仕事の完成に対して報酬が支払われますので、印紙税法上、開発委託契約書は第2号文書（請負に関する契約書）に該当し、契約金額に応じた印紙を貼付する必要があります。

　なお、成果物の作成を目的とせず、ソフトウェアの開発又は運用に関して単に労務だけを提供する支援業務等を目的とする契約については、委任契約と評価され、印紙税法上、課税文書には該当しません。

◆委託者の要望確認の重要性

(1) ソフトウェアのシステム開発

ソフトウェアのシステム開発等においては、ベンダー（受託者）は、ユーザー（委託者）の求めるニーズを把握し、システム要求事項として整理し、システム提案書と見積書を提示した上で開発委託契約を締結し、システム要求事項を満たす具体的な設

計仕様書を確定した上で、システム開発がなされるのが一般的です。

　なお、IT技術が多様化している現在においては、ユーザーがシステム要求事項を受託者に的確に伝えることが困難なケースが多いため、コンサルタント会社にユーザーの実情の分析や問題点の抽出等を依頼して、システム要求事項の整理を行うユーザーも少なくないようです（その場合には、システム開発とは別途にコンサルタント会社との間で業務委託契約を締結することになります。）。

　ここで注意すべき点は、システム提案書において、合意した委託料に含まれるシステムの機能範囲が明確にされていなければならないことです。

　もし、システム要求事項に記載されている内容に曖昧な部分があった場合（例えば、「DM発送システム一式　300万円」といった記載）には、ベンダーは、開発委託契約締結後にベンダーが意図しない仕様の追加があったとしても、ユーザーに見積りの範囲外であることを理由に委託料の増額を要求することは難しくなりますし、ユーザーから完成したシステムの検収を拒まれる可能性もあります。

(2)　品質保証条項

　一般的な売買契約において商品の品質保証が問題となるのと同様に、開発委託契約においても、開発成果物の品質保証が問題となることがあります。

　しかし、ソフトウェアのシステム開発などにおいては、一般的な商品と異なり、成果物自体はコンピューターに所定の動作を指示する情報の集合体であるため、システムソフトウェアの品質を評価するのは困難であり、いまだに品質評価についての客観的な基準や手法は確立・定着していません。

　そこで、契約書において、成果物が一定の水準を満たすことを保証させる条項を設けておくこともあります。

弁護士に聞きたい！

Q24　ソフトウェアの開発委託の方式
　　　ソフトウェアの開発を委託する場合には、どのような方式があるのですか。

A　　ソフトウェアの開発には多くの工程を含んでいます。そのため、ソフトウェアの開発を委託する際、特定の受託者が全工程を一括して受託する場合だけでなく、開発工程を仕様確定工程と開発工程とに分けた上で、それぞれ別の受託者に開発を委託する場合があります。

また、特定の受託者が全工程を受託した場合、全工程に関する契約条件を一括して定めた契約を締結して開発を進めることもあれば（一括契約方式）、当初は開発全体に関する共通事項について定めた基本契約のみを締結した上で、当該基本契約とは別に、開発工程をいくつかの工程に分割し、各工程ごとに成果物の内容、納期、報酬等の契約条件について個別契約を締結し、開発を進めていくこともあります（多段階契約方式）。

　開発規模が大きくて、当初に報酬全体を算定することが困難なソフトウェア開発については、大規模ベンダーが多段階契約方式の採用を求めることがありますが、中小規模のベンダーがソフトウェア開発を受注する際には、ユーザー側から当初の契約時に開発費用の確定を求められることが多いため一般的には一括契約方式が採用されています。

　ベンダーとしては、一括契約方式で受注する際には、思わぬコスト増加や工期の遅れによるトラブルを極力避けるため、契約を締結する前に、成果物作成に至るまでの開発計画を十分に検討し、報酬額の算定や、スケジュールを慎重に立案する必要があります。

　一方、ユーザーとしても、一括契約方式で発注を行う場合には、ユーザーの都合で開発を途中で中止するときは、ベンダーから契約で定められた報酬全額を請求されるおそれがありますので注意が必要です（民・新民536②）。

Q25　要件定義書、基本設計書の必要性・重要性

　ソフトウェアのシステム開発において、要件定義書、基本設計書と呼ばれる書面は、どのような役割を果たすものですか。

A　ソフトウェアのシステム開発においては、システムの仕様確定に多大な費用がかかるため、開発委託契約締結時までにシステムの具体的な仕様が確定していないことがほとんどです。

　そのため、開発委託契約締結後に、ベンダーとユーザーとの協議により、ユーザーが求めるシステム要求事項を分析し、ベンダーが開発できるような形にまとめていく要件定義と呼ばれる作業を行い、ユーザーとの間で合意が成立すれば、要件定義書が作成されます。

　そして、ベンダーは、要件定義書に基づき、ユーザーの使い勝手等を確認するために、ユーザーが日常の業務において使用する画面や帳票等などのインターフェイスを設定し、ユーザーの了解を得ながら基本設計書（外部設計書）を

作成し、この基本設計書の作成をもって開発対象となるソフトウェアの仕様確定が完了することになります。

これを受けて、ベンダーは、基本設計書を前提に、開発すべきソフトウェアにつき詳細設計（内部設計）を行い、プログラムの開発工程に入ります。

ソフトウェアのシステム開発においては、ベンダーとユーザーとの間で、機能や仕様をめぐって認識に齟齬が生じて紛争に発展した場合には、ベンダーは、ユーザーから契約不適合を理由に追完請求等（新民559による561～570準用）を受ける可能性がありますが、このようなトラブルを回避するために前記要件定義書や基本設計書は重要な役割を果たします。

そこで、審査担当者としては、担当部署に対して、開発委託契約締結後に作成される要件定義書や基本設計書の重要性を十分に説明するとともに、できれば各書面の内容を担当部署とともに確認するとよいでしょう。

新民法と契約審査

○請負契約の瑕疵担保責任について

　請負契約も売買契約と同様に瑕疵担保責任の規定が削除され、新たに「契約の内容に適合しない」（契約不適合）場合の担保責任として整理されることになり、注文者の救済手段としては、履行の追完請求権、代金減額請求権、債務不履行による解除権、損害賠償請求権が広く認められることになりました（新民559による561～570準用）。

　また、現行民法では、請負契約に関する瑕疵担保責任は、注文者が引渡時又は仕事終了時から1年以内に権利行使する必要がありましたが（民637）、新民法においては、注文者が契約不適合の事実を知ってから1年以内に契約不適合の通知をすれば足りるようになり、注文者には有利な内容となりました（新民637①）。そのため、請負人の立場で担保責任を制限したい場合には、「引渡しから1年」といった期間を限定する特約を定めることを検討すべきでしょう。

◆委託料の取決め

　前記のとおり、新民法では、請負契約においても、受託者は、既に行った仕事の結果のうち可分な部分の給付によって注文者が受けた利益の割合に応じて報酬を請求することが可能になりましたが、具体的な報酬額の算定方法について争われるおそれが

あります。

　そこで、仕事完成前に開発委託契約が終了した場合に備えて、報酬の支払方法については、契約書において、工程ごとに完了した時点で一定の報酬を支払う等の出来高払の規定を設けておくとよいでしょう。

◆下請法との関係

　下請法では、製造委託、修理委託だけでなく、情報成果物作成委託、役務提供委託についても規制の対象となっています。

　下請法は、親事業者と下請事業者との資本金の額によって適用の有無が分かれてきますが、その適用関係については以下のとおりです（下請2①～⑧）（→**本編第7章2◆下請法の適用の有無の審査**）。

① 物品の製造・修理委託及び政令で定める情報成果物作成・役務提供委託（※）
　　※政令で定める情報成果物作成委託：プログラム作成
　　　政令で定める役務提供委託：運送、物品の倉庫における保管、情報処理

【親事業者と下請事業者との関係】

親事業者	下請事業者
資本金3億円超	資本金3億円以下（個人を含む。）
資本金1,000万円超3億円以下	資本金1,000万円以下（個人を含む。）

② 情報成果物作成・役務提供委託（政令で定めるものを除きます（上記※参照）。）

【親事業者と下請事業者との関係】

親事業者	下請事業者
資本金5,000万円超	資本金5,000万円以下（個人を含む。）
資本金1,000万円超5,000万円以下	資本金1,000万円以下（個人を含む。）

　下請法の適用がある場合には、契約内容を明確にして下請事業者を保護するために、親事業者は、発注後直ちに、次の具体的事項を全て記載している書面を下請事業者に交付しなければなりません（下請3①本文、下請代金支払遅延等防止法第3条の書面の記載事項等に関する規則1①）。

① 親事業者及び下請事業者の商号、名称又は事業者別に付された番号、記号その他の符号であって親事業者及び下請事業者を識別できるもの
② 製造委託、修理委託、情報成果物作成委託又は役務提供委託をした日

③ 下請事業者の給付の内容（役務提供委託の場合は、提供される役務の内容）
④ 下請事業者の給付を受領する期日（役務提供委託の場合は、役務が提供される期日又は期間）
⑤ 下請事業者の給付を受領する場所
⑥ 下請事業者の給付の内容について検査をする場合は、その検査を完了する期日
⑦ 下請代金の額（算定方法による記載も可）
⑧ 下請代金の支払期日
⑨ 手形交付の場合は、その手形の金額と手形の満期
⑩ 一括決済方式で支払う場合は、金融機関名、貸付け又は支払可能額、親事業者が下請代金相当額又は下請代金債務相当額を金融機関へ支払う期日
⑪ 電子記録債権で支払う場合は、電子記録債権の額及び電子記録債権の満期日
⑫ 原材料等を有償支給する場合は、その品名、数量、対価、引渡しの期日、決済期日、決済方法

　ただし、ソフトウェア作成委託契約などにおいては、ユーザーが求める最終的な仕様が確定していない場合がありますので、そのような発注内容を具体的に定められない正当な理由がある場合には、内容が定められない理由及び内容を定めることとなる予定日を記載すれば、具体的な内容を記載せずに書面を交付することが認められています（下請3①ただし書、下請代金支払遅延等防止法第3条の書面の記載事項等に関する規則1③）。

弁護士に聞きたい！

Q26　賠償責任制限条項について
　システム開発委託契約に、不具合が発生した場合の受託者の損害賠償責任を制限する条項があれば、どのような場合でも受託者が負う責任は制限されるのでしょうか。

A　開発したシステムの不具合により、委託者の企業活動に重大な支障が生じたり、顧客の情報が漏洩した場合には、受託者が莫大な損害賠償責任を負う危険性があります。
　そのため、開発委託契約においては、受託者の損害賠償責任を、契約金額の範囲内に制限する条項を設けることがあります（→**本編第1章3の弁護士に聞きたい！Q14**）。
　しかし、このような賠償責任制限条項は、全ての場合に適用されるとは限ら

ないため、注意が必要です。

　例えば、システム上の問題により、サイバー攻撃を受けて顧客のクレジットカード情報が流失した「SQLインジェクション攻撃事件」の判決（東京地判平26・1・23判時2221・71）においては、当該システム開発委託契約に規定された賠償責任制限条項について、受託者に委託者の権利・法益侵害の結果について故意又は重過失がある場合には適用されないとして、サイバー攻撃による情報流出を予見することも、結果を回避することも容易であったとして、受託者の重過失を認定し、賠償責任制限条項の適用を認めませんでした。

　このように、受託者としては、システム開発委託契約に賠償責任制限条項が規定されていたとしても、十分なセキュリティ対策を実施していないような場合には、「重過失」が認定され、同条項の適用が否定されるリスクを十分に認識する必要があります。

（福本　剛）

＜参考文献＞
　難波修一ほか『裁判例から考えるシステム開発紛争の法律実務』（商事法務、平29）
　司法研修所編『民事訴訟における事実認定−契約分野別研究（製作及び開発に関する契約）』（法曹会、平26）

書式例11　ソフトウェアに関する開発委託契約書

ソフトウェアに関する開発委託契約書

　○○株式会社（以下「甲」という。）と○○株式会社（以下「乙」という。）は、以下のとおり、ソフトウェアの開発につき契約を締結した。

第1条（契約の目的）
　　甲は、本契約の定めるところにより、甲のダイレクトメール発送に関するコンピューター・ソフトウェア（以下「本件ソフトウェア」という。）の開発に関する以下の業務（以下「本件業務」という。）を乙に委託し、乙はこれを受託する。
　①　企画支援業務
　②　基本設計業務
　③　ソフトウェア作成業務
　④　移行・運用準備支援業務

【チェック事項】
　業務の内容は、できるだけ具体的に定めた方がよいですが、契約締結時に業務の内容が確定しない場合等には、別途協議の上で具体的な業務内容について合意をするべきです。

第2条（要件定義書・基本設計書の作成）
　　乙は、甲との協議に基づき、甲の求める要求事項を分析した上で要件定義書を作成するとともに基本設計書を作成し、本件ソフトウェアの仕様は、甲がこれらの書面を承認した時点で確定する。

第3条（成果物の納入）
　　乙は、以下の各納期までに、乙が本契約に基づいて作成した以下の各成果物を甲が指定する方法により納入する。
　　ただし、甲により本件業務の内容が変更された場合、天変地異その他不可抗力によって乙の業務遂行に支障が生じた場合には、乙は、甲に対し、納期の延長を求めることができる。
　①　要件定義書　　　　　平成○年○月○日限り
　②　基本設計書　　　　　平成○年○月○日限り
　③　本件ソフトウェア　　平成○年○月○日限り

【チェック事項】
　開発期間が限られている場合には、要件定義書、基本設計書、ソフトウェアの各

納期を設定して、開発のスケジュールを明確にするとよいでしょう。

第4条（再委託）
　乙は、甲の事前の書面による承諾を得た場合には、各個別業務の全部又は一部を乙の責任において第三者に再委託することができる。
　ただし、乙は、当該再委託先に対し、第9条に定める乙の秘密保持義務と同等の義務を負わせるものとする。

第5条（委託料）
　甲の乙に支払うべき本件業務の対価は、総額金〇〇万円とし、甲は、これを以下のとおり、乙に支払う。
① 　一時金として、金〇万円を本契約成立時に支払う。
② 　それ以降は、以下のとおり順次支払う。
　　　　要件定義書確定後〇日以内　金〇万円
　　　　基本設計書確定後〇日以内　金〇万円
　　　　本件ソフトウェアの検査完了後〇日以内　金〇万円

【チェック事項】
　開発過程で、各成果物が作成される場合には、各成果物が作成されるごとに委託料を支払う旨定めておくとよいでしょう。

第6条（委託料の変更）
　乙は、以下に定める場合、甲に対し、委託料の変更を求めることができる。
① 　甲が本件ソフトウェアの仕様を変更した場合
② 　甲が本件ソフトウェアの納期を変更した場合
③ 　甲の提供した情報、資料に含まれた問題に起因して、乙の開発費用が増大した場合

第7条（資料等の提供、管理、返還）
1　甲は乙に対し、本件業務に必要な資料等の開示、貸与等を無償で行う。
2　乙は、甲から提供された資料等を善良なる管理者としての注意義務をもって管理、保管し、かつ本件業務以外の用途に使用してはならない。
3　乙は、本件業務が終了した後、速やかに甲から提供された資料等を甲に対し返還する。

第8条（連絡協議会）
　甲及び乙は、本件業務が終了するまでの間、その進捗状況の報告、問題点の協議・

解決、その他本件業務が円滑に遂行できるよう必要な事項を協議するため、別途定める方法により連絡協議会を開催することとする。

第9条（秘密情報の取扱い）
1　甲及び乙は、本件業務の遂行のため相手方より提供を受けた技術上又は営業上の情報のうち、相手方が特に秘密である旨指定した情報（以下「秘密情報」という。）を第三者に漏洩してはならない。ただし、次の各号のいずれかに該当する情報についてはこの限りでない。
① 秘密保持義務を負うことなく既に保有している情報
② 秘密保持義務を負うことなく第三者から正当に入手した情報
③ 相手方から提供を受けた情報によらず、独自に開発した情報
④ 本契約に違反することなく、かつ、受領の前後を問わず公知となった情報
2　秘密情報の提供を受けた当事者は、当該秘密情報の管理に必要な措置を講ずるものとし、当該秘密情報を第三者に開示する場合は、相手方から事前の書面による承諾を受けなければならない。
3　甲及び乙は、相手方より提供を受けた秘密情報について、本契約の目的の範囲内でのみ使用するものとする。
4　本条に定める義務は、本契約終了後も存続する。

第10条（知的財産権の取扱い）
1　本件業務遂行の過程で生じた発明その他の知的財産又はノウハウ等（以下「発明等」という。）が甲又は乙のいずれか一方のみによって行われた場合、当該発明等に関する特許権その他の知的財産権、ノウハウ等に関する権利（以下「特許権等」という。）は、当該発明等を行った者が属する当事者に帰属する。
　　この場合、甲又は乙は、当該発明等を行った者との間で特許権等の承継その他必要な措置を講ずるものとする。
2　乙が従前から有していた特許権等を本件ソフトウェアに利用した場合又は前項により乙に帰属する特許権等が本件ソフトウェアに利用された場合、甲は、本契約に基づき本件ソフトウェアを自己利用するために必要な範囲で、当該特許権等を実施又は利用することができる。
3　本件業務遂行の過程で生じた発明等が甲及び乙の共同で行われた場合、当該発明等についての特許権等は甲乙の共有（持分均等）とする。
　　この場合、甲及び乙は、それぞれに属する当該発明等を行った者との間で特許権等の承継その他必要な措置を講ずるものとする。
4　甲及び乙は、前項の共同発明等に係る特許権等について、それぞれ相手方の同意等を要することなく、これを自ら実施又は利用することができる。
　　ただし、これを第三者に実施又は利用を許諾する場合、持分を譲渡する場合及び質権の目的とする場合は、相手方と事前に協議した上で、実施又は利用の許諾条件、譲渡条件等を決定するものとする。

5　前各項の定めにかかわらず、成果物に関する著作権については、次条の定めによって定める。

第11条（著作権の帰属）
　　成果物のうち、プログラムの著作物について、当該プログラムに結合され、又は組み込まれたもので乙が従前から有していたプログラム（コンテンツ及びデータベースを含む。以下同じ。）の著作権及び乙が本件業務において新たに作成したプログラムの著作権は、乙に留保されるものとする。
　　ただし、甲は、納入された当該プログラムの著作物の複製物を、自己利用の範囲において自由に利用し、また著作権法第47条の3の規定に基づき複製、翻案することができる。

第12条（成果物の所有権）
　　乙が、甲に納入する成果物の所有権は、第5条に基づき、甲より乙へ委託料が完済されたときに、乙から甲に移転する。

第13条（検品）
1　甲は、乙より成果物の納入がなされた日から〇日以内に、成果物の検査を行い、その検査結果について乙に通知するものとする。
2　前項の期間内に甲より乙に通知がなされなかった場合には、当該成果物は検査に合格したものとみなす。

第14条（成果物についての保証）
1　乙は、甲に対し、基本設計書どおりの成果物が開発されていること、成果物に瑕疵がないことを保証する。
2　前項の保証期間は納品日から1年間とし、同期間内に前項の保証事項に反することが原因で、成果物に不具合が生じた場合には、乙は、自らの費用と責任において改修作業を行うものとする。

> 【チェック事項】
> 　　ソフトウェアに不具合が発生した場合、受託者の責任の範囲、期間を明確化するために、このような条項を盛り込むとよいでしょう。

3　乙は、甲に対し、成果物が第三者の特許権等を侵害していないことを保証する。
4　前項の保証事項に反し、乙の成果物が第三者の特許権等を侵害して、当該第三者より成果物の使用を差し止められた場合、又は損害賠償を求められた場合、乙は、第5条に定める委託料総額を限度として、甲に生じた損害を賠償するものとする。
　　この場合、乙は、当該第三者の特許権等を侵害しない方法により、新たな成果物を甲に無償で納入するものとする。

第15条（遅延損害金）
　　乙が第3条に定める納期までに成果物を納入しなかった場合には、乙は、甲に対し、納入が1日遅れるごとに金○円の遅延損害金を甲に支払うものとする。

第16条（保守サービス）
　　乙は、甲に対し、本件ソフトウェアに関する保守管理業務を別途定める契約に基づき行う。

第17条（解除事由）
　　甲又は乙は、相手方に次の各号のいずれかに該当する事由が生じた場合には、何らの催告なしに直ちに本契約を解除することができる。
① 重大な過失又は背信行為があったとき。
② 支払停止があったとき、仮差押え、差押え、競売の申立てがあったとき、破産手続、民事再生手続、会社更生手続、特別清算等の各開始の申立てを自らしたとき又は第三者から各開始の申立てを受けたとき。
③ 手形交換所からの取引停止処分を受けたとき。
④ 公租公課の滞納処分を受けたとき。
⑤ その他本契約を継続し難い重大な事由が発生したとき。

第18条（契約内容の変更）
　　本契約の内容の変更は、当該変更内容につき事前に甲乙協議の上、別途、変更契約を締結することによってのみ行うことができる。

第19条（協議事項）
　　甲及び乙は、本契約に定めのない事項又は疑義が生じた事項については、信義誠実の原則に従い、甲乙協議の上、これを定めるものとする。

第20条（合意管轄）
　　本契約に関して、訴訟の必要が生じた場合には、○○地方裁判所を第一審の専属的合意管轄裁判所とする。

　　以上のとおり、契約が成立したため、本契約成立を証するため本契約書2通を作成し、甲乙記名押印の上、各1通保有する。

　　平成○年○月○日

　　　　　　　　　　　　　　　　　　○○県○○市○○○丁目○番○号
　　　　　　　　　　　　　　　甲　　○○株式会社
　　　　　　　　　　　　　　　　　　代表取締役　○　○　○　○　印

```
                              ○○県○○市○○○丁目○番○号
                    乙        ○○株式会社
                              代表取締役  ○  ○  ○  ○  印
```

◆チェックリスト

委託業務の内容	
・委託業務の内容が特定されているか	☐
・業務の内容が特定されていない場合は、特定方法についての規定はあるか	☐
再委託	
・再委託についての可否についての規定はあるか	☐
委託料	
・一定の成果を確保できるような支払条件になっているか	☐
秘密保持	
・契約遂行上知り得た相手方の秘密を保持する旨の規定はあるか	☐
成果物の権利	
・成果物の権利帰属についての規定はあるか	☐
検品、保証責任	
・検品の方法についての規定はあるか	☐
・保証責任の期間についての規定はあるか	☐
第三者の知的財産権	
・成果物が第三者の著作権、特許権等の知的財産権を侵害していないことの保証条項はあるか	☐
・第三者の知的財産権を侵害した場合の対処方法等についての規定はあるか	☐
メンテナンス契約	
・メンテナンスについての規定はあるか	☐

2　特許通常実施権許諾契約

> **Point**
> ① 独占的な通常実施権を許諾するのか、非独占的な通常実施権を許諾するのか明確にする必要があります。また、独占的な通常実施権を設定する場合は、特許権者自身の実施の可否について明確にする必要があります。
> ② 特許権は、無効となったり移転したりすることがあります。これらの変化に対応した条項を定めておく必要があります。
> ③ 特許権者は、業として特許発明の実施をする権利を専有していますが（特許68）、特許実施権許諾契約の内容によっては、独占禁止法に違反するおそれがあることに留意する必要があります。

◆特許通常実施権許諾契約の意味

　特許権者は、業として特許発明の実施をする権利を専有しており（特許68）、原則として、特許権者以外の者は特許発明を実施することはできないため、特許発明を実施したい第三者は、特許権者から実施の許諾を受ける必要があります。

　特許法上、実施許諾権については、専用実施権と通常実施権の2種類が定められています。専用実施権は、実施許諾を受けた者が、設定行為で定められた範囲内において、業としてその特許発明の実施を専有することができるため（特許77）、同一の内容の実施権を他の者に設定することはできず、設定行為で定められた範囲内においては、特許権者ですら実施することはできなくなります。また、専用実施権者は、特許権の侵害者に対して、差止請求（特許100）や損害賠償請求（民709）をすることができます。なお、専用実施権は、通常実施権と異なり、登録が効力発生要件（特許98①二）となっていますので、専用実施権の許諾を受ける際は登録を忘れないよう注意が必要です。

　一方、通常実施権は、実施許諾を受けた者が、設定行為で定めた範囲内において、業としてその特許発明の実施をする権利を有しますが、原則として、専用実施権と異なり、実施を専有することはできません（特許78）。もっとも、通常実施権には、①特定の通常実施権者以外の者に対する実施許諾が禁止され、特定の通常実施権者のみが独占的に特許発明を実施することができる「独占的通常実施権」と、②同一の内容の通常実施権を何人にも許諾でき、何ら独占されていない「非独占的通常実施権」の2種類

があり、独占的通常実施権の場合には、専用実施権と同様に実施を独占することができます。したがって、独占的通常実施権を許諾するのか、非独占的通常実施権を許諾するのかは、特許権者にとっても通常実施権者にとっても重要なポイントとなるため、契約書において明確に定めておく必要があります。また、独占的通常実施権を許諾した場合には、特許権者自身の特許発明の実施を禁止するのか、特許権者自身の特許発明の実施は認めるのか、契約書で定めておく必要があります。

なお、独占的通常実施権は、特許権者と独占的通常実施権者との合意にすぎませんので、仮に特許権者が独占的通常実施権者との合意に反して、第三者に通常実施権を許諾したとしても、特許権者と第三者との通常実施権許諾契約は適法であり、独占的通常実施権者は、第三者の実施を差し止めることはできません。このような場合、独占的通常実施権者は、特許権者に対する損害賠償請求により対処せざるを得ないことに注意する必要があります。

【専用実施権と通常実施権（※1）の比較表】

	専用実施権	独占的通常実施権	非独占的通常実施権
権利の性質	独占的（物権）	独占的（債権）	非独占的（債権）
登録の要否	必要	不要	不要
複数の者に対する許諾	×	×	○
特許権者の自己実施の可否	×	△（※2）	○
固有の差止請求権の有無	○	×（※3）	×
固有の損害賠償請求権の有無	○	○	×
通常実施権の再許諾	○（※4）	×	×

※1 通常実施権は許諾による通常実施権を前提としています。
※2 独占的通常実施権は当事者の合意にすぎないため、特許権者の実施の可否は合意内容に拘束されます。
※3 一定要件の下、債権者代位権（民・新民423）により、差止請求権を自己の名で行使することができると解されています。
※4 特許権者の許諾を要します。

◆事情の変更に対する対処

(1) 特許権が無効となった場合

特許権は、権利化後も特許無効審判（特許123）により無効となることがあり、特許権が無効と判断された場合、特許権は初めから存在しなかったものとみなされるため（特許125）、特許権が無効になるまで払い続けてきた実施料の取扱いが問題となります。実務上は、特許権が無効になったとしても、実施料の返還をしない旨定められることが多いですが、返還とするのか不返還とするのか、いずれの場合であってもあらかじめ定めておくことが重要です。

(2) 特許権が移転した場合

特許権は通常実施権が設定されていても移転することができます（特許98①一）。特許権が移転された場合、旧法では、通常実施権を登録していなければ、第三者に対抗することができませんでしたが、特許法の改正により、現在は、通常実施権の登録がなくても、当然に第三者に対抗できることになりました（特許99）。しかし、特許法99条で確保されているのは特許発明の実施だけであり、どのような条件の下に特許発明を実施できるのか法律上明らかではなく、裁判所の判断も出ていない状態です。したがって、通常実施権者とすれば、特許権の移転を禁止する旨の条項や、移転後の譲受人に同様の条件を承諾させることを移転の条件とする旨の条項を定めておくのが望ましいでしょう。

◆独占禁止法への配慮

知的財産の利用に関しては、平成19年に「知的財産の利用に関する独占禁止法上の指針」（平19・9・28公正取引委員会）（以下「知的財産ガイドライン」といいます。）が出されており、知的財産ガイドラインでは、独占禁止法3条（私的独占又は不当な取引制限）と同法19条（不公正な取引方法）に分けて検討がなされています。

実施権許諾契約そのものは、原則として特許法による権利の行使と考えられ、独占禁止法の適用はありませんが（独禁21）、実質的に権利の行使と評価できない場合には、独占禁止法が適用されることになり、同法に違反するおそれがあります。

具体的には、特許権消滅後においても特許発明の実施を制限する行為、通常実施権者の特許発明に関する研究開発を禁止する行為、通常実施権者が発明した改良技術を特許権者に全て移転させる義務を負わせる行為、特許発明を利用した製品の販売価格を強制する行為等は、違法と判断される可能性が高いと明示されています。

このように、特許権を有しているからといって、通常実施権者に対して、あらゆる条件を付すことができるわけではありませんので、実施権許諾契約書を作成する際に

は、必ず知的財産ガイドラインにも目を通すようにしてください。

弁護士に聞きたい！

Q27 実施料の定め方
特許実施権許諾契約を締結しようと思っているのですが、実施料にはどのような定め方があるのですか。

A　実施料の定め方については、大きく分けて①定額ロイヤルティ方式と②ランニングロイヤルティ方式があります。

定額ロイヤルティ方式は、文字どおり定額のロイヤルティを支払うことによって特許発明を実施する方式です。定額ロイヤルティ方式の場合、特許権者側からすれば、実施権者の販売能力のいかんにかかわらず定額を得ることができるメリットがあり、実施権者側からすれば、どれだけ特許発明を実施しても支払額が増えないメリットがあります。

他方、ランニングロイヤルティ方式は、実施量に応じて一定割合の額を支払う方式です。ランニングロイヤルティ方式の場合、特許権者側からすれば、特許発明が実施されればされるほど得られる実施料が増えるメリットがあり、実施権者側からすれば、実績が上がらなかったときに過度の支払を回避できるメリットがあります。

それぞれの方式にメリット・デメリットはありますが、多くの特許実施権許諾契約では、当事者の納得感が得られやすいランニングロイヤルティ方式が採用されています。

Q28 実施権許諾契約の実施料
ランニングロイヤルティ方式で具体的な実施料を定めようと思うのですが、実施料率に相場はあるのですか。

A　実施料率は、当事者間の関係性、特許発明の重要性、製品の価格等、多数の要素を総合考慮して導かれる数値のため、画一的な相場はありません。

一般的に、医薬品など一つの特許発明が重要な価値を有している製品の場合は、その特許発明が極めて重要であるため実施料率も高額になり、自動車のように多数の特許発明が実施されている製品では、一つの特許発明の重要度が低

いため、特許発明ごとの実施料率は低額になる傾向にあります。

　裁判例においても、特許発明の重要性や実施製品の利益率等から実施料を認定していますが、認定される実施料は画一的な割合ではなく、販売価格や売上げの1％を切るものから10％を超えるものまで様々です。もっとも、多くの裁判例では実施料率が10％を下回っており、特許実施権許諾契約においても、10％を超える実施料率は珍しい印象です。

（家田真吾）

＜参考文献＞
　髙部眞規子編『特許訴訟の実務』（商事法務、第2版、平29）
　髙部眞規子『実務詳説特許関係訴訟』（金融財政事情研究会、第3版、平28）
　中山信弘『特許法』（弘文堂、第3版、平28）

書式例12　特許通常実施権許諾契約書

特許通常実施権許諾契約書

○○株式会社（本社所在地　○○県○○市○○○丁目○番○号。以下「甲」という。）と○○株式会社（本社所在地　○○県○○市○○○丁目○番○号。以下「乙」という。）は、甲が有している特許権に関し、次のとおり契約（以下「本件契約」という。）を締結する。

第1条（定義）
　本件契約において使用する次の用語の意味は、以下のとおりとする。
① 「本件特許」とは、次に掲げる特許権をいう。
　　出願番号　　：特願2009－2952○
　　特許番号　　：特許第538702○号
　　発明の名称：車両用充電ケーブル
② 「本件製品」とは、本件特許を使用して乙が製造・販売した製品（型式番号：○○○○○）及びその部品をいう。
③ 「正味販売価格」とは、本件製品の総販売価格から梱包費、輸送費、保険料、租税公課を控除した金額をいう。
④ 「改良技術」とは、本件特許に係る発明の技術思想を利用した発明であって、本件特許に係る発明と主要部の構成及び産業上の利用分野を同じくする発明又は考案をいう。

【チェック事項】
　特許通常実施権許諾契約では、定義に関する条項を設けることが多いです。定める定義の内容については、契約書の内容に応じて異なりますが、本件特許に関する定義については必ず定める必要があります。特許番号のみで特許権を特定することはできますが、間違いのないよう複数の項目（発明の名称や出願番号など）を用いて特定することが多いです。なお、正味販売価格で控除した費用は例示であり、例示した費用以外にも、代理店手数料や倉庫料などが考えられます。

第2条（実施許諾）
1　甲は、乙に対し、本件特許について、日本国内において、本件製品を製造し、販売し、その他の処分をするための非独占的かつ再実施権のない通常実施権を許諾する。
2　乙は、前項の通常実施権を、第三者に譲渡し、若しくは承継させ、又は担保の用に供してはならない。

【チェック事項】
　通常実施権には、大きく分けて非独占的通常実施権と独占的通常実施権の2種類があり、効果に大きな違いがあるため、いずれの通常実施権を許諾するのか明確にしておく必要があります。また、独占的通常実施権を許諾する場合には、特許権者自身が実施できるのか否かを明確にする必要があります。なお、販売数量や販売価格を制限する場合は、独占禁止法に違反するおそれがあることに留意する必要があります。

第3条（対価）
1　乙は、甲に対し、前条に基づく実施許諾の対価として、以下の金額を支払う。
　① 一時金　　　　金100万円（消費税別）
　② 継続実施料　　正味販売価格の5％の金額（消費税別）
2　乙は、前項第1号に定める一時金を本件契約の締結の日から30日以内に甲の指定する銀行口座に振り込む方法により支払う。ただし、振込手数料は乙の負担とする。
3　乙は、甲に対し、各営業年度の半期【上期（4月1日～9月30日）・下期（10月1日～翌年3月31日）】（以下「半営業年度」という。）ごとに、当該期間において支払義務が発生した継続実施料を、各半営業年度の末日の翌々月末日までに、甲の指定する銀行口座に振り込む方法により支払う。ただし、振込手数料は乙の負担とする。
4　甲は、乙に対し、第1項に定める金銭が、前2項の期限内に支払われない場合、支払期限から支払済みまで年利14.6％の遅延損害金を請求することができる。

【チェック事項】
　継続実施料については、本文記載の正味販売価格に一定割合を乗じたランニングロイヤルティ方式以外に、販売数量に一定割合を乗じたランニングロイヤルティ方式や、支払額を固定する定額ロイヤルティ方式などがあります。定額ロイヤルティ方式は計算が簡易である一方、販売実績が落ちたときには、通常実施権者の負担が増してしまうため、正味販売価格を用いたランニングロイヤルティ方式を用いることが多いです。

第4条（実施報告）
1　乙は、甲に対し、本件製品の販売数量、総販売価格、正味販売価格、控除すべき金額、継続実施料及び消費税を記載した半営業年度ごとの報告書を、各半営業年度の末日の翌月末日までに、送付するものとする。
2　乙は、前項の報告事項につき適正な帳簿を作成し、保管するものとする。
3　甲は、乙に対し、報告書又は継続実施料の額に疑義が生じた場合、甲が指名し、乙が同意した弁護士又は公認会計士をして、前2項に定める報告書及び会計帳簿その他

の関係書類の閲覧・監査を求めることができる。
4　前項の費用は甲が負担する。ただし、監査の結果、実際に支払われていた継続実施料と支払われるべき継続実施料に5％以上の差があった場合には、その差分に加え、監査に要した費用は乙の負担とする。
5　甲は、第3項の監査により知り得た乙の秘密情報について、第三者に対して漏洩してはならず、本件契約の履行以外にこれを利用してはならない。
6　第3項の規定は、本件契約の有効期間にかかわらず、各報告書の受領後3年間有効とする。

> 【チェック事項】
> 　本条項は、報告内容の正当性を確認するために重要な条項です。

第5条（対価の不返還）
　本件契約に基づき、乙から甲に支払われた対価（消費税を含む。）は、いかなる事由による場合でも返還しない。

第6条（保証）
1　甲による本件特許の許諾は、第三者の所有する特許の侵害に対するいかなる保証も意味するものではない。
2　甲は、乙の製造に係る本件製品の製造、販売により生じた乙又は第三者の損害について法律上及び契約上の責任を負わない。

第7条（特許維持）
1　甲は、本件特許を維持するために最善の努力を払い、自ら本件特許を消滅させる行為を行わない。
2　甲は、本件特許の実施に関連して生ずる第三者の有する権利の侵害に対して、乙と協力してこれに対応するものとする。

第8条（第三者の権利侵害）
1　乙は、第三者による本件特許の侵害行為を発見した場合には、速やかにその旨甲に報告する。
2　甲は、第三者による本件特許の侵害行為がある場合には、その排除のために最善の努力を払うものとし、甲が乙の協力を求めた場合には、乙は、これに可能な限り応ずる。
3　前項の侵害の排除に要する費用の負担については、甲乙別途協議の上決定する。

第9条（改良技術）
　乙は、本件契約の有効期間中に、本件特許に係る発明を基にして、改良技術又は考

案をなし、特許出願又は実用新案登録出願をするときは、遅滞なく甲に通知するものとし、甲が希望する場合には、乙は、合理的な条件をもって、甲に対して非独占的通常実施権を許諾する。

> 【チェック事項】
> 　改良技術の取扱いについては、独占禁止法上違法と判断される場合があるので注意が必要です。例えば、改良技術の権利を特許権者(ライセンサー)に譲渡させる義務を負わせることは不公正な取引方法に該当し違法とされる可能性が高いです。

第10条（表示）
　乙は、甲の指示に従い、本件製品又はその包装に本件特許の表示をしなければならない。

第11条（秘密保持）
1　甲及び乙は、本件契約に基づき知り得た相手方の技術上・経営上の秘密情報を秘密に保持し、事前に相手方の書面による同意を得た場合を除き、本件秘密情報を第三者に開示又は漏洩してはならない。ただし、次の各号のいずれかに該当するものはこの限りではない。
①　相手方から開示される前から既に知っていたもの
②　相手方から開示される以前に既に公知となっていたもの
③　相手方から開示された後に、自己の責めに帰し得ない事由によって公知となったもの
④　相手方から開示を受けた後に、正当な権利を有する第三者から秘密保持義務を負うことなく適法に入手したもの
2　乙は、甲の秘密情報を本件製品の製造又は販売の目的にのみ使用し、それ以外の目的のために使用してはならない。

第12条（特許権の譲渡）
　甲は、契約、事業譲渡その他の原因・方法のいかんを問わず、本件契約期間中に本件特許を第三者へ譲渡しようとする場合には、乙へ通知しなければならない。

> 【チェック事項】
> 　通常実施権は、特許権を譲り受けた者に対し、当然に対抗することができ（特許99）、特許権が移転されても実施を確保することはできます。しかし、どのような条件で実施することができるか定かではないため、通常実施権者としては、特許権の移転を禁止する旨定めた方が望ましいでしょう。

第13条（反社会的勢力の排除）
　　甲及び乙は、それぞれ相手方に対し、次の各号の事項を確約する。
① 自らが、暴力団、暴力団関係企業、総会屋若しくはこれらに準ずる者又はその構成員（以下、総称して「反社会的勢力」という。）ではないこと。
② 自らの役員（業務を執行する社員、取締役、執行役又はこれらに準ずる者をいう。）が反社会的勢力ではないこと。
③ 反社会的勢力に自己の名義を利用させ、この契約を締結していないこと。
④ 本件契約が終了するまでの間に、自ら又は第三者を利用して、この契約に関して次の行為をしないこと。
　ア　相手方に対する脅迫的な言動又は暴力を用いる行為
　イ　偽計又は威力を用いて相手方の業務を妨害し、又は信用を毀損する行為

第14条（不争義務）
　　甲は、乙が、直接、間接を問わず、本件特許の有効性について争った場合には、本件契約を解除することができる。

> 【チェック事項】
> 　特許権の有効性を争うことを一切禁止する定めは、公正競争阻害性を有するものとして不公正な取引方法に該当する場合があるため注意が必要です。

第15条（解除）
1　甲及び乙は、相手方が本件契約に違反した場合には、相当の期間を定めて催告の上、本件契約を解除することができる。
2　甲及び乙は、相手方が次の各号のいずれかに該当する事実が発生したときには、催告を要しないで直ちに本件契約を解除することができる。
① 破産手続、民事再生手続、会社更生手続又は特別清算について、自ら各開始の申立てをしたとき又は各開始の申立てを受けたとき。
② 解散決議をしたとき。
③ 仮差押え、仮処分、強制執行、滞納処分を受けたとき。
④ 手形、小切手の不渡りを出したとき又はその他の支払停止、支払不能の事由を生じたとき。
⑤ 前各号に準ずる経営上重要な事項が発生したとき。
3　甲又は乙は、前2項によって、本件契約が解除された場合には、これによって生じた損害を相手方に請求することができる。

第16条（契約期間）
1　本件契約の有効期間は、本件契約の締結日から最終の本件特許の存続期間の満了日までとする。ただし、本件特許について特許無効の審決が確定したときは、当該確定

日をもって本件契約は終了する。
2　乙は、本件契約が終了した場合には、本件特許の実施を直ちに中止し、甲から提供された技術情報（その複製物を含む。）を甲へ返還する。
3　乙は、本件契約終了後3か月に限り、本件契約終了の日に現に存在する本件製品の在庫品及び仕掛品を販売することができる。
4　乙は、前項の期間内に本件製品の在庫品及び仕掛品を販売したときは、本件契約終了後4か月以内に、第3条第1項に定める継続実施料を支払う。

【チェック事項】
　特許通常実施権許諾契約が解除された場合、在庫品及び仕掛品が残っていることが多く、これらの製品を破棄させるのか、販売を許可するのか定めておく必要があります。
　一般的には、契約終了後、一定期間に限り販売を許可することが多いです。

第17条（管轄合意）
　本件契約に関連する紛争については、○○地方裁判所を第一審の専属的合意管轄裁判所とする。

　以上の契約を証するためこの証書2通を作成し、甲及び乙の記名押印の上、各々その1通を保有するものとする。

　　平成○年○月○日

　　　　　　　　　　　　　　　　○○県○○市○○○丁目○番○号
　　　　　　　　　　甲　　　　　○○株式会社
　　　　　　　　　　　　　　　　代表取締役　○　○　○　○　印

　　　　　　　　　　　　　　　　○○県○○市○○○丁目○番○号
　　　　　　　　　　乙　　　　　○○株式会社
　　　　　　　　　　　　　　　　代表取締役　○　○　○　○　印

◆チェックリスト

特許通常実施権許諾契約の内容	
・特許権が特定されているか	☐
・種類（独占的か非独占的か）が明確にされているか	☐
・許諾の範囲が明確になっているか	☐
・再許諾の有無が明確になっているか	☐

実施料	
・実施料が明確に定められているか	☐
・特許権が無効になった場合の実施料の取扱いについて定められているか	☐
実施報告	
・報告書についての定めがあるか	☐
・報告書及び会計帳簿の閲覧・監査は定められているか	☐
改良技術	
・改良技術の定義は定められているか	☐
・改良技術の取扱いが定められているか	☐
第三者との関係	
・第三者の特許権の侵害に対する条項が定められているか	☐
・特許権の移転の可否について定められているか	☐
契約終了後の措置	
・在庫品及び仕掛品についての措置が定められているか	☐
その他	
・独占禁止法に違反する条項はないか	☐
・不公正な取引方法に該当しない不争義務が定められているか	☐

3　キャラクター商品化権許諾契約

> **Point**
> ① キャラクターの「商品化権」は、特定の法律に規定があるわけではなく、その具体的な内容は個別の事案・契約によりますが、一般には、著作権法、商標法、意匠法等、キャラクターを保護する権利の総称であるといえます。
> ② 著作物たるキャラクターを利用するための契約としては、そのキャラクターの著作権を有する者との間で、著作権等の譲渡を受ける契約を締結する場合と、その利用の許諾を受ける契約（いわゆる「ライセンス契約」）を締結する場合とが考えられます。
> 　漫画などの原作が存する著名なキャラクターを採用する場合、著作権を譲渡してもらうことは考えにくく、その利用の許諾を受けるのが一般的です。
> ③ キャラクター商品化権許諾契約は、ライセンサーがライセンシーに対して、キャラクターを使用して商品を製造・販売等する権限を許諾し、ライセンシーがライセンサーに対し、その許諾の対価（ロイヤルティ）を支払う契約です。
> ④ 許諾の対象となるキャラクターは、別紙等を利用して、デザイン、ロゴ等を具体的に特定します。
> ⑤ ライセンシーとしては、キャラクターに関するライセンサーの許諾権限について、契約締結前に、慎重に確認しておくことが重要です。また、ライセンサーの許諾権限について、いわゆる表明保証条項を設けることも、とり得る手段の一つです。
> ⑥ 具体的なライセンスの範囲（許諾商品、許諾を受ける権利等）を定める際には、著作権の権利としての特質（どの支分権に関わるか）に注意を要します。
> ⑦ 著作権の利用許諾については、特許権の実施のように、登録制度はありません。

◆キャラクターの商品化権の内容について

　今やいわゆるコンテンツ産業は日本を代表する産業の一つとなっています。これと

は無縁の製造業・サービス業等の事業を営む企業であっても、自社の製品・サービスに消費者に親しみのあるキャラクターを使用して売上げを伸ばしたい、企業のイメージキャラクターとして人気キャラクターを採用し企業の認知度を上げたい、又は、新たなキャラクターをデザインしてもらい自社の製品・サービスと共に育てていきたいなど、キャラクターを利用するための契約を締結する必要性が生じることは、珍しいとはいえないでしょう。特定のキャラクターに一定の顧客吸引力があるのは、周知の事実です。

「キャラクターを商品に使用する権利」は、一般に、「商品化権」と呼ばれます（中山信弘『著作権法』174頁（有斐閣、第2版、平26））。よく耳にする言葉ですが、「商品化権」という権利が、何かの法律に規定されているわけではありません。

そもそも、キャラクターを保護する法律としては、著作権法、商標法、意匠法、不正競争防止法等が考えられます（→後掲弁護士に聞きたい！Q29）。キャラクターが、著作権、商標権、意匠権等の対象となっている場合、これを利用するには、その利用方法に応じて、権利者の許諾が必要となります。

つまり、キャラクターの「商品化権」は、その具体的な内容は個別事案・契約によりますが、一般には、著作権法、商標法、意匠法等、キャラクターを保護する権利の総称であるといえます（中山・前掲174頁参照）。

近時、「キャラクター」ではなく、「プロパティ」という用語が使われることもありますが、「プロパティ」は、インテレクチュアル・プロパティ（intellectual property、知的財産）の略であり、上記のような商品化権の内容を考えると、これも納得です。

本書では、紙幅に限りがあることから、以下、著作権を中心に説明します。

弁護士に聞きたい！

Q29　キャラクターを保護する法律
　　キャラクターは、どのような法律で保護されますか。

A　　キャラクターを保護する法律としては、まず、著作権法が挙げられます。
　　ただし、最高裁は、キャラクターの著作物性を否定しています（最判平9・7・17民集51・6・2714）。キャラクターに著作物性がないというと驚かれるかもしれませんが、この議論において、キャラクターは、作品を通して付与された人格（抽象的概念）として捉えられています。つまり、例えば、そのキャラクターが、右を向いても、左を向いても、立っていても、座っていても、怒っても、泣いても、それと分かるというような「抽象的概念としてのキャラクター」で

す。著作権法は具体的に「表現」された「著作物」を保護の対象としていますので（著作2①一参照）、このような「抽象的概念としてのキャラクター」には著作物性がないという結論になってしまうのです。もちろん、原作である漫画作品等に「描写されたキャラクター」自体は、「表現」された「著作物」に当たります。ということで、「描写されたキャラクター」は、著作権法により保護され得ます（後述するように、商品化権許諾契約においては、どのように表現（描写）されたキャラクターを契約の対象とするのか、きちんと特定することが大切です。）。

キャラクターを保護する法律としては、著作権法の他に、商標法、意匠法、不正競争防止法等が考えられます。

商標法の保護の対象となる「商標」は、「文字、図形、記号、立体的形状若しくは色彩又はこれらの結合、音」といったものです（商標2参照）。キャラクターの図柄や名称はこれに当たり得ます。

また、意匠法の保護の対象となる「意匠」は、物品の「形状、模様若しくは色彩又はこれらの結合であつて、視覚を通じて美感を起こさせるもの」です（意匠2参照）。キャラクターの図柄についても、美感を起こさせるものであれば、これに当たり得ます。

これらの権利のうち、著作権は、何ら登録等の方式の履践を要せず、著作物の成立（キャラクターの描写）と同時に発生しますが、商標権、意匠権として保護を受けるには、それぞれ、登録が必要です。

◆著作権者から著作権の譲渡を受けるべきか（著作61）、あるいは、著作権者から利用許諾を受けるべきか（著作63）

著作物たるキャラクターを利用するための契約としては、そのキャラクターの著作権を有する者との間で、著作権等の譲渡を受ける契約を締結する場合と、その利用の許諾を受ける契約（いわゆる「ライセンス契約」）を締結する場合とが考えられます。

例えば、企業が新規に著作者（デザイン事務所等）により創作されたオリジナルのキャラクターを採用する場合、著作権を買い取る（譲り受ける）ことも考えられますし、著作権を留保し（独占的な）利用の許諾を受けることも考えられます。いずれにしても、このような場合、企業自体、あるいは、その商品とともに、無名のキャラクターを育てていくことになるでしょう。

これに対し、漫画などの原作が存する著名なキャラクターを採用する場合、著作権を譲渡してもらうことは考えにくく、その利用の許諾を受けるのが一般的となるでしょう。

利用許諾契約では、契約により利用範囲が限定されるでしょうし、契約が終了すると利用ができなくなってしまいますから、種々の心配の種があるのは事実です。もっとも、著作権者からすれば、著作権を譲渡してしまうと、キャラクターが商品化され、収益を生むようになっても、ロイヤルティ収入等が望めなくなってしまいますから、容易にこれに応じるとは限りません。

審査担当者としては、著作権を譲り受けるメリットや利用許諾を受けるデメリットばかりに着目するのではなく、著作権者のキャラクターに対する商品化戦略（そもそも著作権を譲り受けることは可能か、可能としてもその対価の相当性）等について担当部署に説明を求めた上で、最善の選択肢を検討しましょう。

以下、利用許諾を受ける一例として、キャラクター商品化権許諾契約を紹介します。著作権の譲渡を受ける際に注意するポイントについては、後掲の**弁護士に聞きたい！Q30**を参考にしてください。

◆キャラクター商品化権許諾契約の内容

キャラクター商品化権許諾契約は、①ライセンサーがライセンシーに対して、キャラクターを使用して商品を製造・販売等する権限を許諾し、②ライセンシーがライセンサーに対し、その許諾の対価（ロイヤルティ）を支払う契約です。

ロイヤルティの定め方としては、㋐固定の金額とする方法、㋑料率を定め、売上等に応じて定める方法などがあります。詳しくは、**本章2の弁護士に聞きたい！Q27**を参照してください。

なお、㋑の場合、売上等にかかわらず一定期間に支払うロイヤルティの最低額（ミニマムギャランティ）を定め、当該期間の初めに前払いすることが多いです。また、ロイヤルティを算定するには、売上等の把握が必要です。このため、ライセンシーに報告義務を課すほか、ライセンサーの監査権等を定めておくのが通常です。

◆キャラクターの特定

キャラクターのデザインやロゴは多様であり得るところ、当該キャラクターのどのデザインやロゴを対象として、商品化権許諾契約を締結するのか、特定しておくことは大切です。

この特定には例えば以下のような方法があります。
① キャラクターのデザイン、ロゴ等を記載した別紙を契約書に添付する。
② 契約書とは別に、「スタイルブック」「スタイルガイド」等と呼ばれる使用可能なキャラクターのデザイン等を記載した冊子を、ライセンサーがライセンシーに対し

て交付する。

◆ライセンサーの許諾権限の確認

　前述のとおり、キャラクターは、著作権法により保護されるほか、登録されていれば、意匠法、商標法によっても保護されます。

　著名なキャラクターであれば、商品化権管理会社が存することもありますが、当該会社がこれらの全ての権利について許諾する権限を有しているとは限りません。特に、著作権は、登録等を要せず発生し、権利の公示が十分ではありません。

　したがって、商品化権許諾契約を締結するに当たっては、ライセンサーがその契約を履行し得る権限を有しているのか、事前に慎重に確認しておくことが重要です。

　また、ライセンシーの審査担当者としては、ライセンサーの許諾権限について、いわゆる表明保証条項を設けることも、とり得る対策の一つといえるでしょう。

◆ライセンスの範囲

　具体的なライセンスの範囲、すなわち、許諾商品、許諾を受ける権利、期間、地域等を定めます。

　キャラクターを使用して製造・販売する許諾商品の種類については、キャラクターのイメージにも関わりますから、ライセンサーにとって、極めて重要な事項の一つといえます。また、ライセンシーに対する許諾は、独占的か非独占的か、許諾の期間や地域、あるいは、再許諾を認めるか等も、重要です。

　なお、著作権という権利の特質にも、注意する必要があります。

　著作権は、「権利（支分権）の束である」といわれるとおり、著作権法の「第21条から第28条までの権利」（それぞれを支分権といいます。）の総称です（著作17）。例えば、21条は複製（印刷等の方法により有形的に再製すること（著作2①十五））する権利について規定しています。つまり、著作権法は、著作物を使用する全ての行為を対象としているのではなく、あくまで、支分権に関する行為を対象としているのです。したがって、ライセンシーの審査担当者としては、担当部署に、具体的にどのような商品化を希望しているのかを確認し、著作権法のどの支分権が関わってくるのかに注意する必要があります。

　キャラクターを印刷して製造販売するという商品化行為は、著作権の支分権としては、通常、単に複製権（著作21）のみが問題となります。しかし、例えば、平面を立体に変えるような商品化行為であれば、翻案権（著作27）が問題となる可能性があります。翻案に当たるかは、著作物の種類等によっても異なりますが、一般に、「既存の著作物

を改変して新たに創作性ある表現を付加し、しかも原著作物の創作性ある表現が直接感得できるか」によって判断されます（中山・前掲153頁・279頁）。とすれば、ライセンシーが、キャラクターの原画を基にして、人形やフィギュア等の製作・販売まで企図している場合、翻案権まで許諾の対象に含めた方がよいでしょう。

　著作権法上、支分権の対象とならない行為であっても、契約書に規定を設けることにより、制限したり、条件を付けたりすることができます。

◆**著作権の利用許諾の対抗手段について**

　著作権の利用に関する許諾については、特許権の実施のように、登録制度がありません（著作権登録制度は著作物又は著作権等について著作権法で定められた一定の事実があった場合にその内容を登録する特殊なものです。）。

　つまり、著作権が譲渡されてしまうと、譲受人に対し、譲渡人から受けていた許諾について対抗する手段がありません。

　また、著作権者が破産した場合、破産管財人により、許諾契約を解除されるおそれがあります（破産53①）。

　ライセンシーは、これらについて、リスクとして考慮しておく必要があります。

弁護士に聞きたい！

Q30　著作権を譲り受ける場合の留意点
　　著作権の譲渡を受ける方法を選択した場合、契約締結に当たり、特に気を付けた方がよい点について教えてください。

A　（1）　著作権法61条2項は、「著作権を譲渡する契約において、第27条又は第28条に規定する権利が譲渡の目的として特掲されていないときは、これらの権利は、譲渡した者に留保されたものと推定する。」と規定します。したがって、全ての著作権、すなわち、翻案権（著作27）及び二次的著作物を利用する権利（著作28）をも譲渡の対象にしようとするならば、「全ての著作権（著作権法第27条及び同法第28条の権利を含む。）を譲渡する」等と特掲しておくべきです（事案の詳細に触れる余裕はありませんが、著名なひこにゃん事件（大阪高決平23・3・31判時2167・81）においては、「採用された……キャラクターに関する所有権（著作権）等一切の権利は、400年祭委員会に帰属するものとする」とのみ契約書等に記載されており、著作権法27条及び同法28条の権利について特掲されていませんでした。）。

(2) 譲渡契約時に予想し得ない権利をも譲渡する趣旨で、「将来生ずるあらゆる利用方法を含む。」という文言を入れた場合は、有効でしょうか（著作権法61条2項の類推適用はないのでしょうか。）。

この点、「原盤に関する一切の権利を、何らの制限なく独占的に譲渡する」という契約が事後的に創設された送信可能化権を含むかについて争われた東京地裁平成19年1月19日判決（判時2003・111）は、これを含むとの結論を示しています。

もっとも、この種の問題は、「当時の法律の状況や業界慣行等を勘案して当事者の合理的意思を探るということになろう」との指摘もあります（中山・前掲419頁）。

(3) 著作権譲渡契約においては、著作権者は著作者人格権を行使しない旨の特約（一般に、「著作者人格権不行使特約」といいます。）を結ぶのが通常です。

著作者人格権とは、著作者が自己の著作物につき有している人格的利益を対象とした権利であり、具体的には、同一性保持権（著作20）（「その意に反してこれらの変更、切除その他の改変を受けない」権利）等を指します。

著作者人格権は、著作権と異なり（著作61①参照）、譲渡することができない、一身専属的な権利です（著作59）。つまり、せっかく、(1)で前述したように著作者から翻案権を含めた一切の権利を譲り受けて著作権者になっても、著作者から同一性保持権を行使され、著作物の円滑な利用ができなくなるおそれがあるのです。そこで、著作者から著作権を譲り受ける場合、通常、著作者人格権不行使特約を設けるのですが、このような特約の有効性には争いがあります。著作者人格権不行使特約を設けても、キャラクターに新たな人格的要素を与えたりすると、著作者との間でトラブルが生じないとも限りません。したがって、このようなリスクについては、あらかじめ、考慮に入れておく必要があります。

また、著作者からライセンスを受けるのでなく、著作権を譲り受ける方法を選択したとしても、著作者との共有としたり、対価の支払方法を工夫する等して、著作者のインセンティブを喚起し、良好な関係を維持することも一案です。

（服部由美）

<参考文献>

中山信弘『著作権法』（有斐閣、第2版、平26）

穂積保『コンテンツ商品化の法律と実務－ライセンス契約完全ガイド』（学陽書房、平21）

加藤君人ほか『エンターテインメントビジネスの法律実務』（日本経済新聞出版社、平19）

書式例13　キャラクター商品化権許諾契約書

キャラクター商品化権許諾契約書

　○○株式会社（以下「甲」という。）と○○株式会社（以下「乙」という。）は、第1条所定のキャラクターに関する商品化権について、以下のとおり契約（以下「本契約」という。）を締結する。

第1条（権利の許諾）
1　甲は、乙に対し、別紙1〔省略〕に記載されたキャラクター（以下「本キャラクター」という。）の著作権その他の権利に基づき、本契約第15条に定める期間（以下「本契約期間」という。）中、同第2条に定める地域（以下「許諾地域」という。）において、本キャラクターを複製その他の方法によって使用して、別紙2〔省略〕記載の商品（以下「許諾商品」という。）を製造・販売する権利を許諾する。乙が、本契約に基づいて製造・販売する許諾条件の明細は、別紙3〔省略〕に記載のとおりとする。
2　甲は、乙に対し、本契約期間中、許諾地域において、本キャラクターを使用して、乙が製造・販売する許諾商品の広告、宣伝、その他の販売促進活動をする権利を許諾する。
3　前2項に規定する権利をあわせて、「商品化権」という。甲は、本契約期間中、許諾地域において、許諾商品と直接競合するような商品について、自ら商品化権を行使しないものとし、また、第三者に対し、商品化権を許諾することもしない。ただし、乙がこれに同意した場合は、その限りではない。
4　乙は、甲の事前の書面による同意なしに、本契約に基づく権利又は義務の全部又は一部を、第三者に譲渡し又は担保に供してはならない。
　　また、乙は、甲の事前の書面による同意なしに、乙以外の第三者に商品化権を再許諾しない。

【チェック事項】
　第1項では、「著作権その他の権利」に基づき、製造・販売する権利を許諾するとされています。キャラクターは著作権、商標権、意匠権等により保護され得るので、これを用いて商品の製造・販売を行うことは、著作権の利用、商標権の行使、意匠権の実施等に当たり得ます。許諾条件を定める際には、これらに留意し、厳密に取り決めることが重要です。本書式例では、著作権の支分権として「複製」を想定していますが、許諾条件は、別紙3により詳述されます。
　別紙1では、商品化権の対象となるキャラクターのデザイン、ロゴ等が特定されます。
　別紙2では、許諾商品が特定されます。第3項に規定する独占権とも関わりますので、この特定も大切です。

> 第3項は、許諾地域での許諾商品に関する商品化権を独占的なものとして規定しています。

第2条（許諾地域）
　乙の許諾商品の販売地域は、日本国内のみとする。乙は、許諾商品が第三者を介して海外に輸出されることを知り得た場合、当該第三者に、許諾商品を販売してはならない。

第3条（対価）
1　本契約に基づく商品化権許諾の対価（ロイヤルティ）は、以下のとおり算定するものとする。
　　許諾商品の販売数×許諾商品の希望小売価格の○％
2　乙は甲に対し、本契約期間中、各年度のロイヤルティの最低額（以下「ミニマムギャランティ」という。）金○○円の支払を保証する。本金員は、前項に基づき乙が甲に対し支払うロイヤルティの前払金であり、いかなる場合においても返還されないものとする。
3　乙は、甲に対し、前項に規定する各年度のミニマムギャランティを、各年○月○日限り、甲の指定する銀行口座に振り込み支払う。
4　本契約期間中、第1項に定めるロイヤルティの額が、第2項に定めるミニマムギャランティの額を超過した場合、乙は甲に対し、超過額を支払うものとする。超過額については、乙は、甲に対し、四半期ごとに、これを計算して、その末日（3月31日、6月30日、9月30日、12月31日）から○日以内に、甲の指定する銀行口座に振り込み支払う。

> 【チェック事項】
> 　第1項では、ロイヤルティの算出方法として、料率を定め、売上等に応じて定める方法を選択しています。具体的には、希望小売価格に販売数を乗じる方法としています。

第4条（報告書の提出）
　乙は、甲に対し、各四半期の末日から○日以内に、当該四半期に製造・販売した許諾商品の製造数、販売数、希望小売価格及びロイヤルティの額を記載した報告書を提出する。

第5条（帳簿の保管と閲覧）
1　乙は、本契約期間中及び本契約終了後○年間、許諾商品の全取引に関する記録と会計帳簿を保管しなければならない。
2　甲又は甲の指定する者は、前項の記録及び会計帳簿を閲覧・監査することができる。

ただし、甲は、本項の閲覧・監査について、○営業日前までに乙に通知するものとし、また、乙の営業を不当に妨害しないよう配慮する。本項に基づく監査の結果、ロイヤルティの不足額が前条に定める報告書の記載と比して○％を上回った場合、乙は、監査に要した一切の費用を負担する。

> 【チェック事項】
> 　第2項では、一定の場合、監査費用をライセンシーに負担させる旨、規定しています。

第6条（品質管理）
1　乙は、本契約に基づいて、許諾商品を製造・販売し、あるいは販売促進活動をする際には、本キャラクター及び著作者の名誉・社会的評判・品位・イメージ等に配慮し、これらに悪影響を与えることのないよう配慮しなければならない。
2　乙は、甲が本契約締結後乙に交付する参照資材（以下「スタイル・ガイド」といい、その後の随時の修正を含む。）の指示に従い、許諾商品を製造・販売しなければならない。
3　乙は、本契約に基づき許諾商品を製造・販売する前に、甲に対し、許諾商品の見本品を、ラベル、包装、容器、取扱説明書、保証書などと共に、○セット提出し、甲の監修及び承認を受けなければならない。
4　乙は、本契約に基づき販売促進活動をする前に、甲に対し、販売活動に使用する全ての素材の見本品を、○セット提出し、甲の監修及び承認を受けなければならない。
5　甲は、前2項に基づき見本品の提出を受けてから○営業日（以下「通知期間」という。）以内に乙に対し承認するか否かを書面にて通知するものとし、通知期間内に甲からの通知がない場合、当該見本品は甲により承認されたものとみなす。
6　前項において、甲は、乙が提出した見本品について、乙の費用負担で合理的な範囲の修正を求める旨の通知をすることができる。また、甲は、承認しない旨の通知をする場合、乙に対し、具体的な理由を説明しなければならない。

> 【チェック事項】
> 　ライセンサーが、これまで築いてきたキャラクターや著作者の名誉・社会的評判・品位・イメージ等を守るには、ライセンシーの販売する許諾商品や販売促進活動等を適切に管理することが重要です。本条では、品質管理のために比較的詳細な条項を定めています。

第7条（許諾商品の販売）
1　乙は、許諾商品の販売及びその促進について最善の努力をするものとする。
2　乙は、本契約締結の日から○か月以内に、許諾商品の販売を開始しなければならな

い。乙が○か月以内に許諾商品の販売を開始できない場合、乙は、その理由と共に、甲に対し、販売延期を申請し、甲の承諾を得なければならない。

【チェック事項】
　第2項は、ライセンシーが、商品化権の許諾を受けながら商品化を実行しないことがないように用意された条項です。

第8条（知的財産）
1　甲は、乙に対し、本契約を締結し、本契約に基づき許諾商品の製造・販売等を許諾する権限を有していることを、表明し、保証する。また、甲は、乙に対し、本キャラクターが第三者の権利を侵害していないことを、表明し、保証する。
2　乙が本キャラクターを変更した場合、当該変更部分に対する著作権を含む一切の権利は、甲に帰属する。
3　乙は、本契約期間中及び本契約終了後においても、本キャラクターに関し、著作権、商標権、意匠権、その他の知的財産権の登録を行ってはならない。

【チェック事項】
　キャラクターは、著作権法により保護されるほか、登録されていれば、意匠法、商標法によっても保護されますが、ライセンサーが全ての権利について許諾する権限を有しているとは限りません。したがって、ライセンシーは、事前にこれを調査することが必要ですが、第1項では、ライセンサーに対し、そのような権限を有する旨の表明・保証を求めています。

第9条（表示）
　乙は、本契約に基づき、許諾商品を製造・販売し、あるいは、販売促進活動をする場合、法の定めるところ及び甲の指示する方法に従い、下記の著作権表示のほか、商標権、原産地等の表示をしなければならない。

記
ⓒ○○○○

第10条（権利侵害に対する対応）
1　乙は、本キャラクターに関する著作権その他一切の権利が侵害され、又は、その危険が生じたとき、若しくは、本契約に基づく商品化権に関する事業に対して不正競争を行う者を発見した場合、甲に対し、直ちに通知しなければならない。
2　甲は、乙から前項に基づく通知を受けた場合、当該侵害行為等に対し、適切な措置を講ずるよう最善の努力をしなければならない。

第11条（製造物賠償責任保険）
1　乙は、許諾商品に関し、その費用負担にて、本契約期間中及び本契約終了後〇年間、1事故当たり金〇〇円以上かつ1年間当たり金〇〇円以上を保険金額とする製造物賠償責任保険に加入しなければならない。
2　乙は、甲に対し、本契約締結後〇日以内に、前項に定める製造物賠償責任保険に関する保険証書の写しを提出しなければならない。
3　乙は、第1項に定める製造物賠償責任保険に加入した後でなければ、許諾商品を製造・販売してはならない。

第12条（守秘義務）
1　甲及び乙は、本契約期間中及び本契約終了後〇年間、本契約の内容及び本契約に関して知り得た相手方の業務上の秘密を、法律に基づき、あるいは、相手方の事前の書面による承諾なしに、第三者に対し開示してはならない。
2　前項の規定は、次の各号に規定する情報には適用されないものとする。
　①　相手方から開示された時点で既に公知となっている情報
　②　相手方から開示された時点で既に保有している情報
　③　独自に開発した情報
　④　第三者から正当に入手した情報

第13条（反社会的勢力の排除）
1　甲及び乙は、それぞれ相手方に対し、次の各号の事項を確約する。
　①　自らが、暴力団、暴力団関係企業、総会屋若しくはこれらに準ずる者又はその構成員（以下、総称して「反社会的勢力」という。）ではないこと。
　②　自らの役員（業務を執行する社員、取締役、執行役又はこれらに準ずる者をいう。）が反社会的勢力ではないこと。
　③　反社会的勢力に自己の名義を利用させ、この契約を締結していないこと。
　④　本契約が終了するまでの間に、自ら又は第三者を利用して、この契約に関して次の行為をしないこと。
　　ア　相手方に対する脅迫的な言動又は暴力を用いる行為
　　イ　偽計又は威力を用いて相手方の業務を妨害し、又は信用を毀損する行為
2　甲又は乙が前項のいずれかに反した場合には、何らの催告を要せず本契約を解除することができる。
3　前項の規定により本契約が解除された場合、解除した者はこれによる損害を賠償する責めを負わない。

第14条（解除）
　　甲又は乙が次の各号のいずれかに該当する場合、相手方は何らの催告を要せず直ち

に本契約の全部又は一部を解除し、相手方に対し損害の賠償を請求できる。
① 本契約に定める条項に違反した場合において、〇日間の期間を定めて催告したにもかかわらず、同期間内に違反状態が是正されないとき。
② 監督官庁から営業の取消し、停止等の処分を受けたとき。
③ 財産上の信用に関わる差押え、仮差押え、仮処分、又は競売の申立てがあったとき。
④ 手形・小切手が不渡りとなったとき。
⑤ 公租公課の滞納処分を受けたとき。
⑥ 破産手続、民事再生手続、会社更生手続若しくは特別清算について、自ら各開始の申立てをしたとき又は各開始の申立てを受けたとき。
⑦ 事業を停止したとき、又は解散の決議をしたとき。
⑧ その他本契約を継続し難い相当の事由が生じたとき。

第15条（契約期間）
　本契約は、本契約締結の日から平成〇年〇月〇日までの〇年間又は第13条第2項若しくは前条により本契約が解除されたときのいずれか早いときまで効力を有する。

第16条（本契約終了後の処理）
1　本契約終了後、本契約に基づき甲が乙に許諾した一切の権利は消滅し、乙は直ちに許諾商品の製造・販売及び販売促進活動を終了する。ただし、乙が本契約期間終了時に許諾商品の仕掛品又は在庫品を有する場合、本契約が第13条第2項又は第14条に基づき解除された場合を除き、乙はその数量を文書で甲に通知した上で、本契約終了後〇日以内に限り、許諾商品を非独占的に販売することができる。
2　前項ただし書の場合においても、本契約の各条項は適用され、また、乙は甲に対し、同販売に係るロイヤルティを同販売終了後〇日以内に甲の指定する銀行口座に振り込み支払う。
3　本契約が終了したとき（第1項ただし書の場合はこれに基づく販売が終了したとき）は、乙は甲に対して、許諾商品、スタイル・ガイドなど本キャラクターに関する一切の素材を返還しなければならない。ただし、甲が承認した場合には、乙は、返還に代えて、一切の素材を廃棄することができる。この場合、乙は甲に対し、その廃棄について、証明書を交付しなければならない。

【チェック事項】
　第1項は、契約終了後、在庫処分する売切り期間を定めています。

第17条（準拠法・管轄）
　本契約の準拠法は日本法とし、本契約又は本契約に関連して、甲乙間に生じる全て

の紛争は、○○地方裁判所を第一審の専属的合意管轄裁判所とする。

第18条（誠実協力義務）
　　甲及び乙は、本契約に規定のない事項及び本契約の条項に関して疑義が生じたときは、信義誠実の原則に則り、誠意をもって協議する。

　　以上の契約を証するためのこの証書2通を作成し、甲及び乙の記名押印の上、各々その1通を保有するものとする。

　　平成○年○月○日

　　　　　　　　　　　　　　　　　　　○○県○○市○○○丁目○番○号
　　　　　　　　　　　　　　甲　　　　○○株式会社
　　　　　　　　　　　　　　　　　　　　代表取締役　○　○　○　○　印

　　　　　　　　　　　　　　　　　　　○○県○○市○○○丁目○番○号
　　　　　　　　　　　　　　乙　　　　○○株式会社
　　　　　　　　　　　　　　　　　　　　代表取締役　○　○　○　○　印

◆チェックリスト

商品化権許諾契約の内容	
・キャラクターが特定されているか	☐
・許諾の範囲（独占的か非独占的か、許諾商品、期間、地域、再許諾の有無等）が明確になっているか	☐
ロイヤルティ	
・算定方法が明確に定められているか	☐
・報告書についての定めがあるか	☐
・会計帳簿の閲覧・監査は定められているか	☐
品質管理	
・品質管理について詳細に定められているか	☐
知的財産	
・表明保証について定められているか	☐
・知的財産権の帰属や登録について定められているか	☐
・表示方法について定められているか	☐
・権利侵害の対応について定められているか	☐

契約終了後の措置	
・在庫処分する売切り期間について定められているか	☐
・許諾商品、一切の素材等を返還ないし廃棄するよう定められているか	☐
その他	
・製造物賠償責任保険について定めているか	☐
・独占禁止法に違反する条項はないか	☐

4　共同開発契約

> **Point**
> ① 共同開発において最も大切なことは相手方の選定です。いかなる目的のために、どのような技術が必要なのか、どれほどの資金が必要なのか、しっかりと検討した上で相手方を選定する必要があります。
> ② 共同開発では往々にして、それぞれの役割や義務に争いが生じます。契約締結後に無用な争いが生じないよう、あらかじめ共同開発の目的や役割を具体的に定めておくことが重要です。
> ③ 共同開発では、技術やノウハウが漏洩しないように、提供する技術情報の範囲、秘密保持契約の内容を明確に定める必要があります。また、共同開発の成果の利用方法について明確にしておく必要があります。
> ④ 共同開発においては、開発そのものが目的ではなく、共同開発によって生まれた技術や製品を活用することが終局的な目的です。共同開発の成果をどのように事業化するのか、あらかじめ想定しておくことが重要です。
> ⑤ 共同開発は常にうまくいくわけではありません。共同開発がうまくいかなかったことも想定して、共同開発契約の解消方法を準備しておくことが重要です。
> ⑥ 研究開発の共同化そのものが独占禁止法に違反するおそれは低いですが、共同開発終了後に共同開発と同一テーマの研究・開発を制限したり、成果に基づく製品の販売価格を制限したりする場合には、不公正な取引方法であるとして、独占禁止法に違反するおそれがあるため注意する必要があります。

◆共同開発契約の相手方の選定

　共同開発契約とは、二つ以上の企業がある特定の技術の開発（「研究」を含みます。）のために、相互に人、物、お金、情報を提供する契約をいいます。技術が高度かつ複雑になった現代においては、各企業が独自に行う開発・研究には限界があり、各企業の強みを活かした、共同開発の必要性は増してきています。他方、共同開発契約を締結しようとする相手方は、自社の提供する技術情報を利用し得る立場にあり、共同開

発契約の締結には大きなリスクが伴います。技術情報は、一旦第三者の手に渡れば取り返しはつきません。したがって、共同開発契約の相手方の選定には十分な注意が必要です。特に、初めての相手と共同開発契約を締結する場合には、相手方の技術力、資金力、企業としての信頼度を十分に確認する必要があります。

また、共同開発契約は相手方によって重要となるポイントが異なってきます。例えば、企業間での共同開発契約では、研究成果の実施が重要なポイントとなりますが、企業と大学等の研究機関間での共同開発契約では、費用の負担や研究成果の発表に関する事項が重要なポイントになります。したがって、相手方に何を求め、相手方から何を求められるのか十分に把握した上で、相手方を選定する必要があります。

◆共同開発契約の目的及び役割

共同開発契約は、双方が持つ技術情報を提供し合う契約ですから、企業間の共同開発契約では、共同開発の成果は均等にし、開発費用は折半にする例が多いとされます（中島茂『企業提携の契約事例』143頁（商事法務研究会、新訂版、平4））。しかし、そうなると共同開発の当事者間において、なるべく自分の技術情報やアイデアを提供せずに、相手方から技術情報やアイデアを提供してもらおうという傾向に陥りがちな側面があります。そこで、共同開発契約においては、次の三つの点が重要です。なお、研究機関が相手方となる場合は、開発費用を企業が全額負担した上で、共同開発の成果は均等とされることが多く、相手方に応じて慣習が異なる点には注意が必要です。

第1に、共同開発の目的をできる限り具体化することが必要です。共同開発契約の締結時点で、目的を特定することは困難が伴いますが、これが明確でないと、共同開発の目的を超えた情報を提供してしまったり、無駄な労力を提供してしまったりするおそれがあります。また、共同開発の目的が具体化されていないと、契約当事者が使用する技術が共同開発の成果なのか、共同開発とは無関係な成果なのか不明確となり紛争が生じるおそれがあります。共同開発の目的を具体的に定める方法としては、「共同開発の成果とはしない」ものを列挙する、ネガティブリストが考えられます。

第2に、共同開発のために利用し得る双方の技術情報をあらかじめ整理する必要があります。これは双方が持つ技術力を開示し合う行為なので、共同開発の第一歩といえますが、相手方の様子を見ながら出したくなるのが人情です。また、技術情報が漏洩してしまうことも心配です。しかし、共同開発の締結交渉の段階から少しずつ技術情報を出し合わなければ、業務分担を決めることもできませんので、必要な範囲で技術情報を開示する必要があります。

第3に、双方の業務分担を明確にする必要があります。業務分担を定めなければ、共

同開発契約の計画はあっても具体的に進めていくことができません。契約段階では、暫定的な業務分担になるのはやむを得ないのですが、それでも契約書に具体的な業務分担を決めておくことは大切です。

> 弁護士に聞きたい！

Q31 タイムスタンプについて
　共同開発では、当社の技術情報を開示しなければなりませんが、開発の過程で誰が開示した情報なのか分からなくなってしまうことを危惧しています。特に、電子化されたデータについては複写や改ざんが容易なのでとても心配です。何か対策はないのでしょうか。

A　共同開発では、各社が自社の技術情報を開示するため、必然的に技術情報が混在してしまいます。その結果、技術情報の帰属に争いが生じてしまい、これらの争いが原因となって最悪の場合、共同開発契約自体が解消されてしまうかもしれません。

　そのような事態を避けるためにも、各技術情報の保有者を明確にしておくことは重要です。特に、共同開発契約締結以前から保有していた技術情報については、自社の技術情報であることを証明できるようにしておく必要があります。しかし、技術情報を厳重に記録・保管しているだけでは、自社の技術情報であることを証明できないことも想定されます。

　したがって、第三者が提供する証明サービスを利用して、自社の技術情報であることを客観的に証明しやすくしておくことが望ましいです。

　最も信頼できる証明サービスとしては公証制度（私文書認証や確定日付の付与等）があります。書面であっても電子化されたデータであっても認証や確定日付の付与を受けることができ、裁判における証明力も非常に高いのでとても有効な方法です。

　しかし、公証制度は公的機関によるサービスであるため、手間がかかることが多く、費用も決して安くないことから、多数の技術情報について公証制度を利用することは現実的ではありません。そこで、多数の技術情報の存在を、安価（※1）かつ簡易な手続（※2）によって証明することができる「タイムスタンプ」というサービスを利用することが考えられます。

　タイムスタンプとは、その時刻にそのデータが存在したことを証明できる民

間の証明サービスです。タイムスタンプには、公証制度を利用した場合のような法的効果はありませんが、技術的にそのデータの存在を裏付けることができるため、自社が独自に技術情報を保管している場合に比べ、証明力は高く、裁判所でもそのデータの存在や非改ざんを証明することができると考えられます。

　あらゆる技術情報について公証制度やタイムスタンプを利用することは難しいですが、極めて重要な情報については公証制度を利用し、公証制度を利用するほど重要ではない情報についてはタイムスタンプを付与する等、技術情報の重要性に応じた適切な方法により情報の保管を行うことで、共同開発における無用な紛争を回避することができると思われます。

　　※1　各事業者の契約内容によって金額は異なりますが、タイムスタンプの場合は1件当たり数円～数十円。電子公証によって日付情報の付与を受ける場合は1件700円です。
　　※2　タイムスタンプを付与する方法：利用者が電子化されたデータのハッシュ値を時刻認証局へ送信し、時刻認証局が当該ハッシュ値にタイムスタンプを付与した上で、利用者に返信します。

◆相手方に対する秘密保持条項の重要性

　共同開発においては、契約当事者が相互の持つ技術情報を開示し合うため、相手方に開示された技術情報の保護がとても重要になります。契約当事者ではない第三者への情報漏洩だけでなく、共同開発契約の相手方がライバル企業の場合には、相手方企業の内部での情報漏洩（共同開発契約の目的の範囲外での使用）に注意する必要があります。また、相手方が研究機関の場合には、学会などで研究成果を発表してしまうおそれがあるため、不測の事態が生じないよう注意する必要があります。

　そのため、相手方の技術情報の管理体制（秘密管理規程等）の確認をするだけではなく、共同開発に従事するプロジェクトチームのメンバーを定め、メンバーリストを作成する等、共同開発のために開示された技術情報に接する者を特定することが重要です。技術情報に接する者を特定することで、技術情報の漏洩を抑止するだけではなく、実際に技術秘密が漏洩してしまったときに、技術情報を漏洩した者の特定に役立ちます。

◆共同開発の成果の事業化

　共同開発から得られた、発明、考案、意匠、著作物、ノウハウなどの一切の技術成果（以下「成果」といいます。）は、契約当事者に均等に帰属するというのが一般的で

あり、均等に帰属した成果の中で、特許権等のように権利化手続を必要とするものについては、共同開発者連名で、所定の共同手続（共同出願等）をすることになります。

しかし、共同開発の成果を権利化しただけでは利益を得られないため、利益を得るためには、成果を事業化する必要があります。

例えば、共同開発の成果として生まれた製品の生産、販売を共同して行うことで、生産方法や販売方法の効率化を図ることが考えられます。また、協力関係をさらに強化し、共同開発の成果を事業目的とする組合ないしは新会社を設立することも考えられます。設立された組合や新会社の経営は、契約当事者が企業同士である場合には、双方が協力して行うのが一般的かと思いますが、一方当事者が研究機関や公的機関であり、経営に特化していない組織の場合には、経営は相手方に任せて、自身はライセンス料の支払を受けるようなやり方の方が望ましいかもしれません。

事業化の手段については、共同開発契約を締結する段階で明確化しておくことが望ましいですが、共同開発契約を締結した段階では、共同開発の成果がどのようなものになるのか、その成果が市場において受け入れられるものであるのかどうかが明確ではありません。したがって、共同開発契約の締結時に事業化の手段を明確化しておくことは困難と言わざるを得ませんが、共同開発の成果をどのように事業化するのか、共同開発の研究中も常に意識しておく必要があります。

◆共同開発からの離脱

大いなる期待をもって始まった共同開発も時間が経つにつれ、様々な問題が生じます。例えば、共同開発の成果が出ないときや、開発そのものは成功していてもその事業化が予想以上に困難であることが判明したときには、共同開発を継続する意欲が薄れます。また、一方当事者が当該共同開発の事業分野から撤退を決めた等の理由により、共同開発そのものの必要性がなくなる場合もあります。

そこで、このような状況をあらかじめ想定し、共同開発契約を締結する段階において、共同開発から離脱する条項を定めておくことが望ましいです。

離脱についての条項は、一案として、「一方当事者がこれまでの成果を相手方に帰属させることを申し出ることによって本件開発から離脱することができる」旨の条項とすることが考えられます。離脱する当事者には成果を活かす術が乏しく、開発を継続する当事者に成果を残すことが技術発展の観点からも適当であると考えられるからです。もっとも、離脱する当事者も共同開発を行っていた間、費用を投下しているため、その実費相当分は共同開発を継続する当事者に負担させるのが公平であるとも考えられます。

◆独占禁止法への配慮

　共同研究開発については、平成5年に「共同研究開発に関する独占禁止法上の指針」（平5・4・20公正取引委員会）（以下「共同研究開発ガイドライン」といいます。）が出されています。そこには、「研究開発の共同化に対する独占禁止法の適用について」として、その公正取引委員会の見解が示されており、要約すると、次のとおりです。

　「研究開発の共同化そのものが独占禁止法に違反するおそれは少なく、特に競争関係にない企業間で行われる研究そのものは知的な活動であり、それ自体が市場における公正競争を阻害するおそれは小さい。もちろん、共同開発の研究成果である技術や製品の実施に伴って、価格協定の合意をすれば、不当な取引制限として独占禁止法に違反すると考えられる。」

　次に、共同研究開発ガイドラインは、「共同研究開発の実施に伴う取決めに対する独占禁止法の適用について」として、①共同研究開発の実施に関する事項に関し、原則として、不公正な取引方法に該当しないと認められる事項と、不公正な取引方法に該当するおそれがある事項、及び不公正な取引方法に該当するおそれが強い事項、②共同研究開発の成果である技術に関する事項に関し、原則として、不公正な取引方法に該当しないと認められる事項と不公正な取引方法に該当するおそれが強い事項、③共同研究開発の成果である技術を利用した製品に関する事項に関し、原則として、不公正な取引方法に該当しないと認められる事項と、不公正な取引方法に該当するおそれがある事項、及び不公正な取引方法に該当するおそれが強い事項を定めています。

　この共同研究開発ガイドラインは、具体的な事例を想定して事細かに論じていますが、共同研究開発ガイドラインの冒頭にもあるように、「公正取引委員会としては、共同研究開発を一般的に問題視するものではなく、それによって競争制限的効果が生じるおそれがある場合に限り、独占禁止法上の検討を行うものである」としています。その意味で、共同開発契約書の審査担当者も共同研究開発ガイドラインばかりをうかがって、依頼部署に対し、必要以上に謙抑的な条項を求めることは適切ではないと考えられます。

（家田真吾）

＜参考文献＞
　オープン・イノベーション・ロー・ネットワーク編『別冊ＮＢＬ　No.149　共同研究開発契約ハンドブック─実務と和英条項例』（商事法務、平27）

書式例14　共同開発契約書

共同開発契約書

○○株式会社（本社所在地　○○県○○市○○○丁目○番○号。以下「甲」という。）と○○株式会社（本社所在地　○○県○○市○○○丁目○番○号。以下「乙」という。）は、燃料電池自動車を使用した自動走行技術の実用化及び低コスト化に関する共同開発を実施することについて、次のとおり合意した（以下「本件契約」という。）。

第1条（基本合意）
　　甲及び乙は、相互に協力して、燃料電池自動車を使用した自動走行技術の実用化及び低コスト化に関する共同開発（以下「本件開発」という。）を行う。

> 【チェック事項】
> 　共同開発契約の対象を具体的かつ明確に定めることが重要です。契約締結時点で共同開発の対象を明確に特定できる場合は、別紙を用いて詳細に記載すべきです。
> 　共同開発の対象を具体的に記載することが困難な場合は、逆に共同開発の対象としない技術や製品を書くことも有益です。契約締結時に、当事者間で共同開発に含まないことが明確になっている範囲については、ネガティブリストとして、契約書に記載しておきましょう。

第2条（情報の開示）
1　甲及び乙は、本件開発に当たり、各自の保有する本件開発に必要かつ有益な情報及び資料（以下「本件技術情報」という。）を相互に開示する。ただし、第三者との契約により秘密保持義務が課されているものはこの限りではない。
2　甲及び乙が開示した本件技術情報は、本件開発にのみ用いることができる。
3　甲及び乙は、本件開発に利用若しくは第1項に基づき相手方に開示する本件技術情報について、不正競争防止法その他の情報の入手・利用に関する法令に照らし、適法に利用又は開示できる権限があることを相手方に保証する。
4　本条に基づき提供された本件技術情報は、提供者の所有に属する。

> 【チェック事項】
> 　双方が開示する情報は極めて重要であるため、できる限り具体的に定めることが望ましいです。また、必ず開示してほしい情報や決して開示することができない情報については、当該情報だけでも明記しておくことが望ましいです。

第3条（作業分担）
1　甲及び乙は、別紙〔省略〕に記載の作業分担及び開発計画に従って本件開発を遂行する。
2　甲及び乙は、本件開発の進捗状況を報告するために、毎月1回、月例報告会を開催することとする。
3　甲及び乙は、別紙〔省略〕に記載の作業分担又は開発計画に修正の必要が生じた場合には、速やかに相手方に申し出て、その対応について協議する。

【チェック事項】
　作業分担表はできるだけ具体的に定めておくことが望ましいです。
　また、実務上は開発が進むにつれて見直しが必要となることが多いため、月例報告会などの見直しをする仕組みを定めておくことが望ましいです。

第4条（費用）
1　甲及び乙は、本件開発に要する費用を、甲及び乙の折半とする。
2　甲及び乙は、あらかじめ、前条の作業分担を実行するための人件費、研究費等の費用の額を相手方に対して通知するものとする。
3　甲及び乙は、前条第2項に定める月例報告会において、それまでに要した費用の額を報告し合い、その差額を決済する。ただし、相手方が本件開発に要する費用であるかどうかについて異議を申し出たときは、甲及び乙において、別途協議する。

【チェック事項】
　費用の負担については、①上記のように折半とする場合以外にも、②各自の負担とする場合や、③一方当事者が全ての費用を負担する場合などがあります。
　費用が膨大であり、逐一費用を計算することが不合理な場合には、各自の負担とする方法が望ましいです。

第5条（成果の帰属）
1　本件開発から直接得られた、発明、考案、意匠、著作物、ノウハウなどの一切の技術成果（以下「本件成果」という。）は、甲及び乙に均等に帰属する。
2　本件成果の中で、特許権等の申請（出願）手続を必要とするものについては、甲及び乙の共同申請（共同出願）において手続する。
3　前項の費用は甲及び乙の折半とする。ただし、甲又は乙がこの費用の支払をしないときは、当該権利の持分を放棄したものとみなし、費用を負担した当事者に当該権利の全ての持分が帰属する。
4　甲及び乙は相手方の同意がない限り、本件成果を、学会や論文等の公の場で発表してはならない。

5　甲及び乙は、本件成果に関し、自己の従業員等が有する権利につき、本件契約の目的を達するために当該従業員等から必要な承継を受けることを保証する。

【チェック事項】
　上記のように①全ての成果を均等とする場合だけではなく、②貢献に応じた帰属とする場合もあります。

第6条（プロジェクトチームの結成と秘密保持義務）
1　甲及び乙は、本件開発のためのプロジェクトチームを結成し、甲から○名、乙から○名を担当させることとし、そのリストを相互に相手方に交付する。
2　本件開発に基づき、甲又は乙の従業員が、相手方の事業所又は研究施設において開発作業を行う場合であっても、当該従業員が所属する当事者が、当該従業員を直接指揮監督し、労働基準法、労働者災害補償保険法、労働安全衛生法その他の法令で定められた雇用主としての責任を負う。
3　甲及び乙は、本件開発のために相手方から開示された本件技術情報、また本件契約の締結又は履行に関連して知り得た相手方の技術情報その他の情報（以下「本件秘密情報」という。）を、本件開発の目的のみにおいて使用するものとし、甲及び乙は、会社の内外を問わず、それぞれ相手方の書面による承諾なく、第1項のプロジェクトチームの構成メンバー以外の者に対して本件秘密情報を提供してはならない。
4　第1項のプロジェクトチームの構成メンバー以外の者が本件秘密情報を知ったことが判明した場合には、甲及び乙は、その者が本件秘密情報を知るに至った経緯について協力して調査する。

第7条（類似する技術研究の禁止）
1　甲及び乙は、本件開発と類似する研究をする場合には、あらかじめ、相手方に通知し、相手方の求めがあれば、類似する研究の担当者、研究の概要等を説明する義務を負う。
2　甲及び乙が、前項の手続をとらず、類似研究を実施し、特許権等の知的財産権を獲得した場合には、その研究の成果は、本件成果と推定する。

【チェック事項】
　共同開発のテーマ以外のテーマの研究開発を制限することや、共同開発終了後に共同開発テーマと同一テーマの研究開発の制限をすることは独占禁止法に違反するおそれが強いため留意が必要です。

第8条（第三者に対する秘密保持）
1　甲及び乙は、事前に相手方の書面による同意を得た場合を除き、本件秘密情報を第

三者に漏洩してはならない。ただし、次の各号のいずれかに該当するものはこの限りではない。
① 相手方から開示される前から既に知っていたもの
② 相手方から開示される以前に既に公知となっていたもの
③ 相手方から開示された後に、自己の責めに帰し得ない事由によって公知となったもの
2 甲及び乙以外の第三者が、本件秘密情報を知ったことが判明した場合には、その者と甲ないしは乙との間に特殊な関係（資本提携、人事提携、技術提携）があるときには、特殊な関係のある当事者は、相手方に対し、その第三者が本件秘密情報を知るに至った経緯について説明する責任を負う。

【チェック事項】
　共同開発契約において、秘密保持は極めて重要な事項です。
　不正競争防止法上、「営業秘密」としての保護を受けるためには、秘密管理性が要求されていますので（不正競争2⑥）、共同開発契約においても、提供する書面には「㊙」のマークを付し、電子データにはパスワードを付すなど、秘密の対象となっている情報であることを明確にすることを心がけましょう。

第9条（第三者による権利侵害への対処）
　甲及び乙は、本件成果として取得した共有に係る産業財産権を第三者が侵害した場合には、相互に協力して断固たる対処をする。

第10条（第三者の異議申立てへの対処）
　甲及び乙は、第5条に定める本件成果に関する特許権、実用新案権、意匠権、商標権等の取得及び維持に関し、第三者から異議申立て、審判、訴訟などを提起された場合は、その取得及び維持のために相互に協力してこれに対処する。

第11条（本件成果の事業化）
1　甲及び乙は、第5条に定める本件成果に関する共有に係る特許権等の産業財産権を無償にて自由に実施することができる。
2　甲及び乙は、本件成果が一つの事業とする程度に成熟したときには、本件成果を事業化するための方法として、共同生産、共同販売等、本件成果を事業目的とする組合ないし新会社の設立に関する協議をする。

【チェック事項】
　共同開発の成果に基づく製品の販売地域を制限することや、販売数量を制限することは独占禁止法に違反するおそれがあるため留意する必要があります。
　また、開発の成果について、組合や新会社を設立する話合いの機会を担保するた

め、第2項のような条項を入れておくことが望ましいです。

第12条（本件開発からの離脱）
1　甲及び乙は、3か月前から予告することによって、これまでの成果を相手方に帰属させることを申し出ることによって、本件開発から離脱することができる。
2　前項の場合には、離脱する当事者は、相手方に対し、これまでの成果を相手方に帰属させることを引換えに、第4条に基づき負担した自己の費用の支払を求めることができる。
3　前2項の場合において、離脱の申出を受けた当事者もまた、本件開発の継続を希望しないとした場合には、これまでの成果は甲及び乙に均等に帰属するものとし、また、これまでの費用は、甲及び乙の折半とする。

第13条（反社会的勢力の排除）
　　甲及び乙は、それぞれ相手方に対し、次の各号の事項を確約する。
① 自らが、暴力団、暴力団関係企業、総会屋若しくはこれらに準ずる者又はその構成員（以下、総称して「反社会的勢力」という。）ではないこと。
② 自らの役員（業務を執行する社員、取締役、執行役又はこれらに準ずる者をいう。）が反社会的勢力ではないこと。
③ 反社会的勢力に自己の名義を利用させ、この契約を締結していないこと。
④ 本件開発が終了するまでの間に、自ら又は第三者を利用して、この契約に関して次の行為をしないこと。
　ア　相手方に対する脅迫的な言動又は暴力を用いる行為
　イ　偽計又は威力を用いて相手方の業務を妨害し、又は信用を毀損する行為

第14条（解除）
1　甲及び乙は、相手方が本件契約に違反した場合には、相当の期間を定めて催告の上、本件契約を解除することができる。
2　甲及び乙は、相手方が次の各号のいずれかに該当する事実が発生したときには、催告を要しないで直ちに本件契約を解除することができる。
① 破産手続、民事再生手続、会社更生手続又は特別清算について、自ら各開始の申立てをしたとき又は各開始の申立てを受けたとき。
② 解散決議をしたとき。
③ 仮差押え、仮処分、強制執行、滞納処分を受けたとき。
④ 手形、小切手の不渡りを出したとき又はその他の支払停止、支払不能の事由を生じたとき。
⑤ 前各号に準ずる経営上重要な事項が発生したとき。
3　甲又は乙は、前2項によって、本件契約が解除された場合には、これによって生じた損害を相手方に請求することができる。

第15条（契約期間）
1　本件契約の期間は、本件契約締結の日から1年間とする。ただし、期間満了3か月前から、甲及び乙が共同開発の成果及びコストについて検討会議を開催し、共同開発の継続について双方の合意が得られた場合には、本件契約と同一条件をもってこれを延長することができる。以後も同様とする。
2　前項の規定にかかわらず、第5条、第6条、第8条から第11条までの規定は、それぞれの対象事項が消滅するまで有効とする。

【チェック事項】
　共同開発契約では、経営方針の変更などから共同開発を継続する必要性がなくなることが多々あるため、契約期間の延長について慎重に検討する必要があります。したがって、自動更新条項は避けることが望ましいです。
　また、契約期間終了後も効力を残存すべき条項を列挙する必要があります。

第16条（管轄合意）
　本件契約に関連する紛争については、○○地方裁判所を第一審の専属的合意管轄裁判所とする。

　以上の契約を証するためこの証書2通を作成し、甲及び乙の記名押印の上、各々その1通を保有するものとする。

　　平成○年○月○日

　　　　　　　　　　　　　　　　　　○○県○○市○○○丁目○番○号
　　　　　　　　　　　　　　甲　　　○○株式会社
　　　　　　　　　　　　　　　　　　代表取締役　○　○　○　○　印

　　　　　　　　　　　　　　　　　　○○県○○市○○○丁目○番○号
　　　　　　　　　　　　　　乙　　　○○株式会社
　　　　　　　　　　　　　　　　　　代表取締役　○　○　○　○　印

◆チェックリスト

共同開発の目的・対象	
・共同開発の目的は具体的かつ明確か	☐
・ネガティブリストの作成により、逆の視点から共同開発の対象を明確にすることについて検討したか	☐

相互が提供・分担するもの	
・相互の提供する技術が具体的に示されているか	☐
・作業分担及び開発計画は明確か	☐
・作業分担の見直し条項が定められているか	☐
・費用の分担は公平か	☐
成果の取扱い	
・成果の帰属についての定めがあるか	☐
・成果の発表の制限はあるか	☐
・事業化の機会は担保されているか	☐
秘密保持条項	
・秘密情報を取り扱う者が明確になっているか	☐
・秘密保持条項が定められているか	☐
・秘密保持条項に実効性はあるか	☐
第三者との関係	
・第三者に対する秘密保持条項が定められているか	☐
・第三者による権利侵害に対し相互に協力する条項が定められているか	☐
・第三者の異議申立てに対し相互に協力する条項が定められているか	☐
契約の期間	
・契約期間の定めはあるか	☐
・無条件の自動更新条項となっていないか	☐
・契約終了後も効力を存続させるべき条項が定められているか	☐
その他	
・独占禁止法に違反していないか	☐

第7章　請負契約の審査

1　建設工事請負契約

> **Point**
> ① 工事完成前の請負代金の分割払特約を定める場合、工事の進捗状況と比較して、支払が多すぎないかを確認する必要があります。
> ② 建設工事請負契約は、請負契約の中でも契約内容が複雑であり、工期が長期にわたり、また施工途中での変更が発生しやすい契約です。仕事の内容を明確化するように工夫して当初の契約書を交わすことはもとより、施工過程において変更が生じた場合には、その都度合意書を交わすことが必要です。
> ③ 建設業法の適用がある場合は、同法で書面の作成が義務付けられている事項について契約書に盛り込みましょう。
> ④ 民間（旧四会）連合協定工事請負契約約款といえども、建設工事の内容、業者の規模によっては修正すべき場合があることを念頭に置く必要があります。

◆工事完成前の請負代金の分割払特約
(1)　請負契約の法的性質

　請負契約は、当事者の一方がある仕事を完成することを約し、相手方がその仕事の結果に対し報酬を与えることを約することによって、その効力を生ずる契約です（民632）。雇用（民623）、委任（民643）、寄託（民・新民657）は、労務の提供そのものが契約の目的とされるのに対して、請負の特質は、「労務によってつくりだされる結果、すなわち仕事の完成が契約の目的となる」点にあります（加藤雅信『新民法大系Ⅳ　契約法』388頁（有斐閣、平19））。

　請負の目的となる仕事には建設工事のように有形のものも、演奏・公演のように無形のものもあります。注文者は完成された結果に対して報酬を支払います。したがって、仕事が完成しなければ原則として報酬請求はできません。報酬は仕事の完成に対して支払われるものですから、後払が原則です。仕事の内容が目的物の引渡しを伴うものであれば、報酬は、目的物の引渡しと同時に支払うことになります（民633）。

(2) 請負代金の支払に関する注意

　実際の建設工事請負契約では、その履行に相当の費用を要することから、建物の建設工事請負契約では、着工時・棟上げ時・完成引渡し時と仕事の進行に対応した分割払や、一定時期ごとの分割払をする旨の特約がある場合が多いです。この場合には、注文者は、建設工事の完成・引渡し前であっても、特約で定められた時期に、報酬の一部を支払う義務があります。

　注文者となる会社の審査担当者は、この請負代金の分割払の合意について、十分注意する必要があります。建設工事請負契約に、建設工事の内容についての認識の違い、瑕疵（新民法では契約不適合）、工事の遅延、請負人の破産・民事再生手続の開始等、一旦問題が発生した場合には、注文者にとって、請負代金のうち相当部分の支払が未了であることは、こちらが法的手続をとらなくてもよかったり、交渉を進める上で有利な立場となります。審査担当者としては、依頼部署に対し、工事の進捗状況と比較して、支払が多すぎないか確認する必要があります。

◆契約内容及び変更の証拠化

　建設工事契約は、建物の建築を完成することを約束し、これに対し、相手方が報酬を支払うことを約束するものであり、請負契約の一つです。

　請負契約自体は当事者の合意によって成立しますから、契約書を作成しなくとも契約は成立します。しかし、建設工事の内容は材料・工法など複雑多岐にわたりますので、建物や設備のグレード等契約の目的である仕事の内容について紛争が生じることが多々あります。そこで、見積書、設計図面、仕様書、現場説明書、打合せ議事録などを契約書に引用・添付するなどして契約の目的となる建物の詳細を明確に特定すべきです。また、建設工事は比較的長期にわたることが多く、屋外にて行われるため天候等の影響を受けやすく、納期の変更を余儀なくされることがあります。また、注文者の意向等により契約内容の変更を求められる場合も少なくありません。ところが、契約内容の変更が生じるたびに、契約書の変更、合意書の作成等がなされることは煩雑であるため、その手続がとられないことが多くあります。その結果、施工途中になされた請負内容の変更に関するトラブルが多く見受けられます。このような紛争に備えるために、契約内容の変更についてもその都度合意書を交わすことが大切です。

◆建設工事請負契約と建設業法

　建設工事請負契約については、特別法として、建設業法と住宅の品質確保の促進等に関する法律があります。このうち建設業法は、建設業を営む者の資質の向上、建設

工事の請負契約の適正化等を図ることによって、建設工事の適正な施工を確保し、発注者を保護するとともに、建設業の健全な発達を促進し、もって公共の福祉の増進に寄与することを目的とします（建設1）。同法は建設業の許可や、建設工事の請負契約、建設工事の請負契約に関する紛争の処理等について定めています。契約審査手続と関わりある条項としては、特に、建設業法19条が大切です。同条によれば、建設業法の適用がある場合には、工事内容、請負代金の額、工事着手の時期・工事完成の時期、請負代金の全部又は一部の前金払又は出来形部分に対する支払の定めをするときは、その支払の時期・方法等一定の事項を記載した書面の作成が義務付けられていますので、これらの事項については契約書に記載しておきましょう。

◆約款を修正する視点での契約審査

建設工事請負契約に関しては、約款として、民間（旧四会）連合協定工事請負契約約款（以下「民間約款」といいます。）や公共工事標準請負契約約款があります。一般的に約款は、銀行や保険、ソフトウェアの使用許諾の約款等、定型的な取引において、画一的な対応をするために用いられます。しかしながら、建設工事請負契約の場合、工事の内容や種類は様々ですし、業者の規模も異なりますから、約款による契約内容の定型化にはなじみません。したがって、発注者となる会社の審査担当者としては、民間約款があるからといって、これを鵜呑みにすることは、必要もありませんし、適切でもありません。建設工事の内容、業者の規模・信用等によって、民間約款を修正すべき場合があることを忘れてはなりません。

新民法と契約審査

〇仕事未完成時における請負人の報酬請求権

請負契約において、報酬は仕事の完成に対して支払われるものと解され、仕事が未完成であれば原則として報酬は発生しません。しかしながら、常に一切報酬が発生しないとするのは不合理です。判例でも仕事の完成前に請負契約が解除された場合に「工事内容が可分であり、しかも当事者が既施工部分の給付に関し利益を有するときは、特段の事情のない限り、既施工部分については契約を解除することができず、ただ未施工部分について契約の一部解除をすることができるにすぎない」として既履行部分についての報酬請求を認めていました（最判昭56・2・17判時996・61）。

新民法では、この判例法理を明文化して、注文者の帰責事由によらずに履行

不能となった場合や、仕事の完成前に請負契約が解除された場合には、請負人は、既に行われた仕事の結果のうち可分な部分の給付によって注文者が受ける利益の割合に応じて報酬を受けることができるとしました（新民634）。仕事の結果が可分であるか否か、また注文者が受ける利益の割合について争いとなり、協議がまとまらなければ、最終的には裁判所の判断を仰ぐこととなります。そのため、契約書において仕事の結果が可分であるのか否か、また可分であるとする場合には、注文者が受ける利益の割合の評価方法を明らかにしておくとよいでしょう。注文者が受ける利益の割合の評価については、仕事未完成の場合の損害賠償請求権を考慮して出来高より低い金額と合意により取り決めておくことも考慮に値します。

○契約不適合の担保責任

　新民法により、請負契約も売買契約と同様に瑕疵担保責任の規定が削除され、新たに「契約の内容に適合しない」（契約不適合）場合の担保責任として整理されることになりました（新民559による561〜570準用）。契約の内容に適合しているかどうかで履行追完請求、報酬減額請求、損害賠償請求、契約解除の可否が判断されます。そのため契約書で契約の目的や趣旨等「契約の内容」が具体的に定められているか審査する必要があります。

　現行民法634条1項ただし書は、請負契約において「瑕疵が重要でなく、かつ修補に過分の費用を要する場合は、修補請求できない」旨を定めており、これは請負契約については「瑕疵が重要な場合は過分の費用を要しても修補請求できる」という重い修補義務を定めていたと解釈されていました。しかし、新民法では同条文が削除されたため、「瑕疵が重要で過分の費用を要する場合」の修補請求は難しくなると思われます。

　また現行民法635条ただし書は、目的物に瑕疵があり、そのために契約をした目的を達することができない場合であっても、「建物その他の土地の工作物」を目的とする請負契約は解除ができない旨を定めています。しかしながら、重大な瑕疵があり、契約の目的を達成できない場合でも何らかの利用価値があれば解除できないとするのは注文者に酷であるとして、同条文も新民法では削除されました。これまでも、建設請負の目的物である建物に重大な瑕疵があるためにこれを建て替えざるを得ない場合に、建物建替費用相当額の損害賠償を請求することができるとの判例（最判平14・9・24判時1801・77）により、建物に重大な瑕疵があり建て替えざるを得ない場合の救済がなされていましたが、そのよう

な場合だけでなく、契約の目的を達することができない場合も含めて解除が認められることとなりました。

しかしながら、軽微な債務不履行について解除はできませんので（新民541ただし書）、こだわる部分については軽微な瑕疵と判断されないために契約の目的に反映させておきましょう。

○担保責任の行使期間

現行民法では、建物その他の土地の工作物の請負人が、その工作物又は地盤の瑕疵について担保の責任を負う期間は引渡し後5年間であり、石造、土造、れんが造、コンクリート造、金属造その他これらに類する構造の工作物については10年間とされていますが（民638）、新民法では同条文は削除され、注文者が契約不適合の事実を「知った時から1年以内」に請負人に通知をすることで履行の追完請求、報酬減額請求、契約解除、損害賠償請求を行うことができるようになりました（新民637）。

また、住宅の品質確保の促進等に関する法律94条では新築住宅の請負契約について住宅の構造耐力上主要な部分等の瑕疵について引渡しから10年間の担保責任を定めていますが、これについても民法改正に伴い、瑕疵を知った時から1年以内にその旨を請負人に通知することが必要となります。

今後、注文者としては上記期限の制約がなくなったことにより、期間に留意する負担は軽減されましたが、「知った時から1年以内」を立証するために通知方法に留意する必要があります。また、請負人としては、新民法により契約不適合の担保期間の管理が難しくなったといえます。請負人としては担保責任を引渡しから一定期間内に制限する特約を入れることを検討すべきでしょう。

○定型約款の該当性①

新民法では、定型約款に関する条文が新設されました（新民548の2～548の4）。

定型約款とは、ある特定の者が、相手の個性に着目せず、不特定多数の者を相手方として行う取引であって、その内容の全部又は一部が画一的なものであることがその双方にとって合理的な取引（定型取引）において、契約の内容とすることを目的としてその特定の者により準備された条項の総体をいいます（新民548の2）。

定型約款を契約の内容とする旨の合意がある場合又はあらかじめ定型約款を契約の内容とする旨を定型約款準備者が相手方に表示していた場合には、相手

方が定型約款の内容を知らなくとも定型約款の内容について合意があったものとみなされ、契約内容となります（ただし、民法1条2項の基本原則に反して相手方の利益を一方的に害するものは除きます。）。

　そこで、民間約款が、新民法の定型約款に該当するかどうかが問題となりますが、事業者間で締結する契約は「相手の個性に着目せず、不特定多数の者を相手方として行う」定型取引に該当しないことが多いため、事業者間の建設工事請負契約に用いられる民間約款は定型約款に該当しない可能性が高いと思われます。しかし、新民法施行後も定型約款に該当しない約款について、約款による意思をもって契約したものと推定されていたこれまでの裁判例が維持されるかどうか分かりませんので、民間約款を利用する場合は建設工事請負契約書においてその旨の合意を明示しておくとよいでしょう。

（清水綾子、野村朋加）

＜参考文献＞
　民間（旧四会）連合協定工事請負契約約款委員会編著『民間（旧四会）連合協定工事請負契約約款の解説』（大成出版社、第5版、平28）
　加藤雅信『新民法大系Ⅳ　契約法』（有斐閣、平19）
　滝井繁男『逐条解説工事請負契約約款』（酒井書店、5訂新版、平10）

書式例15　建設工事請負契約書

建設工事請負契約書

　発注者○○株式会社（以下「甲」という。）と受注者○○株式会社（以下「乙」という。）は、以下のとおり建設工事請負契約（以下「本件契約」という。）を締結する。なお、本件契約に記載のない事項は、民間（旧四会）連合協定工事請負契約約款を適用する。

第1条（契約の目的）
　　甲と乙は、○○地区再開発プロジェクトの一環として、同地区に○○ビル（仮称）（以下「本件建物」という。）を建設し、もって地元地域の豊かな生活の一助となることを基本理念として本件契約を締結する。なお、本件建物は、その1階に高級ブティックを中心とした富裕層を対象としたテナントを集めた高級感溢れる商業施設として、また、2階以上を再開発に伴い誘致される企業等へ貸オフィスとして賃貸する目的で建設されるものであることを確認する。

【チェック事項】
　契約の目的を共通の理解としておくことはトラブルを防ぐ上で重要です。また新民法では「契約の内容に適合」しているかどうかで履行追完請求、報酬減額請求、契約解除、損害賠償請求の可否が判断されます。そのため契約書に建物の利用目的や趣旨等「契約の内容」を具体的に定めましょう。

第2条（工事内容）
　　甲は、乙に対して、下記内容の建設工事（以下「本件工事」という。）を注文し、乙はこれを請け負い完成させることを承諾した。
　　　工事名　：○○ビル（仮称）建設工事
　　　工事内容：別紙設計図面○枚、仕様書○冊、現場説明書○枚、質問回答書○枚〔省略〕に基づく。
　　　工事現場：○○県○○市○○○丁目○番○号

第3条（請負代金）
1　本件工事の請負代金は、金○○億円（消費税別）とし、甲は、下記査定期日における出来高の金額を下記支払期日に乙が指定する口座に振り込む方法で支払う。振込に要する費用は甲が負担する。
　　①　第1期査定期日平成○年○日○日　支払期日平成○年○日○日
　　②　第2期査定期日平成○年○日○日　支払期日平成○年○日○日
　　③　工事完成後引渡し時平成○年○日○日（予定）　残代金

2　前項の出来高の金額は、査定期日までに監理者の検査に合格した工事の出来形部分と検査済みの工事材料・建築設備の機器に対する請負代金相当額の〇割に相当する額とする。

第4条（工期・引渡し）
本件工事の工期及び本件建物の引渡時期は下記のとおりとする。
　　着手　：平成〇年〇日〇日
　　完成　：平成〇年〇日〇日
　　引渡し：平成〇年〇日〇日

第5条（権利義務の譲渡）
1　甲乙は、相手方の書面による事前の承諾を得なければ、この契約から生ずる権利又は義務を、第三者に譲渡すること又は承継させることはできない。ただし、合併及び会社分割により、この契約から生ずる権利又は義務を一般承継させる場合にはこの限りではない。
2　甲乙は、相手方の書面による事前の承諾を得なければ、本件建物並びに検査済みの工事材料及び建築設備の機器（いずれも製造工場などにある製品を含む。以下同じ。）を第三者に譲渡すること若しくは貸与すること、又は抵当権その他の担保の目的に供することはできない。

【チェック事項】
　新民法は、譲渡禁止の特約があるのにこれに反して行った債権の譲渡はその効力を妨げられないとしていますが、特約違反が債務不履行に当たることを正面から否定するものではありませんし、特約違反を解除事由とすることもできますので、改正後も譲渡禁止特約を入れておく意義があります。

第6条（反社会的勢力の排除）
1　甲及び乙は、自己、自己の下請負業者（下請負が数次にわたるときはその全て）及びその役員が、現在、暴力団、暴力団員、暴力団準構成員、暴力団関係企業、総会屋、社会運動標ぼうゴロ、政治活動標ぼうゴロ、特殊知能暴力集団等の反社会的勢力に該当しないことを表明し、かつ将来にわたっても該当しないことを確約する。
2　甲及び乙は、自ら又は第三者を利用して、暴力的な要求行為、法的責任を超えた不当な要求行為、脅迫的な言動、暴力及び風説の流布・偽計・威力を用いた信用毀損・業務妨害、その他これらに準ずる行為を行わないことを確約する。
3　甲又は乙は相手方が前2項のいずれかに反した場合には、何らの催告を要せず本件契約を解除することができる。
4　前項の規定により本件契約が解除された場合には、解除した者はこれによる損害を賠償する責めを負わない。

第7条（履行遅滞・違約金）
　　乙の責めに帰すべき理由により、契約期間内に本件建物を引き渡すことができないときは、甲は、遅滞日数1日につき、請負代金額の1000分の1に相当する違約金を請求することができる。

> 【チェック事項】
> 　民間約款では請負代金額に対して年10％の割合による違約金を請求できる旨定めていますが、引渡期日を厳守しなければ、注文者に莫大な損害の発生が予測されるような事案では、違約金の金額を修正する条項を入れることを検討すべきです。

第8条（瑕疵担保）
　　乙は、本件建物の瑕疵について、本件建物の引渡し後○年間その担保責任を負う。

> 【チェック事項】
> 　民間約款は、現行民法の瑕疵担保責任（民638）の期間を大幅に短縮しています。注文者としては現行民法と同程度の期間とするよう検討すべきです。
> 　新民法では、注文者が契約不適合の事実を「知った時から1年以内」に請負人に通知をすることで履行の追完請求、報酬減額請求、損害賠償請求、契約解除を行うことができるようになります（新民637）。請負人は、新民法により契約不適合の担保期間の管理が難しくなるといえます。そこで請負人としては期間を制限する特約を入れることを検討すべきでしょう。

第9条（管轄の合意）
　　本件契約から生じる一切の係争については、○○地方裁判所を第一審の専属的合意管轄裁判所とする。

第10条（協議事項）
　　甲乙は、本件契約に規定のない事項及び本件契約の条項に関して疑義が生じたときは、信義誠実の原則に則り、誠意をもって協議する。

　この契約の証として本書2通を作り、発注者及び受注者が記名押印して、それぞれ1通を保有する。

　　平成○年○日○日

　　　　　　　　　　　　　　　　　　　　○○県○○市○○○丁目○番○号
　　　　　　　　　　　（発注者）甲　　　○○株式会社
　　　　　　　　　　　　　　　　　　　　代表取締役　○　○　○　○　印

```
                              ○○県○○市○○○丁目○番○号
           （受注者）乙        ○○株式会社
                              代表取締役　○　○　○　○　印
```

◆チェックリスト

民間約款の利用	
・民間約款を契約内容とするか	☐
・民間約款を契約内容とする場合は契約書に明示しているか	☐
契約内容の特定	
・契約の目的となる建物の目的や趣旨が明示されているか	☐
・設計図書（設計図・仕様書等）により契約内容が特定されているか	☐
契約相手の信用	
・請負人ないしは注文者に信用はあるか	☐
請負代金	
・請負代金の支払は、工事の進捗状況に対応するものか	☐
・出来高の評価方法が明示されているか	☐
・注文者が受ける利益（新民634）の評価方法が明示されているか	☐
工事期間	
・着工・完成日の定めは実現可能なものか	☐
瑕疵担保	
・瑕疵担保の権利行使期間は妥当か	☐
違約金	
・請負人の責任によって仕事が完成しない場合の違約金の定めはあるか	☐
その他	
・契約上の権利・義務の譲渡の禁止は受け入れられるか	☐

2　製作物供給契約

> **Point**
> ① 製作物供給契約は、下請法上の「製造委託」に該当することがあり、契約審査に当たっては、当該契約に下請法の適用があるか否かを確認する必要があります。下請法の適用がある場合には、規制に違反すると、公正取引委員会による勧告の対象となります。
> ② 目的物の製造者等は、製造物責任を負うことがあります。注文者との契約において、注文者が当該製造物を改造したときは一切製造物責任を免れるとの条項を設けても、注文者に供給した目的物の欠陥によって第三者に損害を生じさせたときは、当該第三者との関係で責任を免れることはできません。契約審査の際には、製造物責任が問われる事態になった場合に、契約上、速やかにその原因を究明し、責任の負担を明らかにできるようにしておくことが必要でしょう。

◆下請法の適用の有無の審査
（1）　製作物供給契約の意味

　製作物供給契約とは、法律的な定義はありませんが、供給者が目的物を製作して受給者に供給し、受給者がこれに対してその代金を支払う契約をいいます。このような契約は、製作の点では請負の性質を持ち、製作物の所有権を移転する点では売買の性質を持っていることから、製作については請負に関する規定が適用され、供給については売買の規定が適用されると解されています。

　この製作物供給契約も、目的物が量産されて代替性のある製品の場合と、オーダーメイドの製作物（機械製作や洋服の仕立て）の場合とでは、その性質が異なり、量産されて代替性のある製品の製作義務は、種類物売買契約の売主の調達義務と同じように考えることができます。すなわち、売主は定められた品質の物を調達して引き渡す義務（調達義務）を負い、瑕疵のある物を買主に引き渡したとしても原則として売主は調達義務を免れず、買主は売主に対して、完全履行請求をすることができます。

　これに対して、オーダーメイドの製作物の供給契約については、建物建築請負契約などの請負契約と同じように考えることができます。

　製作物供給契約では、供給者が物を製作するために、下請法に定める「製造委託」

に該当し、受給者が同法に定める親事業者に、供給者が同法に定める下請事業者に該当する場合には、下請法が適用されることになります。また、供給者は、製造物責任法に定める製造業者に該当し、製造物責任を負う場合があります（売買契約の場合でも、売主が輸入業者である場合には、製造物責任を負う場合があります。）。

(2) 下請法の適用について

製作物供給契約は、「製造委託」（下請2①）に該当する場合があります。すなわち、公正取引委員会の解説によると、目的物がいわゆる規格品、標準品であって、広く一般に市販されているものなど実質的には購入と認められる場合は「製造委託」に該当しませんが、規格品、標準品であっても親事業者が仕様等を指定して下請事業者にその製造を依頼すれば下請法の対象となる製造委託に該当します。例えば、規格品の製造の依頼に際し、依頼者の刻印を打つ、ラベルを貼付する、社名を印刷するとか、規格品の針金、パイプ鋼材等を自社の仕様に合わせて一定の長さ、幅に切断するというような作業を行わせた場合等がこれに当たります。また、各メーカー等が自ら仕様等を決定し自社ブランドとして販売している商品の発注については、納入業者が発注を受けてから生産する場合であっても、当該メーカーブランド商品の汎用性が高く、かつ、自社用として変更を加えさせることがない場合には、実質的には購入と認められ、下請法の対象となる製造委託には該当しません。

そして、当該契約が製造委託に該当する場合には、契約当事者が、親事業者及び下請事業者に該当すると、下請法が適用されることになります。

親事業者とは、製造委託の場合について見ると、原則的には、

① 資本金の額又は出資の総額が3億円を超える法人たる事業者であって、個人又は資本金の額若しくは出資の総額が3億円以下の法人たる事業者に対し製造委託をするもの（下請2⑦一）

② 資本金の額又は出資の総額が1,000万円を超え3億円以下の法人たる事業者であって、個人又は資本金の額若しくは出資の総額が1,000万円以下の法人たる事業者に対し製造委託をするもの（下請2⑦二）

をいうと定められています。

下請事業者については、親事業者の規定と対応する形で、原則的には、

① 個人又は資本金の額若しくは出資の総額が3億円以下の法人たる事業者であって、上述①に規定する親事業者から製造委託を受けるもの（下請2⑧一）

② 個人又は資本金の額若しくは出資の総額が1,000万円以下の法人たる事業者であって、上述②に規定する親事業者から製造委託を受けるもの（下請2⑧二）

をいうと定められています。

【親事業者・下請事業者の定義】

㋐ 物品の製造・修理委託、プログラム作成・運送・物品の倉庫における保管・情報処理の委託

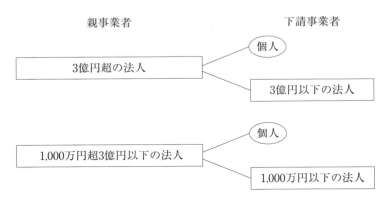

㋑ ㋐以外の情報成果物作成・役務提供委託

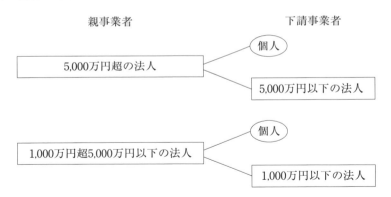

※図中の数字は資本金の額を表します。

また、ある会社（下請法上の子会社）の役員の任免、業務の執行又は存立について支配をする会社（下請法上の親会社）が、子会社を通じて製造委託等をする場合、この子会社が親事業者たり得る事業者でなくても、子会社から再委託を受ける会社が親会社から直接製造委託等を受けるものとすれば前述①又は②に該当することとなるときは、子会社が親事業者、再委託を受ける会社が下請事業者とみなされることがあります（下請2⑨）。

したがって、審査担当者としては、下請法の適用の有無を判断するために、登記事項証明書などにより相手方の資本金等を確認する必要があります。

（3）代金の支払に関する規定

ア　支払期日を定める義務

代金の支払時期については、商事の売買においては、特約によって、目的物の引渡

しを先履行とすることが多いようです。もっとも、下請法の適用がある場合には、代金の支払期日を、親事業者が下請事業者の給付を受領した日から起算して、60日以内のできる限り短い期間内に定めなければならず、受領日から60日を超える下請代金の支払期日が定められたときは、60日を経過した日の前日が下請代金の支払期日と定めたものとみなされます（下請2の2）。

したがって、契約審査に当たっては、代金の支払期日が受領日から60日以内になっていることを確認しなければなりません。

　　イ　遅延利息の支払義務

代金支払が遅延した場合の損害金について、契約上の定めがない場合及び年6％以下の定めがある場合には、その損害金は年6％と定められています（民・新民419①、商514）。

もっとも、下請法の適用がある場合には、親事業者は、下請代金の支払期日までに下請代金を支払わなかったときは、下請事業者に対し、下請事業者の給付を受領した日から起算して60日を経過した日から支払をする日までの期間について、その日数に応じ、当該未払金額に年14.6％（下請代金支払遅延等防止法第4条の2の規定による遅延利息の率を定める規則）を乗じて得た金額を遅延利息として支払わなければならないとされています（下請4の2）。

したがって、契約審査に当たっては、受領日から60日を経過すると遅延利息が年14.6％となることを、契約書上明記するなどの方法によって、依頼部署に対して支払期日を厳守するように注意を促す必要があります。

　(4)　下請法が適用される場合のその他の注意事項

　　ア　書面の交付義務

下請法は、書面の交付について定めており、親事業者は、下請事業者に対し製造委託等をした場合は、直ちに、公正取引委員会規則で定めるところにより下請事業者の給付の内容、下請代金の額、支払期日及び支払方法その他の事項を記載した書面を下請事業者に交付（当該下請事業者の承諾を得た場合には、電子情報処理組織を使用する方法その他の情報通信の技術を利用する方法により提供）しなければならないと定められています（下請3①本文・②、下請代金支払遅延等防止法第3条の書面の記載事項等に関する規則1①②・2）。具体的な記載事項は次のとおりです。

①　親事業者及び下請事業者の商号・名称（番号、記号等による記載も可）
②　製造委託、修理委託、情報成果物作成委託又は役務提供委託をした日
③　下請事業者の給付の内容
④　下請事業者の給付を受領する期日（役務提供委託の場合は、役務が提供される期

日又は期間)
⑤　下請事業者の給付を受領する場所
⑥　下請事業者の給付の内容について検査をする場合は、その検査を完了する期日
⑦　下請代金の額（算定方法による記載も可）
⑧　下請代金の支払期日
⑨　手形を交付する場合は、その手形の金額（支払比率でも可）と手形の満期
⑩　債権譲渡担保方式又はファクタリング方式若しくは併存的債務引受方式で支払う場合は、金融機関名、貸付け又は支払可能額、親事業者が下請代金債権相当額又は下請代金債務相当額を金融機関へ支払う期日
⑪　電子記録債権で支払う場合は、電子記録債権の額及び電子記録債権の満期日
⑫　原材料等を有償支給する場合は、その品名、数量、対価、引渡しの期日、決済期日、決済方法

　実務上、この書面は契約書及び注文書でなされることが多いため、契約審査において、この書面の記載事項の要件を満たしていることを確認することになります。

　前述の事項のうち、試作品の製造委託をする場合の代金額など、その内容が定められないことにつき正当な理由があるものについては、その記載がなくてもよいこととされていますが、書面に記載しない事項がある場合には、かかる事項以外の事項のほか、当該事項の内容が定められない理由及び当該事項の内容を定めることとなる予定期日を、製造委託等をしたときに交付する書面に記載しなければならないとされています（下請3①ただし書、下請代金支払遅延等防止法第3条の書面の記載事項等に関する規則1③)。この場合には、親事業者は、当該事項の内容が定められた後直ちに、当該事項を記載した書面を下請事業者に交付しなければならず、この書面は、当初書面との関連性を確認することができるようにしなければならないものとされています（下請3①ただし書、下請代金支払遅延等防止法第3条の書面の記載事項等に関する規則5)。

　これらの書面を交付しなかったときはその違反行為をした親事業者の法人自身、その代表者、代理人、使用人その他の従業者は50万円以下の罰金に処せられます（下請10一・12)。

　　イ　親事業者の禁止事項
　下請法は、親事業者の禁止事項を定めており、親事業者は、下請事業者に対し製造委託等をした場合は、次の行為をしてはならないと定めています。この親事業者の禁止事項として、受領拒否（下請4①一）、代金の支払遅延（下請4①二）、代金の減額（下請4①三）、返品（下請4①四）、買いたたき（下請4①五）、購入等の強制（下請4①六）、報復措置（下請4①七）、有償支給原材料等の対価の早期決済（下請4②一）、割引困難な手形の交付

（下請4②二）、不当な経済上の利益の提供要請（下請4②三）並びに不当な給付内容の変更及び不当なやり直し（下請4②四）が挙げられています。

そして、上述禁止事項に違反すると、公正取引委員会から、必要な措置をとるべきことを勧告されることがあります（下請7）。勧告例については、公正取引委員会HPで確認することができます。

したがって、審査担当者としては、契約の履行を担当する部署（製品の納入を担当する部署及び代金の支払を担当する部署）に対して、親事業者の禁止事項を行うことのないように注意を促す必要があります。

　ウ　書類の作成・保存義務

下請法は、書類の作成及び保存について定めており、親事業者は、下請事業者に対し製造委託等をした場合は、公正取引委員会規則で定めるところにより、下請事業者の給付、給付の受領、下請代金の支払その他の事項及び当初の書面に記載しない事項があった場合には、当該事項の内容が定められなかった理由、当該事項の内容を記載した書面を交付した日及びそれに記載した当該事項について、各書面の関係を明確に記載し、又は記録した書類又は電磁的記録を作成し、これを保存しなければならないとされています（下請5、下請代金支払遅延等防止法第5条の書類又は電磁的記録の作成及び保存に関する規則1）。

また、これらの書類又は記録は、記載又は記録を終わった日から2年間保存しなければならないと定められています（下請5、下請代金支払遅延等防止法第5条の書類又は電磁的記録の作成及び保存に関する規則3）。

この作成・保存をせず又は虚偽の書類若しくは記録を作成したときは、その違反行為をした親事業者の法人自身、その代表者、代理人、使用人その他の従業者は50万円以下の罰金に処せられます（下請10二・12）。

したがって、契約の履行を担当する部署及び記録の保管をする部署に対して、書類等の作成及び保存義務を履行するように注意を促す必要があります。

新民法と契約審査

○新民法での請負契約に関する条文の削除による影響

新民法では、請負契約に関する条文が何条か削除されました。新民法で削除された規定は現行民法の634条、635条、638条、639条、640条です。まず、634条は仕事の目的物に瑕疵があった場合における注文者の修補請求権と損害賠償請求権に関する規定ですが、それらは新民法559条により562条から564条まで

の規定が適用されるため不要とされました。また、修補請求権の限界については、新民法412条の2第1項の適用により処理できるとの理由で削除されました。

現行民法635条本文は、目的物の瑕疵により契約の目的を達することができない場合の注文者の解除権について定めていますが、新民法559条により564条が適用されることによって足りるため削除されました。その結果、注文者の催告による解除権（新民541）が認められる余地もあります。

請負の目的物が建物その他の土地の工作物である場合の解除権の制限について規定している現行民法635条ただし書が削除されたのは、判例（最判平22・6・17判時2082・55）が建物に存在価値を失わせるほどの重大な瑕疵がある場合に、建替費用相当額の損害賠償を認めることによって解除をしたのと同様の経済的地位を注文者に認めているため意義を有しないとされたことによります。

仕事の目的物が土地工作物であった場合の権利保全期間に関する特則を定めていた現行民法638条が削除されたのは、新民法637条が注文者が契約不適合を知ってから1年以内の請負人に対する通知義務を定めたことにより、存在意義がなくなったからとされています。

現行民法640条の規定は、新民法559条により572条が適用されることで処理が可能であることから削除されることになりました。

これらの改正により、請負契約の契約書作成実務に与える影響は少ないといってよいでしょう。

◆製造物責任

製造物責任法にいう「製造業者等」とは、

① 当該製造物を業として製造、加工又は輸入した者
② 自ら当該製造物の製造業者として当該製造物にその氏名、商号、商標その他の表示をした者又は当該製造物にその製造業者と誤認させるような氏名等を表示した者
③ ②に掲げる者のほか、当該製造物の製造、加工、輸入又は販売に係る形態その他の事情からみて、当該製造物にその実質的な製造業者と認めることができる氏名等の表示をした者

をいいます（製造物2③）。純粋な製造者だけでなく、輸入業者や名称等を表示した業者も「製造業者等」に含まれますので、注意が必要です。

製造業者等は、その製造した製造物等であって、その引き渡したものの欠陥により他人の生命、身体又は財産を侵害したときは、これによって生じた損害を賠償する責

めに任ずるものとされており（製造物3本文）、これに基づいて責任を負います。

　この製造物責任においては、過失に関する立証責任が転換されており、製造業者等が、①当該製造物をその製造業者等が引き渡した時における科学又は技術に関する知見によっては、当該製造物にその欠陥があることを認識することができなかったこと、②当該製造物が他の製造物の部品又は原材料として使用された場合において、その欠陥が専ら当該他の製造物の製造業者が行った設計に関する指示に従ったことにより生じ、かつ、その欠陥が生じたことにつき過失がないことを証明しない限り、責任を負うことになります（製造物4）。

　この製造物責任は、民法709条の特別法として規定されており、製造業者等と直接の契約関係にない者が被害者となったときにも、製造業者等は責任を負うことになります。したがって、注文者との契約において、注文者が当該製造物を改造したときは一切製造物責任を免れるとの条項を設けても、注文者に供給した目的物の欠陥によって第三者に損害を生じさせたときは、当該第三者との関係で責任を免れることはできません。

　契約審査の際には、製造物責任が問われる事態になった場合に、契約上、速やかにその原因を究明し、責任の負担を明らかにできるようにしておくことが必要でしょう。

弁護士に聞きたい！

Q32　OEM契約における注意点
　OEM契約について注意すべきポイントは何でしょうか。

A　　OEM契約は、自社ブランドの商品の製造を受託者に委託することを目的とする契約です。契約の形態としては、請負や売買、製作物供給契約のいずれかによることになると考えられます。

　委託者にとって注意すべきなのは、OEM契約では委託者のノウハウや技術情報を受託者に提供することになることも多いので、秘密保持条項や競業避止条項を入れるなどして、情報の流出・流用を防止する必要があります。他方、受託者にとっては、当該秘密保持条項や競業避止条項によって、受託者の業務に過度な制限がかけられることがないかをチェックする必要があります。

　契約内容の審査とは離れますが、委託者のブランドを冠した商品に欠陥があった場合、信用問題となりますので、信頼のおける受託先を探す必要があるでしょう。

（安藤芳朗、坪井梨奈）

＜参考文献＞
　公正取引委員会＝中小企業庁『下請取引適正化推進講習会テキスト』（平28）
　我妻榮ほか『我妻・有泉コンメンタール民法－総則・物権・債権』（日本評論社、第4版、平28）
　潮見佳男『民法（債権関係）改正法案の概要』（金融財政事情研究会、平27）
　弁護士法人飛翔法律事務所編『実践　契約書チェックマニュアル』（経済産業調査会、改訂2版、平26）
　鈴木満『新下請法マニュアル』（商事法務、改訂版、平21）

書式例16 ロードバイク用クランクセットの製作及び供給に関する契約書

ロードバイク用クランクセットの製作及び供給に関する契約書

売主〇〇株式会社（以下「甲」という。）と買主〇〇株式会社（以下「乙」という。）とは、第1条に定めるロードバイク用クランクセットの製作及び供給について、以下のとおり契約を締結する。

第1条（目的物）
　甲は、下記のロードバイク用クランクセットを、製作して乙に供給し、乙はこれに対して代金を支払う。
記
① 仕　様　　別紙仕様書〔省略〕に記載のとおり
② 数　量　　100個
以上

【チェック事項】
　本書式例においては別紙仕様書を省略していますが、目的物の仕様を特定しましょう。

第2条（代金とその支払）
　目的物の代金とその支払は次のとおりとする。
① 金　額　　金1,000,000円（消費税込み）（1個あたり金10,000円）
　　ただし、上記金額には、梱包費、輸送費等、目的物の引渡しに必要な費用を含む。
② 支払期日　　平成〇年10月31日
③ 支払方法　　以下の口座に振り込む（ただし、振込費用は乙の負担とする。）。
　　〇〇銀行〇〇支店　　普通預金口座　　口座番号　4567890
　　口座名義人　〇〇株式会社

【チェック事項】
　金額に、引渡しに必要な費用等が、どこまで含まれているのかをよく検討しましょう。

第3条（相殺）
　甲が乙に対して債務を負担する場合、甲は、乙に対する債権の弁済期が到来してい

るか否かにかかわらず、本債権と甲が乙に対して負担する債務とを対当額にて相殺することができる。

第4条（目的物の引渡し）
　目的物の引渡しは次のとおりとする。
　① 引渡期日　平成〇年10月10日
　② 引渡場所　〇〇株式会社　〇〇支店（〇〇県〇〇市〇〇〇丁目〇番〇号）

第5条（検査）
1　乙は、目的物の引渡しを受けたときは、5営業日以内に、その物の検査を完了しなければならない。
2　乙は、前項の規定による検査により、目的物に瑕疵又は数量不足を発見したときは、直ちに、甲に対してその旨の通知をしなければならない。
3　目的物に直ちに発見することのできない瑕疵があった場合において、乙が、目的物の瑕疵を発見したときは、直ちに、甲に対してその旨の通知をしなければならない。

【チェック事項】
　検査の完了期日は、下請法3条の交付書面の記載事項ですので、下請法が適用される場合には明記しなければなりません。
　商法上、買主には検査義務とともに瑕疵又は数量不足を発見したときは、売主に対する通知義務があります（商526）。確認的な規定になりますが、通知義務を上記のように明文化しておきましょう。

第6条（交換等）
　前条の検査により、目的物に瑕疵又は数量不足が判明した場合には、甲は、乙に対して、前条第2項又は第3項の通知があった日から5営業日以内に瑕疵のない物を給付する。

第7条（検査結果に対する異議）
　甲は、乙による第5条第1項の検査の結果に関し、疑義又は異議のあるときは、遅滞なく乙にその旨申し出るものとし、甲乙協議の上解決するものとする。

第8条（所有権の移転）
　目的物の所有権は、目的物の検査完了時に、乙に移転する。

第9条（危険負担）
　前条の目的物の検査完了時までに、甲及び乙の責めに帰することができない事由によって目的物が滅失し、又は損傷したときは、その滅失又は損傷は甲の負担に帰する。

第10条（品質保証）
1　甲は、目的物について、別紙仕様書〔省略〕の仕様に合致していることを保証する。
2　乙は、必要と認めた場合、甲に目的物の品質を保証する書面を求めることができる。
3　甲は、天災、地変などの不可抗力その他甲の責めに帰さない事由による欠陥については、責任を負わない。

第11条（反社会的勢力の排除）
1　甲及び乙は、自己又は自己の役員が現在、暴力団、暴力団員、暴力団準構成員、暴力団関係企業、総会屋、社会運動標ぼうゴロ、政治運動標ぼうゴロ、特殊知能暴力集団等の反社会的勢力に該当しないことを表明し、かつ将来にわたっても該当しないことを確約する。
2　甲及び乙は、自ら又は第三者を利用して、暴力的な要求行為、法的責任を超えた不当な要求行為、脅迫的な言動、暴力及び風説の流布・偽計・威力を用いた信用毀損・業務妨害、その他これらに準ずる行為を行わないことを確約する。
3　甲又は乙は相手方が前2項のいずれかに反した場合には、何らの催告を要せず本契約を解除することができる。
4　前項の規定により本契約が解除された場合には、解除した者はこれによる損害を賠償する責めを負わない。

第12条（損害賠償）
　　甲又は乙が、その責めに帰すべき事由によって、その債務の本旨に従った履行をしないときは、その他方当事者は、これによって生じた損害の賠償を請求することができる。

第13条（第三者損害）
　　目的物の欠陥により、第三者の生命、身体又は財産に損害が生じたときは、甲乙協議の上、当該欠陥の原因を特定し、その負担割合を決定する。

第14条（期限の利益の喪失）
　　乙が、第11条第3項又は次の各号のいずれかに該当したときは、乙は、期限の利益を失い、甲が請求したときは、直ちに、第2条に定める代金を支払わなければならない。
①　甲乙間の契約（本契約以外の契約を含む。）上の義務に違反したとき。
②　差押え、仮差押え、仮処分、租税滞納処分、その他の公権力の処分を受けたとき。
③　銀行取引停止処分を受ける等支払停止になったとき。
④　破産手続、民事再生手続、会社更生手続又は特別清算の各開始の申立てを自らしたとき又は第三者から各開始の申立てを受けたとき。
⑤　監督官庁より営業停止、営業許可の取消し、その他の行政処分を受けたとき。
⑥　財産状態が悪化し、又はそのおそれがあると認められる相当の事由があるとき。

第15条（解除）
　甲又は乙が前条各号のいずれかに該当したときは、その他方当事者は、相手方に対して催告することなく、本契約を解除することができる。

第16条（合意管轄）
　本契約に関する訴訟については、〇〇地方裁判所を第一審の専属的合意管轄裁判所とする。

　以上の契約を証するため本書2通を作成し、甲及び乙の記名押印の上、各1通を保有する。

　　平成〇年〇月〇日

　　　　　　　　　　　　　　　　　　　〇〇県〇〇市〇〇〇丁目〇番〇号
　　　　　　　　　　　　甲　　〇〇株式会社
　　　　　　　　　　　　　　　代表取締役　〇　〇　〇　〇　印

　　　　　　　　　　　　　　　　　　　〇〇県〇〇市〇〇〇丁目〇番〇号
　　　　　　　　　　　　乙　　〇〇株式会社
　　　　　　　　　　　　　　　代表取締役　〇　〇　〇　〇　印

◆チェックリスト

契約の目的物	
・仕様が特定されているか。書面がある場合には、その書面を確認したか	☐
・契約後の仕様変更がなされていないか。仕様変更について買主の了解はあるか	☐
・第三者の権利（知的財産権も含む。）が及んでいるものでないか	☐
価格設定	
・目的物の単価はいくらか	☐
・価格設定の合理性が担保されているか	☐
支　払	
・支払時期・方法は明確に定められているか	☐
・支払時期・方法が自社の通常の方法と異なる場合、経理担当部署は対応可能か	☐

・相殺条項はあるか	☐
納入・検収・受入れ	
・納入日、納入場所が明確に定められているか	☐
・自社の義務の内容が一義的に明確になっているか（例えば、設置工事の義務）	☐
・受入検査の方法は、誰が、どのように定めることになっているか	☐
・受入検査が可能な程度の情報（仕様図面）等は入手可能なのか（渡してあるのか）	☐
・受入検査を省略する場合があるか	☐
・数量過不足・不合格品があった場合にすべきことが明確になっているか	☐
・数量不足・不合格品についての再納期の指定方法はどのようになっているか（物の納入に必要な合理的期間をおいて指定されるようになっているか）	☐
・受入検査結果に異議があるときの措置について定めがあるか	☐
所有権の移転・危険負担	
・所有権移転時期が定められているか	☐
・所有権留保特約をするのが適当な場合でないか	☐
・危険負担について、危険の移転時期が明確になっているか	☐
品質保証	
・目的物の耐用期間はどのくらいか	☐
・保証期間（無料交換・補修期間）はどのくらいか（その期間、補修義務者が対応できるか）	☐
・免責条項は定められているか	☐
知的財産権	
・目的物の知的財産権の権利関係はどのようになっているか	☐
・目的物の転売に第三者の承諾が必要な場合ではないか	☐
第三者損害	
・第三者に損害が発生したときの対応が規定してあるか（特に、売主が製造物責任を負う場合）	☐
権利の譲渡等	
・契約当事者たる地位、債権又は債務の譲渡を禁止する必要はないか	☐
無催告解除条項・期限の利益喪失条項	
・無催告解除条項・期限の利益喪失条項はあるか。その要件は適切か	☐

下請法の適用があり得る場合	
・相手方の資本金を調査したか	☐
・必要な書面が作成、交付されているか	☐
・支払期日は引渡日から60日以内に定められているか	☐
・親事業者の遵守事項は守られているか	☐
・必要な書類の保存体制は整っているか	☐

第8章　業務委託に関する契約の審査

1　物品運送契約

> **Point**
> ① 物品運送契約は、運送経路、運送手段、形態によって分類されます。それぞれ用いられる標準運送約款が異なりますので、運送の種類について気をつけましょう。
> ② これまで、運送業者が行う物品運送には、運送約款の適用を排除する特約をしない限り、運送約款が適用されるものとされていましたが、新民法下においては運送約款を契約内容とすることを契約書に明記しておきましょう。
> ③ 運送業者が締結する物品運送契約には、㋐特約、㋑運送約款、㋒運送約款に定めのない事項については商法等の法令・慣習が順次適用されます。審査担当者としてはどのような特約を定めておくべきかという視点で物品運送契約を審査します。
> ④ 免責特約は、債務不履行責任のみならず不法行為責任をも免責するという実務上重要な効果を発生させますので注意が必要です。

◆運送契約の分類

　運送は、運送経路によって、陸上運送、海上運送、航空運送に分類されます。さらにこれらは物品運送と旅客運送に区別されます。陸上運送の物品運送は、運送に用いる手段やその形態によって鉄道運送、貨物自動車運送、宅配便運送、引越運送等に分類されます。それぞれに用いられる標準運送約款は異なりますので、契約する運送の種類について注意しましょう。以下、本稿では、陸上運送における一般貨物自動車運送事業者との事業者間の物品運送契約を中心に論じます。

◆運送約款

　一般貨物自動車運送事業者は、運送約款を定めて、国土交通大臣の認可を受けなければなりません（貨物自10①）。ただし、国土交通大臣が定めて公示した標準運送約款と同一の運送約款を事業者が定めた場合には国土交通大臣の認可は要しないとされて

います（貨物自10③）。

　貨物自動車運送事業法に基づく標準運送約款としては、標準貨物自動車運送約款、標準宅配便運送約款、標準引越運送約款等があります。

　運送業者の運送においては、当事者間において運送約款の適用を排除する特約をしない限り、委託者が運送約款の内容を知らなくても運送約款が適用されると解されています。この点について裁判例は「一般に運送業者に運送を委託する者は業者の定めた運送約款によって取引する意思を有するのが通例であり、かつ、本件においては右約款の法定の公示方法が履践され契約締結にあたり取引の相手方に容易に知りうべき状態におかれていたのであるから、特に当事者が右約款に従わない旨の特約をなさない限り、各当事者は右約款による意思をもって契約したものと推定するのが相当であり、本件において当事者間に右約款の適用を排除する旨の特約がなされたことを認めるに足る証拠はないから、結局被控訴人は右約款の拘束を受けるものというべきである」としています（大阪高判昭38・10・30判時369・42）。

　そして、貨物自動車運送事業法11条は、一般貨物自動車運送事業者に対して、運送約款等を営業所において公衆に見やすいように掲示する義務を課しているので、この裁判例を前提にしても、一般貨物自動車運送事業者が法令違反をせず運送約款等を営業所において公衆に見やすいように掲示して、運送約款の適用を排除する特約がなされない限りは、運送約款はこの内容を知らない委託者にも適用されることになります。

　しかしながら、下記のとおり新民法下において定型約款に関する条文が新設されたため、新民法下においても上記裁判例が維持されるのかどうか現時点では分かりません。

　したがって、運送約款を契約内容とする場合はその旨を契約書上明らかにしておくべきです。

新民法と契約審査

○定型約款の該当性②

　新民法では定型約款に関する条文が新設されました（新民548の2〜548の4）。

　定型約款とは、ある特定の者が不特定多数の者を相手方として行う取引であって、その内容の全部又は一部が画一的なものであることがその双方にとって合理的なもの（定型取引）において、契約の内容とすることを目的としてその特定の者により準備された条項の総体をいいます（新民548の2）。

　定型約款を契約の内容とする旨の合意がある場合又はあらかじめ定型約款を

契約の内容とする旨を定型約款準備者が相手方に表示していた場合には、相手方が定型約款の内容を知らなくとも定型約款の内容について合意があったものとみなされ、契約内容となります（ただし、相手方の権利を制限し、又は相手方の義務を加重する条項であって、民法1条2項の基本原則に反して相手方の利益を一方的に害するものは除きます。）。

運送約款が定型約款に該当する場合、運送業者側としては、これまでのように運送約款を事業所に備え置いているだけでは、運送約款を契約内容とする旨相手方に表示したとはいえず、運送約款を契約内容とすることができません。そこで、運送業者が定める運送約款が、新民法の定型約款に該当するかどうかが問題となります。

上記の「ある特定の者が不特定多数の者を相手方として行う取引」という要件は、相手方の個性に着目せずに行う取引であるか否かに注目した要件とされています。この点、事業者間で締結する契約は、宅配便運送など一部の場合を除いて、相手方たる事業者の個性に着目して行われる取引であるため、定型取引に該当しないことが多いと考えられ、事業者間の運送契約に用いられる運送約款は定型約款に該当しない可能性が高いと思われます。しかし、定型約款に該当しない約款について、約款による意思をもって契約したものと推定されていたこれまでの裁判例が新民法下においても維持されるかどうか現時点では分かりませんので、運送約款を契約内容とする旨を契約書上明確化して、委託者側は運送約款の内容を契約内容として十分確認しておくべきです。

◆物品運送契約における契約審査の意義
（1） 契約書の位置付け

運送業者の運送においては、①特約（特約は運送約款を排除できるため）、②運送約款、③運送約款に定めのない事項については商法（商569～589、第192回国会（臨時会）提出の商法及び国際海上物品運送法の一部を改正する法律案（以下「商法等改正法案」といいます。）による改正後の商569～588）等の法令・慣習が順次適用されます。

多くの運送業者は国土交通大臣が定めて公示した標準貨物自動車運送約款（平成2年運輸省告示575号）（以下では、この約款を「標準運送約款」といいます。なお、国土交通省HPにて確認できます。）を利用していますので、物品運送契約の内容は実際上標準運送約款によって決定されることになりますが、標準運送約款2条1項は「当店の経営する一般貨物自動車運送事業に関する運送契約は、この運送約款の定めるところによ

り、この運送約款に定めのない事項については、法令又は一般の慣習によります」とし、同条2項は「当店は、前項の規定にかかわらず、法令に反しない範囲で、特約の申込みに応じることがあります」としています。

　したがって、物品運送契約書は、運送約款を排除する特約として位置付けられますので、審査担当者が物品運送契約を審査するに当たっては、必ず運送約款を手元において、当該運送契約が運送約款とどの部分において異なっているのかを確認する必要があります。例えば、後述のとおり、運賃の支払時期について標準運送約款33条は運賃の前払を規定していますが、継続的運送契約において運賃の支払は、後払にすることが通常です。当該運送契約が継続的運送契約であるにもかかわらず、運賃の支払時期について規定をしていない場合には、運賃は標準運送約款により前払になってしまいます。そのため、当該運送契約において運賃を後払にするのであれば、当該運送契約書にその旨を定めておくことが必要です。

　(2)　運送約款に規定のない条項及び運送約款の内容と異なる特約条項の類型
　　ア　継続的契約としての条項
　標準運送約款8条は、貨物一口ごとに所定の事項を記載した運送状の提出義務を定めています。このことは、運送約款が単発的な運送をも念頭にして定められていることを示しています。

　しかしながら、企業間の運送契約は一般に継続的運送契約であるため、運送契約締結に当たっては、運送約款とは別に継続的契約としての条項を定めるのが通常です。

　よって、企業間の運送契約においては契約期間や契約の解除事由等の運送約款に定めのない継続的契約としての事項を定める必要があります。

　　イ　運賃額
　標準運送約款32条1項は「運賃及び料金並びにその適用方法は、当店が別に定める運賃料金表によります」とし、同条2項は「個人を対象とした運賃及び料金並びにその適用方法は、営業所その他の事業所の店頭に掲示します」と規定しています。

　しかしながら、継続的運送契約においては、通常の運賃体系と異なる運賃体系によって運賃を決定する場合があります。

　したがって、その場合には契約書等において通常の運賃体系と異なる運賃体系と運賃額を決定しておく必要があります。

　　ウ　運賃の支払時期・支払方法等
　標準運送約款33条は運賃の前払を規定しています。しかしながら、継続的運送契約においては、運賃計算の締切日を決めて、運賃の支払時期は締切日から○か月後というように運賃後払の特約をするのが通常です。

運賃を後払とする場合には、期限の利益喪失と遅延損害金に関する特約を定めておく必要があります。支払期日については、下請法に抵触しないように注意が必要です。また、支払方法（振込、手形、電子記録債権（でんさい）等）についても定めておくとよいでしょう。

　　エ　引渡期間

標準運送約款5条は貨物の引渡期間を定めています。すなわち、発送期間については貨物を受け取った日を含め2日とし、輸送期間は運賃及び料金の計算の基礎となる輸送距離170kmにつき1日とし、集配期間については集荷及び配達をする場合にあっては各1日としています。

しかしながら、実際の物品運送契約においては、その物品の種別によって、標準運送約款と比べてその引渡しに日数を要する場合や逆に日数がかからない場合があります。

したがって、その場合には契約書等において引渡期間に関する特約を決めておく必要があります。

　　オ　再委託

標準運送約款16条は他の運送機関（下請等）を利用して運送することを認めています。これは、物品運送契約は請負契約の性質を有しており、運送という仕事が完成すれば下請を利用しても契約の目的は達成されるからであると考えられます。

ただし、継続的運送契約や重要な物品の運送などにおいて、運送人が下請等に再委託することを禁止したい場合には、再委託には事前に文書による承諾書を要する旨の規定等を設ける方法があります。

　　カ　報告義務

標準運送約款29条は、貨物の著しい滅失、毀損その他の損害を発見したとき、当初の運送経路又は運送方法によることができなくなったとき、相当の期間、当該運送を中断せざるを得ないときには、運送人が遅滞なく荷送人に指図を求めるとしています。

しかしながら、実際の物品運送契約においては、貨物の滅失・毀損だけでなく延着についても明確に運送人に報告義務を課すことがあります。

　　キ　秘密保持義務

標準運送約款には秘密保持義務についての規定はありません。

しかしながら、運送契約においては荷送人ないし荷受人の秘密を運送人が知り得る場合もありますので、物品運送契約書には運送人の秘密保持義務の規定を設けるのが一般です。

◆免責特約の効力

(1) 商法577条、商法等改正法案による改正後の商法575条

商法577条は、運送人が自己若しくは運送取扱人又はその使用人その他運送のため使用したる者が運送品の受取、引渡し、保管及び運送に関し注意を怠らざりしことを証明するにあらざれば運送品の滅失、毀損又は延着につき損害賠償の責任を免るることを得ずとしています（標準運送約款39条も同内容の運送人の責任を規定しています。）。

商法等改正法案による改正後の商法575条では運送人の損害賠償について「運送人は、運送品の受取から引渡しまでの間にその運送品が滅失し若しくは損傷し、若しくはその滅失若しくは損傷の原因が生じ、又は運送品が延着したときは、これによって生じた損害を賠償する責任を負う。ただし、運送人がその運送品の受取、運送、保管及び引渡しについて注意を怠らなかったことを証明したときは、この限りでない」と定めており、これは民法の債務不履行責任と同じ内容の責任であるとされています。

したがって、運送人が損害賠償責任を免れるためには自己及び履行補助者の無過失を証明しなければなりません。

(2) 免責特約

前述の商法の規定は任意規定ですので、運送約款や物品運送契約で責任の軽減・免除の特約を定めることは可能です。例えば、宅配便約款において賠償額の上限を30万円とするような賠償責任制限約款は有効であるとされています。ただし、過去の裁判例において、運送人又はその履行補助者の軽過失による失火責任を免除する特約は公共の福祉に反するものとして無効とした裁判例（京都地判昭30・11・25下民6・11・2457）がありますので、運送人側は無効とならない範囲で免責特約を定める必要があります。

免責特約が債務不履行責任のみならず不法行為責任も免れるものであるか否かについて、最高裁は、免責特約の一つである宅配便約款の責任制限条項について、同条項は債務不履行責任のみならず、不法行為責任も免れるものであると判示しました（最判平10・4・30判時1646・162）。そして、宅配便約款の責任制限条項は、荷受人も宅配便による運送を容認していたなど一定の事情がある場合には、荷送人に対してのみならず荷受人に対しても効力が及ぶとしています。

以上のとおり、免責特約は、債務不履行のみならず不法行為責任をも免責するという実務上重要な効果を発生させますので、その点に留意する必要があります。

なお、商法等改正法案による改正後の商法では、商法上の運送人に関する免責規定については、原則的に運送品の荷送人及び荷受人に対する不法行為責任も免責するものと定めています（商法等改正法案による改正後の商587）。

(3) 高価品についての責任

標準運送約款45条は「高価品については、荷送人が申込みをするに当たり、その種類及び価額を明告しなければ、当店は損害賠償の責任を負いません」と規定しています。また同内容の定めが商法578条でも規定されています。同条は、荷送人の高価品の明告額は損害賠償の予定ではなく、運送人の損害賠償の最大限度の予告額を示すものにすぎないと解されています。

したがって、その高価品の価額が荷送人の明告額よりも下回っていることを運送人が立証すれば、運送人はその高価品の実際の価額のみを賠償すれば足りることになります。他方、荷送人の高価品の明告額が実際の価額よりも低い場合には、明告額は運送人の損害賠償の最大限度の予告額を示すものですので、運送人としてはその低い明告額のみを賠償すれば足りることになります。

なお、商法等改正法案による改正後の商法577条2項は、荷送人が高価品の種類及び価額を通知していない場合でも、物品運送契約締結の当時、運送品が高価品であることを運送人が知っていた場合、又は運送人の故意又は重大な過失によって高価品の滅失、損傷又は延着が生じた場合には、運送人は免責されないと規定していますので、このような場合は事前の明告がなくても賠償請求できることとなります。

弁護士に聞きたい！

Q33 運送品に対する留置権
当社は運送会社です。運賃を支払わない取引先から、預かっている運送品を返還するように請求されています。何か当社が主張できることはありますか。

A 運送人には当該運送品に関する運賃支払請求権を被担保債権とした当該運送品を留置できる民事上の留置権が認められています（民295、標準運送約款20①）。これによって、運賃を支払うまで運送品の返還を拒み、運賃の支払を促したり、当該運送品を競売して換価金返還債務と相殺することで運賃を回収することができます。

民事上の留置権は荷送人が当該運送品の所有者でなくても成立しますので、当該運送品が荷送人の所有物でなくとも留置権を行使できます。ただし、荷送人が破産した場合には民事上の留置権は消滅してしまいます（破産66③）（→本編第5章1◆留置権と質権）。

また、運送人には、商人間の商行為たる行為によって生じた債権を被担保債権として荷送人から委託された商品を留置できる商人間の留置権が認められています（商521）。これによって、運賃を支払うまで運送品の返還を拒み、運賃の支払を促したり、当該運送品を競売して換価金返還債務と相殺することで運賃を回収することができます。なお、商人間の留置権は当該運送品に関する運賃支払請求権のみならず荷送人との商取引によって発生したその他の債権も被担保債権とすることができます。また、商人間の留置権は、荷送人が破産をしても消滅せず、特別の先取特権とみなされます（破産66①）。ただし、商人間の留置権が成立するためには留置する商品が荷送人の所有物であることが必要です（→本編第5章1◆留置権と質権）。

　さらに、運送人には、「運送品に関して受け取るべき運賃、立替金、前貸金」についての留置権が認められています（商589・562）（なお、商法等改正法案による改正後の商法574条は被担保債権について付随の費用（保管料等）を追加し、前貸金を削除しています。）。これによって運賃を支払うまで運送品の返還を拒み、運賃の支払を促したり、当該運送品を競売して換価金返還債務と相殺することで運賃を回収することができます。

　この運送人の留置権は、荷送人が商人でなくても、また運送品が荷送人の所有物でなくても認められる点において商人間の留置権と異なります。他方で、運送人の留置権の成立には被担保債権と当該運送品との関連性が要求されているので、運送人の留置権は民事留置権の具体化であるといえます。ただし、民事留置権と異なり、荷送人が破産しても消滅せず特別の先取特権とみなされ（破産66①）、別除権となり破産手続によらずに行使することができます。

（石川恭久、野村朋加）

＜参考文献＞
江頭憲治郎『商取引法』（弘文堂、第7版、平25）
上柳克郎ほか編『新版商法総則・商行為法』（有斐閣、平10）
服部榮三＝星川長七編『基本法コンメンタール商法総則・商行為法』（日本評論社、第4版、平9）

書式例17　物品運送契約書

物品運送契約書

第1条（目的）
　甲は、乙に対し、甲の指定する物品（以下「本件物品」という。）の運送を委託し、乙は、甲の指示に従って本件物品を運送すること（以下「本件業務」という。）を受託した。

第2条（運送約款）
　本件業務については、乙が定める運送約款を適用する。

> 【チェック事項】
> 　以下のチェック事項及びチェックリストは、乙が定める運送約款は標準運送約款と同内容であることを前提としています。
> ①　定型約款に該当しない約款について、約款による意思をもって契約したものと推定されていたこれまでの裁判例が新民法下においても維持されるかどうか現時点では分かりませんので、運送約款を契約内容とすることの合意を明確にするため、このような条項を設けるべきです。
> ②　標準運送約款等の運送約款は、極めて詳細で、他の契約類型であれば必ず契約書において定める事項（例えば損害賠償に関する事項等）の大部分を網羅しています。
> 　したがって、物品運送契約書において定めるべき事項は、第3条以下のとおり、運送約款と異なる事項や運送約款に規定されていない事項となります。

第3条（運賃）
　運賃は、別途甲乙協議して定める運賃規程を適用する。

> 【チェック事項】
> 　運送約款の運賃体系とは異なる運賃体系を適用する場合には別途運賃規程を設けることになります。

第4条（支払時期・支払方法）
　甲は、毎月20日を締切日とし、翌月末日限り、乙の指定する口座に振り込む方法で乙に運賃を支払うものとする。

> 【チェック事項】
> 　標準運送約款は運賃の前払を定めていますので、運賃を後払とするのであれば、

その旨の規定を設けることになります。

第5条（再委託）
1　乙は、本件業務の全部又は一部を、第三者へ再委託する場合には、あらかじめ甲の書面による承諾を受けるものとする。

【チェック事項】
　標準運送約款では再委託は自由ですが、実際にはこのように再委託に条件を付することがあります。

2　乙が第三者に再委託する場合、乙は、当該第三者に対して本契約に定める乙の義務と同等の義務を課すものとし、当該第三者が当該義務に違反した場合は、乙が甲に対して損害賠償その他一切の責任を負うものとする。

第6条（事故発生時の対応）
　乙は、運送中の貨物について滅失・毀損・延着その他の事故が発生した場合には、直ちに甲に連絡し、その指示を受けるとともに、貨物の保全について最善の措置をとらなければならない。

【チェック事項】
　標準運送約款29条においては明確ではない、貨物の延着についての報告義務を運送人に課した規定です。

第7条（秘密保持義務）
1　乙は、本件業務において知り得た甲の業務上・技術上の秘密を第三者に漏洩してはならず、乙の従業員についてもこれを遵守させなければならない。
2　本契約の終了後も乙は前項の義務を負うものとする。

【チェック事項】
　標準運送約款には秘密保持義務についての規定はありませんので、必要な場合はこのような規定を設けます。

第8条（反社会的勢力の排除）
1　甲及び乙は、自己又は自己の役員が現在、暴力団、暴力団員、暴力団準構成員、暴力団関係企業、総会屋、社会運動標ぼうゴロ、政治活動標ぼうゴロ、特殊知能暴力集

団等の反社会的勢力に該当しないことを表明し、かつ将来にわたっても該当しないことを確約する。
2　甲及び乙は、自ら又は第三者を利用して、暴力的な要求行為、法的責任を超えた不当な要求行為、脅迫的な言動、暴力及び風説の流布・偽計・威力を用いた信用毀損・業務妨害、その他これらに準ずる行為を行わないことを確約する。
3　甲又は乙は相手方が前2項のいずれかに反した場合には、何らの催告を要せず本契約を解除することができる。
4　前項の規定により本契約が解除された場合には、解除した者はこれによる損害を賠償する責めを負わない。

第9条（解約）
　甲及び乙は、3か月の予告期間をもっていつでも本契約を解約できる。

第10条（契約の解除）
　甲又は乙が次の各号のいずれかに該当する場合、相手方は何らの催告を要せず直ちに本契約及び個別契約の全部又は一部を解除できる。
①　本契約に定める条項に違反したとき。
②　監督官庁から営業の取消し、停止等の処分を受けたとき。
③　財産上の信用に関わる差押え、仮差押え、仮処分、又は競売の申立てがあったとき。
④　手形・小切手が不渡りとなったとき。
⑤　公租公課の滞納処分を受けたとき。
⑥　破産手続、民事再生手続、会社更生手続若しくは特別清算について、自ら各開始の申立てをしたとき又は各開始の申立てを受けたとき。
⑦　事業を停止したとき、又は解散の決議をしたとき。
⑧　その他本契約を継続し難い相当の事由が生じたとき。

第11条（期限の利益喪失）
　第8条第3項又は前条各号のいずれかに該当する事由が生じたときは、その当事者は相手方に対する一切の債務について当然に期限の利益を喪失するものとする。

第12条（契約の有効期間）
　本契約の有効期間は契約締結から3年間とし、期間満了の3か月前までに当事者のいずれからも契約終了の意思表示がない場合には、1年間更新されるものとし、その後も同様とする。

第13条（合意管轄）
　本契約又は本契約に関連して、甲乙間に生じる全ての紛争は、○○地方裁判所を第一審の専属的合意管轄裁判所とする。

第14条（協議事項）
　甲及び乙は、本契約に規定のない事項及び本契約の条項に関して疑義が生じたときは、信義誠実の原則に則り、誠意をもって協議する。

　以上の契約を証するためこの証書2通を作成し、甲及び乙は各々その1通を保有するものとする。

　平成○年○月○日

　　　　　　　　　　　　　　　　　○○県○○市○○○丁目○番○号
　　　　　　　　　　　甲　　　　　○○株式会社
　　　　　　　　　　　　　　　　　代表取締役　○　○　○　○　印

　　　　　　　　　　　　　　　　　○○県○○市○○○丁目○番○号
　　　　　　　　　　　乙　　　　　○○株式会社
　　　　　　　　　　　　　　　　　代表取締役　○　○　○　○　印

◆チェックリスト

運送約款の適用の有無	
・運送約款を契約内容とする場合は運送契約書にその旨の記載があるか	□
運送約款と異なる事項	
・物品運送契約を締結するに当たって当該運送契約の内容と運送約款の内容とを比較検討しているか	□
・運送約款の定めと異なる事項を合意するつもりであれば、その事項についての合意は運送契約書に定められているか	□
・運送約款で定めている運賃体系とは異なる運賃体系を利用するのであれば、運送契約書にその運賃体系と運賃額が定められているか	□
・運送約款で定めている引渡期間とは異なる引渡期間を合意するのであれば、運送契約書にその引渡期間が定められているか	□
・運送契約書において運賃の支払時期・方法は定められているか	□
・運送の再委託について荷送人の承認を要するということであれば、運送契約書にその旨の規定が定められているか	□
・事故の発生時だけでなく延着の場合にも運送人に報告義務を課するということであれば、運送契約書にその旨の規定が定められているか	□
運送約款に規定されていない事項	
・運送約款に規定されていない事項について合意するつもりであれば、その事	□

項についての合意は運送契約書に定められているか
・運送契約書において契約期間は定められているか　　　　　　　□
・運送契約書において契約期間が定められている場合、運送契約書にその契約　□
　期間前の解約申入れが定められているか
・運送契約書に契約の解除事由の規定が定められているか　　　　□
・運送契約書に運送人の秘密保持義務の規定が定められているか　□
・運送契約書に期限の利益喪失の規定が定められているか　　　　□
・運送契約書に契約の更新の規定が定められているか　　　　　　□

2　寄託契約

> **Point**
> ① 企業間における寄託契約については、商法の適用があり、さらに倉庫業を営む会社については倉庫業法の適用も受けますので、寄託契約を締結する際には、民法のみならず、商法、倉庫業法についてもチェックする必要があります。
> ② 倉庫の寄託契約では、契約で特に定めのない事項については、倉庫寄託約款の適用を受けますので、寄託者は、契約書以外にも倉庫寄託約款の内容をよく確認することが必要です。
> ③ 寄託契約における各当事者の権利義務のうち、寄託者としては、保管場所・保管方法・再寄託などについて、事前の同意にかからしめるなどするとよいでしょう。
> ④ 寄託契約の終了について、受寄者の引取請求の期間に注意しましょう。
> ⑤ 寄託契約におけるリスクとしては、寄託物の滅失、毀損等が想定されますので、倉庫業者が責任を負う場合と責任の範囲について、契約上明記するとよいでしょう。

◆寄託契約の意義と適用法令

(1)　寄託契約の意義

　寄託契約とは、劇場やホテルのクロークに荷物を預ける場合などのように、当事者の一方（受寄者）が、相手方（寄託者）のために物を保管することを約束する契約です（民・新民657）。

　従前、寄託契約は、要物契約とされていましたが、実務上、諾成的な寄託契約が広く用いられていたため、新民法では、要物契約から諾成契約に変更されました。

　以下のとおり、①民法のみが適用される場合、②商法の適用があるが、場屋営業及び倉庫営業の規定の適用がない場合、③商法の場屋営業の適用がある場合、④商法の倉庫営業の適用がある場合、⑤倉庫業法の適用がある場合などの適用関係を整理しておく必要があります。

【寄託契約の適用関係】

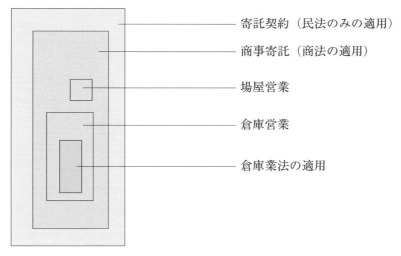

＜具体例＞
㋐　友人からコートを預かった場合→民法上の寄託契約として民法のみの適用
㋑　製造業者が発注者の金型を保管する場合→商事寄託（商593）
㋒　運送業者が倉庫業者に有償でタイヤを寄託する場合→倉庫業法の適用

(2)　商事寄託

　会社取引において商品、部品等の保管に関する取引は重要な商取引です。そこで、商法は第2編第9章第1節の総則で、寄託契約について、受寄者の注意義務（商593）や、旅店、飲食店などの場屋営業者の寄託責任（商594〜596）などについて詳細な規定を設けています。

　よって、会社がその営業の範囲内において寄託を受ける場合には、上述の商法の各規定が適用されますので注意が必要です（商1①・502十・503）。

(3)　倉庫営業

　ア　商法の規定

　商法は、第2編第9章第2節で倉庫営業を規定しています。他人のために寄託を受けた物品を倉庫において保管することを業として行う場合には、商法の倉庫営業に関する規定（商597〜628）の適用を受けることになります。

　主な規定内容としては、預り証券や質入証券に関する規定（商598〜616）、倉庫営業者の保管責任（商617）、保管料の負担（商618）、保管期間（商619）、責任の消滅事由（商625による588準用）などがあります。

　イ　倉庫業法

　倉庫業の適正な運営の確保や倉庫利用者の利益保護、倉庫証券の円滑な流通を確保

するため（倉庫1）、倉庫業を営む者は、倉庫業法に基づき、国土交通大臣の行う登録を行うとともに（倉庫3）、様々な規制を受けることになります。

◆**倉庫寄託約款**
　（1）　倉庫業者は、倉庫寄託約款を定めて、その実施前に国土交通大臣に届け出なければならないとされています（倉庫8①）。国土交通大臣が公示した標準倉庫寄託約款と同一の倉庫寄託約款を定めた場合（又は現に定めている倉庫寄託約款を標準倉庫寄託約款と同一のものに変更した場合）には、国土交通大臣に対する届出を行ったものとみなされます（倉庫8③）。
　倉庫営業に関しては、標準倉庫寄託約款（昭34・12・14港倉181）、標準冷蔵倉庫寄託約款（昭35・5・26港倉100）、標準トランクルームサービス約款（昭和61年運輸省告示237号）等の標準約款があります（これらは、国土交通省HPで見ることができます。）。
　（2）　倉庫寄託約款を定めれば、当事者間において同約款を排除する特約をしない限り、寄託者が同約款の内容を知らなくても通常は同約款の適用を受けます。
　よって、倉庫業者との間で倉庫寄託契約を締結する場合には、契約書の内容のみならず、倉庫寄託約款の内容をよく調査する必要があります。
　約款には、商法の規定よりも寄託者に不利な条項もあります。個別契約で特約を規定することも検討します。
　新民法は548条の2に定型約款の規定を置いていますが、倉庫寄託契約は、寄託者の事業内容と寄託物の種類、形状、数量、価値などの相手方の個性に着目した契約であることなどから、新民法の定型約款の適用を受ける場合は多くないのではないかと考えられます。
　いずれにしても、新民法の施行にあわせた標準約款の改正動向を注視する必要があります。

◆**寄託契約における各当事者の主な義務**
　寄託契約における受寄者、寄託者双方についての民法上、商法上の主な義務は、以下のとおりです。もし、当事者の義務を変更するのであれば、契約においてその旨を定める必要があります。
　（1）　受寄者の主な義務
　　ア　善管注意義務
　民法上は、無報酬の受寄者は、自己の財産に対するのと同一の注意をもって、寄託物を保管する義務を負うとされています（民・新民659）。
　しかし、会社が受寄者として寄託物を保管する場合には、たとえ無償で保管する場

合であったとしても善管注意義務を負います（商593）。

保管場所や保管方法について、契約に具体的に規定し、それらの変更についても寄託者の事前の承諾を要するよう規定するとよいでしょう。

　イ　自己保管義務

受寄者は、寄託者の承諾がある場合又はやむを得ない事由があるときを除き、第三者に寄託物を保管させてはならないとされています（民・新民658）。

新民法では、再寄託できる場合が、寄託者の承諾がある場合のほかやむを得ない事由があるときにも拡張されました（新民658②）。やむを得ない事由がある場合には、寄託者に対する通知が必要であると規定することも考えられます。

また、受寄者が寄託者の承諾を得て第三者に再寄託をした場合には、受寄者は、復受寄者の選任・監督について責任を負うことになっていましたが（民658②・105①）、新民法では、再受寄者は、寄託者に対して、その権限の範囲内において受寄者と同一の権利を有し、義務を負うことになりました（新民658③）。

　ウ　通知義務

受寄者は、寄託物について権利を主張する第三者が受寄者に対して訴えを提起したり、差押え、仮差押え、仮処分をしたときは、遅滞なくその事実を寄託者に通知しなければなりません（民660、新民660①）。

新民法では、寄託物についての第三者による権利主張の規定が設けられました（新民660②③）。

　エ　付随業務

受寄者が、保管業務のみならず寄託物の搬出、搬入作業等の付随業務も行う場合には、同業務にかかる費用を保管料とは別個請求するのかどうかを確認し、別料金とする場合には、その費用の請求方法について契約上規定しておくべきです。

　オ　下請法との関係

A社がB社（倉庫業者）に寄託し、B社がC社（倉庫業者）に再寄託した場合、B社からC社へは役務提供委託に当たると考えられます。B社がC社に寄託物の搬出等の付随業務を無償で行わせるような場合、不当な経済上の利益の提供要請との関係に注意が必要と考えられます。

また、親事業者が下請事業者に金型の無償の長期保管をさせているような場合も、不当な経済上の利益の提供要請に該当するおそれがありますので注意が必要です。

(2)　寄託者の義務

　ア　保管料の支払義務

民法上は、寄託契約は無償を原則としていますが、会社が行う寄託契約については、

ホテル利用者がクロークを利用する場合などのように無償が当然に予定されている場合を除き有償となります（商512）。

そこで、ほとんどの場合、寄託者は受寄者に対し、報酬の支払義務を負うことと考えられます。

　　イ　寄託者の損害賠償義務

寄託者は、寄託物の性質又は瑕疵によって受寄者に損害を与えた場合には、損害賠償義務を負います。ただし、寄託者が過失なくその性質若しくは瑕疵を知らなかった場合、又は受寄者がこれを知っていたときは、免責されることになっています（民661）。

◆寄託契約の終了

（1）　寄託物の受取り前の寄託者による寄託の解除等

新民法では、寄託契約を諾成契約としたことに伴い、有償寄託であれ無償寄託であれ、受寄者が寄託物を受け取るまでは、寄託者が寄託契約を解除することができるとされました（新民657の2）。

（2）　寄託者による返還請求

特約がない限り、寄託者は、たとえ返還時期が定めてあったとしても、いつでも寄託物の返還を求めることができます（民662、新民662①）。

新民法では、662条に2項が追加され、寄託者がその時期の前に返還を請求したことによって受寄者に損害が生じたときは、受寄者は、その損害の賠償を請求することができることになりました（新民662②）。

（3）　受寄者による引取請求

　　ア　受寄者は、返還時期の定めがある場合には、やむを得ない事由がない限り、その期限前に寄託物を返還することができません（民663②）。

また、受寄者は、返還時期の定めがなかった場合、民法上はいつでも寄託物を返還することができるとされていますが（民663①）、受寄者が倉庫営業を営む場合には入庫の日から6か月を経過した後でなければ、返還をすることはできません（商619）。

しかし、標準倉庫寄託約款では、3か月に短縮され（標準倉庫寄託約款20）、受寄者に有利に修正されています。

そこで、寄託者としては、商法619条に基づき、6か月に変更することも検討するとよいでしょう。

　　イ　また、標準倉庫寄託約款等においては、寄託者が引取請求に応じなかった場合には、倉庫業者は、まずは、寄託物を供託することとしています。この点、動産は法務局に供託することはできないため（供託1）、法務大臣が指定した倉庫業者又は銀行

が供託所となります(供託5①)。しかし、実際は、ほとんど利用されていないようです。

寄託者が保管期間経過後も寄託物の引取りを行わない場合、受寄者としては、早期に寄託物を処分して損害の拡大を防ぐ必要があります。

そこで、受寄者としては、このような場合に備えて、寄託者が保管期間を経過しても寄託物の引取請求に応じなかった場合に、供託手続を経ることなく受寄者において任意で寄託物を処分することを認める流質特約を設けておくことも検討します(→本編第5章1◆流質特約について)。

◆寄託契約におけるリスク

寄託契約における主なリスクは、寄託契約中における寄託物の滅失、毀損等による損害の発生であり、善管注意義務違反の有無が問題となります(民・新民659、商593・617)。

標準倉庫寄託約款では、倉庫会社又はその使用人の故意又は重過失によって損害が生じたことが証明された場合に限り、倉庫会社は損害賠償責任を負うとされています(標準倉庫寄託約款38)。

寄託者としては、倉庫業者の軽過失の場合にも責任を負うように修正する契約を締結することを検討してもよいでしょう。

また、損害賠償の範囲についても、逸失利益を含むなどの特約を規定することが考えられます。

受寄者には、寄託物の滅失、毀損等により生じた損害を賠償するのに足りる損害保険に加入するなどの措置を講じさせるようにしておくとよいでしょう。

(福本　剛、都築真琴)

<参考文献>
　潮見佳男『民法(債権関係)改正法案の概要』(金融財政事情研究会、平27)
　滝川宜信『業務委託(アウトソーシング)契約書の作成と審査の実務』(民事法研究会、平27)

書式例18　寄託契約書

寄託契約書

○○株式会社（以下「甲」という。）と○○株式会社（以下「乙」という。）とは、甲の商品等の寄託に関し、以下のとおり契約する。

第1条（契約の目的）
　甲は、甲が取り扱う食品、日常雑貨等の商品及び什器備品等（以下「本件寄託物」という。）の保管につき乙に対し継続的に寄託し、乙は、これを受託して保管する。

第2条（保管場所）
1　乙は、本件寄託物を○○県○○市○○○丁目○番○号に所在する乙の倉庫において保管する。
2　乙は、甲の事前の承諾を得たときは、前項の保管場所を変更することができる。

第3条（再寄託）
1　乙は、甲の事前の承諾を得た場合又はやむを得ない事由があって乙が甲に事前に書面の通知をした場合、乙の費用で第三者に本件寄託物を再寄託することができる。
2　前項の場合、乙は、本契約に基づき乙が負うべき義務と同様の義務を当該第三者に遵守させるとともに、当該第三者の違反行為の責めを甲に対して直接負担する。

第4条（善管注意義務）
1　乙は、本件寄託物を善良なる管理者としての注意義務をもって管理する。
2　前条第1項において、乙が第三者に保管させた場合には、乙は、当該第三者の保管状況について管理監督する義務を負う。

第5条（寄託物の搬入、搬出）
1　本件寄託物の搬入、搬出業務は、甲の指示に基づき乙において行う。
2　乙は、甲より搬入の指示を受けた物品が危険品、変質損傷しやすい物品、法令の規定や公序良俗に反する物品である場合、引受けを拒絶することができる。
3　甲は、乙に寄託する際に、寄託する物品の内容及び価額を通知しなくてはならない。
4　本件寄託物の搬入、搬出にかかる費用については、別添料金表〔省略〕に従い、甲は、第6条に定める保管料とは別に乙に支払う。

【チェック事項】
　寄託物の搬入、搬出費用を保管料とは別料金とする場合には、第4項のような規定を盛り込むとよいでしょう。

第6条（保管料）
1　甲は、乙に対し、本件寄託物の保管料として、1か月当たり金〇万円を毎月末日限り翌月分を支払う。
2　保管量が増大し、保管場所を変更する必要が生じた場合には、甲乙協議の上、保管料を変更することができる。

> 【チェック事項】
> 　契約締結後に保管すべき寄託物の量が増大することがあります。そのような場合に保管料を変更できるように、第2項のような規定を盛り込むとよいでしょう。

第7条（引取請求）
1　乙は、本契約期間満了後、甲に対し、5日以上の期間を定めて本件寄託物の引取りを請求することができる。
2　甲は、乙に対する前項の引取期間後の保険料等の費用に対する担保として本件寄託物に質権を設定することに同意する。
3　第1項の引取期間経過後も甲が本件寄託物の引取りに応じなかった場合、乙は、甲に対する通知等を要せず、本件寄託物を任意で売却することができる。なお、その場合、乙は、売却代金から保管料、その他費用、損害金を差し引いた額を甲に支払う。
4　甲は、前項の乙の処分時期、処分価格、処分方法につき、異議を述べない。

第8条（火災保険の付保）
　乙は、本件寄託物について、甲のために乙が適当と判断する保険者の火災保険を付ける。ただし、乙が、第三者に再寄託した場合においては、再寄託を受けた第三者が火災保険を付けることとする。

第9条（損害賠償）
　本契約の履行に当たって、乙の責めに帰すべき事由により次の各号に定める損害を甲が被った場合は、乙は甲に対しその一切を賠償しなければならない。ただし、天災その他乙の責めに帰し得ない事由による場合はこの限りではない。
①　本件寄託物に盗難、紛失、滅失、毀損、破損、在庫差異等が発生したとき。
②　本件寄託物の配送に関し、遅延、誤納入等を発生させ、甲及び甲の取引先に損害が発生したとき。

第10条（契約解除）
　甲又は乙は、相手方に次の各号の事由が発生した場合は、何らの催告を要することなく、本契約を解除することができる。
①　本契約に違反したとき。
②　手形・小切手を不渡りにする等、支払停止又は支払不能の状態に陥ったとき。

③ 破産手続、民事再生手続、会社更生手続若しくは特別清算について、自ら各開始の申立てをしたとき又は各開始の申立てを受けたとき、任意整理を開始したとき、又は解散決議をなしたとき。
④ 差押え、仮差押え、仮処分又は競売の申立てがあったとき。
⑤ 租税公課を滞納して督促を受けたとき、又は滞納処分を受けたとき。
⑥ その他本契約を継続し難い相当の事由が発生したとき。

第11条（契約期間）
1　本契約の期間は、本契約締結日より3年間とする。
2　本契約の期間満了の3か月前までに、甲乙のいずれからも異議の申出がない場合には、本契約は同一の条件にて当然に1年間更新されるものとし、それ以後も同様とする。
3　甲は、前2項の契約期間中であっても、いつでも解約の申入れをすることができ、その場合、本契約は解約申入れ時から1か月を経過した時点で終了するものとする。

第12条（反社会的勢力の排除）
1　甲及び乙は、自己又は自己の役員が現在、暴力団、暴力団員、暴力団準構成員、暴力団関係企業、総会屋、社会運動標ぼうゴロ、政治運動標ぼうゴロ、特殊知能暴力集団等の反社会的勢力に該当しないことを表明し、かつ将来にわたっても該当しないことを確約する。
2　甲及び乙は、自ら又は第三者を利用して、暴力的な要求行為、法的責任を超えた不当な要求行為、脅迫的な言動、暴力及び風説の流布・偽計・威力を用いた信用毀損・業務妨害、その他これらに準ずる行為を行わないことを確約する。
3　甲又は乙は、相手方が前2項のいずれかに反した場合には、何らの催告を要せず本契約を解除することができる。
4　前項の規定により本契約が解除された場合には、解除した者はこれによる損害を賠償する責めを負わない。

第13条（協議事項）
　本契約に定めのない事項又は本契約の内容に疑義が生じた場合には、乙の倉庫寄託約款による。同約款に定めのない事項又は内容に疑義が生じた場合には、甲乙別途協議してこれを定める。

第14条（管轄裁判所）
　本契約に関して紛争が生じ、裁判手続によって解決する必要が生じた場合には、○○地方裁判所を第一審の専属的合意管轄裁判所とする。

　以上のとおり、契約が成立したため、本契約書2通を作成し、甲乙各自記名押印の上、各1通保管する。

平成○年○月○日

　　　　　　　　　　　　　　　○○県○○市○○○丁目○番○号
　　　　　　　　　　　　甲　　○○株式会社
　　　　　　　　　　　　　　　代表取締役　○　○　○　○　印

　　　　　　　　　　　　　　　○○県○○市○○○丁目○番○号
　　　　　　　　　　　　乙　　○○株式会社
　　　　　　　　　　　　　　　代表取締役　○　○　○　○　印

◆チェックリスト

寄託物	
・寄託物の内容について特定されているか	☐
・寄託物の内容を受寄者に通知することになっているか	☐
保管場所	
・寄託物の保管場所が特定されているか	☐
受寄者の業務	
・付随業務がある場合、付随業務について規定されているか	☐
保管料	
・保管料の取決めは妥当か	☐
・付随業務についての料金は規定されているか	☐
引取拒絶	
・引取拒絶に対する対抗手段は規定されているか	☐
寄託物の滅失等	
・寄託物の滅失等に備えて火災保険等は付保することになっているか	☐
契約期間	
・契約期間満了時の更新手続について規定がされているか	☐

3　コンサルタント契約

> **Point**
> ① コンサルタント契約の条項には、成果物の完成、期間、中途解約、更新、報酬、競業避止義務、再委託、免責、損害賠償額の予定など様々なバリエーションがありますので、自社に有利な条項を十分に検討する必要があります。
> ② コンサルタント契約は、無形のサービス提供が中心となるため、対象業務の内容が曖昧になりがちです。よって、契約書にできるだけ具体的に業務内容を盛り込むことが重要です。
> ③ 受託予定者の専門性や資格の有無は、十分に調査検討しましょう。
> ④ 業務遂行に関する報告、秘密保持、中途終了時の報酬請求、競業避止などの規定も検討するとよいでしょう。

◆コンサルタント契約の意義とパターン

　かつての日本では、無形のサービスに対する社会的な評価は低く、情報提供やアドバイスは良好な当事者関係に基づき好意で無償提供してもらうものであると認識されていました。

　しかし、社会経済が細分化、専門化し、社会の変革のスピードも増す中で、企業にとって、専門的知識や社会のニーズに関する情報等をより早く取得することは、非常に重要な経営戦略となっています。

　また、社会の企業に対するコンプライアンスの要請がますます高まるとともに、法律や制度が目まぐるしく変わっていく状況において、企業は、絶えず最新の法律や制度を理解した上で、自らの業務の適法性をチェックしなければならなくなりました。

　このような状況下において、企業にとって社会経済の細分化、専門化に対応するとともに、経営の適法性を確保するために、各分野の専門家に対して、相当な対価を支払った上で、安定的にアドバイスや情報提供を受けることが非常に重要になってきました。

　そこで、企業と各分野の専門家との間で、企業が専門家の有する専門的知識、ノウハウなどの情報提供やアドバイスの提供を受けることを目的として締結される契約がコンサルタント契約です。アドバイザリー契約などとも呼称されています。

現在は、コンサルタント契約はあらゆる業界のあらゆる分野で存在すると言っても過言ではありません。例えば、会計、財務、法律上のアドバイスはもちろん、人材育成、コスト削減、店舗や工場のレイアウトなど経営上のノウハウもあります。

また、コンサルタント契約には、特定の案件について一定のコンサルタント業務の成果に対して報酬を支払う場合と、特定の案件に限らず継続的相談に応じて報酬を支払う場合があります。弁護士との契約を例にすれば、コンプライアンス体制の構築、人事労務制度の整備、M＆A、事業承継などの分野に関するコンサルタント業務を委託した場合が前者に当たり、顧問契約が後者に当たります。

また、前者の場合は、請負契約の法的性格も検討する必要があります。新民法では、成果完成型の委任の規定が設けられることになりました（新民648の2）。成功報酬型の委任と請負契約は、仕事の完成義務を負うか否かで区別されることになります（民643・632）。請負契約の場合、印紙税が必要ですが（印税別表第1二）、（準）委任契約の場合は不要です。後者の場合には、委任契約（民643）ないし準委任契約（民656）としての法的性格を有することになります。

【コンサルタント契約の検討事項】

検討事項	具体例等			
業　務	顧問契約（弁護士・税理士等）、M＆A、出店、販売促進など（※あらゆる業界、あらゆる分野にコンサルタント契約が存在します。）			
成果物の完成	あり（報告書の提出等）	帰属	委託者	
			受託者	
	なし（助言指導のみ）			
期　間	スポット			
	期間	中途解約	あり	
			なし	
		更新	あり	
			なし	
報　酬	時間制（タイムチャージ）			
	定額制（月額・年額等）			
	段階に応じた支払			
	着手金（中間金）成功報酬（歩合制を含みます。）			

	定額制と成功報酬の併用
競業避止義務	あり
	なし
再委託	不可
	可
免責・損害賠償額の予定	あり
	なし

◆業務内容の特定

　コンサルタント契約は、無形のサービスの提供を中心とするため、行うべき業務の内容が曖昧になりがちです。

　そこで、当事者双方が業務の内容を明確に認識できる程度に、契約書で具体的にコンサルタント業務を特定することが重要です。

　債務不履行に基づく損害賠償等が問題になる場合に債務不履行があったかどうかの判断において業務内容が特に問題になります。

　契約書の前文でコンサルタント業務の内容に触れるとともに、契約の目的に関する条項を置いて、コンサルタント業務の具体的内容を特定しましょう。

◆受託予定者の専門性の確認

　コンサルタント契約は、受託者の高度な専門的知識、豊富な経験に基づくアドバイス提供を目的とする契約です。依頼者の依頼・指示が不適切である場合、受託者には、当該依頼・指示に従うのではなく、指示を適切なものに是正する高度の注意義務があるとされることもあります（大阪地判平20・7・29判タ1290・163参照）。このように受託者の専門性が重要となりますから、コンサルタント契約を締結する際には、受託予定者から経歴書等を提出してもらうなどして、受託予定者の専門性や経歴等を調べておくことが重要です。

　また、業務上、受託者の資格制限がなされているため、コンサルタント業務を行うこと自体が違法となる場合がありますので注意が必要です（弁護士72、税理士52等）（→後掲弁護士に聞きたい！Q34）。

◆コンサルタント契約書において留意すべき条項

(1) 業務遂行状況の把握

無形のサービスの提供を目的とするコンサルタント契約において、委託者が受託者のコンサルタント業務の遂行状況を客観的に把握するのは困難です。

そこで、コンサルタント業務の内容がある程度具体化している場合には、契約においてコンサルタント業務のスケジュールを定めて、定期的に受託者に業務の遂行状況について経過報告させることを決めておけば、委託者がコンサルタント業務の遂行状況を把握することが容易になります。

(2) 秘密保持条項

コンサルタント契約においては、受託者が委託者の経営情報等の機密情報を知り得る場合が多いので、受託者に対する秘密保持条項を設けるとよいでしょう。

また、受託者が提供する専門的知識やノウハウ等を委託者以外の第三者に伝搬することを防止したいのであれば、委託者に対しても秘密保持義務を課す条項を設けるとよいでしょう（→**本編第2章**）。

なお、弁護士や税理士は、職務上、法律で守秘義務が定められていますので（弁護士23、税理士38・54）、秘密保持条項がなくても秘密が漏れることはありません。

(3) 報酬請求権及び中途解約

中途終了時の報酬請求権の存否・範囲や中途解約の可否が争いになることがあります。

委任契約の業務の中途終了の場合の報酬請求について、現行民法は、「委任が受任者の責めに帰することができない事由によって履行の中途で終了したときは、受任者は、既にした履行の割合に応じて報酬を請求することができる」（民648③）と規定しています。

新民法は、委任事務処理の労務に対して報酬が支払われる履行割合型と、委任事務処理の結果として達成された成果に対して報酬が支払われる成果完成型を分けて、それぞれ新しい規定を置いています（新民648③・648の2②）。

また、任意解除権について、委任契約の各当事者がいつでも解除することができるとし（民651①）、委任の解除をした者は、①相手方に不利な時期に解除したとき、又は②委任者が受任者の利益（専ら報酬を得ることによるものを除きます。）をも目的とする委任を解除したときには、相手方の損害を賠償しなければならないとし、やむを得ない事由があったときは、この限りでないとしています（民・新民651②）。

もっとも、民法651条は、任意規定と考えられており、任意解除権を放棄する合意も有効ですので、中途解約に関する規定を置くことも検討するとよいでしょう。

(4) 競業避止義務

業種や内容によっては、受託者が委託者の競合他社に指導・助言することを禁止する規定を設けることも検討します。

新民法と契約審査

○委任契約の中途終了と報酬請求

履行割合型の（準）委任については、①委任者の責めに帰することができない事由によって委任事務の履行をすることができなくなったとき、又は②委任が履行の中途で終了したときに、受任者が、既にした履行の割合に応じて報酬を請求することができると規定しました（新民648③）。

「委任者の責めに帰することができない事由」には、当事者双方の責めに帰することができない場合と受任者の責めに帰すべき場合の両方が含まれます。したがって、受任者に帰責事由がある場合にも既に履行した割合に応じて報酬請求できるようになりました。

例えば、1か月ごとに委任事務の遂行と報酬が規定されているような場合で1か月の中途で契約が解消された場合、1か月未満の日数に応じて報酬請求することが考えられます。

そこで、委任者側としては、中途で業務が終了した場合に受任者に帰責事由があっても報酬を請求されてしまいますから、そのような場合に受任者から報酬請求させない規定を置くことも検討する必要があります。

これに対して、成果完成型の場合は、請負契約に関する新民法634条の規定は、委任事務の履行により得られる成果に対して報酬を支払うことを約した場合について準用するとしています（新民648の2②）。

弁護士に聞きたい！

Q34 非弁行為について

当社は、新規開設店舗に関するマーケティング等のコンサルタント契約の締結を検討しています。コンサルタントは、担当部署に、例えば新規出店に際して建設業者や近隣住民とのトラブルが発生した場合にも助言・指導を行うし、交渉窓口になると言っているようです。審査担当者としては、どのような点に留意したらよいでしょうか。

A　訴訟事件、非訟事件に関する行為や行政庁に対する不服申立行為その他一般の法律事務は、弁護士の職務範囲とされており（弁護士3①）、原則として、弁護士又は弁護士法人でない者は、報酬を得る目的で訴訟事件、非訟事件、行政庁に対する不服申立事件その他一般の法律事件に関して、鑑定、代理、仲裁若しくは和解その他の法律事務を取り扱い、又はこれらの周旋をすることを業とすることができないとされています（弁護士72）。

違反者には、2年以下の懲役又は300万円以下の罰金が法定されるなど（弁護士77三）、刑罰が規定されています。

実際に裁判上問題となったケースとしては、例えば、無資格者による立ち退き交渉が、弁護士法72条に違反するとして刑事事件になったケース（最決平22・7・20判タ1333・115）、不動産業者が、不動産売買の仲介に伴い、売主とコンサルティング契約を締結し、コンサルティング料などの名目で金銭の支払を受けた行為が弁護士法72条に違反するとされたケース（大阪高判平28・10・4判タ1434・101）などがあります。

上述した弁護士法の規制が設けられている趣旨は、弁護士が基本的人権の擁護と社会正義の実現を使命とし、厳格な資格要件と必要な規律がなされているのに対して、無資格者が自らの利益のため他人の法律事件に介入することを業とすることを放置すると当事者らの利益を損ね、法律秩序を害する弊害があるためです（最大判昭46・7・14判時636・26参照）。

無資格者のみならず、無資格者に依頼した側にも、刑罰が科され、民事上の損害賠償責任を負わされるなどのリスクもあります。

よって、審査担当者としては、コンサルタント業務の特定（→前掲◆業務内容の特定）と併せて、コンサルタントが業務の内容に対応した適法な資格を有しているか十分に確認する必要があります（→前掲◆受託予定者の専門性の確認）。国家資格に類似した名称を僭称しているような場合や適法な業務を逸脱している場合もありますので、注意が必要です。依頼する業務内容に関する弁護士法72条などの法規制の有無・内容を十分に調査し、法規制を逸脱するおそれがあるコンサルタントの場合には、契約を締結すること自体を慎重に検討する必要があります。

また、契約を締結する場合にも、あらかじめコンサルタント業務に関連して一定のトラブルが想定されるようなケースでは、国家資格の範囲内で業務を行う旨を明確に特定し、遵守する旨の条項を入れるなどの工夫をしてもよいでしょう。

契約締結後も、業務遂行状況も適切にモニタリングするなどして、法規制に違反することがないように注意することも必要です。

　ご質問の件は、法律上の権利義務に関し争いや疑義があり、又は、新たな権利義務関係の発生する案件が「法律事件」(弁護士72)に該当するとされている点に照らし、コンサルタントの行為が弁護士法に抵触するリスクが高いといえます。

　したがって、上述の対応を検討し、トラブルが発生した際には速やかに弁護士に相談すべきであると考えます。

（福本　剛、都築真琴）

＜参考文献＞
　潮見佳男『民法（債権関係）改正法案の概要』（金融財政事情研究会、平27）
　滝川宜信『業務委託（アウトソーシング）契約書の作成と審査の実務』（民事法研究会、平27）
　阿部・井窪・片山法律事務所編『契約書作成の実務と書式』（有斐閣、平26）

書式例19　コンサルタント業務委託契約書

コンサルタント業務委託契約書

　○○株式会社（以下「甲」という。）と○○株式会社（以下「乙」という。）は、以下のとおり、乙の新規開設店舗に関するコンサルタント業務につき契約を締結した。

第1条（契約の目的）
　　甲が乙に委託するコンサルタント業務（以下「本件業務」という。）の内容は、以下のとおりとする。
　①　新規開設店舗のマーケティングに関する調査、指導、助言
　②　新規開設店舗の商品陳列レイアウトに関する知識、技術、ノウハウの提供
　③　新規採用社員に対する研修計画の策定

> 【チェック事項】
> 　コンサルタント契約は、委託するコンサルタント業務の内容が曖昧ですと、受託者側としても、何をアドバイスすればよいのか分かりませんし、委託者としても必要とするアドバイスを受けられないおそれもあります。
> 　そのため、契約締結時に想定できるコンサルタント業務の内容をできるだけ具体的に盛り込むとよいでしょう。

第2条（報酬等）
1　甲は、乙に対し、本件業務に係る報酬を以下のとおり支払う。
　①　本契約締結時　金○○万円
　②　乙から甲に対する計画書提示時　金○○万円
　③　○○研修終了時　金○○万円
　④　新規開設店舗営業開始時から10日以内　金○○万円
2　本契約が中途で終了した場合、乙は前項各号に定める報酬の他に、既にした履行の割合又は甲が受ける利益の割合による報酬の請求をすることはできない。

> 【チェック事項】
> 　特定の案件に限らない継続的なコンサルタント業務を委託する場合には、月額報酬制をとる場合が多いようですが、ある特定の案件についてコンサルタント業務を委託する場合は、成功報酬制をとる場合が多いようです。
> 　本書式例では、新規開店に伴うコンサルタント業務を委託していますので、新規開店計画が達成される都度、成功報酬を支払う方がよいかと思います。
> 　また、中途終了の場合に、乙の報酬請求を認めない場合、第2項のような規定を置

くことが考えられます。

第3条（費用負担）
　乙が本件業務の遂行に際して支出した交通費、通信費、その他の費用について、甲は、乙からの請求に基づき、甲の認める必要かつ相当な範囲で、請求後〇日以内に、乙に対して支払う。

【チェック事項】
　甲の承認、金額の上限、相当かつ合理的範囲などの限定をし、支払期限も入れるとよいでしょう。

第4条（報告義務）
1　乙は、甲に対し、本件業務の遂行状況について、毎月末日までに、書面による報告を行わなければならない。
2　甲は、乙に対し、甲が必要と認めるときは、本件業務に関し、報告及び資料の提出を求めることができる。

【チェック事項】
　報告事項の具体化、報告期限の設定、乙の報告義務に加えて、甲の調査権（報告要求、資料提出要求など）を規定してもよいでしょう。
　再委託の場合の再受託者へのモニタリングについても検討するとよいでしょう。

第5条（再委託）
1　乙は、本件業務の一部を第三者に対して委託する必要があると判断した場合には、甲に対し、事前に書面により第三者に委託する理由、再委託事項及び再委託する予定の第三者の住所及び氏名又は商号その他甲が必要とする事項を説明した上で、甲の事前の書面による承諾を得なければならない。
2　乙が第三者に再委託する場合、乙は当該再受託者に対し、本契約において乙が甲に対して負う義務を遵守させるものとする。また、この場合も、乙は本契約において甲に対して負う義務を免れるものではない。

第6条（秘密保持）
1　甲及び乙は、本件業務の遂行に際して知り得た相互の業務上の情報（以下「秘密情報」という。）については、事前の書面による相手方の承諾を得ることなく、第三者に開示してはならない。ただし、以下の各号に定める情報についてはこの限りではない。
①　情報を取得した時点で、既に保有していた情報

② 既に公知となった情報
③ 第三者から正当に入手した情報
2 秘密情報の提供を受けた当事者は、当該秘密情報を適切に管理するために必要な対策を講じなければならない。
3 乙が、前条に基づき、本件業務を第三者に再委託する場合には、乙は、当該再受託者との間で秘密保持契約を交わし、当該再受託者が秘密情報を他の第三者に開示、漏洩しないようにしなければならない。

第7条（競業避止義務）
　乙は、甲の事前の承諾があるときに限り、本件業務と同一又は同様の業務を第三者に提供することができる。

第8条（契約の解除）
　甲又は乙のいずれか一方において、次の各号に定める事由が生じた場合には、甲又は乙は相手方に何らの催告を要することなく、直ちに本契約を解除することができる。
① 本契約に関して重大な義務違反があったとき。
② 差押え、仮差押え、仮処分、租税滞納処分、その他の公権力の処分を受けたとき。
③ 銀行取引停止処分を受ける等支払停止になったとき。
④ 破産手続、民事再生手続、会社更生手続若しくは特別清算について、自ら各開始の申立てをしたとき又は各開始の申立てを受けたとき。
⑤ 監督官庁より営業停止、営業許可の取消し、その他の行政処分を受けたとき。
⑥ 財産状態が悪化し、又はそのおそれがあると認められる相当の事由があるとき。

第9条（契約上の地位・権利義務の譲渡禁止）
　甲及び乙は、互いに相手方の事前の書面による承諾なくして、本契約上の地位を第三者に承継させ、本契約から生じる権利義務の全部又は一部を第三者に譲渡若しくは引き受けさせてはならない。

第10条（契約期間）
　本契約の契約期間は、本契約締結時から新規開設店舗営業開始時までとする。ただし、甲より契約期間の延長の申出があった場合には、甲乙別途協議を行う。

【チェック事項】
　本書式例では、新規開店という特定の案件についてのコンサルタント業務を委託していますので、契約期間は、新規開店という案件について情報提供、アドバイスを必要とする期間に限定するとよいでしょう。

第11条（反社会的勢力の排除）
1　甲及び乙は、自己又は自己の役員が現在、暴力団、暴力団員、暴力団準構成員、暴力団関係企業、総会屋、社会運動標ぼうゴロ、政治運動標ぼうゴロ、特殊知能暴力集団等の反社会的勢力に該当しないことを表明し、かつ将来にわたっても該当しないことを確約する。
2　甲及び乙は、自ら又は第三者を利用して、暴力的な要求行為、法的責任を超えた不当な要求行為、脅迫的な言動、暴力及び風説の流布・偽計・威力を用いた信用毀損・業務妨害、その他これらに準ずる行為を行わないことを確約する。
3　甲又は乙は相手方が前2項のいずれかに反した場合には、何らの催告を要せず本契約を解除することができる。
4　前項の規定により本契約が解除された場合には、解除した者はこれによる損害を賠償する責めを負わない。

第12条（規定外事項）
　　甲及び乙は、本契約に定めのない事項又は疑義が生じた事項については、甲乙別途協議してこれを定める。

第13条（管轄裁判所）
　　本契約に関して、紛争が生じた場合には、○○地方裁判所を第一審の専属的合意管轄裁判所とする。

　以上のとおり、契約が成立したため、本契約成立を証するため本契約書2通を作成し、甲乙記名押印の上、各1通保有する。

　　平成○年○月○日

　　　　　　　　　　　　　　　　　　　　○○県○○市○○○丁目○番○号
　　　　　　　　　　　　　　　　甲　　　○○株式会社
　　　　　　　　　　　　　　　　　　　　代表取締役　○　○　○　○　印

　　　　　　　　　　　　　　　　　　　　○○県○○市○○○丁目○番○号
　　　　　　　　　　　　　　　　乙　　　○○株式会社
　　　　　　　　　　　　　　　　　　　　代表取締役　○　○　○　○　印

◆チェックリスト

コンサルタント業務の特定	
・委託するコンサルタント業務の内容は、具体的か	☐
・継続的なコンサルタント業務か、ある特定の案件のコンサルタント業務か	☐

受託予定者の専門性の確認	
・受託予定者の専門性や経歴を確認したか	☐
・弁護士法72条等の資格制限に反しないか	☐
報　酬	
・報酬の算定基準は、期間（月額報酬制等）か成果（成功報酬制等）か	☐
・コンサルタント業務の性質（継続的なコンサルタント業務か、特定の案件のコンサルタント業務か）によって、報酬の算定基準が正しく選択されているか	☐
受託者の業務遂行についての把握	
・報告義務を課しているか	☐
・再委託についてコントロールできているか	☐
・秘密保持条項を設けているか	☐
・中途終了時の報酬請求や中途解約に関する規定を置いたか	☐
・競業避止義務に関する規定を置いたか	☐
契約終了、更新	
・契約期間は妥当か	☐
・自動更新条項を設けるべきか	☐

第9章　労働契約の審査

> **Point**
> ①　労働契約の審査に当たっては、労働契約書に盛り込む条項の検討のみでは十分とはいえず、就業規則の整備も含め、多数の労働関係法規によって規律される労働契約の特殊性を踏まえた対応をすることが重要です。
> ②　雇入れ時の情報収集は業務の目的の達成に必要な範囲内で行う必要があります。
> ③　労働契約は口頭での合意によっても成立しますが、一部の労働条件については、雇入れ時に労働者に対して書面により通知することが義務付けられています。また、常時10人以上の労働者を使用する使用者は就業規則の作成義務を負い、一部の労働条件については、就業規則に必ず記載しなければなりません。
> ④　労働契約は就業規則によってもその内容を定めることができます。ただし、就業規則で一方的に定めた労働条件を労働契約の内容にするためには、合理的な労働条件を定めた就業規則を労働者に周知させていることが必要です。
> ⑤　労働契約を締結する際には、それが労働基準法等の法令に違反しないか、当該労働者に適用される労働協約や就業規則と矛盾、齟齬がないか、という点について十分に確認する必要があります。
> ⑥　一旦合意された労働条件を労働者に不利益に変更するには困難を伴いますので、雇入れ時の労働条件の設定や労働条件を引き上げる方向で変更する際には、熟慮が必要です。
> ⑦　あらかじめ定額の時間外手当等を支給する制度については、その有効性が否定される場合がありますので、同制度に関する規定の内容やその運用に注意が必要です。
> ⑧　近時、メンタル不調者をめぐるトラブルが増加傾向にあり、私傷病休職に関する規定については同トラブルに適切に対処できるように改訂する必要性が高まっています。

第9章　労働契約の審査

◆**はじめに**

　労働契約は、その内容が広範で複雑になる場合が多く、契約書においてその内容の全てを網羅的かつ詳細に定める、というのは現実的ではありません。

　そのため、労働契約の内容を網羅的かつ詳細に定めるという役割は、就業規則（就業規則と一体となる賃金規程や退職金規程等と呼称される諸規程を含みます。）に委ね、労働契約書には基本的な労働条件の記載をするにとどめるという対応が多くの企業で採られています。労働契約書に「その他の労働条件等については就業規則に定めるところによる」等と記載されている場合が多いのはこのためです。

　したがって、労働契約の審査に当たっては、労働契約書に盛り込む条項の検討のみでは十分とはいえず、就業規則の整備も含め、多数の労働関係法規により規律される労働契約の特殊性を踏まえた対応をすることが重要です。

◆**労働契約締結時の調査の限界**

（1）　調査の自由とその限界

　企業には、採用の自由が認められており、「いかなる者を雇い入れるか、いかなる条件でこれを雇うかについて、法律その他による特別の制限がない限り、原則として自由にこれを決定することができる」とされています（最大判昭48・12・12判時724・18）。企業は、この採用の自由に基づき、労働者を採用するに際して、面接等の方法により一定の調査をすることができます（調査の自由）。

　もっとも、上記判例でも「法律その他による特別の制限がない限り」と判示されているように、応募者の人格権やプライバシー権等との関係で、企業の調査の自由にも一定の限界があります。

（2）　法令、告示の状況

　企業の調査の自由と応募者の人格権、プライバシー権等との調整に関する法令、告示の主要なものは【別表】にまとめて後掲しましたので、ご参照ください。

（3）　裁判例の状況

　企業の調査の自由と応募者の人格権、プライバシー権等との調整が問題となった裁判例としては、東京都（警視庁）が任用直後の警察官に対して、本人の同意なくHIV抗体検査を実施し、陽性の結果を踏まえ警察学校への入校辞退を勧告したことが問題となった東京地裁平成15年5月28日判決（判タ1136・114）や、金融機関における採用選考時のB型肝炎ウイルス検査の違法性が争われた東京地裁平成15年6月20日判決（労判854・5）があります。いずれの事案においても、裁判所は、企業の求める労務を実現し得る一定の身体的条件、能力を具備することを確認する目的で、企業が労働者又は応募者

の健康状態について調査を行い得る場合があること自体は認めつつも、検査を本人の同意なく行ったことや、提供することが予定されている労務との関係で検査の必要性がなかったことを理由に、上記各調査をいずれも違法としています。

(4) 実務上の対応

上記からすると、労働契約締結時の調査については、以下の過程を経る必要があるといえます。

① 収集する情報の利用目的をできる限り特定し、それをあらかじめ公表しておく。
② 収集する情報が、業務の目的の達成に必要な範囲内の情報か否かを十分に検討、確認する。
③ 収集する情報が、「職業紹介事業者、求人者、労働者の募集を行う者、募集受託者、募集情報等提供事業を行う者、労働者供給事業者、労働者供給を受けようとする者等が均等待遇、労働条件等の明示、求職者等の個人情報の取扱い、職業紹介事業者の責務、募集内容の的確な表示、労働者の募集を行う者等の責務、労働者供給事業者の責務等に関して適切に対処するための指針」（平成11年労働省告示141号）のいう「人種、民族、社会的身分、門地、本籍、出生地その他社会的差別の原因となるおそれのある事項」「思想及び信条」「労働組合への加入状況」に当たる場合は、その調査を行うことが、「業務の目的の達成に必要不可欠」といえるか否かを十分に検討、確認する。
④ 情報は原則として本人から直接収集する。
⑤ 調査の実施に当たっては本人の同意を得る。

弁護士に聞きたい！

Q35 健康情報の調査はできるか

当社は学習塾、資格取得塾等を全国的に展開する会社です。当社の講師職は、講師という業務の性質上、毎回の授業について実施される生徒によるアンケート調査をもとに、その改善等の努力を常に求められるなど、賃金も高い反面、一般事務職などと比較すると相当程度負荷の高い業務に従事しています。そのため、採用決定前に、そのような負荷に耐え得るか否かを確認する目的で、応募者に対し過去の病歴の申告を求めたり、医師による簡単なメンタルヘルスのチェックを受けさせることを検討しています。そのような調査は可能でしょうか。

A　健康情報は、一般に他者には知られたくない情報といえます。平成29年5月30日に改正された個人情報保護法でも病歴は要配慮個人情報として、保護の必要性の高い情報として取り扱われています。

　しかし、個人情報保護法も要配慮個人情報の取得を一切禁止しているわけではありません。要配慮個人情報であっても、本人の同意等の一定の要件の下に取得することは可能です。

　また、企業には労働者の採用に当たって、採用後に従事させることが予定されている業務を応募者が十分に行い得るか否かを調査する権利が認められています。

　近時、メンタル不調者は増加傾向にあり、負荷の高い業務に従事させる労働者を採用するに当たっては、その健康情報を取得する必要性は高いといえます。また、せっかく採用されてもその後メンタル不調となってしまっては、応募者のためにもなりません。

　したがって、過去の病歴の申告を求めたり、医師による簡単なメンタルヘルスのチェックを受けさせることも、それが業務の目的の達成に必要不可欠といえる場合は可能です。

　ただし、上記いずれの調査についても、本人の同意の下に行う必要があります。具体的には、その調査の必要性の根拠となる事実を応募者に丁寧に説明した上で、調査に応じるか否かの自由を与えつつ、同意が得られた応募者のみについて調査を実施すべきです。

◆労働契約の成立と労働条件の明示義務

　労働契約は、当事者の一方が相手方に対して労働に従事することを約し、相手方がこれに対して賃金を支払うことを約する契約です（民623、労契6）。

　労働契約法では、労働契約の内容について、できる限り書面により確認するものと定められていますが（労契4②）、書面の作成が労働契約の成立要件とされているわけではなく、口頭での合意のみで成立します。

　ただし、使用者には、労働契約の締結に際し、労働者に対して賃金、労働時間その他の労働条件を明示する義務があります（労基15①）。特に、次の事項については書面の交付による明示が義務付けられています（労基則5）。

①　労働契約の期間に関する事項
②　期間の定めのある労働契約を更新する場合の基準に関する事項
③　就業場所及び従事すべき業務に関する事項

④　始業及び終業の時刻、所定労働時間を超える労働の有無、休憩時間、休日、休暇、労働者を二組以上に分けて就業させる場合における就業時転換に関する事項

⑤　賃金（退職手当及び臨時の賃金等を除きます。）の決定、計算及び支払の方法、賃金の締切り及び支払の時期並びに昇給に関する事項

⑥　退職に関する事項（解雇の事由を含みます。）

　なお、短時間労働者を雇い入れる場合は、上記事項に加え、昇給の有無、退職手当の有無、賞与の有無、短時間労働者の雇用管理の改善等の事項に係る相談窓口に関する事項についても明示しなければなりません（短時労6①、短時労則2①）。

　また、常時10人以上の労働者を使用する使用者は就業規則の作成義務を負っており（労基89）、就業規則には、以下の事項について必ず記載をしなければならないとされています（労基89一～三）。なお、「常時10人以上」の判断は事業場単位で行われます。

①　始業及び終業の時刻、休憩時間、休日、休暇、労働者を二組以上に分けて交替に就業させる場合においては就業時転換に関する事項

②　賃金（臨時の賃金等を除きます。）の決定、計算及び支払の方法、賃金の締切り及び支払の時期並びに昇給に関する事項

③　退職に関する事項（解雇の事由を含みます。）

　これらの内容は、上記使用者が労働契約の締結に際して、書面の交付による明示義務を負う事項の一部を含んでいます。そのため、就業規則を作成している使用者は、労働契約を締結する際に就業規則を交付すれば、就業規則に定められている事項については上記の労働条件明示義務を履行したものとされます（平11・1・29基発45）。

◆就業規則による労働条件の決定

　労働契約において、労働条件は個別の契約のみによって決定されるわけではありません。特に、使用者が就業規則を定めている場合には、就業規則によって労働条件を画一的に定めるため、労働契約書には詳細を記載せず、「詳細は就業規則による」とする場合も多くあります。

　ただし、就業規則の内容が無条件で労働契約の内容となるわけではなく、労働契約締結時に就業規則が交付その他の方法により労働者に明示されて、その内容を含んだ個別合意がされるか（労契3）、使用者が合理的な労働条件を定めた就業規則を労働者に周知させていることが必要です（労契7）。

　ここでいう「周知」とは、実質的に当該事業場の労働者が就業規則の内容を知り得る状態に置くことを意味し、必ずしも労働基準法106条1項及び労働基準法施行規則52条の2に列挙された方法（①常時各作業場の見やすい場所へ掲示し、又は備え付けるこ

と、②書面を労働者に交付すること、③磁気テープ、磁気ディスクその他これらに準ずる物に記録し、かつ、各作業場に労働者が当該記録の内容を常時確認できる機器を設置すること）に限定されるわけではありません（最判平15・10・10判時1840・144、大阪高判平19・1・19労判937・135）。しかし、使用者としては、就業規則の効力に関する争いを生むリスク等を避けるためにも、これらの方法により周知を図るべきです。

◆労働契約と労働関連法規、労働協約、就業規則との関係

　労働契約は、労働基準法をはじめとする労働関連法規に違反してはならず、特に労働基準法については、同法に定める基準に達しない労働条件を定めた部分は無効となります（労基13前段）。このような強行法規としての性格を有する労働関連法規は、労働基準法だけでなく、最低賃金法、雇用の分野における男女の均等な機会及び待遇の確保等に関する法律、短時間労働者の雇用管理の改善等に関する法律等も強行法規としての性格を有する規定を含んでいます。

　特に、労働基準法や最低賃金法に違反して無効となった部分については、これらの法律が定める基準によることとなります（労基13後段、最賃4②後段）。例えば、使用者と労働者が労働契約を締結する際に、「残業代は支払わない」「有給休暇は付与しない」といった合意をしていたとしても、このような合意は無効であり、労働基準法が定める基準での割増賃金の支払や有給休暇の付与をしなければなりません。

　また、労働協約に定める労働条件その他の労働者の待遇に関する基準に違反する労働契約は無効となり、無効となった部分は、労働協約で定められた基準によることとなります（労組16）。

　さらに、就業規則で定める基準に達しない労働条件を定める労働契約も、その部分については、無効となり、無効となった部分は、就業規則で定める基準によることとなります（労基93、労契12）。ただし、個別の労働契約において、就業規則で定める基準よりも労働者にとって有利な労働条件を定めることは可能です（労契7ただし書・12）。

　そして、就業規則は、法令又は当該事業場について適用される労働協約に反してはならないとされています（労基92①）。

　以上に述べた関係を図示すると、以下のとおりとなります。

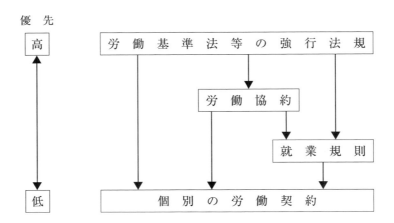

　したがって、労働契約を締結する際には、それが労働基準法等の法令に違反しないか、当該労働者に適用される労働協約や就業規則と矛盾、齟齬がないか、という点について十分に確認する必要があります。

◆不利益変更の困難性を前提とした労働条件の設定
　労働契約も他の契約と同様に合意によって変更可能です（労契8）。しかし、通常、労働契約の内容を労働者に不利益に変更することについて、労働者と合意をすることは困難な場合が多いと思います。
　また、企業は、就業規則を不利益に変更することにより、労働者との合意を経ることなく労働条件を切り下げることも可能ですが、その要件は相当に厳格です（労契9・10）。
　特に賃金などの労働者にとって重要な労働条件を切り下げる変更については、合意をする方法による場合であっても、就業規則を変更する方法による場合であっても、裁判所はその有効性判断を相当慎重に行っています（前者につき最判平28・2・19判時2313・119、後者につき最判平12・9・7判時1733・17等）。
　したがって、企業においては、雇入れ時の労働条件の設定や、労働条件を引き上げる方向で変更する際には、労働契約は上記のとおり相当に下方硬直性をもった契約であることを前提として、熟慮した上でその内容を決定する必要があります。

◆定額払い制度について
　実務上、運送業、ホテル・飲食店等のサービス業、プログラマー、外回りの営業等の毎月一定時間の時間外労働等が予定されている労働者に対して、定額の時間外割増賃金、休日割増賃金、深夜割増賃金（以下「時間外割増賃金等」といいます。）を支給

するという制度（以下「定額払い制度」といいます。）が活用される場合があります。なお、定額払い制度には、定額の時間外割増賃金等をあらかじめ基本給に組み込む制度と、別途手当（「時間外手当」「営業手当」等）として支払う制度とがあります。

このような定額払い制度について、裁判所は、それが時間外割増賃金等の趣旨で支払われるものである旨の合意が存すること、通常支払われるべき賃金額と労働基準法により支払われるべき割増賃金に当たる部分とを判別することができること、という基準により、その有効性を判断しています（最判平6・6・13判時1502・149）。

しかし、最高裁平成24年3月8日判決（判時2160・135）において、櫻井龍子裁判官が、「便宜的に毎月の給与の中にあらかじめ一定時間（例えば10時間分）の残業手当が算入されているものとして給与が支払われている事例もみられるが、その場合は、その旨が雇用契約上も明確にされていなければならないと同時に支給時に支給対象の時間外労働の時間数と残業手当の額が労働者に明示されていなければならないであろう。さらには10時間を超えて残業が行われた場合には当然その所定の支給日に別途上乗せして残業手当を支給する旨もあらかじめ明らかにされていなければならないと解すべきと思われる。」との補足意見を述べて以降、下級審裁判例の中には次のような判断を示すものが出てきています。

① 定額で支給される時間外割増賃金等の額が労働基準法所定の計算方法による額を下回るときは、その差額を支払う合意が存在するか、あるいは少なくともそのような取扱いが確立していることを定額払い制度の有効要件とするもの（東京地判平24・8・28労判1058・5等）

② 定額残業代に関する合意中に、それが何時間分の時間外労働に相当するのかが指標として明確にされていることの明示を要求するもの（東京地判平25・2・28労判1074・47等）

③ 職務手当が95時間分の定額残業代として有効か否かの判断に当たって、このような長時間の時間外労働を義務付けることは、労働基準法36条の規定を無意味なものとするばかりでなく、安全配慮義務に反し、公序良俗に反するおそれさえあるとして、労働基準法36条の上限として周知されている月45時間（昭和57年労働省告示69号・平成4年労働省告示72号により示されたもの）の限度でしかその有効性を認めなかったもの（札幌高判平24・10・19労判1064・37）

④ 時間外労働等がない労働者を含んで支給がされていたことから、実質的に時間外労働等の対価としての性格を有しないとしてその有効性を否定したもの（東京地判平26・8・26労判1103・86）

他方、近時東京高等裁判所において、「基準外手当」に分類され、「時間外勤務手当、

深夜勤務手当、休日勤務手当、休日深夜勤務手当の代わりとして支払う」「不足がある場合は、別途これを支給する」との規定に基づいて支給され、実態としても不足分の支払がされていた業務手当を、時間外割増賃金等の定額払いとして有効とした事案があります（東京高判平28・1・27労経速2296・3）。同裁判例は、まず、割増賃金に当たる部分とそれ以外の賃金部分とが区別されていることは必要としつつも、時間外労働等の時間数及びそれに対して支払われた割増賃金額を明示することまでは要請されないとしました（上記②の判断を否定）。また、業務手当が月当たり時間外労働70時間、深夜労働100時間の対価として支給されていたことに関し、仮に三六協定で労使が合意した上限時間を超過する時間外労働時間を前提とした定額払いが行われていたとしても、それが当然に無効になると解することはできないとしました（上記③の判断を否定）。さらに、業務手当が実際の時間外労働の有無にかかわらず支給されていたことに関し、店舗の営業日や営業時間との関係で従業員の時間外労働や深夜労働が避けられないことから、正社員に対して業務手当を支給していたものであり、それは合理性があるから、同事実は、定額払いの合意の効力を否定する理由にならないとしました（上記④の判断を否定）。

そして、同判決については、労働者側による上告及び上告受理申立てがされましたが、いずれも認められませんでした（最決平28・7・12労経速2296・9）。

上記の状況を踏まえると、企業において定額払い制度を活用するに当たっては、最低限以下の対応をする必要があります。

① 労働契約書や就業規則等に時間外割増賃金等として一定額を支給する旨を明記する。

② 時間外割増賃金等として支給される金額とそれ以外の賃金とが明確に判別できるようにする。

③ 定額で支払われる時間外割増賃金等を超過する時間外労働等が発生した場合は、超過分の時間外割増賃金等を支給する。

また、近時の下級審裁判例の状況を踏まえ、予防法務的には以下の点についてもできる限り対応しておくとよいでしょう。

① 定額で支払われる時間外割増賃金等を超過する時間外労働等が発生した場合は、超過分は別途支払う旨を労働契約書や就業規則等に明記する。

② 定額払い制度の対象労働者は、実際に時間外労働等が発生する労働者に限定し、その額についても想定される時間外労働等の多寡に応じて、部、課等の一定のまとまりごとに差を設ける。

③ 三六協定の協定時間を超過する時間外労働を前提とした定額払いは行わず、でき

る限り時間外割増賃金の定額払いの金額は月45時間分以内に留める。

◆私傷病休職に関する規定について

近時の精神障害を原因とした労災請求（申請）件数、支給決定（認定）件数の推移は以下のとおりです。

	平成24年度	平成25年度	平成26年度	平成27年度	平成28年度
請求件数	1257	1409	1456	1515	1586
支給決定件数	475	436	497	472	498

（平成28年度「過労死等の労災補償状況　表2－1」厚生労働省公表参照）

また、近時の我が国における精神疾患の患者数は平成11年に204.1万人だったものが、平成26年には392.4万人となるなど、うつ病等を中心に右肩上がりの状況にあります（「患者調査」厚生労働省公表参照）。

上記のような状況を背景にして、近時、企業の労務管理において、メンタル不調者への対応が迫られる場合が増加しています。

ところが、従来からの私傷病休職に関する規定は、このようなメンタル不調者を想定した内容になっていません。

そこで、企業としては、上記のような状況に適切に対応できるよう私傷病休職に関する規定を現代的な内容に改訂する必要があります。

具体的には以下のような規定を盛り込む等の改訂を検討されるとよいでしょう。

(1)　労働者の自主的な欠勤の継続がない場合でも休職を命じられる規定

多くの企業が私傷病休職の要件として労働者による自主的な欠勤の継続を定めています。しかし、労働者による自主的な欠勤の継続を休職発令の要件とすると、労働者が病気でないと主張して自主的に欠勤をしないため、やむを得ず、企業が不完全な労務の提供を拒絶して休ませた場合に休職を命じられない、と解される余地が生じてしまいます。そのため、企業が不完全な労務の提供を拒絶して休ませた場合にも休職を命じられる内容にすべきです。

(2)　労働者の故意、重過失によって生じた傷病については適用対象外とし得る規定

私傷病休職制度を、長期間継続する労働契約において通常想定可能であり、かつ、労働者の帰責性が高くない事情（やむを得ない怪我や病気）を原因とした欠勤による普通解雇を回避する制度と捉えると、私傷病が労働者の故意、重過失により生じたも

のである場合には、社会通念上、解雇を猶予すべきでないとすることもあり得ます。したがって、このような場合には私傷病休職制度の対象外とし得る規定を設けることも検討すべきと考えます。特に中小企業では、労働者の数が少ないため、私傷病休職により不足した労働力の調整、補充に困難を来す場合も多く、その必要性は相対的に高いといえるでしょう。

　(3)　所定の休職期間内に治癒する見込みがないことが明確な場合は休職を経ずに労働契約を終了させることができる規定

　私傷病休職制度を(2)の記載のように捉えると所定の休職期間中に治癒する見込みがないことが明らかな場合にまで私傷病休職を取得させる必要はないことになります。復職が見込めないのに休職期間中の社会保険料等のみを企業が負担し続けなければならないのは不合理です。そのため、休職期間中に治癒する見込みがないことが明らかな場合は、休職を経ずに労働契約を終了させることができるような規定を設けておくことも有益と考えます。

　(4)　短期間の欠勤を断続的に繰り返す場合にも休職を命じられる規定

　メンタル不調には、症状の軽快と増悪を繰り返すという特徴があります。短期間の欠勤で一旦は症状が軽快しても、その後短期間の勤務を経た後、すぐに症状がぶり返して再度欠勤してしまい、それを繰り返す、ということも多くあります。そこで、長期の欠勤の継続を休職の要件としているような企業においては、通算規定を設けるなどして、上記のような場合でも休職を命じられるようにしておく必要があります。

　(5)　休職命令に先立って医師の受診等を求めたり、家族の協力を得るのに有益な規定

　メンタル不調者については、受診を勧めても、自分は病気ではないとして受診しないなど、その対応に苦慮する場合があります。その場合、企業としては受診することを命じたり、家族の協力を得る等したいところです。この点、受診命令については、裁判例上、労使間における信義ないし公平の観念に照らし合理的かつ相当な理由がある場合には就業規則の定めの有無にかかわらずこれを行うことができる、とされています（東京高判昭61・11・13判時1216・137、東京地判平3・3・22判時1382・29、大阪地決平15・4・16労判849・35）。もっとも、受診命令を行い得る旨をあらかじめ規定しておくことは、労働者の納得を得やすいという点で有益です。また、家族の協力を得るためには、労働者本人の企業での状態を家族に伝えざるを得ないところ、個人情報保護法上、家族であっても、労働者本人の同意なくその健康に関する情報を提供することは、原則としてできません。そこで、あらかじめ家族に協力を要請するに当たって労働者に同意を求めることができる旨を規定しておくことも有益でしょう。

(6) 復職と休職を繰り返すような場合に適切に対応できる規定

(4)に記載したメンタル不調の特徴からすると、休職発令後に、短期間の復職と欠勤ないし休職を繰り返す場合にも、休職発令時と同様、通算規定を設けるなどして企業として適切に対応できるようにしておくべきです。

(7) 休職期間満了までの間に、復職の可否判断を適切にするための十分な情報収集を可能にする規定

復職をめぐって企業が対応に苦慮する場合として、休職期間満了直前になって、労働者から復職可との主治医診断書が提出され、短期間で企業としての対応を決しなければならず、適切な判断ができない、というものがあります。企業としては、復職可否の判断を適切に行うためにも、それを可と判断した場合の円滑な復職受入れのためにも、休職期間中に十分な情報収集ができるようにしておくべきです。この点、平成28年4月1日施行の障害者の雇用の促進等に関する法律の一部を改正する法律（平成25年法律46号）による改正後の障害者の雇用の促進等に関する法律により、事案によっては、当該労働者が同法の「障害者」に当たるか否か、当たる場合は、同法が企業に義務付ける「合理的配慮の提供」を希望するか否か等について、休職期間中に確認する必要が生じる場合もあります。

そのため、休職期間中の労働者に必要な連絡、報告のほか復職に向けた面談等に応じてもらうことができる旨や、医療情報の収集に当たって必要な協力を得られる旨を定めておくべきと考えます。

(8) 復職時に軽減業務に従事させる可能性がある場合は、その間、合理性、相当性のある範囲で賃金等の労働条件を個別合意なく変更できる規定

私傷病休職から復職したばかりの労働者には、負荷を軽減した業務に従事してもらう場合があります。その場合、労働者間の衡平等の観点から、賃金等の労働条件についても一定の範囲で変更する必要が生じる場合があります。通常の場合は、労働者と個別合意ができると思いますが、万一、それが得られない場合であっても、会社が合理性、相当性のある範囲で、同変更を行えるようにしておくべきと考えます。そこで、例えば「その負荷、責任等の軽減に見合う範囲で、従業員の職位、資格・等級を引き下げ、その他労働条件を変更することができる」等の規定を設けておくことをお勧めします。

（山田洋嗣、貝沼宏徳）

＜参考文献＞
菅野和夫『労働法』（弘文堂、第11版補正版、平29）
土田道夫『労働契約法』（有斐閣、第2版、平28）

【別　表】

[法　令]

職業安定法	第5条の4（求職者等の個人情報の取扱い）	①　公共職業安定所、特定地方公共団体、職業紹介事業者及び求人者、労働者の募集を行う者及び募集受託者並びに労働者供給事業者及び労働者供給を受けようとする者（次項において「公共職業安定所等」という。）は、それぞれ、その業務に関し、求職者、募集に応じて労働者になろうとする者又は供給される労働者の個人情報（以下この条において「求職者等の個人情報」という。）を収集し、保管し、又は使用するに当たつては、その業務の目的の達成に必要な範囲内で求職者等の個人情報を収集し、並びに当該収集の目的の範囲内でこれを保管し、及び使用しなければならない。ただし、本人の同意がある場合その他正当な事由がある場合は、この限りでない。 ②　〔省略〕
個人情報保護法	第2条（定義）	①・②　〔省略〕 ③　この法律において「要配慮個人情報」とは、本人の人種、信条、社会的身分、病歴、犯罪の経歴、犯罪により害を被った事実その他本人に対する不当な差別、偏見その他の不利益が生じないようにその取扱いに特に配慮を要するものとして政令で定める記述等が含まれる個人情報をいう。 ④～⑩　〔省略〕
	第15条（利用目的の特定）	①　個人情報取扱事業者は、個人情報を取り扱うに当たっては、その利用の目的（以下「利用目的」という。）をできる限り特定しなければならない。 ②　〔省略〕
	第16条（利用目的による制限）	①　個人情報取扱事業者は、あらかじめ本人の同意を得ないで、前条の規定により特定された利用目的の達成に必要な範囲を超えて、個人情報を取り扱ってはならない。 ②・③　〔省略〕
	第17条（適正な取得）	①　個人情報取扱事業者は、偽りその他不正の手段により個人情報を取得してはならない。 ②　個人情報取扱事業者は、次に掲げる場合を除くほか、あらかじめ本人の同意を得ないで、要配慮個人情報を取得してはならない。 一　法令に基づく場合 二～六　〔省略〕
	第18条（取得に際しての利用目的	①　個人情報取扱事業者は、個人情報を取得した場合は、あらかじめその利用目的を公表している場合を除き、速やかに、その利用目的を、本人に通知し、又は公表しなければならな

第9章　労働契約の審査

		の通知等)	い。 ②～④〔省略〕

[告　示]

| 職業紹介事業者、求人者、労働者の募集を行う者、募集受託者、募集情報等提供事業を行う者、労働者供給事業者、労働者供給を受けようとする者等が均等待遇、労働条件等の明示、求職者等の個人情報の取扱い、職業紹介事業者の責務、募集内容の的確な表示、労働者の募集を行う者等の責務、労働者供給事業者の責務等に関して適切に対処するための指針（平成11年労働省告示141号） | 第4　法第5条の4に関する事項（求職者等の個人情報の取扱い） | 1　個人情報の収集、保管及び使用
(1)　職業紹介事業者等（※）は、その業務の目的の範囲内で求職者等の個人情報（1及び2において単に「個人情報」という。）を収集することとし、次に掲げる個人情報を収集してはならないこと。ただし、特別な職業上の必要性が存在することその他業務の目的の達成に必要不可欠であって、収集目的を示して本人から収集する場合はこの限りでないこと。
　イ　人種、民族、社会的身分、門地、本籍、出生地その他社会的差別の原因となるおそれのある事項
　ロ　思想及び信条
　ハ　労働組合への加入状況
(2)　職業紹介事業者等は、個人情報を収集する際には、本人から直接収集し、又は本人の同意の下で本人以外の者から収集する等適法かつ公正な手段によらなければならないこと。
〔以下省略〕
※「職業紹介事業者等」には、労働者の募集を行う者も含まれる。 |

| 書式例20 | 労働契約書 |

労働契約書

　〇〇株式会社（以下「甲」という。）と〇〇〇〇（以下「乙」という。）は、本日、次のとおり契約を締結する。

第1条（契約の趣旨）
　　甲は、本契約書に定める労働条件により乙を雇用し、乙は甲に雇用されて甲の事業に関する業務に服することを約した。

第2条（契約期間）
1　本契約には期間を定めない。
2　雇用契約の開始日から〇か月間は試用期間とする。
3　甲は、前項の試用期間を短縮し、又は当初の試用期間と通算して最大〇か月以内の範囲で延長することができる。

【チェック事項】
　上記は契約期間を定めない場合についての条項例ですが、契約期間を定める場合もあります。
　この場合、平成25年4月1日以後に開始する期間の定めのある労働契約については、同契約が通算で5年を超えて反復更新された場合、労働者の申込みにより、期間の定めのない労働契約に転換するとされています（労契18）。
　この点、同転換を回避するために、上記の通算期間に達する前に雇止めをすることも考えられますが、労働契約が更新されると期待することに合理的な理由がある場合等には、雇止めが認められない場合があることに留意する必要があります（労契19）。そのような場合、労働者に使用者の事情等を真摯かつ十分に説明の上で、以下の2項のような不更新条項を付した更新契約に合意してもらう等の対応が有効です。

1　雇用期間は、平成〇年〇月〇日から1年間とする。
2　本契約は、前項に定める期間の満了をもって終了とし、契約更新はしない。

第3条（就業場所及び業務の内容）
1　乙の就業場所は〇〇〇〇〇〇〇〇とし、業務内容は〇〇〇〇〇〇〇〇とする。
2　甲は、業務上の必要がある場合、前項の就業場所及び業務内容を変更することができる。

【チェック事項】
　就業場所及び従事すべき業務は使用者が書面による明示義務を負う事項です（労基則5）。将来就業する可能性がある場所や担当し得る場所を網羅的に記載することも考えられますが、実際には、そのような記載をすることは困難であるため、業務上の必要がある場合には就業場所や業務内容の変更ができる旨を規定しましょう。
　他方、中途採用の場合などで、その労働者に期待する能力が明確な場合や、職種、役割を限定して採用する場合には、万一、後にその能力がないことが判明した場合は、普通解雇等の措置をとらなければなりません。そのような事態に備え、それら採用の前提とされた能力等については、できる限り明確に契約書に記載しておくべきです。

第4条（就業時間等）
1　乙の1日の就業時間は○時間とする。
2　乙の始終業時刻及び休憩時間は次のとおりとする。ただし、甲は業務の都合により、始終業時刻、休憩時間を繰り上げ、繰り下げることができる。
　　始業時刻　　○時
　　終業時刻　　○時
　　休憩時間　　○時より○時間
3　甲は、業務上の必要がある場合には、乙に対し、第1項の就業時間を超えて労働を命じることができる。

第5条（休日）
1　乙の年間休日日数は○日とし、次のとおりとする。
　　土曜日
　　日曜日
　　国民の祝日に関する法律に定められた休日
　　年末年始（12月29日から翌年1月3日まで）
　　その他甲が年間休日日数の範囲内で休日と指定した日
2　甲は、業務上の必要がある場合には、乙に対し、前項の休日に労働を命じることができる。
3　甲は、業務上の必要がある場合には、事前に振替休日を通知した上で、第1項の休日に乙を就業させることができる。

第6条（年次有給休暇）
1　乙は、法令に定める基準により、年次有給休暇を取得することができる。
2　乙は、年次有給休暇の取得を希望する場合には、取得希望日の○営業日前までに、甲の指定する方法により申請しなければならない。ただし、取得希望日に年次有給休

暇を付与することが甲の事業の正常な運営を妨げる場合、甲は、申請された日を変更することができる。

第7条（給与・手当）
1　甲は、乙に対し、賃金として、次の合計額を支払うものとし、支給要件等については就業規則に定める。
　　　基本給　　　　　○○○○円
　　　精皆勤手当　　　○○○○円
　　　家族手当　　　　○○○○円
　　　通勤手当　　　　○○○○円
2　甲は、乙のした法定時間外労働、法定休日労働、法定深夜労働に対し、法律の定めに基づいた割増賃金を支払う。
3　乙の賃金は、毎月○日をもって締め切り、翌月○日に支払う。ただし、支払日が土曜日、日曜日、国民の祝日に関する法律に定められた休日、年末年始（12月29日から翌年1月3日まで）のいずれかに当たる場合は、その前日に支払う。

第8条（賞与）
　　甲は、乙に対し、甲の業績及び乙の勤務成績等に応じて、毎年6月及び12月に賞与を支給することがある。

第9条（定年）
　　乙の定年は満60歳とし、満60歳に達した日をもって退職とする。

第10条（退職）
　　前条に定める場合のほか、次の各号のいずれかに該当するときは退職とする。
　①　乙が退職を申し出て、甲がこれを承認したとき。
　②　乙が死亡したとき。
　③　就業規則に定める私傷病休職期間が満了するまでに休職事由が消滅しないとき。
　④　甲に連絡なく50日間が経過し、乙の所在が不明なとき。

第11条（普通解雇）
　　甲は、乙が次の各号のいずれかに該当するときは、30日前に予告するか又は30日分の平均賃金を支払った上で、乙を解雇することができる。
　①　精神又は身体の障害のために業務に堪えられないとき。
　②　勤務成績又は業務能率が不良で、向上の見込みがないと認められたとき。
　③　その他、甲の都合によるやむを得ない事由があるとき。

第12条（就業規則の適用）
　　甲と乙との労働契約については、本契約書に定めるほかは甲の定める就業規則による。

第9章　労働契約の審査

　　以上の契約を証するため、本契約書2通を作成し、甲及び乙は各々1通を保有する。

　　平成○年○月○日

　　　　　　　　　　　　　　　　　　　○○県○○市○○○丁目○番○号
　　　　　　　　　　　　　　甲　　　○○株式会社
　　　　　　　　　　　　　　　　　　代表取締役　○　○　○　○　印

　　　　　　　　　　　　　　　　　　　○○県○○市○○○丁目○番○号
　　　　　　　　　　　　　　乙　　　　　　　　　○　○　○　○　印

◆チェックリスト

採用前の調査	
・労働契約を締結するか否か及び提示する労働条件を決定するために必要かつ十分な調査を実施したか	☐
提示する労働条件	
・提示する労働条件は、一旦定まった労働条件を労働者に不利益に変更することは容易ではないことを前提に熟慮して決定されたものか	☐
・提示する労働条件は網羅的な内容になっているか	☐
・提示する労働条件は第三者から見て一義的に明確な内容となっているか	☐
・提示する労働条件は法令に違反したり、労働協約、就業規則と矛盾、齟齬のある内容になっていないか	☐
・就業規則に記載された内容を含んで労働契約を締結する場合には、次のいずれかの要件を満たすか 　①　就業規則を労働者に明示した上でそれを含んで合意すること 　②　就業規則の内容が合理的で、労働者に対して実質的に周知されていること	☐
労働基準法の遵守	
・書面による明示が求められている事項について、労働契約締結時に書面によって明示したか	☐
・常時10人以上を使用している事業場について就業規則を定めているか	☐
・就業規則について、労働者代表を民主的に選任した上でその意見を聴取したか	☐
・就業規則は適法に労働基準監督署に届け出られているか	☐

定額払い	
・定額払い制度を設けている場合は、近時の裁判例の状況を踏まえて、その有効性が維持できる制度になっているか	☐
休職制度	
・近時のメンタル不調者の増加傾向を踏まえた適切な休職制度に関する規定が整備されているか	☐

第10章　販売権に関する契約の審査

1　フランチャイズ契約

> **Point**
> ①　フランチャイズ・システムには、本部にとって、資本をかけずに多数の店舗を展開できる等のメリットがある一方、加盟店が本部の指導どおりに動かないと本部が目指す店舗経営ができないというデメリットがあります。
> ②　本部は多数の加盟店を対等に扱うことが必要なので、フランチャイズ契約の内容は画一的なものにならざるを得ません。したがって、フランチャイズ契約に様々な条項を設けることができるのは、事実上本部だけです。
> ③　フランチャイズ契約の本質的要素は、㋐商標、商号等の使用許諾に関する事項、㋑経営のノウハウに関する事項、㋒加盟店が支払う対価に関する事項です。
> ④　小売・飲食のフランチャイズ・システムの場合、本部は、中小小売商業振興法に基づき、加盟しようとする者に対して、同法所定の事項を記載した書面を交付し、説明する必要があります。
> ⑤　フランチャイズ契約は独占禁止法の対象となるので、同法に抵触しないようにする必要があります。

◆フランチャイズ・システムの意義、メリット・デメリット

　フランチャイズについては様々な考え方がありますが、公正取引委員会は「フランチャイズ・システムに関する独占禁止法上の考え方について」（平14・4・24公正取引委員会）（以下「フランチャイズガイドライン」といいます。）において、フランチャイズ・システムは「本部が加盟者に対して、特定の商標、商号等を使用する権利を与えるとともに、加盟者の物品販売、サービス提供その他の事業・経営について、統一的な方法で統制、指導、援助を行い、これらの対価として加盟者が本部に金銭を支払う事業形態である」としています。

　フランチャイズ・システムのメリット・デメリットは、次のとおりです（川越憲治『フランチャイズシステムの法理論』31頁～36頁（商事法務研究会、平13））。

	メリット	デメリット
本部	① 資本をかけずに多数の店舗を展開できる。 ② 生産及び流通の両面で規模拡大のメリットを享受できる。 ③ 多数の店舗を通じて効果的なマーケティングをすることができる。	加盟店が本部の指導どおりに動かないと本部が目指す店舗経営ができない。
加盟店	① 少ない資金で店舗を開設して独立することができる。 ② 経営ノウハウと商標等を使用することができ、単独で店舗経営をするよりも経営についての危険が少ない。	① 経営の独立性は単独で店舗を開設するよりも少ない。 ② フランチャイズ契約の内容は画一的であるため、フランチャイズ契約を受諾するか否かの自由しかない。

◆フランチャイズ契約に設けることのできる条項

　フランチャイズ契約は民法で定められた契約類型ではありません。また、フランチャイズ法といったフランチャイズを対象とする特別法もありません。したがって、独占禁止法や中小小売商業振興法による法的規制や民法90条の公序良俗の規定に違反しない限り、フランチャイズ契約には様々な条項を設けることができます。

　ただし、本部は多数の加盟店を対等に扱うことが必要なので、フランチャイズ契約の内容は画一的なものにならざるを得ません。したがって、フランチャイズ契約に様々な条項を設けることができるのは事実上本部だけで、加盟店はその契約書の内容を受諾するか否かの自由しかないことになります。

　このように、フランチャイズ契約締結における加盟店の立場は弱い立場ですので、加盟店の審査担当者としては本部が作成した契約書案が後述するフランチャイズガイドラインや中小小売商業振興法による法的規制を遵守したものであるかどうかをチェックすることが大切です。

◆フランチャイズ契約の具体的内容

　フランチャイズ契約の本質的要素は、①商標、商号等（以下「商標等」といいます。）の使用許諾に関する事項、②経営のノウハウに関する事項、③加盟店が支払う対価に関する事項です。

　本部の審査担当者としては、これら三つを含む以下の契約条項に関する諸点につい

て、チェックが必要です。
　(1)　商標等の使用許諾に関する事項
　　ア　商標等の特定
　本部は加盟店に商標等の使用を許諾することになりますが、その際には使用を許諾する商標等を特定する必要があります。商標登録をしていれば登録番号を記載することによって特定することになりますし、図形などは契約書の別紙に記載するなどして特定することになります。
　　イ　商標等に関する権利の帰属
　加盟店が商標等を不正使用しないように、契約書には、①商標等に関する権利は本部に帰属すること、②商標等ないし類似した商標等について出願・登録しないことを明記すべきです。
　　ウ　商標等の使用についての義務
　加盟店が商標等を不正使用しないように、契約書には、①本部の指示に従って商標等を使用すること、②本部が認めた目的以外に商標等を使用しないこと、③加盟店は商標等を使用するに当たりこれを改変しないこと、④契約終了後には商標等を使用できないこと等を明記すべきです。
　また、第三者が商標等を不正使用しないように、契約書には、①商標等を第三者に使用させないこと、②第三者が商標等ないし類似した商標等を使用ないし使用するおそれがあることを認知した場合には速やかに本部に報告すること等を明記すべきです。
　(2)　経営のノウハウに関する事項
　　ア　経営のノウハウの提供方法
　経営のノウハウの提供に関する条項としては、「経営のノウハウを提供する」あるいは「経営指導する」等抽象的に定める方法と、店舗の内外装についてのノウハウ、営業方法のノウハウ、経営管理のノウハウ等についてノウハウの提供方法を具体的に定める方法の二つがあります。
　経営のノウハウの提供方法を具体的に定めた場合には、結果的にそのような具体的な経営のノウハウを提供しないと本部は債務不履行責任を負うことになります。したがって、本部の立場を徹底すれば経営のノウハウの提供方法は抽象的に定めることになるでしょうし、加盟店の立場からすれば経営のノウハウの提供方法は具体的に定めてもらった方が妥当であるということになります。
　　イ　経営のノウハウに関する権利の帰属
　加盟店が経営のノウハウを不正使用しないように、契約書には、①経営のノウハウ

に関する権利は本部に帰属すること、②経営のノウハウを特許等として登録しないことを明記すべきです。

　　ウ　経営のノウハウの実施についての義務

　加盟店が経営のノウハウを不正使用しないように、契約書には、①本部の指示やマニュアルどおりに経営のノウハウを実施すること、②加盟店は本部の行う研修に参加しなければならないこと、③加盟店は経営のノウハウやマニュアルを改変しないこと、④契約終了後には経営のノウハウを使用できないこと等を明記すべきです。

　また、第三者が経営のノウハウを不正使用しないように、契約書には、①経営のノウハウを第三者に使用させないこと、②第三者が経営のノウハウを使用していることを認知した場合には速やかに本部に報告すること等を明記すべきです。

　　エ　経営のノウハウについての秘密保持義務

　加盟店が経営のノウハウを漏らさないように、契約書には、①マニュアルを厳格に管理すること、②契約期間中も契約終了後も加盟店は経営のノウハウやマニュアルの内容を漏洩しないことを明記すべきです。

(3)　加盟店が支払う対価に関する事項

　　ア　加盟金

　契約書においては加盟金の額・その支払方法・加盟金返還の有無・条件について規定することになります（中小小売11①一、中小小売則11一参照）。

　加盟金不返還の規定については、その規定の有効性を認めた裁判例（東京地判平18・6・8（平17(ワ)15865））があるので、本部の立場からすれば、加盟金不返還の規定を契約書に設けるべきです（ただし、そのような規定も金額等によっては公序良俗に反して無効となる場合がありますので注意が必要です（→後掲弁護士に聞きたい！Q36）。）。

　　イ　ロイヤルティ

　契約書においては、ロイヤルティの額又は算定方法・支払方法について規定することになります（中小小売11①六、中小小売則11七参照）。

　ロイヤルティの額の定め方については、固定額方式、割合方式（売上又は利益の何％）があるので、本部としてはロイヤルティの額を最も適切であると考える方式で決定すべきです。

(4)　競業避止義務

　フランチャイズ・システムにおいては、前述のとおり、本部が加盟店にノウハウを提供するので、これを保護するため、加盟店に対し、秘密保持義務のみならず、競業避止義務を課すのが一般的です。さらに、フランチャイズ契約が終了した後も、元加盟店がフランチャイズ・システムを利用して獲得・形成した顧客・商圏をそのまま流

用するのを防止するために、加盟店に対し、一定の競業避止義務を課すべきです。

もっとも、これは、元加盟店にとっては、営業の自由の制約になります。そこで、競業避止義務による制約の程度や契約終了の経緯等によっては、本部が元加盟店にこれを主張できない可能性があり、実際、約定の競業避止義務に基づく営業禁止を求めることが信義則に違反し許されないとした裁判例（東京地判平27・10・14判タ1425・328）もあります。この事例では、本部の解約申入れにより契約が終了したという事情があり、また、保護に値するノウハウが含まれていなかった等と判断されています。

後述するフランチャイズガイドラインにおいても、取引上優越した地位にある本部が加盟者に対して、特定地域で成立している本部の商権の維持、本部が加盟者に対して供与したノウハウの保護等に必要な範囲を超えるような地域、期間又は内容の競業禁止義務を課す場合は、独占禁止法2条9項5号（優越的地位の濫用）に該当するとしています（フランチャイズガイドライン3(1)ア）。

したがって、契約終了後に競業避止義務を課す際には、禁止される業務の範囲、地域、期間等が、ノウハウや商圏の保護に必要な範囲を超える過度な制約にならないようにすべきです。

(5) 損害賠償の予定

加盟店がフランチャイズ契約に定める義務に違反した場合、本部は経営ノウハウの流出などによって損害を被ることになります。ところが、実際上その損害額の特定・立証は極めて困難です。このため、フランチャイズ契約においては損害賠償の予定の規定を定めることがあり、その規定には一応の合理性が認められます。

ただし、損害賠償の予定の額が過大な場合には、その規定は公序良俗に反するものとして一部無効とされる場合があります。

この点、加盟金相当額（300万円）と契約残存期間のロイヤルティ（月間平均ロイヤルティ×残存期間月数）を違約金（損害賠償の予定）とする旨の条項に基づき本部が元加盟店に違約金を請求した関塾事件（東京地判平21・11・18判タ1326・224）では、契約有効期間（5年）からみて、契約残存期間のロイヤルティの支払義務については本部の商圏侵害に係る損害賠償額の予定として合理性があるが、加盟金相当額300万円の支払義務については原告の提供したノウハウの内容等に照らして100万円の限度で合理性を有すると判示しています。

また、競業避止義務規定に違反した場合ロイヤルティ36か月分相当額の損害金を支払う旨の条項に基づき本部が元加盟店に損害金を請求したエックスヴィン（ありがとうサービス）事件（大阪地判平22・1・25判タ1320・136）では、競業避止義務規定について公序良俗に反しないとした上で、本部の請求した損害金を全額認容しました。

以上の裁判例からすると、仮に損害賠償の予定の額が過大であっても、裁判所が個々の事情を考慮して適正な賠償額を確定し、その額を超える部分のみが無効とされるにすぎないことになります。

　したがって、本部の立場からすれば、フランチャイズ契約書には損害賠償の予定の条項を設けるべきであるということになります（上記の裁判例からすれば、ロイヤルティの3年分（36か月分）程度の損害賠償の予定の規定を設けることには一応の合理性があると考えられます。）。

◆中小小売商業振興法の適用のあるフランチャイズ契約

　中小小売商業振興法は、中小小売商業者の経営の近代化を促進すること等により、中小小売商業の振興を図ること等を目的とする法律で、フランチャイズ・システムのみを対象とした法律ではありませんが、フランチャイズ・システムが「継続的に、商品を販売し、又は販売をあつせん」する場合、つまり、いわゆる小売・飲食のフランチャイズ・システムの場合には、同法の特定連鎖化事業（主として中小小売商業者に対し、定型的な約款による契約に基づき継続的に、商品を販売し、又は販売をあっせんし、かつ、経営に関する指導を行う連鎖化事業のうち、当該約款に、加盟者に特定の商標、商号その他の表示を使用させる旨及び加盟者から加盟に際し加盟金、保証金その他の金銭を徴収する旨の定めがあるもの）に当たるものと考えられます。同法は、特定連鎖化事業を行う者（本部）に対して、以下のような同法所定の事項を記載した書面を加盟しようとする者に交付し、これを説明する義務を課しています（中小小売4⑤・11①、中小小売則10・11）。

【中小小売商業振興法で定めている主な事前開示項目】

---

① 本部事業者の概要（株主、子会社、財務状況、店舗数の推移、訴訟件数等）
② 契約内容のうち加盟者に特別の義務を課すもの等、加盟者にとって重要な事項
　○テリトリー権の有無
　○競業避止義務、守秘義務の有無
　○加盟金、ロイヤルティの計算方法など金銭に関すること
　○商品、原材料などの取引条件に関すること
　○契約期間、更新条件、契約解除等に関すること

（中小企業庁の冊子「フランチャイズ事業を始めるにあたって」6頁）

　また、特定連鎖化事業のフランチャイズ契約において、上述の事項を記載した書面を交付する等しなかった場合には、主務大臣はその規定に従うべきことを勧告することができ（中小小売12①）、勧告にも従わなかった場合には、主務大臣はその旨を公表す

ることができます（中小小売12②）。

　したがって、本部の審査担当者は、フランチャイズ契約の締結前にこれらの法的規制が遵守されているかもチェックした方がよいでしょう。

新民法と契約審査

○新民法の「定型約款」と中小小売商業振興法の「定型的な約款」

　(1)　フランチャイズ契約は新民法の「定型約款」に当たるか

　新民法は、①ある特定の者が不特定多数の者を相手方として行う取引であって、②その内容の全部又は一部が画一的であることがその双方にとって合理的なものを「定型取引」と定義した上で、その定型取引において、③契約の内容とすることを目的としてその特定の者により準備された条項の総体を「定型約款」と定義しています（新民548の2①）。

　そこで、フランチャイズ契約が「定型約款」に当たるかは、まず、「定型取引」に該当するかが問題となるところ、一般に、本部は、加盟候補店の個性（財務状況や立地など）を考慮した上で同契約を締結するか否かを判断している実情があることを勘案すると、フランチャイズ契約は、特定の者が特定の者を相手方として行う取引であって、①の「不特定」多数の者と行う取引という要件に該当しない場合が多いのではないかと思われます。

　(2)　新民法における「定型約款」と中小小売商業振興法における「定型的な約款」

　一定のフランチャイズ・システムは、中小小売商業振興法の（特定）連鎖化事業に該当するところ、同法は、「連鎖化事業」を「主として中小小売商業者に対し、定型的な約款による契約に基づき継続的に、商品を販売し、又は販売をあつせんし、かつ、経営に関する指導を行う事業をいう」（傍点筆者）と定義しています（中小小売4⑤）。そこで、（特定）連鎖化事業に当たるフランチャイズ契約は、同法の「定型的な約款」に当たると解釈される一方、(1)で前述したとおり、新民法の「定型約款」には該当しない場合が多いと思われることから、新民法の「定型約款」と中小小売商業振興法の「定型的な約款」を異なる意義に解釈してよいのか（ある契約が、中小小売商業振興法の「定型的な約款」には該当するが、新民法の「定型約款」には該当しないと解釈してよいのか）が疑問となります。

　この点、中小小売商業振興法には「定型的な約款」の定義がないのに対し、

> 新民法は上記(1)の①と②の要件を満たす「定型取引」のうち(1)の③を「定型約款」と定義していること、中小小売商業振興法における（特定）連鎖化事業への規制の立法趣旨と、新民法における定型約款の規定の立法趣旨は異なること等から、新民法の「定型約款」と中小小売商業振興法の「定型的な約款」を異なる意義に解釈することには、問題がないと考えます。

◆独占禁止法に抵触する行為・条項

(1) フランチャイズガイドライン

　フランチャイズ契約は独占禁止法の対象となる契約です。公正取引委員会は、フランチャイズ契約において、どのような行為が独占禁止法上問題となるかについてフランチャイズガイドラインにおいて明らかにしています。本部の審査担当者は、これらの法的規制が遵守されているかをチェックすることが大切です。

(2) 加盟店募集について

　フランチャイズガイドラインによれば、本部が、加盟店の募集に当たり、加盟後の商品等の供給条件（仕入先の推奨制度等）、事業活動上の指導の内容・方法、加盟に際して徴収する金銭の性質・金額・その返還の条件、ロイヤルティの額・算定方法、決済方法の仕組み・条件、事業活動上の損失に対する補償の有無、契約の期間・更新、中途解約の条件・手続、加盟後、加盟者の店舗の周辺地域に、同一又はそれに類似した業種の店舗を本部又は他の加盟者が営業することができるか否か等、加盟希望者が本部と契約を締結するか検討するために重要な事項について、十分な開示を行わず、又は虚偽若しくは誇大な開示を行い、これらにより、実際のフランチャイズ・システムの内容よりも著しく優良又は有利であると誤認させ、競争者の顧客を自己と取引するように不当に誘引する場合には、不公正な取引方法の一般指定の8項（ぎまん的顧客誘引）に該当するとしています。

　したがって、本部が加盟店を募集するに当たっては、上記のような重要な事項について十分な開示を行う必要があります。

(3) その他の事項

　ア　優越的地位の濫用

　フランチャイズ・システムにおいては、一般に、第三者に対する統一したイメージを確保すること等を目的として、フランチャイズ契約において、仕入方法、販売方法、販売価格等について、一定の制限を課す条項を設けます。もっとも、加盟店に対して取引上優越した地位にある本部が、フランチャイズ・システムによる営業を的確に実

施するために必要な限度を超えて、加盟店に不利益な取引条件を設定する場合、独占禁止法2条9項5号（優越的地位の濫用）に該当するおそれがあります。

　フランチャイズガイドラインでは、①個別の契約条項や本部の行為が優越的地位の濫用に該当する場合として、取引上優越した地位にある本部が加盟者に対して、フランチャイズ・システムによる営業を的確に実施するために必要な限度を超えて、例えば、取引先の制限、仕入数量の強制、見切り販売の制限、フランチャイズ契約締結後の契約内容の変更、契約終了後の競業禁止等により、正常な商慣習に照らして本部が加盟店に不当に不利益を与える場合が挙げられています。

　また、②フランチャイズ契約全体としてみて本部の取引方法が優越的地位の濫用に該当すると認められる場合もあります。その判断においては、前記①のほか、次のようなことを総合勘案します。

㋐　取扱商品の制限、販売方法の制限については、本部の統一ブランド・イメージを維持するために必要な範囲を超えて、一律に（細部に至るまで）統制を加えていないか。

㋑　一定の売上高の達成については、それが義務的であり、市場の実情を無視して過大なものになっていないか、また、その代金を一方的に徴収していないか。

㋒　加盟者に契約の解約権を与えず、又は解約の場合高額の違約金を課していないか。

㋓　契約期間については、加盟者が投資を回収するに足る期間を著しく超えたものになっていないか。あるいは、投資を回収するに足る期間を著しく下回っていないか。

　したがって、本部の審査担当者は、上述の諸点に配慮し、優越的地位の濫用に該当しないようチェックする必要があります。

　　イ　抱き合わせ販売等・拘束条件付取引

　フランチャイズガイドラインは「本部が、加盟者に対し、自己や自己の指定する事業者から商品、原材料等の供給を受けさせるようにすることが、一般指定の第10項（抱き合わせ販売等）に該当するかどうかについては、行為者の地位、行為の範囲、相手方の数・規模、拘束の程度等を総合勘案して判断する必要があり、このほか、かかる取引が一般指定の第12項（拘束条件付取引）に該当するかどうかについては、行為者の地位、拘束の相手方の事業者間の競争に及ぼす効果、指定先の事業者間の競争に及ぼす効果等を総合勘案して判断される」としています。

　このように、第三者に対する統一したイメージを確保すること等を目的として、本部が加盟店に対し商品等の仕入先を指定することは、拘束の程度、競争に及ぼす効果等によっては、問題となり得ますので、本部の審査担当者は、抱き合わせ販売等・拘束条件付取引に該当するような条項を設けないようにチェックする必要があります。

ウ　販売価格の制限

　フランチャイズガイドラインは、「本部が加盟者に商品を供給している場合、加盟者の販売価格（再販売価格）を拘束することは、原則として独占禁止法第2条第9項第4号（再販売価格の拘束）に該当する。また、本部が加盟者に商品を直接供給していない場合であっても、加盟者が供給する商品又は役務の価格を不当に拘束する場合は、一般指定の第12条（拘束条件付取引）に該当することとなり、これについては、地域市場の状況、本部の販売価格への関与の状況等を総合勘案して判断される」としています。

　したがって、本部の審査担当者は、加盟店の販売価格について条項を設ける場合、必要に応じて希望価格を設定するというような内容であれば問題ありませんが、加盟者が供給する商品又は役務の価格を不当に拘束する条項とならないようにチェックする必要があります。

弁護士に聞きたい！

Q36　加盟金不返還特約の有効性
　当社のフランチャイズ契約書には加盟金不返還特約の規定がありますが、この規定は法的に問題がありますか。

A　裁判例の中には、加盟金不返還特約は暴利行為であるとして加盟金の一部の返還を命じたものがあります（神戸地判平15・7・24（平13（ワ）2419））。

　裁判所は、加盟店が本部に加盟金800万円を支払った後にフランチャイズとして営業を開始しなかった事案における800万円の加盟金の返還請求に対して、本部に対し600万円の返還を命じました。

　裁判所は、加盟金の法的性質について営業許諾権・商標等の使用許諾料・開業準備行為の対価としての性質を有するものとし、①純然たる営業許諾料以外に年間数百万円のロイヤルティが支払われること、②当該商標は商標登録されておらずメディアによる広告宣伝をしなかったため、当該商標の知名度は高いものではなく商標の使用によるフランチャイズ店の集客力は決して高くなかったこと、③本部は何らの開業準備行為を行っていなかったことから、本部が収受できるのは営業許諾権・商標等の使用許諾料のみであり、それらの価値は上述の事情からすれば200万円を上回ることはないとし、残りの600万円の部分については暴利行為であって公序良俗に反し無効であるとして不当利得返還請求

を認めました。

このように、加盟金の金額をあまりに高額にしすぎると、加盟金不返還特約が一部無効になる可能性があります。

ただし、商標等に高い周知性・集客力が認められたり、充実した開業準備行為があれば、それらとの相関関係において加盟金の金額が高いことも正当化されることもあり得ます。

したがって、加盟金不返還特約を正当化するためには、本部としては少なくとも商標等を登録する必要があります。また、本部はできる限り広告宣伝を行って商標等の周知を図るとともに、開業準備行為も行うことが必要です。

以上から、本部の立場からすれば契約書には必ず加盟金不返還特約の規定を入れておくべきですが、加盟金の金額が対価性を欠いていると判断された場合には加盟金不返還特約が一部無効になる可能性があることを認識しておく必要があります。

> **Q37 コンビニエンス・ストアのフランチャイズ契約と「オープン・アカウント」**
>
> コンビニエンス・ストアのフランチャイズ・システムでは、「オープン・アカウント」が採用されるなど、通常のフランチャイズとは異なる特徴があると聞きました。コンビニエンス・ストアのフランチャイズ契約を締結するに当たり、気を付けた方がよい点はありますか。

A 「オープン・アカウント」とは、耳慣れない言葉ですが、加盟店と本部との間で発生する債権債務について、一括決済のための勘定（オープン・アカウント）を加盟店ごとに設け、会計期間を定めて差引計算し決済していく会計上の仕組みをいいます。オープン・アカウントの借方には、加盟店の仕入先に対する買掛債務や加盟店が本部に対して支払うべきロイヤルティなどが計上されます。他方、貸方には、加盟店が本部に毎日振込送金する総売上金などが計上されます。

そして、各会計期間（例えば1か月）に、借方残額（加盟店の本部に対する債務に相当）が存在するときは、通常、加盟店は利息を負担するとされています。つまり、売上げが落ちると、本部から加盟店に自動的に貸付けをされるのと同様の事態になってしまうのです。

オープン・アカウントをめぐっては、「売上総利益」や「仕入価格」をめぐる

紛争も生じています。

　最高裁平成19年6月11日判決（裁判集民224・521）の事案では、契約書上、いわゆるロイヤルティの計算根拠になる「売上総利益」が「売上高から売上商品原価を差し引いたもの」と記載されていたところ、この「売上商品原価」は、「廃棄ロス原価」（消費期限間近などの理由により不良品として廃棄された商品の原価合計額）や「棚卸ロス原価」（帳簿上の在庫商品の原価合計額と実在庫商品の原価合計額の差額であって、万引きや各店舗の従業員の商品等の入力ミスなどを原因として発生した金額）などを控除したものでした。つまり、実際に仕入れた商品であっても、廃棄されたり、万引きされた場合、原価としてカウントしてもらえないことになりますので、一般の税務会計等に比し、加盟店にとって不利であるといえます。

　また、最高裁平成20年7月4日判決（裁判集民228・443）の事案は、本部が加盟店に代わって支払った仕入代金に関し、加盟店が、支払先、支払金額、値引きの有無等について報告を求めた事案です。これには、本部が加盟店のために行った仕入れの「仕入価格」や、リベートを適正に処理しているか等について、加盟店が疑問を抱いたことが背景にあります。

　商品の仕入れもロイヤルティの計算方法も、コンビニエンス・ストアに係るフランチャイズ・システムの根幹を成すものです。紛争を避けるためには、加盟店希望者に対し、これらを含む「オープン・アカウント」の仕組みについて、必要十分な説明を行うべきです。

（石川恭久、服部由美）

＜参考文献＞
金井高志『フランチャイズ契約裁判例の理論分析』（判例タイムズ社、平17）
相澤聡ほか「フランチャイズ契約関係訴訟について」判例タイムズ1162号32頁
川越憲治『フランチャイズシステムの法理論』（商事法務研究会、平13）

書式例21　フランチャイズ契約書

フランチャイズ契約書

　○○株式会社（以下「甲」という。）と○○株式会社（以下「乙」という。）は、相互の利益と○○○○フランチャイズ・システムを維持発展させるため、以下のとおり契約（以下「本契約」という。）を締結する。

第1条（目的）
　　甲は、乙に対し、本契約に基づいて、甲の商標、マーク等（以下「標章類」という。）及び経営ノウハウを使用して、統一的なイメージの下で、○○○○を経営することを許諾する。

第2条（経営責任）
1　乙は、○○○○の経営について、独立、かつ、単独で経営責任を負うことを確認する。
2　乙は、甲が本契約を締結するに当たり提供した参考資料は、乙が本契約に基づいて営業する店舗（以下「本件店舗」という。）の売上又は利益について何らの保証を与えたものではなく、本件店舗の成功は、乙の経営努力にかかることを、確認する。

【チェック事項】
　フランチャイズ契約締結後、加盟店が本部の情報提供義務違反（特に売上予測等に関するもの）を問う裁判例が少なくありません。
　本部としては、第2項のような確認事項を入れるほか、加盟店への勧誘の際、口頭でも十分に説明し、加盟店から、説明を受けたことを確認する旨の確認書を徴求すべきです。

第3条（店舗）
1　本件店舗の名称は「○○○○　○○店」とする。
2　乙は、以下の所在地に本件店舗を設置する。
　　○○県○○市○○○丁目○番○号
3　乙は、甲の事前の承諾がない限り、本件店舗を前項の所在地以外の場所に移動することはできない。

第4条（標章類の使用）
1　乙は、別紙「標章目録」〔省略〕記載の標章類（以下「本件標章類」という。）に関する権利が甲に帰属し、本件標章類及びそれに類似した標章類について出願・登録し

ないことを確認する。
2　甲は、乙に対し、本件標章類を使用することを許諾する。ただし、乙は、本件標章類の使用に当たっては、以下の定めに従わなければならない。
　①　乙は、本件標章類の使用に当たって、甲の指示に従う。
　②　乙は、本件標章類を本契約の目的以外に使用しない。
　③　乙は、本件標章類を使用するに当たりこれを改変しない。
　④　乙は、本契約が終了した際は、本件標章類の使用を中止する。
　⑤　乙は本件標章類を第三者に使用させず、第三者が本件標章類ないし類似した標章類を使用ないし使用するおそれがあることを了知した場合には、速やかに本部に報告する。

【チェック事項】
　本部が加盟店に標章類の使用を許諾する際には、使用を許諾する標章類を特定する必要があります。また、加盟店が標章類を不正使用しないように、①標章類に関する権利は本部に帰属すること、②標章類ないし類似した標章類について出願・登録しないことを明記すべきです。
　さらに、加盟店が標章類を不正使用しないように、契約終了後には標章類を使用できないこと等を明記すべきです。
　加えて第三者が標章類を不正使用しないように、第三者が標章類ないし類似した標章類を使用ないし使用するおそれがあることを了知した場合には、速やかに本部に報告すること等を明記すべきです。

第5条（経営ノウハウの提供）
1　甲は、乙に対し、以下の事項についての経営のノウハウ（以下「本件経営ノウハウ」という。）をマニュアルによって提供する。
　①　開業準備に関する事項
　②　設備・備品類の設置、それらの改善や改装に関する事項
　③　広告宣伝活動に関する事項
　④　経営・会計業務に関する事項
　⑤　その他事業運営に関する事項
2　乙は、本件経営ノウハウに関する権利が甲に帰属し、本件経営ノウハウを特許等として登録しないことを確認する。
3　乙は、本件経営ノウハウの使用に当たっては、以下の定めに従わなければならない。
　①　乙は、本件経営ノウハウの使用に当たっては、甲のマニュアルと指示に従う。
　②　乙は、本件経営ノウハウに関するマニュアルを改変しない。
　③　乙は、本契約が終了した際は、本件経営ノウハウの使用を中止する。
　④　乙は本件経営ノウハウを第三者に使用させず、第三者が本件経営ノウハウを使用ないし使用するおそれがあることを了知した場合には、速やかに本部に報告する。

第6条（研修）
　乙は、甲が通知する研修会及び会議等に出席しなければならない。なお、そのために要する費用は乙の負担とする。

第7条（商品）
1　甲は、乙のために適切と判断される商品、仕入先、及び買取価格を推奨する。
2　乙は、前項の甲による商品等の推奨が、○○○○の統一的なイメージを維持するために必要かつ有益であることを認識し、これを尊重することに努める。
3　乙が甲又は甲の推奨する仕入先以外の者から仕入れた商品が、○○○○の統一的イメージに適合しないと判断したときは、甲は乙に対し、当該商品の取扱いの中止を求めることができる。

> 【チェック事項】
> 　商品の仕入先、買取価格を指定する規定は、優越的地位の濫用、抱き合わせ販売等・拘束条件付取引、あるいは、再販売価格の拘束に該当する可能性があります。

第8条（テリトリー）
1　乙は、独占的なテリトリーを有しない。
2　甲は乙に対し、通知することで、乙の営業地域内に新規加盟店の出店を行うことができる。

第9条（加盟金・ロイヤルティ）
1　乙は甲に対し、フランチャイズ付与の対価として本契約時に○○万円の加盟金を支払う。
2　乙は甲に対し、1店舗につき毎月○○万円のロイヤルティを支払う。
3　ロイヤルティの支払は、毎月25日までに当月分を甲の指定する銀行口座に振り込み支払う。
4　乙は甲に対し、理由のいかんを問わず加盟金及びロイヤルティの返還を請求できない。

第10条（保証金）
1　乙は、本契約による債務及び損害賠償の保証として金○○万円を甲に支払い、本日、甲はこれを受領した。
2　前項の保証金は、本契約終了後○○日以内に乙の甲に対する前項の債務を清算した残額を利息を付けず、甲が乙に対して返還する。

第11条（広告・宣伝）
1　甲は、本フランチャイズ事業の知名度を高め、販売促進に資するため、マスメディア及びその他の方法により本フランチャイズ事業の広告・宣伝を行う。
2　乙は、広告分担金として、毎月、総売上高の〇％に相当する金額の金員を、翌月25日までに甲の指定する銀行口座に振り込み支払う。
3　乙が本件店舗の広告・宣伝を独自に行うためには、乙は甲の事前の書面による承諾を得なければならない。

第12条（競業避止義務）
1　乙は、直接・間接を問わず、本件店舗と同種又は類似の事業を行ってはならない。
2　乙は、本件店舗と同種又は類似の事業に参加、出資、従事等関与してはならない。
3　乙は、本契約終了後2年間は、本件店舗があった市町村及び隣接市町村において直接・間接を問わず本件店舗と同種又は類似の事業を行ってはならない。

> 【チェック事項】
> 　第3項のように、契約終了後に競業避止義務を課す場合には、特定地域で成立している本部の商権の維持、本部が加盟者に対して供与したノウハウの保護等に必要な範囲を超えるような地域、期間又は内容の競業禁止義務を課すことのないようにしなければなりません（フランチャイズガイドライン3(1)ア）。

第13条（事故）
　乙は、営業に関し、第三者との間に事故又は争いが生じ、また生じるおそれのあるときは、速やかに甲に報告するとともに責任を持って解決に当たる。

第14条（保険）
1　乙は、その費用負担にて、本契約期間中、甲が指定する内容の保険に加入しなければならない。
2　乙は、甲に対し、本契約締結後〇日以内に、前項に定める保険に関する保険証書の写しを提出しなければならない。
3　乙は、第1項に定める保険に加入した後でなければ、本件店舗を開業してはならない。

第15条（秘密保持義務）
1　乙及び乙の従業員は、本契約、マニュアル、甲の指導内容及び本フランチャイズ事業の運営に関する計画、実施、その他の本契約に関して知り得た全ての情報を、本契約の期間中であっても終了後であっても一切第三者に漏洩してはならない。
2　乙は、自己の従業員に、前項の義務を守らせなければならず、その際に甲の指導に基づく措置をとることに同意する。

第16条（立入調査）
1 甲が必要と認めた場合には、以下の事項について甲は乙の店舗に立ち入って調査を行う。その際乙は誠意を持ってこれに協力する。
　① 諸帳簿・伝票その他の文書一切
　② 販売品の価格・品質・その他
　③ 甲の貸与した什器・備品
　④ 安全管理・保健衛生・清掃状態等
　⑤ 従事者の教育・規律・接客態度等
　⑥ 税務申告の控え・決算書類
　⑦ その他甲が必要とする事項
2 前項の調査によって甲が指摘した事項については、乙は速やかに改善を行い、その内容と結果を甲に報告しなくてはならない。

第17条（反社会的勢力の排除）
1 甲及び乙は、それぞれ相手方に対し、次の各号の事項を確約する。
　① 自らが、暴力団、暴力団関係企業、総会屋若しくはこれらに準ずる者又はその構成員（以下総称して「反社会的勢力」という。）ではないこと。
　② 自らの役員（業務を執行する社員、取締役、執行役又はこれらに準ずる者をいう。）が反社会的勢力ではないこと。
　③ 反社会的勢力に自己の名義を利用させ、この契約を締結していないこと。
　④ 本契約が終了するまでの間に、自ら又は第三者を利用して、この契約に関して次の行為をしないこと。
　　ア 相手方に対する脅迫的な言動又は暴力を用いる行為
　　イ 偽計又は威力を用いて相手方の業務を妨害し、又は信用を毀損する行為
2 甲又は乙が前項のいずれかに反した場合には、何らの催告を要せず本契約を解除することができる。
3 前項の規定により本契約が解除された場合、解除した者はこれによる損害を賠償する責めを負わない。

第18条（契約解除）
　甲又は乙が次の各号のいずれかに該当する場合、相手方は何らの催告を要せず直ちに本契約及び個別契約の全部又は一部を解除できる。
　① 本契約に定める条項に違反したとき。
　② 監督官庁から営業の取消し、停止等の処分を受けたとき。
　③ 財産上の信用に関わる差押え、仮差押え、仮処分、又は競売の申立てがあったとき。
　④ 手形・小切手が不渡りとなったとき。
　⑤ 公租公課の滞納処分を受けたとき。

⑥ 破産手続、民事再生手続、会社更生手続若しくは特別清算について、自ら各開始の申立てをしたとき又は各開始の申立てを受けたとき。
⑦ 事業を停止したとき、又は解散の決議をしたとき。
⑧ その他本契約を継続し難い相当の事由が生じたとき。

第19条（損害賠償の予定）
　乙が責めに帰すべき事由により本契約に違反し、第17条第2項又は前条によって本契約を解除された場合には、乙は甲に対しロイヤルティの3年分に相当する金員を損害賠償として支払う。

第20条（期限の利益の喪失）
　第17条第2項又は第18条各号のいずれかに該当する事由が生じたときは、その当事者は相手方に対する一切の債務について当然に期限の利益を喪失するものとする。

第21条（契約期間）
　本契約期間は、契約締結日から3年とする。ただし、期間満了の6か月前までに、甲又は乙が相手方に対して何らの意思表示をしないときは、本契約は更に3年間自動更新され、以後も同様とする。

第22条（物品の返還）
　本契約が終了した場合、乙は、乙の費用負担の下で、甲貸与の什器・備品及びマニュアル・連絡文書・所定用紙・パンフレット・シール等の本契約に関する印刷物等を直ちに甲に返還し、看板等は速やかに撤去する。

第23条（管轄）
　本契約又は本契約に関連して、甲乙間に生じる全ての紛争は、○○地方裁判所を第一審の専属的合意管轄裁判所とする。

第24条（誠実協力義務）
　甲及び乙は、本契約に規定のない事項及び本契約の条項に関して疑義が生じたときは、信義誠実の原則に則り、誠意をもって協議する。

以上の契約を証するためのこの証書2通を作成し、甲及び乙の記名押印の上、各々その1通を保有するものとする。

　　平成○年○月○日

　　　　　　　　　　　　　　　　　　　○○県○○市○○○丁目○番○号
　　　　　　　　　　　　　　　甲　　　○○株式会社
　　　　　　　　　　　　　　　　　　　代表取締役　○　○　○　○　印

　　　　　　　　　　　　　　　○○県○○市○○○丁目○番○号
　　　　　　　　　乙　　　○○株式会社
　　　　　　　　　　　　　　代表取締役　○　○　○　○　㊞

◆チェックリスト

中小小売商業振興法に基づく情報の開示	
・当該フランチャイズは、加盟店に商品を販売し又は販売をあっせんするものか	☐
・加盟店に商品を販売し又は販売をあっせんするフランチャイズであれば、フランチャイズ契約を締結する前に中小小売商業振興法11条1項、同法施行規則10条・11条に定める事項を記載した書面を交付した上で説明したか	☐
独占禁止法に抵触する行為・条項	
・フランチャイズ契約締結においてぎまん的顧客誘引がなされていないか	☐
・フランチャイズ契約において優越的地位の濫用に該当するような条項が設けられていないか	☐
・フランチャイズ契約において抱き合わせ販売等・拘束条件付取引に該当する条項はないか	☐
・フランチャイズ契約において加盟者が供給する商品・役務の価格を不当に拘束していないか	☐
商標等の使用許諾	
・商標等が特定されているか	☐
・商標等に関する権利は本部に帰属することが明記されているか	☐
・商標等について出願・登録しないことが明記されているか	☐
・本部の指示に従って商標等を使用することが明記されているか	☐
・本部が認めた目的以外に商標等を使用しないことが明記されているか	☐
・加盟店は商標等を使用するに当たり、これを改変しないことが明記されているか	☐
・契約終了後には商標等を使用できないことが明記されているか	☐
・商標等を第三者に使用させないことが明記されているか	☐
・第三者が商標等ないし類似した商標等を使用ないし使用するおそれがあることを了知した場合には速やかに本部に報告することが明記されているか	☐
経営のノウハウ	
・経営のノウハウの提供方法が抽象的に定められているか、具体的に定められているか	☐
・経営のノウハウに関する権利は本部に帰属することと明記されているか	☐

・経営ノウハウを特許等として登録しないことが明記されているか	☐
・本部の指示やマニュアルどおりに経営のノウハウを実施することが明記されているか	☐
・加盟店は本部が行う研修に参加しなければならないことが明記されているか	☐
・契約終了後には経営ノウハウを使用できないことが明記されているか	☐
・第三者に経営のノウハウを使用させないことが明記されているか	☐
・第三者が経営ノウハウを使用していることを了知した場合には速やかに本部に報告することが明記されているか	☐
・マニュアルを厳格に管理することが明記されているか	☐
・契約期間中も契約終了後も、加盟店は経営ノウハウやマニュアルの内容を漏洩しないことが明記されているか	☐
加盟店が支払う対価	
・加盟金の額の支払方法・加盟金の不返還の規定・条件について規定されているか	☐
・ロイヤルティの額又は算定方法・支払方法が明記されているか	☐
その他	
・経営責任についての規定があるか	☐
・加盟店の名称が明記されているか	☐
・加盟店の場所が明記されているか	☐
・商品の納入・仕入れに関する規定があるか	☐
・商品・役務提供の希望価格について規定があるか	☐
・テリトリー制(独占的テリトリーか否か)が明記されているか	☐
・保証金について規定があるか	☐
・広告宣伝・販売促進について規定があるか	☐
・広告宣伝費負担金の規定があるか	☐
・競業避止義務の規定があるか	☐
・契約終了後の競業避止義務の規定があるか	☐
・契約終了後の競業避止義務は過度な制約になっていないか	☐
・保険に関する規定はあるか	☐
・秘密保持の規定があるか	☐
・立入調査について規定があるか	☐
・契約の終了原因について約定解除及び法定解除の規定があるか	☐
・損害賠償(損害賠償額の予定)についての規定があるか	☐
・契約期間の規定があるか	☐
・契約の更新延長の規定があるか	☐
・契約終了後の原状回復等の規定があるか	☐

2　販売店契約・代理店契約

> **Point**
> ①　販売店契約と代理店契約では、小売事業者の法的地位が異なります。契約審査に当たっては、契約書の標題にとらわれず、契約の内容から販売店契約と代理店契約のいずれに該当するかを判断してください。
> ②　販売店契約の審査に当たっては、継続的売買契約としての条項が不足していないか、最低購入数量条項を規定するか等に留意してください。
> ③　代理店契約の審査に当たっては、販売代理権を付与する条項、委託業務の内容を定める条項、委託手数料の支払に関する条項等に留意してください。
> ④　販売店契約、代理店契約のいずれも、独占禁止法に抵触する可能性のある条項について、公正取引委員会のガイドラインを参照し、十分な審査が必要です。
> ⑤　販売店契約、代理店契約に共通して、独占禁止法に抵触する可能性のある条項として、専売店条項、テリトリー制条項、販売先指定条項がありますので留意してください。
> ⑥　販売店契約に関して、独占禁止法に抵触する可能性のある条項として、再販売価格維持条項、取引数量条項がありますので留意してください。

◆販売店契約と代理店契約の違い

（1）　販売店契約と代理店契約の概要と主な違い

　販売店契約と代理店契約の概要と主な違いは、次の図及び表のとおりです。

【販売店契約と代理店契約の概要】

販売店契約

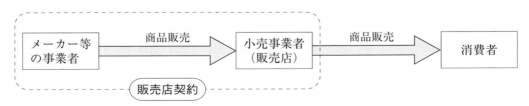

代理店契約

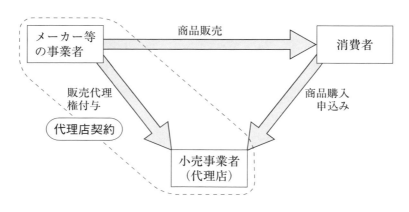

【販売店契約と代理店契約の主な違い】

項　目	販売店契約	代理店契約
業務内容	メーカー等の事業者から商品を継続的に仕入れ、消費者に当該商品を販売する業務	メーカー等の事業者から商品売買を受託し、代理人として消費者との間で商品売買契約を締結する業務
消費者への売主	販売店	メーカー等の事業者
販売価格の決定権限	販売店	メーカー等の事業者
債権の帰属	販売店	メーカー等の事業者
在庫商品の所有権	販売店	メーカー等の事業者
小売事業者の利益	消費者への商品販売により生じる利益	メーカー等の事業者から支払われる委託手数料

(2) 小売事業者の法的地位

　販売店契約と代理店契約で大きく異なる点は、小売事業者の法的地位です。具体的には、販売店契約においては、販売店たる小売事業者と消費者との間に商品売買契約が成立します。ところが、代理店契約においては、代理店たる小売事業者は、メーカー等の事業者の代理人として、消費者と商品売買契約を締結します。つまり、メーカー等の事業者と消費者との間に商品売買契約が成立し、代理店たる小売事業者は、メーカー等の事業者の代理人となります。

　契約審査の際は、契約書の標題にとらわれず、小売事業者の法的地位等、契約の内容からどちらの契約であるのか判断してください。

(3) 販売店契約と代理店契約のメリット・デメリット

このような法的地位の違いから、メーカー等の事業者及び小売事業者双方にとって、販売店契約と代理店契約にはそれぞれメリットとデメリットがあります。一般的に、販売店契約では、小売事業者が販売差益を得ることができ、代理店契約の場合の委託手数料を上回る利益が期待できるメリットがあります。その反面、販売店契約では、小売事業者が在庫商品を所有することから、売れ残りのリスクや、商品保管のリスクを負うデメリット、債権回収リスクを負うデメリットがあります。

(4) 販売店契約・代理店契約の内容の画一性

メーカー等の事業者は多数の販売店及び代理店を対等に扱うことが必要なので、販売店契約及び代理店契約の内容は画一的なものにならざるを得ません。したがって、小売事業者側は、契約内容を変更することは困難です。

◆販売店契約の内容

(1) 継続的売買契約としての条項

継続的売買契約として、以下の条項が必要となります。

①売買の対象となる商品の種類等、②商品の数量（→後掲◆独占禁止法に抵触する可能性のある条項（販売店契約）の(2)）、③個別の売買契約の締結方法（発注・受注の方法）、④価格の算定方法、⑤商品の納入方法（引渡方法）、⑥代金の支払方法、⑦商品の検査方法、⑧危険負担、⑨所有権の移転時期、⑩瑕疵担保（新民法においては契約不適合）及び品質保証条件、⑪担保の提供義務、⑫損害賠償、⑬解除等の条項が必要です。

(2) 販売店の地位についての条項

販売店の地位についての条項としては、①通常、販売店が商品を独占的に販売することができる地位の有無の条項が設けられ、また、②営業地域を制限するテリトリー制条項（→後掲◆独占禁止法に抵触する可能性のある条項（販売店契約・代理店契約共通）の(2)）が設けられていることがあります（当該営業地域のみ独占販売権を認める条項が設けられることもあります。）。①の独占販売権を認める条項が存在する場合には、⑦最低購入数量条項（→後掲◆独占禁止法に抵触する可能性のある条項（販売店契約）の(2)）が設けられていることがあり、また、④通常、販売状況についての報告についての条項が設けられています。

(3) 商標の使用許諾についての条項

商標の使用許諾についての条項としては、①商標の無償使用の許諾、②事業者の指示に従って商標を使用すること、③契約終了後には商標を使用できないこと等の条項が必要です。

(4) 販売促進に関する条項

　メーカー等の事業者には、販売店を利用することによって大量の商品を広範囲に販売するという目的があります。一方、小売事業者は、販売店契約を締結することによって、メーカー等の事業者から宣伝・広告等の販売促進のための援助を受けることができるというメリットがあります。このため、販売店契約には、通常、販売店の販売努力義務についての条項や販売促進のための援助に関する条項が設けられています。

◆代理店契約の内容

(1) 商品の販売代理権を付与する条項

　メーカー等の事業者は、小売事業者に対し、顧客との商品売買契約の締結業務を委託することにより、販売代理権を付与することが考えられます。また、商品売買契約の締結に先立ち、商品の説明を要することが通常ですから、商品の説明に関する業務を併せて委託することがあります。加えて、商品売買契約締結後の業務として、商品代金の請求代行業務や、商品代金の代理受領業務、アフターサービスに関する業務なども併せて委託することがあります。

(2) 委託手数料の支払に関する条項

　メーカー等の事業者が、委託業務ごとに設定した基準に基づいて、一定期間ごとに完了した業務について、委託手数料を支払うことがあります。具体的には、契約締結業務、商品代金受領業務、商品に関するアフターサービス（例えば、点検・修理）業務など、業務ごとに単価を定め、件数を乗じて算定することが考えられます。

(3) その他の条項

　代理店契約においては、商標等の使用許諾に関する条項を規定する必要はありません。なぜなら、小売事業者は、メーカー等の事業者の代理人となるので、当然に商標等を使用する権限を有するといえるからです。

　また、販売促進に関する条項は、代理店契約においても規定されることがあります。

◆独占禁止法に抵触する可能性のある条項の契約審査の留意点（総論）

(1) 総　説

　販売権に関する契約は、小売事業者にとってメーカーの商標を付したブランド商品を継続的に販売することができ、また、宣伝・広告等、メーカー等の事業者から販売促進のための援助を受けることができるというメリットがあり、メーカー等の事業者にとって自社で新たに販売会社や店舗を設立することに比べて安価にチャネル（商品を消費者まで届ける流通経路）を構築することができるというメリットがあります。

そして、私的自治の原則からすれば、小売事業者とメーカー等の事業者がそのメリットを享受するために販売店契約や代理店契約を締結することは何ら問題がないはずです。

ただし、販売店契約や代理店契約もその内容によっては公正な競争を阻害するおそれがあり、独占禁止法に抵触する可能性があります。

では「公正な競争を阻害するおそれ」とは何でしょうか。この点、「公正な競争を阻害するおそれ」、すなわち公正競争阻害性とは、公正な競争秩序に悪影響を及ぼすおそれがあることをいい、公正競争阻害性の有無は、競争の実質的制限に至らない段階で認められるものであり、ある程度において公正な自由競争を妨げると認められる場合で足りると解釈されています。そして、販売店契約及び代理店契約の内容が不公正な取引方法に該当するか否かを判断する参考になるのが、「流通・取引慣行に関する独占禁止法上の指針」（平3・7・11公正取引委員会事務局）（以下「流通・取引慣行ガイドライン」といいます。）です。

加えて、メーカー等の事業者の市場における地位等によっては、競争を実質的に制限するに至り、排除型私的独占（独禁2⑤・3）に該当するおそれもあります。排除型私的独占に該当するか否かを判断する参考になるのが、「排除型私的独占に係る独占禁止法上の指針」（平21・10・28公正取引委員会）です。

(2)　販売店契約及び代理店契約が独占禁止法に抵触した場合の効果

　　ア　行政処分

販売店契約及び代理店契約が独占禁止法に抵触した場合、公正取引委員会は、違反行為を行った事業者に対し、その行為の差止め、契約条項の削除等、違反行為を排除するために必要な措置を命じることができます（独禁7－排除措置命令）。

また、違反行為のうち特定の行為を行った事業者に対し、公正取引委員会は、課徴金の納付を命じなければならないとされています（独禁7の2－課徴金納付命令）。

　　イ　民事責任

販売店契約及び代理店契約が独占禁止法に抵触した場合、被害者は損害賠償請求（民709、独禁25）及び代理店契約の無効（民・新民90）の主張をすることができます。

◆独占禁止法に抵触する可能性のある条項（販売店契約・代理店契約共通）

(1)　専売店条項

販売店契約及び代理店契約には他のライバルメーカーの商品を取り扱わないことを内容とした専売店条項が設けられることがあります。

しかし、専売店条項は独占禁止法に抵触するおそれがあります（独禁19・2⑨六ニ、「不

公正な取引方法」(昭和57年公正取引委員会告示15号。以下「一般指定」といいます。)②⑪⑫)。

　この点、流通・取引慣行ガイドラインは、市場における有力な事業者が、取引先事業者に対し自己又は自己と密接な関係にある事業者の競争者と取引しないよう拘束する条件を付けて取引する行為を行うことにより、市場閉鎖効果が生じる場合には、当該行為は不公正な取引方法に該当し、違法となる（一般指定②（その他の取引拒絶）・⑪（排他条件付取引）・⑫（拘束条件付取引））としています（流通・取引慣行ガイドライン第1部第2・2(1)イ）。そして、「市場における有力な事業者」とは、「当該市場におけるシェアが20％を超えることが一応の目安となる」と定義され、「市場におけるシェアが20％以下である事業者や新規参入者がこれらの行為を行う場合には、通常、公正な競争を阻害するおそれはなく、違法とはならない。」と明示されており、参考になります（流通・取引慣行ガイドライン第1部3(4)）。なお、契約締結後、当該市場におけるシェアが上昇し、20％を超える場合も「市場における有力な事業者」に該当しますので、注意が必要です。

　したがって、販売店契約及び代理店契約において専売店条項を設けた場合、①市場におけるシェアが20％を超えないか、②専売店条項を設けて小売事業者と取引する行為により市場閉鎖効果が生じないか、に注意することが必要です。ここにいう市場（①）とは、「制限の対象となる商品と機能・効用が同様であり、地理的条件、取引先との関係等から相互に競争関係にある商品の市場をいい、基本的には、需要者にとっての代替性という観点から判断されるが、必要に応じて供給者にとっての代替性という観点も考慮される」ものをいいます（流通・取引慣行ガイドライン第1部3(4)）。市場を画定した上で、当該市場におけるシェアが20％以下と判断できれば、専売店条項は通常、違法とならないといえます。次に、市場閉鎖効果が生じる場合（②）とは、専売店条項を設けて小売事業者と取引する行為により、「新規参入者や既存の競争者にとって、代替的な取引先を容易に確保することができなくなり、事業活動に要する費用が引き上げられる、新規参入や新商品開発等の意欲が損なわれるといった、新規参入者や既存の競争者が排除される又はこれらの取引機会が減少するような状態をもたらすおそれが生じる場合」をいいます（流通・取引慣行ガイドライン第1部3(2)ア）。市場閉鎖効果が生じないと容易に判断できない場合で、市場におけるシェアが20％を超える場合には、専売店条項を設けないことが穏当でしょう。

　(2)　テリトリー制条項

　販売店契約及び代理店契約にはメーカー等の事業者が販売店及び代理店の営業地域を制限するテリトリー制条項が設けられることがあります。

　しかし、テリトリー制条項は不公正な取引方法に該当し、独占禁止法に抵触するお

それがあります（独禁19・2⑨六ニ、一般指定⑫）。

この点、流通・取引慣行ガイドラインは、テリトリー制を、①メーカー等の事業者が小売事業者に対して、一定の地域を主たる責任地域として定め、当該地域内において、積極的な販売活動を行うことを義務付けること（主たる責任地域を設定するのみであって、「厳格な地域制限」や「地域外顧客への受動的販売の制限」に当たらないもの。以下「責任地域制」といいます。）、②メーカー等の事業者が小売事業者に対して、店舗等の販売拠点の設置場所を一定地域内に限定したり、販売拠点の設置場所を指定すること（販売拠点を制限するのみであって、「厳格な地域制限」や「地域外顧客への受動的販売の制限」に当たらないもの。以下「販売拠点制」といいます。）、③メーカー等の事業者が小売事業者に対して、一定の地域を割り当て、地域外での販売を制限すること（以下「厳格な地域制限」といいます。）、④メーカー等の事業者が小売事業者に対して、一定の地域を割り当て、地域外の顧客からの求めに応じた販売を制限すること（以下「地域外顧客への受動的販売の制限」といいます。）に分けて、独占禁止法抵触の有無を論じています（流通・取引慣行ガイドライン第1部第2・3）。

上記の①責任地域制及び②販売拠点制については、メーカー等の事業者が商品の効率的な販売拠点の構築やアフターサービス体制の確保等のため、小売事業者に対して責任地域制や販売拠点制を採ることは、厳格な地域制限又は地域外顧客への受動的販売の制限に該当しない限り、通常、これによって価格維持効果が生じることはなく、違法とはならないとしており、参考になります。

したがって、テリトリー制条項を設ける場合は、①責任地域制又は②販売拠点制を内容とすることが穏当です。後掲書式例22・23では、①責任地域制を内容とするテリトリー制条項を記載しています。

他方、③厳格な地域制限については、市場における有力な事業者が小売事業者に対し厳格な地域制限を行い、これによって価格維持効果が生じる場合には、不公正な取引方法に該当し、違法となるとしています。なお、新商品のテスト販売や地域土産品の販売に当たり販売地域を限定する場合は、通常、これによって価格維持効果が生じることはなく、違法とはならないとしており、参考になります。

したがって、当該市場におけるシェアが20％を超える場合（なお、契約締結後にシェアが上昇し、20％を超えた場合も含まれます。）、新商品のテスト販売や地域土産品の販売の場合を除き、③厳格な地域制限を内容とするテリトリー制条項を定めないことが穏当です。

さらに④地域外顧客への受動的販売の制限については、メーカー等の事業者が、小売事業者に対し、地域外顧客への受動的販売の制限を行い、これによって価格維持効

果が生じる場合には、不公正な取引方法に該当し、違法となるとしています。

したがって、④地域外顧客への受動的販売の制限を内容とするテリトリー制条項を定めないことが穏当です。

(3) 販売先指定条項

販売店契約及び代理店契約にはメーカー等の事業者が販売店及び代理店の販売先を指定する条項が設けられることがあります。

しかし、販売先指定条項は独占禁止法に抵触する可能性があります（独禁19・2⑨六ニ、一般指定⑫）。

この点、流通・取引慣行ガイドラインは、販売先指定条項の例として、①メーカー等の事業者が卸売事業者に対して、その販売先である小売事業者を特定させ、小売事業者が特定の卸売事業者としか取引できないようにすること（以下「帳合取引の義務付け」といいます。）、②メーカー等の事業者が卸売事業者に対して、商品の横流しをしないよう指示をすること（以下「仲間取引の禁止」といいます。）、③メーカー等の事業者が卸売事業者に対して、安売りを行う小売事業者への販売を禁止することを挙げています（流通・取引慣行ガイドライン第1部第2・4）。

そして、①帳合取引の義務付けについては、メーカー等の事業者が流通事業者に対し帳合取引の義務付けを行い、これによって価格維持効果が生じる場合には、不公正な取引方法に該当し、違法となるとしています。

したがって、①帳合取引の義務付けを内容とする販売先指定条項を定めないことが穏当です。

また、②仲間取引の禁止については、その制限の形態に照らして販売段階での競争制限に結び付く可能性があり、これによって価格維持効果が生じる場合には、不公正な取引方法に該当し、違法となるとしています。

したがって、②仲間取引の禁止を内容とする販売先指定条項を定めないことが穏当です。

さらに③安売り業者への販売禁止については、メーカー等の事業者が卸売事業者に対して、安売りを行うことを理由に小売事業者へ販売しないようにさせることは、通常、価格競争を阻害するおそれがあり、原則として不公正な取引方法に該当し、違法となるとしています。

したがって、③安売り業者への販売禁止を内容とする販売先指定条項を定めないことが穏当です。

◆独占禁止法に抵触する可能性のある条項（販売店契約）

（1） 再販売価格維持条項

販売店契約には、小売価格の統一等の再販売価格維持条項が設けられることがあります。

しかし、再販売価格維持行為については、原則として不公正な取引方法に該当し、違法となります（独禁19・2⑨四）。ただし、正当な理由がある場合は例外的に違法とはならないとされています。流通・取引慣行ガイドラインによれば、「正当な理由」は、メーカー等の事業者による自社商品の再販売価格の拘束によって実際に競争促進効果が生じてブランド間競争が促進され、それによって当該商品の需要が増大し、消費者の利益の増進が図られ、当該競争促進効果が、再販売価格の拘束以外のより競争阻害的でない他の方法によっては生じ得ないものである場合において、必要な範囲及び必要な期間に限り、認められるとされています（流通・取引慣行ガイドライン第1部第1・2(2)）。しかし、再販売価格の拘束によって実際に競争促進効果が生じてブランド間競争が促進され、それによって当該商品の需要が増大する点の立証は容易ではありません。また、競争促進効果が、再販売価格の拘束以外の手段で達成できない点の立証も容易ではありません。したがって、再販売価格維持行為に正当な理由があると認められるケースは、現実には、極めて限られたものになると考えられます（山﨑恒＝幕田英雄監修『論点解説実務独占禁止法』162頁（商事法務、平29））。したがって、再販売価格維持条項を定めないことが穏当です。

（2） 取引数量条項

　ア　取引数量条項の類型

メーカー等の事業者にとっては、小売事業者が一定の期間ごとに一定の取引数量の商品を購入してくれれば、商品を安定的に販売することができるというメリットがあります。他方、小売事業者にとっても、メーカー等の事業者が一定の期間ごとに一定の取引数量の商品を供給してくれれば、商品不足に陥ることがなくなるので安心して営業できるというメリットがあります。

そこで、販売店契約においては、一定の期間ごとに一定の取引数量の商品を購入することを内容とする取引数量条項が規定されることがあります。

取引数量条項には、一定の取引数量の商品の買取義務を認めるもの、買い取らない場合には違約金を支払わなければならないもの、努力目標にすぎないもの等があります。

前記のとおり、販売店契約において販売店に独占販売権を認める場合には、商品の買取義務を課す最低購入数量条項を設けることがあります（流通・取引慣行ガイドラ

イン第3部第1・2は、供給業者が商品の一手販売権を付与する見返りとして総代理店に対して最低購入数量の義務を課すことは、原則として独占禁止法上問題とはならないとしています。）。

　　イ　独占禁止法に抵触する可能性があること
　商品の買取義務を定めた取引数量条項については、市場における有力なメーカーが、取引の条件として流通業者の取扱能力の限度に近い販売数量の義務付けを行うことによって、競争品の取扱いを制限することにより、市場閉鎖効果が生じる場合には、拘束条件付取引に該当し、独占禁止法に抵触します（独禁19・2⑨六ニ、一般指定⑫、流通・取引慣行ガイドライン第1部第2・2(1)イ⑤）。また、メーカー等の事業者が自己の取引上の地位が小売事業者に優越していることを利用して、正常な商慣習に照らして不当な不利益を小売事業者に与えるものであれば、優越的地位の濫用に該当し、独占禁止法に抵触します（独禁19・2⑨五イ）。

　したがって、商品の買取義務を定めた取引数量条項を規定する場合には、上記の各要件に該当しないか留意する必要があります。

　弁護士に聞きたい！

　Q38　独占禁止法に違反する条項の効力
　　　販売店契約・代理店契約の条項が独占禁止法に違反する場合には、その条項は独占禁止法違反として当然に無効になるのですか。

　A　　この問題については、学説上、無効説、有効説、具体的事情に応じての規定の趣旨と取引の安全等の調整の観点から個別に有効・無効を判断する個別解決説等があります。

　　この点について、最高裁判所は、金融機関の貸付けについて「独禁法19条に違反した契約の私法上の効力については、その契約が公序良俗に反するとされるような場合は格別として……同条が強行法規であるからとの理由で直ちに無効であると解すべきではない。けだし、独禁法20条は、専門的機関である公正取引委員会をして、……弾力的な措置をとらしめることによって、同法の目的を達成することを予定しているのであるから、同法条の趣旨に鑑みると、同法19条に違反する不公正な取引方法による行為の私法上の効力についてこれを直ちに無効とすることは同法の目的に合致するとはいい難いからである」と判示しています（最判昭52・6・20判時856・3）。

第10章　2　販売店契約・代理店契約

　したがって、この判例からすれば、販売店契約・代理店契約の条項が独占禁止法に違反する場合でもその条項は独占禁止法違反として当然に無効になるということはありません。

　ただし、上記判例以降の下級審判決は、独占禁止法違反とする場合には公序良俗違反をも認めて民法90条違反として無効としているものが多いことからすれば（東京地判平23・6・27判時2129・46等）、販売店契約・代理店契約の条項が独占禁止法に違反する場合には、その条項は民法90条違反として無効となる可能性が高いということになります。

（石川恭久、入江孝幸）

＜参考文献＞
山﨑恒＝幕田英雄監修『論点解説実務独占禁止法』（商事法務、平29）
白石忠志『独占禁止法』（有斐閣、第3版、平28）
菅久修一編著『独占禁止法』（商事法務、第2版、平27）
淵邊善彦編著『シチュエーション別提携契約の実務』（商事法務、第2版、平26）
川越憲治責任編集『最新販売店契約ハンドブック』（ビジネス社、増補版、平6）

書式例22　販売店契約書

販売店契約書

第1条（目的）
1　甲は、乙を甲の販売店と指定し、製品の種別・価格等を掲載した別紙〔省略〕記載の製品（以下「本件製品」という。）を継続して乙に販売するものとし、乙は本件製品の販売を行うものとする。
2　甲は、甲乙間の合意により、製品の種別・価格等を掲載した別紙〔省略〕を随時修正することができる。

第2条（商標等の使用許諾）
1　乙は、本契約期間中、甲の商標・標章・意匠等（以下「本件商標等」という。）を無償で使用することができる。
2　乙は、本件商標等を使用するに当たって、甲の指示に従う。
3　乙は、本件商標等を本契約の目的以外に使用しない。
4　乙は、本契約が終了した際には本件商標等の使用を中止し、甲の指示に従って、本件商標等が記載された名刺・カタログ・パンフレット・看板等の一切の有形物を処分又は返還する。

第3条（販売促進）
1　乙は、甲の販売店として積極的な営業活動を行い、本件製品の販売に最善の努力を払うものとする。
2　甲は、乙に対し、甲が本件製品の販売促進に必要なパンフレット等の販売促進物を製作した場合にはこれを無償で提供する。
3　乙は、甲の書面による事前の承諾なく販売促進物を作成することができないものとする。

第4条（小売価格）
　　甲は、本件製品の消費動向、本件製品に関する業界の動向等の諸事情を考慮して、本件製品の希望小売価格を設定する。乙は、本件製品の希望小売価格を考慮の上、本件製品の価格を決定する。

第5条（販売地域）
1　乙は、甲に対し、○○県内において本件製品を自ら積極的に販売する義務を負うとともに、○○県外においては本件製品を自ら積極的に販売しない義務を負う。
2　甲は、乙に対し、甲が本件製品を○○県内において積極的に販売しない義務を負う。
3　甲は、乙に対し、本件製品を○○県内において積極的に販売しない義務を乙以外の

甲の販売店に課すことを誓約する。

第6条（最低購入数量）
　乙は、各事業年度において、本件製品を別紙〔省略〕に記載された最低購入数量以上甲から購入する義務を負う。

> 【チェック事項】
> 　第5条において一定の地域における独占的販売権が販売店に付与されているため、その見返りとして事業者が販売店に最低購入数量の義務を課すことは原則として独占禁止法上問題となりません。しかし、販売店に独占的販売権が付与されていないにもかかわらず、事業者が自己の取引上の地位が販売店に優越していることを利用して、正常な商慣習に照らして不当な不利益と考えられる最低購入数量の義務付けを販売店に行った場合には、優越的地位の濫用に該当し、独占禁止法19条・2条9項5号イに抵触します。

第7条（適正在庫の保持）
　乙は、顧客の要請に迅速に対処するため、適正な種類及び数量の製品の在庫保持に努める。

第8条（研修）
　乙は、甲が研修を企画したときは、これに乙の従業員を積極的に参加させるよう努める。

第9条（個別契約の成立）
1　乙は、毎月末日までに翌月分の購入数量を注文書により甲へ注文する。
2　甲は、前項の乙の注文に対して注文引受数量を決定し、これを速やかに乙に通知することで甲乙間に注文引受数量の本件製品の個別契約が成立する。
3　甲が第1項の注文書の受領後〇営業日以内に前項の通知を行わない場合には、甲乙間に第1項の注文による数量の本件製品の個別契約が成立する。

第10条（引渡し）
1　本件製品は別紙〔省略〕記載の納入場所において引き渡すものとする。
2　引渡しに必要な費用は乙の負担とする。

第11条（検査）
1　乙は、引渡しを受けた本件製品について検査を行い、その数量・品質を確認する。
2　乙は、前項の検査の結果、製品について瑕疵を発見したときは、甲に対し、引渡しを受けてから5営業日以内にその旨を通知する。

3　乙による検査の結果、本件製品に瑕疵が認められた場合には、甲は、乙の請求に基づいて代品の納入、瑕疵の補修、代金の減額、損害の賠償をしなければならない。本件製品に直ちに発見することのできない瑕疵がある場合において、乙が3か月以内に瑕疵を発見したときも同様とする。
4　甲は、乙による検査に疑義又は異議があるときは、遅滞なく乙にその旨を申し出て甲乙において協議する。

第12条（製造物責任）
　　甲は、本件製品の欠陥により、第三者の生命、身体又は財産を侵害したときは、その第三者及び乙が被った損害を賠償しなければならない。

第13条（支払）
　　乙は毎月末日を締切日として翌月末日までに第10条に基づいて引渡しを受けた本件製品の売買代金を甲の銀行口座へ振り込んで支払う。振込費用は乙の負担とする。

第14条（所有権の移転）
　　本件製品の所有権は代金完済の時点で甲から乙に移転するものとする。

第15条（危険負担）
　　本件製品の納入前に生じた当該製品の滅失・破損については甲が負担するものとし、納入後に生じた滅失・破損については乙が負担するものとする。
　　ただし、相手方の責めに帰すべき事由による当該製品の滅失・破損についてはこの限りではない。

第16条（保証金）
1　乙は、本契約による債務及び損害賠償の保証金として金〇〇円を甲に支払い、本日、甲はこれを受領した。
2　前項の保証金は、本契約終了後〇日以内に乙の甲に対する本契約上の全ての債務を清算した残額を利息を付けず甲が乙に対して返還する。

第17条（報告）
　　乙は、甲に対し、半期ごとに以下の事項を報告するものとする。
　①　本件製品の在庫数量
　②　本件製品の販売数量
　③　翌半期の本件製品の販売数量の見込み
　④　本件製品についての顧客からの要望、苦情

第18条（秘密保持義務）
1　甲及び乙は、本契約に関して知り得た相手方の営業上及び技術上の全ての情報を、

本契約の期間中であっても終了後であっても相手方の同意なく第三者に漏洩してはならない。
2　甲及び乙は、自己の従業員に、前項の義務を守らせなければならない。

第19条（権利等の譲渡禁止）
　乙は、本契約上の地位若しくは本契約に基づく一切の権利又は義務を甲の書面による事前の承諾なく第三者に譲渡若しくは担保の目的に供してはならない。

第20条（解除）
　甲又は乙が次の各号のいずれかに該当する場合、相手方は何らの催告を要せず直ちに本契約及び個別契約の全部又は一部を解除できる。
① 本契約に定める条項に違反したとき。
② 監督官庁から営業の取消し、停止等の処分を受けたとき。
③ 財産上の信用にかかわる差押え、仮差押え、仮処分、又は競売の申立てを受けたとき。
④ 手形・小切手が不渡りとなったとき。
⑤ 公租公課の滞納処分を受けたとき。
⑥ 破産手続開始、民事再生手続開始、会社更生手続開始若しくは特別清算開始の申立てをしたとき又は各開始の申立てを受けたとき。
⑦ 事業を停止したとき、又は解散の決議をしたとき。
⑧ その他本契約を継続し難い相当の事由が生じたとき。

第21条（反社会的勢力の排除）
1　甲及び乙は、それぞれ相手方に対し、次の各号の事項を確約する。
① 自らが、暴力団、暴力団関係企業、総会屋若しくはこれらに準ずる者又はその構成員（以下総称して「反社会的勢力」という。）ではないこと。
② 自らの役員（業務を執行する社員、取締役、執行役又はこれらに準ずる者をいう。）が反社会的勢力ではないこと。
③ 反社会的勢力に自己の名義を利用させ、この契約を締結するものでないこと。
④ 本契約が終了するまでの間に、自ら又は第三者を利用して、この契約に関して次の行為をしないこと。
　ア　相手方に対する脅迫的な言動又は暴力を用いる行為
　イ　偽計又は威力を用いて相手方の業務を妨害し、又は信用を毀損する行為
2　甲又は乙の一方について、次のいずれかに該当した場合には、その相手方は、何らの催告を要せずして、この契約を解除することができる。
① 前項第1号又は第2号の確約に反する申告をしたことが判明した場合
② 前項第3号の確約に反し契約をしたことが判明した場合
③ 前項第4号の確約に反した行為をした場合
3　前項の規定によりこの契約が解除された場合には、解除された者は、解除により生

じる損害について、その相手方に対し一切の請求を行わない。

第22条（期限の利益の喪失）
　　第20条各号又は前条第2項各号のいずれかに該当する事由が生じたときは、その当事者は相手方に対する一切の債務について当然に期限の利益を喪失するものとする。

第23条（契約期間）
　　本契約の有効期間は契約締結から3年間とし、期間満了の6か月前までに当事者のいずれからも契約終了の意思表示がない場合には、3年間更新されるものとし、その後も同様とする。

第24条（契約終了後の措置）
　　契約期間の満了、解約又は解除により本契約が終了したときは、甲は、別紙〔省略〕の外装等の原状回復、本件製品の在庫品及び貸与品並びに情報の返却等を速やかに指示することができ、乙は甲の指示があったときは、速やかにこれに応じなければならない。

第25条（在庫品の処理）
1　本契約が終了したとき、甲は、本件製品の在庫品の全部又は一部を乙への販売価格相当額で乙から買い取ることができる。
2　乙は、本契約終了日から15日以内に甲が前項の買取りの意思表示をしない場合には、本契約終了日から3か月間、本件製品の在庫品を販売することができる。その場合には、第2条第4項にかかわらず、本件商標等をその販売期間内に限り使用することができる。
3　前項の規定は、乙の債務不履行を理由に本契約が終了した場合には適用しない。

第26条（裁判管轄）
　　本契約又は本契約に関連して、甲乙間に生じる全ての紛争は、○○地方裁判所を第一審の専属的合意管轄裁判所とする。

第27条（協議）
　　甲及び乙は、本契約に規定のない事項及び本契約の条項に関して疑義が生じたときは、信義誠実の原則に則り、誠意をもって協議する。

　　以上の契約を証するためこの証書2通を作成し、甲及び乙は各々その1通を保有するものとする。

　　平成○年○月○日

　　　　　　　　　　　　　　　　　　　　　　○○県○○市○○○丁目○番○号

```
                          甲       ○○株式会社
                                   代表取締役  ○  ○  ○  ○    印


                                   ○○県○○市○○○丁目○番○号
                          乙       ○○株式会社
                                   代表取締役  ○  ○  ○  ○    印
```

◆チェックリスト

販売店契約の具体的な内容	
・商標等の使用許諾について規定があるか	☐
・事業者の指示に従って商標等を使用することが明記されているか	☐
・事業者が認めた目的以外に商標等を使用しないことが明記されているか	☐
・契約終了後には商標等を使用できないことが明記されているか	☐
・販売店の販売努力義務又は最低購入数量（独占的な販売権が付与されている場合）についての規定があるか	☐
・売買の対象となる商品の種類・価格等について規定があるか	☐
・販売地域を限定する場合に販売地域の規定があるか	☐
・事業者が行う研修についての規定があるか	☐
・個別の売買契約の締結方法について規定があるか	☐
・製品の納入方法について規定があるか	☐
・製品の検査方法について規定があるか	☐
・製品に瑕疵がある場合についての規定があるか	☐
・代金の支払方法について規定があるか	☐
・所有権の移転時期について規定があるか	☐
・危険負担について規定があるか	☐
・担保について規定があるか	☐
・製品の売上状況等の報告について規定があるか	☐
・秘密保持の規定があるか	☐
・契約の終了原因について約定解除及び法定解除の規定があるか	☐
・契約期間の規定があるか	☐
・契約の更新延長の規定があるか	☐
・契約終了時の在庫品の処理についての規定があるか	☐
販売店契約の内容と独占禁止法違反の有無	
・販売店契約において専売店条項が設けられている場合、その条項が排他条件付取引又は拘束条件付取引に該当しないか	☐

- 販売店契約においてテリトリー制条項が設けられている場合、その条項が拘束条件付取引に該当しないか ☐
- 販売店契約において販売先指定条項が設けられている場合、その条項が拘束条件付取引に該当しないか ☐
- 販売店契約において再販売価格維持条項が規定されていないか ☐
- 販売店契約において製品の買取義務を定めた取引数量条項が設けられている場合、その条項は優越的地位の濫用に該当しないか ☐

書式例23　代理店契約書

代理店契約書

○○株式会社（以下「甲」という。）と○○株式会社（以下「乙」という。）は、次のとおり代理店契約を締結する。

第1条（目的）
　甲は、乙を甲の代理店と指定し、甲の別紙〔省略〕記載の商品の販売業務等を委託し、乙はこれを受託するものとする。

第2条（業務内容）
1　乙は、甲を代理して、次に定める業務（以下「委託業務」という。）を行うものとする。
　① 商品の説明に関する業務
　② 顧客との商品売買契約の締結
　③ 商品の引渡し及び設置に関する業務
　④ 商品代金の請求
　⑤ 商品代金の受領
　⑥ 商品の点検又は修理業務
　⑦ 商品に関する問合せ又は苦情対応業務
　⑧ その他商品のアフターサービスに関する業務
2　甲は、乙の委託業務の方法について、必要に応じて指示することができる。
3　乙は、顧客に対し、甲の代理人であることを適正な方法で示さなければならない。
4　乙は、甲を代理して、顧客との間で商品売買契約を締結する。この場合において、商品売買契約は甲と当該顧客（以下「買主」という。）との間で成立する。

第3条（完了報告）
　乙は、委託業務を履行したときは、速やかに甲が別に定める方法により、甲に報告するものとする。

第4条（委託手数料）
1　甲は、乙が履行した委託業務に対して、甲が別表〔省略〕に定める基準に基づき委託手数料を支払う。
2　甲は、前月末日までに乙が完了した委託業務について、その委託手数料を翌月20日（金融機関が休業の場合には前の営業日）に乙の指定する銀行口座に振り込む方法により支払う。なお、振込手数料は甲の負担とする。

第5条（再委託の禁止）
　乙は、甲の事前の書面による承諾を得ないで、委託業務の全部又は一部を第三者に再委託してはならない。

第6条（商品の補充）
1　乙は、甲が別に定める書式を用いて、甲に対し在庫商品を請求することができる。
2　甲は、あらかじめ、乙に必要な商品の数量の報告を求めることができる。
3　甲は、請求を受けた商品の確保が困難な場合は、速やかに乙にその旨を通知する。

第7条（商品の保管）
　乙の商品の保管場所は、乙の店舗内とする。ただし、乙が事前に文書で通知し、甲が承諾したときは、乙が指定する場所で商品を保管することができるものとする。

第8条（商品の引渡し）
　乙は、売買契約締結後速やかに、甲を代理して、商品を買主に引き渡す。なお、引渡しに必要な費用は甲の負担とする。

第9条（代理受領）
1　乙は、甲を代理して、買主から商品の代金を受領する。
2　乙は、毎月末日までに代理受領した商品の代金を、翌月20日（金融機関が休業の場合には前の営業日）までに甲が指定する銀行口座に振り込む方法により支払う。なお、振込手数料は甲の負担とする。

第10条（担当区域）
　乙は、甲が指定した区域の顧客に対して、積極的に委託業務を履行するものとする。

> 【チェック事項】
> 　このような販売地域に関する条項を設ける際は、独占禁止法違反の有無を確認する必要があります。流通・取引慣行ガイドラインを参照し、慎重な審査が必要です。本書式例では、独占禁止法上、通常、違法とはならない責任地域制を採用する場合の文例を示しています。

第11条（通知義務）
1　乙は、次の各号のいずれかに該当する場合、3か月前までに甲に通知しなければならない。
　①　店舗又は事務所の新設、移転、増改築又は廃止等
　②　商号又は屋号の変更

2　甲は、必要と認める場合、次の各号に定める文書の提出を求めることができ、乙は、甲から提出を求められたときは、速やかにこれに応じなければならない。
　① 　貸借対照表
　② 　損益計算書
　③ 　株主資本等変動計算書
　④ 　個別注記表
　⑤ 　在庫商品の管理簿
　⑥ 　その他本契約の履行上、重要な事項に関する文書

第12条（立入調査）
1　甲は、乙に対してあらかじめ通知し、商品の保管状況又は販売方法等の確認のため立入調査を実施することができるものとする。
2　乙は、前項に定める甲の通知を受けた場合、立入検査を承諾し、誠実に協力しなければならない。

第13条（秘密保持義務）
1　乙及び乙の従業員は、本契約に関して知り得た甲の顧客名簿、甲の機密情報その他一切の情報を、本契約の期間中であっても終了後であっても一切第三者に漏洩してはならない。
2　乙は、本契約に関して知り得た甲の顧客名簿、甲の機密情報その他一切の情報を適正に管理し、漏洩が生じないよう対策を講じなければならない。
3　乙は、本契約に関して知り得た甲の顧客名簿、甲の機密情報その他一切の情報を本契約の履行に必要な範囲内に限って利用し、当該情報の記録物を複製してはならない。
4　乙は、自己の従業員に、前3項の義務を守らせなければならず、その際に甲の指導に基づく措置をとることに同意する。

第14条（契約上の地位及び権利義務の譲渡）
　　乙は、本契約上の地位又は本契約によって生じる権利及び義務を、甲の事前の書面による承諾を得ないで第三者に譲渡又は承継させてはならない。

第15条（解約及び解除）
1　甲又は乙は、本契約の有効期間内であっても、書面により解約を通知し、3か月の予告期間をもって、本契約を解約することができる。
2　甲又は乙は、相手方が次の各号のいずれかに該当する場合、何ら催告することなく本契約を解除することができる。
　① 　差押え、仮差押え、仮処分又は滞納処分を受けたとき。
　② 　破産手続、民事再生手続、会社更生手続若しくは特別清算について、自ら各開始の申立てをしたとき又は各開始の申立てを受けたとき。
　③ 　手形交換所の取引停止処分があったとき。

④ 解散の決議をしたとき。
⑤ 本契約の条項に違反し、その違反が重大な場合又は相手方の是正要求にもかかわらず相当期間内に是正されないとき。
⑥ その他前各号に準ずる事由が生じたとき。

第16条（反社会的勢力の排除）
1 甲及び乙は、それぞれ相手方に対し、次の各号の事項を確約する。
　① 自らが、暴力団、暴力団関係企業、総会屋若しくはこれらに準ずる者又はその構成員（以下総称して「反社会的勢力」という。）ではないこと。
　② 自らの役員（業務を執行する社員、取締役、執行役又はこれらに準ずる者をいう。）が反社会的勢力ではないこと。
　③ 反社会的勢力に自己の名義を利用させ、この契約を締結するものでないこと。
　④ 本契約が終了するまでの間に、自ら又は第三者を利用して、この契約に関して次の行為をしないこと。
　　ア 相手方に対する脅迫的な言動又は暴力を用いる行為
　　イ 偽計又は威力を用いて相手方の業務を妨害し、又は信用を毀損する行為
2 甲又は乙の一方について、次のいずれかに該当した場合には、その相手方は、何らの催告を要せずして、この契約を解除することができる。
　① 前項第1号又は第2号の確約に反する申告をしたことが判明した場合
　② 前項第3号の確約に反し契約をしたことが判明した場合
　③ 前項第4号の確約に反した行為をした場合
3 前項の規定によりこの契約が解除された場合には、解除された者は、解除により生じる損害について、その相手方に対し一切の請求を行わない。

第17条（期限の利益喪失）
　甲又は乙が第15条第2項各号又は前条第2項各号のいずれかに該当する場合、該当した当事者は当然に本契約から生じる一切の債務について期限の利益を失い、該当した当事者は相手方に対し直ちに当該債務を弁済しなければならない。

第18条（契約終了後の措置）
1 契約期間の満了、解約又は解除により本契約が終了したときは、甲及び乙の有する債権債務は、期限の利益を失い、契約終了の時点で相殺の上、清算するものとする。
2 契約期間の満了、解約又は解除により本契約が終了したときは、甲は、外装等の原状回復、貸与品又は甲の顧客名簿その他の情報の返却等を指示することができ、乙は甲の指示があったときは、速やかにこれに応じなければならない。

第19条（損害賠償）
1 甲又は乙は、本契約に基づく業務の履行によって、自らの責めに帰すべき事由により、相手方に損害を与えたときは、その損害を速やかに賠償しなければならない。

2　乙は、本契約に基づく業務の履行によって、自らの責めに帰すべき事由により、第三者に損害を与えたときは、その損害を速やかに賠償するものとし、自己の負担においてその処理に当たり、責任をもって解決するものとする。

第20条（遅延損害金）
　　甲又は乙は、相手方が本契約の履行によって生ずる金員の支払を遅延した場合、法定利率により算定した遅延損害金を相手方に請求することができる。

第21条（有効期間）
　　本契約の有効期間は、平成○年○月○日から平成○年○月○日までとする。ただし、期間満了の3か月前までに、甲又は乙から文書による申出がない場合は、さらに1年間延長するものとし、以降も同様とする。

第22条（合意管轄）
　　本契約に関する紛争については、○○地方裁判所を第一審の専属的合意管轄裁判所とする。

第23条（規定外事項）
　　本契約に定めのない事項又は本契約の解釈について疑義を生じた場合は、その都度、甲乙誠意をもって協議する。

　以上の契約を証するため本書2通を作成し、甲及び乙は各1通を保有するものとする。

　　平成○年○月○日

　　　　　　　　　　　　　　　　　　○○県○○市○○○丁目○番○号
　　　　　　　　　　　甲　　　　　　○○株式会社
　　　　　　　　　　　　　　　　　　代表取締役　○　○　○　○　印

　　　　　　　　　　　　　　　　　　○○県○○市○○○丁目○番○号
　　　　　　　　　　　乙　　　　　　○○株式会社
　　　　　　　　　　　　　　　　　　代表取締役　○　○　○　○　印

◆チェックリスト

代理店契約への該当性	
・小売事業者が商品の売主となるか、代理人となるか	☐
業務内容	

・小売事業者が、メーカー等の事業者を代理することが明記されているか	☐
・委託業務の内容が明記されているか	☐
・委託手数料又は算定方法が明記されているか	☐
独占禁止法に抵触する条項の有無	
・専売店条項が設けられていないか	☐
・専売店条項が設けられている場合、メーカー等の事業者が当該商品の市場における有力な事業者（シェア20％超が一応の目安）に当たらないか	☐
・メーカー等の事業者が当該商品の市場における有力な事業者に当たる場合、市場閉鎖効果が生じる場合に当たらないか	☐
・テリトリー制条項が設けられていないか	☐
・テリトリー制条項が設けられている場合、①責任地域制又は②販売拠点制を内容としているか	☐
・テリトリー制条項が設けられている場合、③厳格な地域制限又は④地域外顧客への受動的販売の制限を内容としていないか	☐
・テリトリー制条項（③厳格な地域制限）が設けられている場合、メーカー等の事業者が当該商品の市場における有力な事業者に当たらないか	☐
・テリトリー制条項（③厳格な地域制限）が設けられている場合、新商品のテスト販売や地域土産品の販売の場合に当たるか	☐
・販売先指定条項が設けられていないか	☐

第11章　M&Aに関する契約の審査

1　株式譲渡契約

> **Point**
> ①　株式譲渡は、会社法上の手続が簡便であること、及び取引の前後で対象会社の法人格に変更がなく、対象会社に帰属している契約関係や許認可に原則として影響を与えないこと等により、実務的に多くの場面で活用されている法律的スキームです。
> ②　契約締結日からクロージング日までにある程度の期間を要し、その期間中に目的物である株式の価値が変動する場合には、そのような価値の変動を譲渡代金に反映させるため、価格調整条項を規定することが有用です。この場合、後日の紛争を予防するため、㋐価格調整の計算式、計算の要素、㋑価格調整を行う主体、㋒価格調整を行う基準日及び精算日、㋓価格調整の手続について明確に規定する必要があります。
> ③　取引を実行する前に相手方に要求すべき事項がある場合には、前提条件の条項に具体的に規定しておき、クロージングまでにそれらの事項が充足されているか確認できるようにしておく必要があります。
> ④　表明保証について、売主の立場としては、表明保証の範囲を合理的に限定し、表明保証できない事項については除外事項に明示しておく必要があります。また、買主の立場としては、譲渡価格を算定するために前提とした事情について、もれなく表明保証条項に盛り込み、売主に表明及び保証を行わせる必要があります。
> ⑤　取引の実行に関し、相手方に課すべき付随的義務（例えば、売主に対してクロージング日までの善管注意義務を課したり、Change of control条項に対応するため契約相手方の同意を取得したりすること等）については、「誓約」として規定しておき、当事者が契約締結時に意図した目的を達成させる必要があります。
> ⑥　一方当事者が株式譲渡契約において規定された表明保証条項、誓約事項その他の条項に違反したことに起因又は関連して他方当事者が損害を被った場合、当該損害を補填するため、補償に関する条項が規定されます。特に売主の場合、リスクの適正配分の観点から、責任を負うべき期

間や金額を限定することにより、補償責任を負うべき範囲を合理的に限定することを検討します。

◆M＆A取引における株式譲渡契約

(1) M＆A取引におけるスキームの選択

M＆A取引のスキームには、株式の譲渡、募集株式の発行と引受け、事業譲渡・譲受け、合併、会社分割、株式交換、株式移転、及びこれらの手法を組み合わせたもの（例えば、新設分割をした後、新設分割設立会社の株式を譲渡する方法）があります。これらのうち、どのスキームを利用するかについては、①必要とされる手続の内容、②手続に要する期間、③偶発債務の遮断の有無、④事業継続への支障の有無（許認可の承継等）、⑤税務上の取扱いの相違等を総合的に勘案して決定することになります。

(2) 株式譲渡の特徴

株式譲渡は、対象となる会社（対象会社）の既存の株式を保有する株主（売主）が、買主に対して当該株式を譲渡することにより、対象会社の経営権を買主に取得させる手法です。

株式の譲渡は、会社法上、株券発行会社でなければ当事者間の合意で効力が発生するものとされ、対象会社に対する対抗要件としては株主名簿の名義書換を備えれば足りるため、手続が簡便です。また、取引の前後で対象会社の法人格に変更がなく、対象会社に帰属している契約関係や許認可に原則として影響を与えないというメリットがあります。そのため、株式譲渡は、上記に述べたM＆A取引の法律的スキームの中でも比較的多く利用されているといえます。

一方で、株式の譲渡は、譲渡対象となる資産の選別ができず、偶発債務を遮断することができないというデメリットがありますので、対象会社が偶発債務を抱えている可能性が高く、デュー・ディリジェンスによってもその内容を明らかにすることができないような事情がある場合には、株式譲渡以外のスキームを選択する等、慎重な検討が必要となります。

また、手続が簡便であるとはいえ、株式譲渡には、会社法上、①対象会社が株券発行会社である場合、株券の交付が株式譲渡の効力発生要件とされていること（会社128①）、②譲渡制限株式を譲渡する場合には、株式の譲渡に対する取締役会（取締役会が設置されていない株式会社である場合には株主総会）の承認を要すること（会社139①）、③株式会社である売主がその子会社の株式等を譲渡する場合であって、一定の要件を満たす場合には、株主総会の特別決議により当該株式の譲渡に係る契約の承認を受け

なければならないこと（会社467①二の二・309②十一）等の規制がありますので、これらに該当する場合には、契約条項に盛り込むとともに、適正な手続を履践することが必要となります。

(3) その他の法律による規制

株式を取得しようとする買主の属する企業結合集団の国内売上高が200億円を超えており、対象会社及びその子会社の国内売上高が50億円を超えている場合において、株式取得後の買主の属する企業結合集団の対象会社の株式に係る議決権保有割合が20％又は50％を超えることになる場合には、公正取引委員会に対する事前の届出が必要となります（独禁10②、独禁令16）。

また、取引所金融商品市場外における株券等の買付けであって、著しく少数の者から株券等の買付けを行うことにより、当該買付け後の株券等所有割合が3分の1を超える等、金融商品取引法に定める一定の場合には、同法の公開買付規制に従った手続を行う必要があります。

このように、それぞれのケースにおいて会社法以外の法律上の規制が及ぶ可能性がある場合には、専門家に相談し、ケースに応じた適切な措置を講ずることが肝要です。

(4) M＆A取引の流れ

一般的には、以下のような流れとなります。

① 売主が買主との間で秘密保持契約を締結し、対象会社の情報を開示する。
② 買主から売主に対して買収のスキーム、譲渡価格、前提条件等を記した意向表明書、覚書等が提示される。
③ 売主と買主との間で、買収のスキーム及びスケジュール等に関する協議を行い、基本的な内容について合意を形成する。
④ 売主と買主との間で基本合意書が締結される。
⑤ ①から④までの間で、随時売主からの情報開示、及び買主によるデュー・ディリジェンスが実施される。
⑥ 売主と買主との間で、譲渡価格その他取引条件に関する協議がなされ、株式譲渡契約等の本契約が締結される。

◆目的物の特定及び譲渡価格

（1） 譲渡の対象となる株式

株式譲渡は株式を目的物とする売買契約なので、当然のことですが、売買の目的物である株式を特定する必要があります。実務的には、株式の種類及び株式数等を規定することにより特定します。

（2） 譲渡価格

株式譲渡契約では、取引を実行する日（クロージング日）において、買主が目的物の代金として一定金額を支払う旨の規定が規定されます。

そして、契約締結日からクロージング日までにある程度の期間を要する場合には、その期間中に目的物である株式の価値が変動する場合があることから、そのような価値の変動を譲渡代金に反映させるため、併せて価格調整条項を規定することがあります（この他、クロージング日以降に対象会社に発生した事情に基づいて価格調整を行う、いわゆるアーン・アウト条項が規定される場合もあります。）。

価格調整条項を定める場合、後日に契約の解釈をめぐる紛争が発生することを避けるため、どのような方法によって価格調整を行うのか、一義的に確定し得る内容を明確に規定することが重要です。すなわち、①価格調整の計算式、計算の要素、②価格調整を行う主体、③価格調整を行う基準日及び精算日、④価格調整の手続について、一方当事者による恣意的な操作を許さないよう規定されているか、をチェックすることが必要です。

◆前提条件

前提条件は、取引を実行するために相手方が充足しておくべきである一定の条件を規定しておき、規定された条件のいずれかが充足されていない場合には、クロージングを行う義務を負わないことを内容とするものです。

具体的には、①相手方の表明及び保証（→後掲◆表明保証）が、契約締結日及びクロージング日において真実かつ正確であること、②契約に規定された相手方の義務（誓約）が全て履行され、完了していること、③相手方が契約を締結し実行するために必要な機関決定を経ていること、④契約を締結し実行するために必要な許認可の取得又は届出等が完了していること、⑤前提条件の充足を確認するために必要な書類が交付されていること、等が前提条件として規定されます。

特に買主の立場である場合には、譲渡代金を支払った後に売主の責任を追及することは手間がかかり、必ずしも容易ではないため、譲渡代金を支払う前に案件から撤退できるように必要十分な前提条件を定めることが重要です。

◆表明保証

(1) 意義と機能

　表明保証は、契約の一方当事者が他方当事者に対して、自ら又は対象会社に関する一定の事実関係や法律関係が、ある時点において真実かつ正確であることを表明し、保証することを内容とするものです。買主は、株式譲渡に際し、デュー・ディリジェンス及び相手方との協議交渉等によって対象会社の企業価値に関する情報を取得し、売主と協議して株式譲渡価格を決定することになります。この際、例えば、売主が売主にとって不利な情報を開示していなかった場合、譲渡価格は買主がそのような情報を認識していた場合の価格より高くなり、売主が不当に利益を得ることになりかねません。また、株式譲渡契約においては、売買の目的物は株式すなわち株主たる地位であるため、対象会社の財務状況や法律関係に問題があったとしても、目的物たる株式が当然に「種類、品質又は数量に関して契約の内容に適合しない」（新民562）ことにはならず、民法上の規定によって救済されるとは限りません。表明保証は、そのような場合に、取引の実行を中止したり、補償請求したりすることを通じて、売主と買主との間で取引実行及び譲渡価格等に関するリスクを実質的に分担する機能を有します。

　また、買主によるデュー・ディリジェンスは、通常、限られた人員及び時間的制約の中で実施されるため、対象会社に関する全ての情報を把握できるとは限りません。そこで、買主としては、株式譲渡の譲渡価格やその他の条件を設定する上で前提としている事実関係について、その真実性や正確性を売主に表明保証してもらうことにより、リスク回避を図ります。他方、売主は、後述する通り、表明し保証することが適当でない例外的な事項がある場合には、その情報を開示して表明保証の対象から除外し、後日に表明保証義務違反となることを回避します。このように、表明保証は、買主によるデュー・ディリジェンスを補完し、かつ売主による情報提供を促す機能も有しています。

(2) 売主による表明保証

　株式譲渡契約において売主が行う表明保証は、大別して、①売主自身に関するもの、②売買の目的物である対象会社の株式に関するもの、③対象会社の資産・負債・事業・財務状況等に関するもの、があります。

　売主としては、可能な限り表明保証の範囲を限定し、クロージング後に表明保証義務違反を理由とした責任を追及されるリスクを排除することが重要となります。具体的には、以下の各事項を検討するとよいでしょう。

　　ア　除外事項の開示

　個別の表明保証条項の内容を検討し、そのまま表明保証したのでは表明保証義務違

反を構成する事実が存する場合、「別紙〇に記載された事実を除き、」等と規定して当該別紙に除外事項を記載することにより、かかる事実を表明保証の対象から外しておくことが必要となります。

　　イ　重要性・重大性による限定

　軽微な表明保証義務違反が前提条件の不成就、補償責任及び契約解除の原因を構成しないよう、個別の表明保証条項において、「重要な点において」「重大な」又は「対象会社の事業や財務状況に悪影響を及ぼすような」等の文言を付することにより、表明保証の範囲を限定することが考えられます。

　　ウ　当事者の認識による限定

　現時点で知り得ない将来の可能性について表明保証すると責任の範囲が広くなることから、個別の表明保証条項において、「売主の知る限り」「売主の知り得る限り」「売主が合理的に知り得る限り」等の限定を付することが考えられます。また、実務上は、このような規定と併せて、売主のどの立場の者の主観的事情をもって上記の文言を解釈するのか（代表取締役、一定の役職、担当の従業員など）を定める場合が少なくありません。

　　エ　表明保証事項の範囲の限定

　例えば、「対象会社には、訴訟、調停……その他裁判上又は行政上の手続は一切係属しておらず、かつ、そのおそれもない」という条項において、将来の一定の可能性を表す「おそれ」がないことを表明保証することは、表明保証の範囲を広げるものです。この場合に表明保証の範囲を限定する方法としては、「裁判上又は行政上の手続は一切係属していない」ことの表明保証にとどめるか、上記のような「売主の知る限り、そのおそれもない」等の限定を付することが考えられます。

　他方、買主としては、契約締結時に想定していなかった事実が判明し、思わぬ損失を負担するようなことがないよう、①デュー・ディリジェンスの結果を踏まえ、買収に関する意思決定の前提とした事実については詳細にもれなく表明保証条項を規定すること、②表明保証の範囲が限定されている場合に、そのような限定が適切かどうかを検討するとともに、特に重要な事項については上記のような重要性・重大性による限定及び当事者の認識による限定を排除すること、③表明保証義務違反を原因とする責任の成否について買主の主観的事情は影響を与えないことを規定しておくこと（東京地判平18・1・17判時1920・136参照）等に留意することが考えられます。

　(3)　買主による表明保証

　株式譲渡契約において買主が行う表明保証は、買主が適法かつ有効に設立され存続していること、当該契約を締結し履行するために必要とされる一切の手続を履践して

いること、買主の義務が執行可能な法的拘束力のあるものであること等であり、一般的には、その内容が問題となることは少ないといえます。

◆誓約

誓約は、売主又は買主が、相手方に対し、一定の行為を行うこと（作為）又は行わないこと（不作為）を約束（誓約）するものであり、表題として「売主の義務」「買主の義務」と表示される場合もあります。誓約は、株式譲渡契約に基づく取引の実行に必要な付随的義務を規定しておき、その履行を義務付けることにより、当事者が契約締結時に意図した目的を達成させるという機能を有します。

買主としては、クロージング前の誓約として、売主に対し、①契約締結日からクロージング日までの間、対象会社に、善良なる管理者の注意をもって、かつ通常の業務の範囲内において事業を運営させること、②クロージングのために必要な手続（対象会社による株式譲渡の承認、Change of control条項に対応するため契約相手方の同意を取得すること、許認可及び届出等）を履践すること、③デュー・ディリジェンスによって判明した問題点に対応すること、④前提条件をクロージングまでに充足させるために最善の努力を尽くすこと、⑤表明保証義務違反があった場合に買主に通知すること等の義務を課すことが考えられます。また、クロージング後であれば、競業避止義務を課すことが考えられます。

売主としては、クロージング前の誓約として、買主に対し、クロージングのために必要な手続（独占禁止法における事前届出等）を履践する義務を課すことが考えられます。また、クロージング後であれば、対象会社の従業員の労働条件を一定期間において維持することを規定することがあります。

◆補償

（1）法的性質

補償は、一方当事者が株式譲渡契約において規定された表明保証条項、誓約事項その他の条項に違反したことに起因又は関連して他方当事者が損害を被った場合、当該損害を補填することを内容とするものです。補償は、英米法系の契約において利用される概念であり、日本法における法的性質は必ずしも明確ではありませんが、少なくとも、表明保証義務違反に基づく補償については、違反当事者の故意又は過失（帰責性）を要件としないという点で債務不履行責任とは異なる契約上の損害担保責任であると解されます。他方、契約上の義務違反に基づく補償については、上記と同様損害担保責任であるという見解と、民法上の債務不履行責任であるとする見解があります。

(2) 責任の限定

　補償の範囲を限定し、当事者間においてリスクを適正に配分するという見地から、実務上、①補償期間や②補償すべき額を限定することがあります。

　このうち、①補償期間は、補償請求がいつまでもなされる可能性があると法的安定性が害されるため、時的制限を付するものです。どのような規定にするかはケース・バイ・ケースですが、対象会社の事業年度が終了し決算報告書を作成する段階で隠れた問題点が判明することもありますので、主に補償を請求する立場となる買主としては、少なくとも、対象会社の決算期をまたぐように補償期間を設定することが適当であるといえます。

　また、②補償すべき額については、補償責任を負う金額の上限を設定し、それを超える部分について補償する義務を免れるという内容の条項（Cap）、及び補償請求の請求事由1件当たりの基準額（下限）を設定しておき、その基準額を超えた場合にのみ補償する義務を負う内容の条項（BasketないしFloor）があります。Basket条項を設定すれば、小規模な損害を補償請求の範囲から除外し、事務手続の煩雑さを回避することができますが、この場合、個々の請求事由について当該基準額を超えた場合にのみ補償請求が認められるのか、複数の請求事由を累計して当該基準額を超えれば補償請求が認められるのかを明確にするとともに、補償される金額を請求額全額とするのか、当該基準額を超えた部分のみとするのかについても明確にする必要があります。

（眞下寛之）

＜参考文献＞
　柴田義人ほか編『Ｍ＆Ａ実務の基礎』（商事法務、平27）
　江頭憲治郎『株式会社法』（有斐閣、第6版、平27）
　宍戸善一監修・岩倉正和＝佐藤丈文編著『会社法実務解説』（有斐閣、平23）
　藤原総一郎編著『Ｍ＆Ａの契約実務』（中央経済社、平22）
　西村総合法律事務所編『Ｍ＆Ａ法大全』（商事法務研究会、平13）

書式例24　株式譲渡契約書

株式譲渡契約書

　〇〇株式会社（以下「売主」という。）及び〇〇株式会社（以下「買主」という。）は、売主の保有する〇〇株式会社（以下「対象会社」という。）の発行済普通株式8,000株（以下「本件株式」という。）を買主が譲り受けること（以下「本件株式譲渡」という。）に関して、次のとおり合意し、本日付けで、株式譲渡契約（以下「本契約」という。）を締結する。

第1条（株式の譲渡）
　売主は、買主に対し、本契約の規定に従い、クロージング日（第3条に定義される。）において、本件株式を譲渡し、買主は、売主からこれを譲り受けるものとする。

第2条（譲渡価格）
　本件株式譲渡の対価は、一株当たり1,800,000円、総額14,400,000,000円（以下「本譲渡価格」という。）とする。ただし、本譲渡価格は、第4条の規定により調整されるものとする。

第3条（クロージング）
　第1条に規定する本件株式譲渡の実行（以下「クロージング」という。）は、契約締結日又は両当事者が別途合意する日（以下「クロージング日」という。）に、〇〇において行われるものとする。クロージングにおいて、各当事者は、次の各号に定める行為を行う。
① 売主は、次号に規定する本譲渡価格の支払と引換えに、買主に対し、本件株式全てを表章する株券（以下「本件株券」という。）及び記名押印済みの株主名簿名義書換請求書を引き渡す。
② 買主は、前号に規定する本件株券の交付と引換えに、本譲渡価格を、売主の指定する下記の銀行口座に振込みの方法により支払う。
　【振込先口座の表示】
　　〇〇銀行　〇〇支店　普通預金　1234567　名義人：〇〇株式会社

第4条（本譲渡価格の調整）
1　対象会社と〇〇株式会社との間の民事訴訟事件（〇〇地方裁判所平成〇年（ワ）第〇号）について、次項に定義する価格調整日までに同事件が終結し、対象会社が〇〇株式会社に対して支払う金員（損害賠償金、解決金その他名目のいかんを問わない。）が確定している場合において、当該金員から200,000,000円を差し引いた金額（以下「本件精算額」という。）が正の数の場合、本譲渡価格から本件精算額を減額し、本件

精算額が負の数の場合、本譲渡価格に本件精算額を増額する。
2　価格調整は、平成○年○月○日又は両当事者が別途合意する日（以下「価格調整日」という。）に行われるものとし、本件精算額が正の数の場合、売主は、本件精算額を買主の指定する銀行口座に振込みの方法により支払うものとし、本件精算額が負の数の場合、買主は、本件精算額の絶対値の金額を売主の指定する銀行口座に振込みの方法により支払うものとする。

【チェック事項】
　価格調整条項を設ける場合には、①価格調整の計算式、計算の要素、②価格調整を行う主体、③価格調整を行う基準日及び精算日、④価格調整の手続について明確に規定する必要があります。

第5条（売主の表明及び保証）
1　売主は、買主に対し、本契約締結日現在及びクロージング日において（ただし、特段の記載がある場合には当該時点において）、別紙5.1に記載された各事項が全て真実かつ正確であることを表明及び保証する。
2　前項に定める売主の表明及び保証の違反について、買主が本契約締結日又はクロージング日において認識し、又は認識することができた事由があった場合でも、前項に定める売主の表明及び保証又は本契約に関連する補償若しくは救済措置の有効性、範囲及び効果には、いかなる影響も生じないものとする。

【チェック事項】
　売主の表明及び保証について、売主としては、可能な限り表明及び保証を行う範囲を限定し、クロージング後に表明保証義務違反を理由とした責任を追及されるリスクを排除するため、①表明保証の範囲から外すべき除外事項を明記する、②重要性・重大性に関する限定を付す、③当事者の認識による限定を付す、④表明保証事項の範囲を合理的に限定する、等を検討します。
　他方、買主としては、①デュー・ディリジェンスの結果を踏まえ、買収に関する意思決定の前提とした基礎たる事実についてもれなく表明保証事項として規定すること、②買主の主観的事情は表明保証義務違反を原因とする責任の成否に影響を与えないことを規定しておくこと、等を検討します。

第6条（買主の表明及び保証）
1　買主は、売主に対し、本契約締結日現在及びクロージング日において（ただし、特段の記載がある場合には当該時点において）、以下の各事項が全て真実かつ正確であることを表明及び保証する。
①　存続及び権限

買主は、日本法に準拠して適法かつ有効に設立され、適法かつ有効に存続している株式会社であり、その財産を所有し、本契約を締結し、本契約上の義務を履行するために必要な権利能力及び権限を全て有している。
② 本契約の締結及び履行
買主による本契約の締結及び本契約上の義務の履行は、法令又は社内規則上必要な機関により適法かつ有効に承認されており、必要な社内手続を全て履践している。
③ 本契約の有効性及び執行可能性
本契約は、買主により、適法かつ有効に締結されており、売主においても適法かつ有効に締結されていることを前提とすれば、その条項に従って、適法かつ有効で法的拘束力があり買主に対して強制執行が可能な買主の義務を構成する。
2 前項に定める買主の表明及び保証の違反について、売主が本契約締結日又はクロージング日において認識し、又は認識することができた事由があった場合でも、前項に定める買主の表明及び保証又は本契約に関連する補償若しくは救済措置の有効性、範囲及び効果には、いかなる影響も生じないものとする。

第7条（売主の誓約事項）
1 表明及び保証にかかる通知義務
売主は、本契約締結日からクロージング日までの間に、第5条第1項に規定する売主の表明及び保証に違反する事項が判明した場合には、買主に対して直ちに当該事項を書面にて通知するものとする。
2 対象会社の事業活動
売主は、本契約において別段の定めがある場合又は買主が書面で事前に同意した場合を除き、本契約締結日からクロージング日までの間、対象会社をして、対象会社の通常の業務の範囲内でのみその事業を遂行させ、対象会社をして下記の行為を行わせないものとする。
① 重要な契約又は約束の交渉、締結、変更、解除、修正又はかかる契約の債務不履行
② 借入れ、第三者の債務についての保証又はこれに類する行為、その他の債務負担
③ 資金の貸付けその他形態のいかんを問わず信用の供与（業務運営上必要不可欠であり、かつ物品等の販売に伴う通常の支払サイトの設定の範疇に含まれるものを除く。）
④ 事業の全部若しくは一部又は重要な資産の譲渡、移転、賃貸、担保権設定、その他一切の処分
⑤ 事業の全部若しくは一部又は重要な資産の購入、賃貸借その他の方法による取得
⑥ 新規の店舗若しくは営業所の開設、又は既存の店舗若しくは営業所の閉鎖若しくは大規模な改装
⑦ その営業若しくは会計の手法、原則、実務又は手続の重要な変更
⑧ 定款、社内規則、与信若しくは回収の方針、会計勘定仕訳の基準若しくは実務、引当若しくは償却の方針又はこれらに関する規則の変更

⑨　（ⅰ）株式その他の出資証券、又は、新株予約権、オプション、ワラントその他の株式若しくはその他の出資証券を購入若しくは取得できる権利の発行又は処分、（ⅱ）株式に関する配当その他の分配の決定又は給付（現金であるか否かを問わない。）

⑩　会社分割、合併、事業譲渡、株式交換、株式移転、解散その他の組織変更

3　取締役会の承認

　売主は、本契約締結日からクロージング日までの間に、対象会社の取締役会をして、会社法第139条の規定に従って、売主から買主に対する本件株式譲渡を承認させ、当該譲渡承認に係る議事録の原本証明付写しを買主に提出する。

4　契約相手方の同意の取得

　売主は、本契約締結日からクロージング日までの間に、本契約の締結及び履行のために必要な別紙7.4〔省略〕記載の契約における契約相手方の同意の取得その他の手続を履践し、対象会社をして履践させるものとする。

> 【チェック事項】
> 　買主としては、売主に対し、本件株式譲渡に付随して、一定の措置を講ずることを求める必要がある場合には、売主の誓約事項において、具体的に規定しておかなければなりません。

第8条（買主の誓約事項）

　買主は、本契約締結日からクロージング日までの間に、第6条第1項各号に規定する買主の表明及び保証に違反する事項が判明した場合には、売主に対して直ちに当該事項を書面にて通知するものとする。

第9条（補償）

1　売主の補償義務

　売主は、買主に対して、第5条第1項に基づく表明若しくは保証の違反、又は本契約に規定された売主の誓約若しくはその他の義務の不履行に起因して買主が被った損害の一切を補償する。

2　買主の補償義務

　買主は、売主に対して、第6条第1項に基づく表明若しくは保証の違反、又は本契約に規定された買主の誓約若しくはその他の義務の不履行に起因して売主が被った損害の一切を補償する。

3　補償の期間制限

　前2項に基づく補償のうち、表明若しくは保証の違反にかかる補償は、クロージング日から2年後の応当日までに、書面によって請求がなされた場合に限り行われるものとする。

4　補償責任の下限及び上限
　　第1項及び第2項に基づく売主及び買主の補償責任は、一つの事由に基づく違反により生じた損害額が〇円を超える場合に、〇円を超える額について請求できるものとし、補償額の合計は〇円を超えないものとする。

> 【チェック事項】
> 　補償責任の範囲を限定し、当事者間においてリスクを適正に配分するという観点から、①補償期間、②補償すべき額を限定する条項を設ける場合があります。売主としては、補償責任を負う範囲を限定してリスクヘッジするため、これらの条項を規定することを検討すべきでしょう。

第10条（クロージングの前提条件）
1　買主の義務の前提条件
　　買主のクロージングを完了させる義務は、クロージング日において、以下の各条件の全てが成就することを前提とする。ただし、買主は、以下の各条件のいずれについても、その裁量により条件不成就を主張する権利を放棄することができる。
①　クロージング日において、第5条第1項に規定する売主の表明及び保証が、重大な点において真実かつ正確であること。
②　クロージング日までに売主が本契約に基づき履行又は遵守すべき義務が、重大な点につき履行又は遵守されていること。
③　対象会社の取締役会が本件株式譲渡を承認する決議を行っていること。
④　買主が以下の書類を受領していること。
　ア　第7条第3項に規定する対象会社の取締役会議事録の写し
　イ　第7条第4項に規定する契約相手方の同意書の写し
2　売主の義務の前提条件
　　売主のクロージングを完了させる義務は、クロージング日において、以下の各条件の全てが成就することを前提とする。ただし、売主は、以下の各条件のいずれについても、その裁量により条件不成就を主張する権利を放棄することができる。
①　クロージング日において、第6条第1項に規定する買主の表明及び保証が、重大な点において真実かつ正確であること。
②　クロージング日までに買主が本契約に基づき履行又は遵守すべき義務が、重大な点につき履行又は遵守されていること。

第11条（競業避止及び勧誘禁止）
　　売主は、買主の事前の書面による同意がない限り、クロージング日後2年間が経過する日まで、日本国内において対象会社が本契約締結日現在営んでいる事業と直接又は間接に競合する事業を自ら行わず、又は第三者を通じて行わないものとする。また、売主は、クロージング日後2年間が経過する日まで、対象会社の従業員に対し、売主及

びその関係会社、又はその他の第三者への就職の勧誘を行わないものとする。

第12条（解除及び終了）
1　本契約は、クロージング日以後は、いかなる理由によっても解除されず、終了しない。
2　売主は、クロージング前に限り、（ⅰ）買主の表明若しくは保証に重大な違反があった場合、（ⅱ）買主に本契約を継続し難い本契約上の重大な義務違反があり、売主が買主に対し書面により催告したにもかかわらず、当該催告日から1週間が経過する日までに当該違反が是正されなかった場合、又は（ⅲ）買主について、破産手続開始、民事再生手続開始、会社更生手続開始、特別清算開始その他これらに準ずる法的倒産手続（外国法に基づく法的倒産手続を含む。）の申立てがなされた場合又はその申立てがなされるおそれがあると客観的かつ合理的に判断される場合は、買主に対して書面で通知することにより、本契約を解除することができる。
3　買主は、クロージング前に限り、（ⅰ）売主の表明若しくは保証に重大な違反があった場合、（ⅱ）売主に本契約を継続し難い本契約上の重大な義務違反があり、買主が売主に対し書面により催告したにもかかわらず、当該催告日から1週間が経過する日までに当該違反が是正されなかった場合、（ⅲ）売主について、破産手続開始、民事再生手続開始、会社更生手続開始、特別清算開始その他これらに準ずる法的倒産手続（外国法に基づく法的倒産手続を含む。）の申立てがなされた場合又はその申立てがなされるおそれがあると客観的かつ合理的に判断される場合、又は、（ⅳ）第10条第1項に規定する前提条件が充足されなかった場合、売主に対して書面で通知することにより、本契約を解除することができる。
4　本条に基づく本契約の終了は、それ以前に生じた売主又は買主による本契約に基づく義務の違反に係る責任には影響を及ぼさず、かかる責任は本契約の終了後も存続する。
5　本条に基づき本契約が終了した場合であっても、第9、第13条、第14条、第19条及び第20条は有効に存続するものとする。

第13条（秘密保持）
1　売主及び買主は、本契約書に別段の定めがある場合を除き、売主と買主の間の平成〇年〇月〇日付秘密保持契約書の規定に従い、同契約上の義務を引き続き遵守するものとする。
2　売主及び買主は、本契約の存在及び内容については、本契約締結日以降、前項の秘密保持契約における秘密情報とみなすことに合意する。

第14条（公表）
　　各当事者は、本契約締結後、必要と認める範囲で本契約の存在及び内容並びに本契約で予定されている取引について公表することができる。ただし、かかる公表の様式、内容及びタイミングについて、他の当事者の事前の書面による同意を得るものとする。

第15条（譲渡禁止）
　売主及び買主は、他の当事者の事前の書面による同意なしに、本契約若しくは本契約上の地位又はこれに基づく権利、義務及び債権若しくは債務の全部又は一部を譲渡、移転その他の方法により処分してはならず、またこれを担保に供してはならない。

第16条（公租公課及び費用）
1　売主及び買主は、本契約において別段の定めがある場合を除き、本契約及び本契約が予定する取引に関して売主又は買主に課される公租公課を各自支払うものとする。
2　売主及び買主は、本契約において別段の定めがある場合を除き、本契約及び本契約が予定する取引の交渉、準備、締結、実行に関連して自らに生じ又は自らのために支出された一切の費用（弁護士、会計士、税理士その他のアドバイザーの費用を含む。）を各自負担するものとする。

第17条（分離可能性）
　本契約の条項のいずれか又はその一部が法令の適用により無効、違法又は強制執行不能とされる場合であっても、本契約は当該部分を除いて、有効かつ適法であり、強制執行可能であり続けるものとする。本契約の一部が無効、違法又は強制執行不能とされた結果、売主又は買主に重大な影響を及ぼすこととなる場合、売主及び買主は、本契約の変更その他の方法により、本契約の一部が無効、違法又は強制執行不能とされたことにより生じる影響を可能な限り除去又は緩和すべく誠実に協議するものとする。

第18条（完全合意）
　本契約（本契約に添付される別紙を含む。）は、本契約に明示される事項に関する当事者間の完全なる合意を構成するものであり、書面、口頭を問わず、本契約締結以前になされたかかる事項に関する当事者間の取決めその他一切の合意は、売主と買主の間の平成○年○月○日付秘密保持契約を除き、本契約締結をもって全て効力を失うものとする。

第19条（準拠法）
　本契約は日本法を準拠法とし、同法に従い解釈されるものとする。

第20条（裁判管轄）
　売主及び買主は、本契約に起因し又は関連する一切の紛争については、○○地方裁判所を第一審の専属的合意管轄裁判所とすることに合意する。

第21条（誠実協議）
　売主及び買主は、本契約に定めのない事項については、本契約の趣旨に従い、相互に誠実に協議の上、これを決するものとする。

上記を証するため、売主及び買主は、本契約書を2通作成し、原本各1通を保有する。

平成○年○月○日

　　　　　　　　　　　　　　　　　○○県○○市○○○丁目○番○号
　　　　　　　　　　　売主　　　　○○株式会社
　　　　　　　　　　　　　　　　　代表取締役　○　○　○　○　印

　　　　　　　　　　　　　　　　　○○県○○市○○○丁目○番○号
　　　　　　　　　　　買主　　　　○○株式会社
　　　　　　　　　　　　　　　　　代表取締役　○　○　○　○　印

別紙5.1
　　　　　　　　　　　売主の表明及び保証

　本別紙で用いる用語は、特段の記載がない限り、本契約で定義された意味を有するものとする。

1．存続及び権限
　　売主は、日本法に準拠して適法かつ有効に設立され、適法かつ有効に存続している株式会社であり、その財産を所有し、本契約を締結し、本契約上の義務を履行するために必要な権利能力及び権限を全て有している。
2．本契約の締結及び履行
　　売主による本契約の締結及び本契約上の義務の履行は、法令又はその取締役会規則その他の社内規則上必要な機関により適法かつ有効に承認されており、必要な社内手続を全て履践している。
3．本契約の有効性及び執行可能性
　　本契約は、売主により、適法かつ有効に締結されており、買主においても適法かつ有効に締結されていることを前提とすれば、その条項に従って、適法かつ有効で法的拘束力があり、売主に対して強制執行が可能な売主の義務を構成する。
4．違反又は不履行の不存在
　　売主による本契約の締結及び本契約上の義務の履行は、（ⅰ）法令に違反せず、（ⅱ）売主又は対象会社に適用される裁判所、監督官庁その他の司法機関・行政機関、自主規制機関又は業界団体（以下「司法・行政機関等」という。）の判決、決定、命令、裁判上の和解、免許、許可、認可その他の判断（以下「司法・行政機関等の判断等」という。）に違反するものでなく、（ⅲ）売主の定款、取締役会規則その他の社内規則に違反せず、かつ、（ⅳ）売主を当事者とし、又はその資産を拘束する契約等（以下「契約等」という。場合、契約書、覚書等の名称に限らず、また、口頭の合意も含むものとする。）に違反するものではない。

5．対象会社の存続及び権限

　　対象会社は、日本法に準拠して適法かつ有効に設立され、適法かつ有効に存続している株式会社であり、その財産を所有し、現在行っている事業を遂行するために必要な権利能力及び権限を全て有している。

6．本件株式の保有

（1）　本契約の締結日及びクロージング日において、売主は本件株式の全てを適法かつ有効に取得し保有する実質上かつ名義上の株主であり、他に本件株式についていかなる権利を主張する者も存在しない。

（2）　本件株券は、全て対象会社により適法かつ有効に発行されたものであり、本件株式全てを表章し、かつ、本契約の締結日及びクロージング日において、売主は、本件株券を全て所有し、保有している。

（3）　本件株式には、対象会社の定款に基づく譲渡制限以外には、質権、担保権、譲渡の予約、譲渡の禁止、その他いかなる制限又は負担（以下「本負担」という。）も存在していない。

7．対象会社の株式

（1）　対象会社の発行可能株式総数は普通株式32,000株、発行済株式総数は普通株式8,000株であるところ、その全てが適法かつ有効に発行されており、全額払込済みである。これらの普通株式を除き、対象会社はいかなる株式も発行していない。

（2）　本契約の締結日及びクロージング日において、対象会社の実質上かつ株主名簿上の株主（実質株主は存在しない。）は売主のみである。

（3）　対象会社の株式を取得する権利を付与する新株予約権その他のオプション、ワラントその他の権利又はこれらの権利を将来付与する旨の契約等若しくは決議は存在しない。

8．譲渡承認決議

　　対象会社の取締役会により、売主から買主に対する本件株式譲渡を承認する決議がなされ、当該取締役会決議が有効に存続している。

9．財務諸表その他の資料等

　　対象会社の直前3期の決算に係る財務諸表（以下「本財務諸表」という。）は、対象会社に対して継続的に適用され、一般に公正妥当と認められている会計基準に照らして完全かつ正確であり、対象会社の当該決算期日現在の財政状態及び当該決算期日に終了した事業年度の経営成績を正確かつ適正に示しており、適正かつ十分な引当及び減価償却を行っている。本財務諸表は、虚偽の記載を含まず、また、記載すべき事項若しくは誤解を生じさせないために必要な事実の記載を欠いていない。また、対象会社には本財務諸表に記載された以外に簿外負債は存在せず、売主の知り得る限り、そのおそれもない。

10．契約

（1）　対象会社が当事者となっている対象会社の事業を継続するために必要な全ての重要な契約（以下「本重要契約」という。）は買主に開示済みであり、買主に開示さ

れたもの以外に（ⅰ）対象会社の事業の運営のために必要で、かつ、代替することが困難な契約、（ⅱ）対象会社の財政状態又は経営成績に重大な影響を及ぼす契約、（ⅲ）対象会社を長期間にわたって拘束する契約、（ⅳ）対象会社の事業遂行に何らかの制約（競業避止義務、事業領域制限等を含む。）を与える契約は存在せず、売主の知り得る限り、その他対象会社の事業遂行に重大な悪影響を与えるおそれのある契約は存在しない。
(2) 全ての本重要契約は、対象会社と相手方当事者との間で有効な契約として存続しており、書面によると、口頭によるとを問わず、重要な変更又は修正はなされていない。また、対象会社は、本重要契約に基づく義務の全てを適正に履行済みであり、そのいずれについても債務不履行に陥っておらず、売主の知り得る限りそのおそれもなく、本重要契約がクロージング後、解約権を行使されたり更新拒絶されたりする可能性はない。また、売主の知り得る限り、本重要契約のいかなる相手方当事者も当該契約上の債務不履行に陥っていない。

11. 資産

対象会社の事業を継続するに当たり必要な資産（以下「本必要資産」という。）は全て買主に開示済みであり、対象会社は、本負担なく、完全かつ有効な本必要資産の所有権又は使用権を有している。本必要資産は、有効な使用状態にある。本必要資産につき対象会社の使用権を定める契約のいずれについても債務不履行はない。対象会社による本必要資産の保有又は使用は、売主の知り得る限り、第三者のいかなる権利をも侵害していない。

12. 知的財産権

(1) 対象会社は、事業を継続するに当たり必要な特許（その登録及び出願を含む。以下同じ。）、実用新案、商標、著作権、コンピュータソフトウェア、ノウハウ、営業秘密、その他の知的財産権（以下「本知的財産権」という。）について、別添〇〔省略〕に記載されたものを除き、いかなる本負担にも服さない所有権又は使用権を有している。
(2) 対象会社による本知的財産権の使用は、売主の知り得る限り、第三者のいかなる権利をも侵害していない。本知的財産権の所有権又は使用権は、売主の知り得る限り、第三者に侵害されていない。

13. 債務保証

対象会社は、別添〇〔省略〕に記載するものを除き、第三者のために債務保証その他それに類する行為を行っていない。

14. 役員及び従業員

(1) 対象会社の全ての取締役、監査役及び顧問等（以下「役員等」という。）及び従業員に適用される重要な規程及び合意の最新版は、買主に対して開示されている。
(2) 対象会社に労働組合は存在せず、売主の知り得る限り、労働組合に属している従業員は存在しない。
(3) 対象会社は、時間外、休日又は深夜の割増賃金を適切に計算し、かつそれを受領する資格のある従業員に対して適時適切に支払っており、未払となっている給与、

賞与、賃金、報酬、退職金、退職慰労金その他の従業員に対する債務は存在しない。
　(4)　別添○〔省略〕に記載するものを除き、対象会社に対して発せられた、労働基準監督署その他の労使関係に関する監督機関による勧告又は指導等は存在しない。
　(5)　対象会社と、対象会社の役員等又は従業員との間に、何らの訴訟又は紛争は生じていない。

15. 訴訟等
　(1)　本契約の締結日及びクロージング日において、別添○〔省略〕に記載するものを除き、対象会社を当事者とする訴訟、仲裁その他の紛争処理手続（以下「訴訟等」という。）は司法・行政機関等に係属していない。
　(2)　過去における対象会社を当事者とする訴訟等で対象会社の財産又は事業運営に重大な影響を及ぼすものは存在しない。
　(3)　本契約の締結日及びクロージング日において、対象会社の資産につき、差押え、仮差押え又は仮処分はなされていない。

16. 許認可等
　　対象会社は、現在行っている事業を遂行するために必要な政府の許可、認可、届出等（以下「本許認可等」という。）を適法かつ有効に取得し維持している。売主の知り得る限り、本許認可等が無効となり、取り消され、又は更新が拒絶されることとなる事由は存在しない。

17. 法令違反
　(1)　対象会社は、対象会社に適用される法令、定款その他の内部規程に現在及び過去を問わず違反していない。
　(2)　対象会社は、司法・行政機関等から命令、処分、勧告、指摘、指導を受けたことはなく、売主の知り得る限り、そのおそれも存しない。

18. 租税債務
　(1)　対象会社は、提出が必要とされている全ての税務申告書及び租税に関する報告書を、適時適切に所轄の税務当局に提出しており、かつかかる申告書及び報告書は提出の時点において完全かつ正確である。
　(2)　対象会社は、本契約締結日までに納付期限が到来している全ての租税を完納しており、対象会社の租税又は税務申告書に関して、税務当局からいかなる審査又は調査その他の司法・行政機関等の判断等を受けたことはない。

19. 環境
　　対象会社は、環境保護に関するあらゆる法律、条例、準則、規則、公害防止協定又は行政指導を継続して遵守しており、これらに違反しておらず、違反している等のクレーム又は通知を受けていない。対象会社に関して悪臭、水質汚濁、大気汚染、土壌汚染、騒音、振動、廃棄物等の環境問題は生じておらず、かかる問題に関して、いかなる者からも、法的に明確な根拠を有する苦情は申し立てられていない。

20. 重大な悪影響の不存在
　　平成○年○月○日以降、対象会社の事業、財務状態若しくは資産状態に重大な悪影響を及ぼす事由、又はそのおそれのある事由は発生していない。

21. 売主の事情

　本契約の締結日及びクロージング日において、売主は、支払停止に該当する行為を行っておらず、実質債務超過若しくは支払不能の状態にはなく、また、売主につき、破産、民事再生、会社更生、特別清算その他類似の法的倒産手続の原因となる事実はなく、私的整理手続が開始されるおそれもない。かつ、売主は、本契約が予定する取引を行うことによって支払不能又は実質債務超過の状態に陥ることもない。

22. 全面開示

　本契約締結前に、対象会社に関する全ての重要な情報並びに買主又はそのアドバイザーの要求に係る情報で売主又は対象会社が認識又は保有している全ての重要な情報は買主に開示済みである。かかる開示された情報以外に、対象会社の事業、財政状態若しくは経営成績に悪影響を及ぼす重要な事由、又はそのおそれのある重要な事実は存在しない。本契約締結前に、買主又はそのアドバイザーに直接又は間接に提供された一切の資料に含まれている情報は、重要な点において真実かつ正確なものであり、虚偽の記載及び重大な誤記は存在せず、誤解を招かないようにするために追加で開示が必要な情報で未開示のものは存在しない。

◆チェックリスト

目的物の特定	
・譲渡の対象となる株式の種類及び数量が特定されているか	☐
譲渡価格	
・譲渡価格が規定されているか	☐
・譲渡価格の調整条項がある場合、①価格調整の計算式、計算の要素、②価格調整を行う主体、③価格調整を行う基準日及び精算日、④価格調整の手続が明確に定められているか	☐
クロージング	
・株券発行会社となっている場合、株券を引き渡す旨が規定されているか	☐
・名義書換に関する手続が規定されているか	☐
・譲渡価格の支払時期、支払方法が規定されているか	☐
前提条件	
・クロージングを行うための前提条件がもれなく規定されているか	☐
・表明保証条項が真実かつ正確であることを、前提条件として規定しているか	☐
・譲渡制限株式の譲渡の場合、本件株式譲渡を承認する旨の取締役会又は株主総会の決議を得ることを、前提条件として規定しているか	☐

表明及び保証	
・売主に表明及び保証を求める事項が、もれなく規定されているか（買主） 　① 存続及び権限 　② 本契約の締結及び履行 　③ 本契約の有効性及び執行可能性 　④ 違反又は不履行の不存在 　⑤ 対象会社の存続及び権限 　⑥ 本件株式の保有 　⑦ 対象会社の株式 　⑧ 財務諸表の適正性 　⑨ 資産の完全性 　⑩ 簿外債務の不存在 　⑪ 役員及び従業員 　⑫ 訴訟、許認可、租税債務、環境等 　⑬ 法令違反の不存在	☐
・表明及び保証について、その例外となる除外事項が適切に規定されているか（売主）	☐
・表明及び保証について、その範囲が広汎な場合に、適切に限定されているか（売主）	☐
誓　約	
・株式譲渡契約に基づく取引の実行に必要な付随的義務が、もれなく規定されているか（買主）	☐
・売主の善管注意義務が規定されているか（買主）	☐
・クロージングのために必要な手続（株式譲渡の承認、許認可の届出等）を履践することが規定されているか（買主）	☐
・デュー・ディリジェンスによって判明した問題点に対応すべきことが規定されているか（買主）	☐
補　償	
・補償について、補償期間及び補償すべき額が適切な範囲に限定されているか（売主）	☐

2　事業譲渡契約

> **Point**
> ① 事業譲渡は、事業者が、売買等の取引行為によって、その事業を第三者に譲渡することをいい、組織法上の行為である会社分割とは、手続、要件、効果が異なります。Ｍ＆Ａのスキーム選択に際し、譲渡会社の保有する事業の一部を選別して譲渡対象としたい場合、譲渡会社が負っている偶発債務を遮断したい場合等は、事業譲渡を検討することが有用です。
> ② 会社法上、事業譲渡は、手続に関していくつかの類型に分類されています。契約審査に当たっては、当該契約がどの類型の手続に該当するのかを把握し、事業譲渡契約の履行のために必要な手続を規定することが必要です。
> ③ 譲受会社が事業譲渡に伴って譲渡会社の商号や屋号（営業主体としての名称）を続用する場合において、譲渡会社の事業によって生じた債務を弁済する責任を免れるためには、その旨の登記をするか、第三者への通知を行うことが必要となります。
> ④ 業績不振によって事業継続が困難な会社については、事業の継続及び再生のため、破産手続又は民事再生手続等の倒産手続を利用した事業譲渡を検討することが適当な場合があります。

◆事業譲渡の意義

(1)　事業譲渡の意義

　事業譲渡とは、事業者が、売買等の取引行為によって、その事業を第三者に譲渡することをいいます。ここでいう「事業」とは、一定の営業目的のために組織化され、有機的一体として機能する財産（得意先関係等の経済的価値ある事実関係を含みます。）の全部又は重要な一部であると解され（最判昭40・9・22判時421・31参照）、単なる事業用財産とは区別された、従業員との間の雇用関係、得意先との間の取引関係及びその他のノウハウ等と有機的に関連付けられた財産をいうものと考えられます。

(2)　事業譲渡と会社分割の相違

　会社分割とは、株式会社や合同会社が、その事業に関して有する権利義務の全部又

は一部を、分割後他の会社（吸収分割承継会社）に承継させること、又は新たに設立する会社（新設分割設立会社）に承継させることを目的とする会社の行為です（会社2二十九・三十）。前者を吸収分割、後者を新設分割といいます。

　吸収分割は、事業等を第三者に承継させるという点において事業譲渡と共通点がありますが、その法的性質に由来する相違点があります。すなわち、事業譲渡は取引行為であるため、事業を構成する債務や契約当事者たる地位を移転する場合には個別にその契約相手方の同意を取得することが必要となります。これに対し、会社分割は組織法上の行為であり、吸収分割承継会社及び新設分割設立会社は、承継対象となる分割会社の権利義務を当然に承継します（会社759①・764①）。したがって、事業を構成する債務や契約当事者たる地位を移転する場合であっても、契約上別段の定めがない限り、個別にその契約相手方の同意を取得する必要がないものと考えられます。

　(3)　M＆A取引における事業譲渡

　事業譲渡は、資産、負債、契約上の地位等を契約によって特定することにより、承継対象とするものを選別することができるため、会社の保有する事業の一部を切り出して譲渡対象とすることが可能であるとともに、偶発債務の遮断が可能となります。また、会社分割と異なり、事前備置（会社782①二・794①・803①二）及び債権者保護手続（会社789・799・810）等の手続を要せず、かつ、使用者の異動が生じない労働者について事前協議義務（商平12法90改正法附則5、労働契約承継7）・事前通知義務（労働契約承継2①）が発生することもありません。さらに、譲受会社として、譲渡会社の事業の一部を取得する場面において、会社分割によった場合には、（簡易分割及び略式分割に該当しない限り）株主総会による承認決議が必要になるのに対し、事業譲渡の手続によった場合には、譲り受けるのが事業の一部である限り、株主総会による承認決議を経る必要がありません（会社467①三）。反面、事業譲渡は、取引行為であって組織法上の行為ではないため、事業を構成する資産を譲渡する場合には、当該譲渡に伴って個別に名義変更等の手続を行うことが必要になります。また、負債や契約上の地位を承継する場合には、個別にその契約相手方の同意が必要になります（なお、譲受会社が労働契約上の使用者たる地位を承継する場合も、民法625条1項に基づいて労働者から個別の承諾を取得する必要がありますが、近時、このような場合の指針として、「事業譲渡又は合併を行うに当たって会社等が留意すべき事項に関する指針」（平成28年厚生労働省告示318号）が規定されました。）。

　M＆A取引におけるスキーム選択に際しては、これらの特徴を踏まえ、当該案件に事業譲渡を用いるのが適当かを検討することになります。

　事業譲渡と吸収分割について、その手続や要件にどのような違いがあるのかを表に

まとめましたので、参照してください（なお、新設分割を利用する場合は、新設分割を実施した上で新設分割設立会社の株式を譲渡することになります。株式譲渡に関しては、**本章1**を参照してください。）。

【事業譲渡と吸収分割】

	事業譲渡	吸収分割
取締役会決議	必要（会社362④一）	必要（会社362④一）
労働者との協議	明文規定なし（譲渡会社を退職し、個別同意により譲受会社に転籍する）	必要（商平12法90改正法附則5、労働契約承継7）
労働者への通知	同上	必要（労働契約承継2①）
事前開示手続	不要	必要（会社782①二・794①、会社則183・192）
債権者保護手続	不要	必要な場合あり（会社789・799）
株主総会決議	・譲渡人：事業の全部の譲渡又は重要な一部の譲渡の場合、必要（会社467①一・二） ただし、簡易事業譲渡、略式事業譲渡に該当する場合は不要（会社467①二・468①） ・譲受人：事業の全部を譲り受ける場合、必要（会社467①三） ただし、略式事業譲受け、簡易な事業譲受けに該当する場合は不要（会社468①②）	必要（会社783①・795①） ただし、簡易分割、略式分割に該当する場合は不要（会社784・796）
反対株主の株式買取請求	簡易な事業譲受けの場合を除き、あり（会社469）	簡易分割、略式分割の特別支配会社の場合を除き、あり（会社785・797）
新株予約権買取請求	なし	あり（会社787）
事後開示手続	不要	必要（会社791①一・801③二、会社則189）
詐害的な事業譲渡・吸収分割に対する救済措置	あり（会社23の2）	あり（会社759④）

権利義務の移転	契約に従って個別に移転する	権利義務が包括的に承継される（会社759①）
許認可	それぞれの根拠法令により定まるが、基本的には承継されない	それぞれの根拠法令により定まるが、自動的に承継される場合又は新規取得よりも簡易な手続で承継が認められる場合がある

◆**事業譲渡の手続**

　会社法上、事業譲渡は、手続に関していくつかの類型に分類されています。

　第1に、通常の事業譲渡です。譲渡会社については、譲渡の対象が事業の全部、又は重要な一部（譲渡する資産の帳簿価額が当該会社の総資産額として会社法施行規則134条で定める方法により算定される額の5分の1を超える場合）を譲渡する場合には、株主総会の特別決議によって、当該事業譲渡契約の承認を受ける必要があるものとされています（会社467①一・二・309②十一）。譲受会社については、他の会社の事業の全部を譲り受ける場合には、株主総会の特別決議によって、当該事業譲受契約の承認を受ける必要があるものとされています（会社467①三・309②十一）。

　第2に、譲渡対象事業が、譲渡会社における事業の重要な一部の譲渡に該当しない場合、すなわち譲渡する資産の帳簿価額が当該会社の総資産額として会社法施行規則134条で定める方法により算定される額の5分の1を超えない場合には、譲渡会社における株主総会の承認決議は不要です（会社467①二括弧書）。また、この場合は、譲受会社にとっても、「他の会社の事業の全部の譲受け」に該当しないため、株主総会の承認決議は不要となります。

　第3に、事業譲渡の譲受会社が譲渡会社の総株主の議決権の10分の9以上を有するときには、譲渡会社において株主総会による事業譲渡の承認は必要ありません（会社468①）。これを「略式事業譲渡」といいます。逆に、事業譲渡の譲渡会社が、譲受会社の総株主の議決権の10分の9以上を有する場合には、譲受会社において株主総会の承認決議が不要となります（会社468①）。

　第4に、譲受会社が他の会社の事業の全部の譲受けをする場合であっても、事業譲渡の対価として交付する財産の帳簿価額の合計額が、譲受会社の純資産額として会社法施行規則137条で定める方法により算定される額の5分の1を超えないときは、譲受会社において株主総会の承認決議が不要となります（会社468②）（簡易な事業譲受け）。

　以上の手続において、株主総会の決議を要する場合には、当該株主総会に先立って

事業譲渡に反対する旨を通知し、かつ、当該株主総会において事業譲渡に反対した株主、及び株主総会の決議を要しない場合には全ての株主は、株式買取請求権を行使することができます（会社469・470）。ただし、上記の第4、すなわち簡易な事業譲受けに該当する場合には、この株式買取請求権は認められていません（会社469①二）。

　契約審査に当たっては、当該契約がどの類型の手続に該当するのかを把握し、事業譲渡契約の履行のために必要な手続を規定することが必要です。

```
┌─────────────────────────────────────────────────┐
│　新民法と契約審査
│
│○瑕疵担保責任から契約不適合責任へ
│　新民法においては、現行民法におけるいわゆる「特定物のドグマ」が否定され、売買の目的物が「種類、品質又は数量に関して契約の内容に適合しないものであるとき」（新民562以下）には、買主に追完請求権、代金減額請求権及び債務不履行に基づく損害賠償請求権等が認められることになりました。これに伴い、売主の目的物に隠れた瑕疵がある場合の担保責任に関する規定（民570）は削除されました。
│　事業譲渡契約においては、従前より、譲渡対象となる財産を特定する条項によって目的物の「種類、品質又は数量」を特定するとともに、表明保証条項によって取引適合性を有することや不具合が存しないこと等を表明し保証する実務が行われてきました。また、「損害賠償」又は「補償」の条項において、当該条項に定められた内容及び条件による損害賠償又は補償のみを認めることとし、それ以外の債務不履行責任、瑕疵担保責任等を排除する規定が設けられる場合もありました。新民法562条以下は任意規定と解されますので、このような規定が設けられた場合には、従前同様、当該事業譲渡に契約不適合責任は適用されないものと考えられます。
│　他方、契約不適合責任が適用される場合には、以下の点に留意する必要があります。すなわち、契約の内容に適合するかどうかは、合意の内容や契約書の記載内容のみならず、当事者がどのような経緯、動機及び目的でその契約を締結したのか等も判断要素となります。このような観点から、契約を締結した経緯、動機及び目的等を前文又は目的を定めた条項に規定しておき、契約締結の前提となった事情を記載しておくことにより、どのような場合に「契約の内容に適合しないものである」といえるのか、明確にすることが適当でしょう。
│　また、契約の目的物について、「種類、品質又は数量」を明示することにより、
```

売主がいかなる場合に契約不適合責任を負うのかを明確にし、責任を追及されるリスクを低減化することが必要になるといえます。

さらに、売主においては、契約不適合責任を負う期間を明示し、当該責任を追及されるリスクを限定しておく必要があるものと思われます。

◆譲受人の商号続用責任

譲受会社は、事業を譲り受けた場合において、譲渡会社の商号を引き続き使用するときには、譲渡会社の事業によって生じた債務を弁済する責任を負います（会社22①）。譲受会社が譲渡会社の商号を続用している場合には、債権者が事業の主体が交替していることを知らないか、又は知っていても譲受会社が債務を引き受けていると考えることが通常であるので、そのような外観を保護するという趣旨に基づくものです。このような趣旨は、事業の名称（いわゆる屋号）が営業主体を表示するものとして用いられている場合にも及ぶため、譲受会社が営業主体を表示する事業の名称を引き継いだ場合にも、同条項が類推適用されるものと判示されています（最判平16・2・20判時1855・141）。また、事業の名称が営業主体を表示するものとして用いられている場合において、当該事業が会社分割によって承継された場合にも、類推適用されると解されます（最判平20・6・10判時2014・150）。

譲受会社が上記責任を免れるためには、事業を譲り受けた後、遅滞なく、本店所在地において譲渡会社の債務を弁済する責任を負わない旨登記するか、又は譲受会社及び譲渡会社から第三者に対してその旨を通知する必要があります（会社22②）。そこで、譲受会社が上記の商号続用責任を免れるためには、契約上、譲渡会社の協力の下で免責登記をするか、又は第三者へ通知する旨を規定しておくことが適当であると考えられます。

◆倒産手続における事業譲渡

業績不振によって事業継続が困難な会社について、民事再生手続又は破産手続における事業譲渡を利用することによって、事業の継続が可能となり、再生につながるケースがあります。これらの倒産手続における事業譲渡には、どのようなメリットがあるのでしょうか。

第1に、事業収益性は存するものの、過剰な債務を負担している会社をM＆Aにより取得する場合、スポンサーの立場からすると、当該会社の持分（株式等）を取得することによって過剰な債務を負担している会社そのものを引き受けることにはリスクを

伴うため、債務を切り離した上で事業収益性のある事業を譲り受けることを検討することになります。しかしながら、業績不振に陥っている会社から倒産手続を経ずに事業を譲り受ける場合、譲渡対価が適正でない等、債権者を害する態様で取引が行われた場合には、債権者から詐害行為として取消しを請求されたり（新民424以下）、承継した財産の価額の限度で債務の履行を請求されたり（会社23の2）するリスクがあります。他方、民事再生手続や破産手続を利用すれば、譲渡会社の債務を再生債権又は破産債権として取り扱った上で、それぞれの倒産手続の定めるところに従って事業譲渡を行うことが可能となり、当該事業譲渡が詐害行為取消権による取消しの対象となるリスク等を回避することができます。

第2に、民事再生手続開始決定を受けた会社が再生計画によらないでその営業又は事業の全部又は重要な一部を譲渡する場合、裁判所の許可を要しますが（民再42①一）、株式会社である再生債務者がその財産をもって債務を完済することができないときは、裁判所は、再生債務者等の申立てにより、株主総会の承認に代わる許可を与えることができるものとされ（民再43①）、株主総会の承認決議を省略することができます。

また、破産手続開始決定を受けた会社が営業又は事業の譲渡をする場合、裁判所の許可を要しますが（破産78②三）、破産者の財産の管理処分権は破産管財人に専属するため（破産78①）、株主総会による承認決議は不要と解されます。

このように、倒産手続を利用して事業譲渡を実行する場合、会社法上必要とされている手続を省略することができます。事業の継続及び再生のために速やかに事業譲渡を行う必要がある場合に利用されています。

（眞下寛之）

＜参考文献＞
　酒井竜児編著『会社分割ハンドブック』（商事法務、第2版、平27）
　江頭憲治郎『株式会社法』（有斐閣、第6版、平27）
　藤原総一郎監修・森・濱田松本法律事務所＝㈱KPMG FAS編著『倒産法全書』（商事法務、平20）

| 書式例25 | 事業譲渡契約書 |

事業譲渡契約書

　○○株式会社（○○県○○市○○○丁目○番○号。以下「甲」という。）と○○株式会社（○○県○○市○○○丁目○番○号。以下「乙」という。）は、次のとおり事業譲渡契約（以下「本契約」という。）を締結する。

記

第1条（事業譲渡の目的）
　乙は、本契約書の定めるところにより、乙の食品製造加工販売事業（以下「本件事業」という。）の全部を甲に譲渡し、甲はこれを譲り受ける（以下「本件事業譲渡」という。）。甲及び乙は、本件事業が乙の事業部門の一つであるところ、乙が事業の再編・再構築を図るために本件事業の譲渡を企図していること、及び甲が自社の飲食物販売事業を○○の分野において拡大・発展するために本件事業の譲受を企図していることを相互に確認する。

第2条（効力発生日）
　本件事業譲渡の効力発生日は、平成○年○月○日とする。ただし、効力発生日については、甲及び乙の会社法上の手続の進行に応じ必要と認めるときは、甲及び乙において、別途協議の上、変更することができる。

第3条（譲渡の対象となる権利義務）
1　第1条により乙が甲に譲渡すべき事業の範囲は、効力発生日時点における乙の本件事業の全部とし、別紙3.1〔省略〕記載の資産（以下「譲渡対象資産」という。）並びに別紙3.2〔省略〕記載の契約に係る契約上の地位及びこれに基づく権利義務（以下「譲渡対象契約上の地位」という。）に及ぶ。
2　甲は、効力発生日における乙の本件事業に関する別紙3.3〔省略〕記載の債務（以下「承継対象債務」という。）を、かかる債務の相手方の同意があることを条件として、免責的に引き受ける。甲は、乙が負う債務のうち承継対象債務以外の全ての債務（借入金債務、租税債務、偶発債務、簿外債務を含むがこれに限られない。）については、いかなる場合においても承継しない。

【チェック事項】
　資産、負債及び契約上の地位等を契約に明記することにより、何が売買の対象となる目的物なのかを具体的に特定することが必要となります。また、本件事業を構成するにもかかわらず、譲渡の対象としない資産、負債又は契約上の地位が存する場合には、後日の紛争を予防するため、その旨を明記しておくことが必要となる場

合もあります。

第4条（譲渡の対価）
1　乙の甲に対する本件事業譲渡の対価は、金〇〇億円とする。
2　甲は、乙に対し、効力発生日において、第6条に規定する譲渡手続の履行及び書類の交付と引換えに、前項の譲渡対価を乙指定の金融機関口座に振り込んで支払う。振込手数料は甲の負担とする。

第5条（譲渡対価の調整）
　　甲と乙は、効力発生日から40日以内に、効力発生日時点における譲渡対象資産、譲渡対象契約上の地位及び承継対象債務を特定した上で、その価額の合計を算出するとともに、算出した価額と第4条に定める譲渡対価との差額を精算するものとする。

第6条（引継・移転手続）
　　乙は、甲に対し、効力発生日に、譲渡対価の支払と引換えに、次の行為を行う。
①　譲渡対象資産のうち有体物については、乙は、甲に対し、効力発生日に引き渡す。
②　譲渡対象資産のうち登記又は登録が必要な財産については、乙は、甲に対し、効力発生日に、かかる登記又は登録に必要な書類を引き渡す。
③　譲渡対象契約上の地位については、乙は、効力発生日までに、本件事業譲渡に対する契約相手方の書面による同意を取得し、甲に対して当該同意書面及び契約書を引き渡す。
④　乙は、甲が承継対象債務を免責的に引き受けることに関する債権者の書面による同意を取得し、甲に対して当該同意書面を引き渡す。

第7条（従業員の処遇）
1　甲は、乙の本件事業に従事する従業員との従前の雇用関係を承継しない。
2　甲は、効力発生日の前日における乙の本件事業に従事する従業員のうち、甲が指定する従業員（以下「甲指定従業員」という。）を、効力発生日をもって新たに雇用する。
3　乙は、効力発生日の前日までに、甲指定従業員から、乙との間の労働契約を解消し、甲と新たに雇用契約を締結する旨の合意を取得するよう努力するとともに、甲指定従業員に対し、退職日までに発生する賃金・退職金債務その他乙との労働契約に基づき、若しくはこれに付帯して発生した一切の債務を遅滞なく履行するものとする。
4　甲は、乙の前項の債務を承継しない。

【チェック事項】
　　事業の譲渡に伴って、当該事業に従事していた従業員から個別の同意を取得し、譲渡人から譲受人に転籍させることが必要となります。その場合の手続や条件について、具体的に規定しておく必要があります。

第8条（表明及び保証）
1 乙は、甲に対し、本契約締結日及び効力発生日において、別紙8.1〔省略〕記載の事実が、真実かつ正確であることを表明し保証するものとする。
2 甲は、乙に対し、本契約締結日及び効力発生日において、別紙8.2〔省略〕記載の事実が、真実かつ正確であることを表明し保証するものとする。

第9条（乙の義務）
1 乙は、本契約の締結日以降、効力発生日まで、善良な管理者の注意義務をもって本件事業を遂行し、かつこれに伴う財産を管理するものとし、本件事業に重大な影響を及ぼす行為をする場合には、事前に甲の書面による同意を得るものとする。
2 乙は、第8条第1項に定める表明及び保証に違反する事項が判明し、又は第10条第1項に定める前提条件が充足されないおそれが発生した場合には、甲に対して直ちに通知する。
3 乙は、本契約締結日から効力発生日の前日までの間に、本契約について会社法第467条第1項第2号に定める株主総会の承認を受ける。
4 乙は、本契約締結日から効力発生日までの間に、譲渡対象契約上の地位に関し、本件事業譲渡に対する契約相手方の書面による同意を取得する。
5 乙は、甲が承継対象債務を免責的に引き受けることに関する承継対象債務の債権者の書面による同意を取得する。
6 乙は、甲が本件事業譲渡により乙の使用する「○○」という商号と同一又は類似する商号を使用することにより生じ得る会社法第22条第1項に基づく商号続用事業譲受人の責任に関し、同条第2項に定める登記又は第三者に対する通知を行うことについて、合理的な範囲で協力する。

> 【チェック事項】
> 　商号続用に基づく譲受人の責任を定める商法17条1項及び会社法22条1項は、譲受人が譲渡人の商号を続用した場合を定めたものですが、事業を表す名称（屋号）を続用した場合にも、類推適用される可能性があります（最判平16・2・20判時1855・141等）。したがって、譲受人が、事業譲渡に伴い、譲渡人の事業を表す名称（屋号）を続用する場合には、このような責任を回避するため、登記又は第三者に対する通知を行う等の措置を講ずる必要があります。

第10条（前提条件）
1 甲の乙に対する第4条第2項に基づく支払義務の発生は、効力発生日において、以下の各事項の全てが充足されていることを前提条件とする。ただし、甲は、かかる条件の全部又は一部を、その任意の裁量で放棄することができる。
① 第8条第1項に規定される乙の表明及び保証が、重要な点において真実かつ正確であること。

②　本契約締結後効力発生日までの間、本件事業に重大な悪影響を及ぼす事象が発生していないこと。
　③　本契約に従い、乙が効力発生日までに履行すべき全ての義務を履行していること。
　④　乙が効力発生日の前日までに第9条第3項に定める株主総会の承認を受けていること。
2　乙の甲に対する第6条に基づく譲渡対象資産の引渡し等は、効力発生日において以下の各事項の全てが充足されていることを前提条件とする。ただし、乙は、かかる条件の全部又は一部を、その任意の裁量で放棄することができる。
　①　第8条第2項に規定されている甲の表明及び保証が、重要な点において真実かつ正確であること。
　②　本契約に従い、甲が効力発生日までに履行すべき全ての義務を履行していること。

第11条（収益及び費用の帰属）
　　本件事業から発生する収益及び費用の帰属については、効力発生日をもって区分し、その前日までに相当する部分は乙に帰属し、効力発生日以降に相当する部分は甲に帰属するものとし、第5条に定める譲渡対価の調整の際に、併せて精算するものとする。

第12条（秘密保持義務）
1　甲及び乙は、他方当事者が本契約に関連して開示した当該当事者に関する一切の情報（以下「秘密情報」という。）を、開示した当事者の合意を得ることなく、本契約の目的以外に使用せず、かつ、本契約の当事者以外の第三者に対して開示・漏洩してはならず、甲及び乙の取締役、監査役及び従業員に対しても同様の義務を負わせる。ただし、以下の各号に該当する情報についてはこの限りではない。
　①　相手方による開示の時点において既に公知となっていた情報
　②　相手方による開示の時点において既に保有していた情報
　③　相手方による開示の後、自己の責めによらずに公知となった情報
　④　正当な権限を有する第三者から秘密保持義務を負うことなく適法に取得し又は開示を受けた情報
2　前項の規定にかかわらず、甲及び乙は、法令の規定又は司法機関・行政機関の判断等により開示することが必要とされる場合には、事前に相手方に書面にて通知した上で、秘密情報を開示することができる。

第13条（競業避止義務）
　　乙は、効力発生日以降5年間、本件事業と同一ないしはこれと類似する事業を行ってはならない。

第14条（費用負担）
　　本契約に基づいて事業譲渡に関して生ずる費用の負担については、甲及び乙が各自に支出したものは各自の負担とする。ただし、第6条第2号に定める登記等の諸手続の

費用は全て甲の負担とする。

第15条（解除）
　　甲及び乙は、次のいずれかの事由が発生したときは、本契約を解除することができる。
① 相手方が、本契約に定める表明及び保証について重大な違反を犯し、又は本契約に定める義務を履行しなかった場合
② 相手方が、破産手続開始、民事再生手続開始、会社更生手続開始、特別清算開始その他倒産手続開始の申立てを受け又は申立てをした場合、若しくは、相手方にこれらの倒産手続開始の原因となる事由が発生した場合
③ 第2条に定める効力発生日をもって、本件事業譲渡が実行できないことが明らかとなり、甲及び乙が協議しても当該効力発生日から30日以内に本件事業譲渡を実行できない場合
④ 本件事業の内容ないしは信用を棄損する行為をした場合
⑤ 効力発生日までに、譲渡財産の劣化、乙の本件事業に従事する従業員の全部又は主要な部分の退職等、本件事業譲渡の実現に重大な支障が生じた場合

第16条（損害賠償・補償）
1　甲及び乙は、本契約に定められた義務に違反した場合、又は第8条に定める表明及び保証の違反が判明した場合、それにより相手方が被った損害、損失又は費用を相手方に対して賠償又は補償する。本契約に関連して相手方が損害等を受けた場合の賠償又は補償の請求は、本条に従ってのみ可能であり、債務不履行、不法行為又は契約不適合責任その他法律構成のいかんを問わず、本条以外の方法による損害賠償請求、補償請求その他の請求はできないものとする。
2　前項に基づく賠償及び補償の金額は、いかなる場合であっても、第4条に定める譲渡対価を超えないものとする。
3　本条に定める損害賠償及び補償は、効力発生日から3年後の応当日までに、相手方に対して書面による通知を発送する方法によって請求された場合に限り、行うことができる。

第17条（誠実解決）
　　甲及び乙は、本契約に定めのない事項若しくは本契約の解釈に関して疑義が生じた場合については、本契約の趣旨並びに信義誠実の原則に従い、円満に協議し解決に努める。

第18条（管轄）
　　甲及び乙は、本契約に起因し又は関連する一切の紛争については、○○地方裁判所を第一審の専属的合意管轄裁判所とすることに合意する。

以上の契約を証するためこの証書2通を作成し、甲及び乙の記名押印の上、各々その1通を保有するものとする。

　　平成○年○月○日

　　　　　　　　　　　　　　　　　○○県○○市○○○丁目○番○号
　　　　　　　　　　　甲　　　　　○○株式会社
　　　　　　　　　　　　　　　　　代表取締役　○　○　○　○　印

　　　　　　　　　　　　　　　　　○○県○○市○○○丁目○番○号
　　　　　　　　　　　乙　　　　　○○株式会社
　　　　　　　　　　　　　　　　　代表取締役　○　○　○　○　印

◆チェックリスト

契約の目的・効力発生日	
・契約の要素となる事業の譲渡、及び譲受について規定されているか	☐
・効力発生日について規定されているか	☐
譲渡代金	
・譲渡代金の定めはあるか	☐
・譲渡代金を調整する必要がある場合、その定めはあるか	☐
・譲渡代金の給付条項はあるか	☐
譲渡対象資産	
・譲渡の対象となる資産、負債、契約当事者としての地位等が明確に特定されているか	☐
・目的物ごとに、種類、品質、数量が規定されているか	☐
・譲渡の対象となる資産、負債、契約当事者としての地位について、それぞれの内容を踏まえて、引渡し・引継ぎ・移転等の定めがあるか	☐
従業員の取扱い	
・従業員の取扱いが明記されているか	☐
表明及び保証	
・デュー・ディリジェンスの内容を踏まえ、譲渡対象となる事業についてもれなく表明及び保証がなされているか（買主）	☐
・表明及び保証の範囲から除外すべき事項について、明記されているか（売主）	☐

前提条件	
・譲渡代金の支払、又は譲渡対象資産の引渡しの前提となる条件をもれなく規定しているか	☐
競業避止義務	
・競業避止義務の定めはあるか（買主） ・競業避止義務の存続期間は規定されているか（売主）	☐ ☐

新民法対応　契約審査手続マニュアル

平成30年3月1日　初版一刷発行
平成30年9月6日　　　三刷発行

編　集　愛知県弁護士会
　　　　研修センター運営委員会
　　　　法律研究部　契約審査チーム

発行者　新日本法規出版株式会社
　　　　代表者　服　部　昭　三

発行所　新日本法規出版株式会社
本　社　（460-8455）　名古屋市中区栄1－23－20
総轄本部　　　　　　　電話　代表 052(211)1525
東京本社　（162-8407）　東京都新宿区市谷砂土原町2－6
　　　　　　　　　　　電話　代表 03(3269)2220
支　社　札幌・仙台・東京・関東・名古屋・大阪・広島
　　　　高松・福岡
ホームページ　http://www.sn-hoki.co.jp/

※本書の無断転載・複製は、著作権法上の例外を除き禁じられています。※※※
※落丁・乱丁本はお取替えします。　　　ISBN978-4-7882-8370-1
5100007　新民法契約審査　　Ⓒ愛知県弁護士会 2018 Printed in Japan